# Tibet

## Reisen auf dem Dach der Welt

Andreas von Heßberg, Waltraud Schulze

Trescher Verlag

2., vollständig überarbeitete und aktualisierte
Auflage 2010

Trescher Verlag
Reinhardtstraße 9
10117 Berlin
www.trescher-verlag.de

ISBN: 3-89794-151-9

Herausgegeben von Detlev von Oppeln und
Bernd Schwenkros

Reihenentwurf: Bernd Chill
Umschlaggestaltung: Bernd Chill
Gestaltung, Satz und Bildbearbeitung:
Ulla Nickl
Lektorat: Corinna Grulich
Karten: Johann Maria Just, Martin Kapp,
Bernd Schwenkros


Gedruckt auf chlorfrei gebleichtem Papier

Printed in Germany

04222

# Vorwort der Tibet Initiative Deutschland

Reisende nach Tibet haben oftmals ein Land vor Augen, das ihrer Phantasie und ihren Sehnsüchten entspringt. Es ist die jahrhundertelange Suche nach einem Shangri-La, einem Ort des Friedens, der Weisheit und der tiefen Spiritualität. Verstärkt wird diese Sichtweise durch die Abgeschiedenheit Tibets, die diese Region bis vor wenigen Jahrzehnten nahezu unerreichbar gemacht hat. Eine beeindruckende, weite Landschaft und eine von Menschen weitgehend unzerstörte Natur tun ein Übriges, um solche Traumbilder zu nähren. Natürlich war Tibet schon immer ein sehr spirituelles Land. Im Laufe der Jahrhunderte entstanden viele Klöster, in denen hunderttausende Mönche und Nonnen lebten. Der tibetische Buddhismus prägte die Kultur und die Religiosität des Landes, wie man es sonst nirgendwo finden kann.

Das ›Land der Schneeberge‹ löste somit eine große Sehnsucht und Faszination aus, die bis heute noch anhält. Wenn Tibetreisende mit diesem Bild vor Augen in das Land kommen, werden sie finden, was sie suchen: Tibeter, die ihr Mantra ›O mani padme Hum‹ mit ihren Gebetsmühlen millionenfach rezitieren, den gewaltigen Potala-Palast des Dalai Lama, Klöster, Mönchsgesänge, den mystischen Berg Kailash mit seinen Pilgern. Gleichzeitig muss den Tibetreisenden jedoch bewußt sein, dass sie sich mit dieser Wahrnehmung nur an der Oberfläche bewegen. Schauen sie tiefer, ergibt sich ein anderes Bild.

1949/50 marschierte die chinesische Armee in Tibet ein und besetzte das unabhängige Land. Was folgte, war Unterdrückung und Ausbeutung. Über eine Million Menschen verlor ihr Leben, nahezu alle Klöster wurden zerstört. Der Dalai Lama floh nach Indien. Bis heute existieren Menschenrechte wie Presse- und Meinungsfreiheit für Tibeter nicht. Die großen Städte Tibets sind zum großen Teil von Chinesen bevölkert. Umfassende Benachteiligungen bei der Bildung und innerhalb der Gesellschaft gefährden das Überleben des tibetischen Volkes.

Die Tibeter freuen sich sehr, wenn Reisende aus dem Westen in ihr Land kommen. Die Wertschätzung, die Sie ihnen gegenüber darbringen, hilft dem tibetischen Volk, an seiner Kultur festzuhalten. Das ist ein wichtiger Beitrag für das Überleben der tibetischen Identität.

Bei guter Vorbereitung und der entsprechenden Sensibilität wird Ihre Tibetreise zu einem einmaligen Erlebnis. Dieses Buch, das Sie nun in den Händen halten, soll Ihnen dabei eine wertvolle Hilfe sein.

Ich wünsche Ihnen beeindruckende und tiefe Erfahrungen in Tibet, und es würde mich freuen, wenn daraus ein Engagement für das tibetische Volk erwächst.

*Wolfgang Grader*
*Vorsitzender der Tibet Initiative Deutschland e.V.*

*Der Potala-Palast in Lhasa*

# Vorwort der Autoren

Die klare Luft, die türkisblauen Salzseen, die bizarren geologischen Erscheinungen, die sanften Hügel, der weite Horizont und die grasbedeckte Hochlandsteppe mit den Tierherden wirkten so unmittelbar auf uns, dass sich ein intensives Gefühl von Freiheit in uns regte. Wochen später und einige tausend Kilometer weiter im Osten Tibets umgab uns subtropischer Regenwald, fremdartige Vögel sangen in den Büschen, und schillernde Schmetterlinge flogen von exotischen Blumen auf. Wir waren erneut in einer für uns fremdartigen Welt …

Tibets landschaftlicher Vielfalt und Schönheit mit Worten nahezukommen, ist fast unmöglich, mit diesem Buch möchten wir es dennoch versuchen. Dabei wollen wir besonderen Wert auf den Bereich der sorgfältig recherchierten Landeskunde legen, dem in anderen Büchern über Tibet weit weniger Platz eingeräumt wird.

Darüber hinaus, und auch aus aktuellem Anlass, wollen wir dem Tibet-interessierten Leser einen Einblick in die momentane politische Situation der Tibeter geben sowie für die Problematik des Umweltschutzes in Tibet sensibilisieren. Die Tibeter haben in den letzten Jahrzehnten seit der gewaltsamen Besetzung durch China wahrlich viele Grausamkeiten miterleben müssen. Trotz der größeren Liberalität gegenüber der tibetischen Kultur und Religiosität in den vergangenen Jahren werden die Menschenrechte in Tibet nach wie vor massiv missachtet, wie auch das gewaltsame Vorgehen gegen Demonstranten im März 2008 wieder deutlich zeigte. Die aktuell stärkste Gefahr für die kulturelle und wirtschaftliche Eigenständigkeit Tibets geht jedoch vom chinesischen Wirtschaftswachstum aus. China hungert nach Energie, Rohstoffen, Weideland, billigen Arbeitskräften und neuen Absatzmärkten, da kommt China der rohstoffreiche Westen (Tibet und Xinjiang) wie gerufen. Es besteht die Gefahr, dass die tibetische Kultur durch Wirtschaftsboom, Tourismus und Konsum zunehmend zur Folklore verkommt.

Im deutschsprachigen Raum war bis 2007 kein aktuelles Nachschlagewerk zu Reiseinformationen für Tibet sowohl für Pauschal- als auch für Individualtouristen vorhanden. Dieser Reiseführer füllt nun nach zwei Jahren in der zweiten Auflage diese Lücke. Von Übernachtungsmöglichkeiten in Lhasa über die bekannten Klöster der Umgebung bis zur neuen Tibet-Bahn und hin zu den bergsteigerischen Möglichkeiten an den Achttausendern des Himalaya oder einer Pilgertour zum Kailash: Für westliche Touristen eröffnete sich in den letzten Jahren so viel Neues und Abwechslungsreiches, dass immer mehr Reiseagenturen Tibet in ihr Programm aufnehmen. Eine der größten Unsicherheiten, die uns bei der Reisevorbereitung ständig begleitete, war die mangelnde Information für Individualreisende in Tibet. Zwar gibt das Internet vieles dazu preis, jedoch meistens unkommentiert, unsortiert und mühsam zu finden. Zudem sind viele Informationen veraltet oder für Individualisten unbrauchbar. Dieser Reiseführer soll helfen, möglichst auch diese Lücke zu verkleinern. Viele Reiseziele in Tibet sind erstmals in einem deutschen Reiseführer erwähnt.

Tibets vielfältige Landschaften laden zum Reisen und Erleben ein. Aus dem Fenster vom Bus oder Jeep erlebt man Tibet jedoch nur am Rand. Tibet ist ein

*Am heiligen See Nam Co*

ideales Ziel für Radreisende, Wanderer oder Bergsteiger, die die Schönheit von einsamer, weiter Natur zu schätzen wissen. Das Reiserad oder Mountainbike und das Reisen mit Pferden oder zu Fuß sind zwar die sanftesten und angepasstesten Formen des Reisens in Tibet, aber auch die zeitaufwendigsten und bleiben für viele Touristen unerreichbar. Dennoch soll mit zwei Reportagen dem Leser auch die Möglichkeit gegeben werden, in die Freuden und Mühen solcher Tibetreisen eintauchen zu können, das Land und die Menschen auch aus einem anderen Blickwinkel dargestellt zu bekommen. Aus diesen Berichten kann der Leser versuchen zu ermessen, welche Glücksmomente, extremen körperlichen Belastungen oder fassungsloses Staunen Reisende in Tibet erwarten können.

Es sollte bedacht werden, dass Neuigkeiten oder Änderungen in Tibet schneller passieren können als die Drucklegung eines Buches. Gerade im Olympia-Jahr 2008 hat sich die Situation in Tibet sowohl für die dort lebenden Menschen als auch für die Reisenden stark verschlechtert. China hat mit harter Hand Kontrollen verstärkt und das Land für Reisende weitgehend wieder geschlossen. Es bleibt zu hoffen, dass Tibet in der Zukunft wieder uneingeschränkter für Reisende zugänglich sein wird und dass die momentan gegenüber dem tibetischen Volk eingesetzten Unterdrückungsmaßnahmen wieder gelockert werden.

Wir widmen dieses Buch allen Menschen, die sich beharrlich für die Identität der tibetischen Kultur und die Bewahrung der landschaftlichen Schönheiten Tibets einsetzen, auch wenn sie dadurch persönliche Nachteile erleiden müssen.

*Waltraud Schulze und Andreas von Heßberg*

# Hinweise zur Benutzung

Die tibetische Sprache ist auf der riesigen Fläche des Landes und auch darüber hinaus durchsetzt und verflochten mit unzähligen Dialekten und Einflüssen anderer lokaler Sprachen. Gelehrt und in Sprachführern dargestellt ist in der Regel der ›Lhasa-Dialekt‹, der vor 1950 auch die Sprache der Gelehrten und Beamten war.

Allerdings gibt es noch keine einheitliche Transliteration und Transkription der tibetischen Sprache und Schrift in die deutsche. Viele Begriffe und Wörter sind heute ›internationalisiert‹, wie beispielsweise der Name des Berges Kailash.

Die meisten Orts- und Eigennamen in der Literatur oder in Landkarten sind jedoch immer wieder in unterschiedlicher Weise dargestellt worden, etwa der Name der Stadt Ali, die auch die Synonyme Shiquanhe, Senge Khabab, Senge Tsangpo und Gar besitzt. Wir haben versucht, uns auf eine Schreibweise festzulegen. Alle Ortsnamen sind an die Tibetkarte des Schweizer Verlages ›Gekko-Maps‹ angelehnt. Die Ortsnamen auf anderen Landkarten, auch wenn diese vorbildlich mehrsprachig sind, können davon mehr oder weniger abweichen. Da besonders die Individualtouristen auf die zwei- oder mehrsprachigen Karten zurückgreifen werden, ist eine Umformulierung nach literarischen oder sprachlichen Kriterien kaum sinnvoll.

Erwähnte Kilometerangaben entstammen aus eigenen Erfahrungen und Nachforschungen, da diese in allen zur Verfügung stehenden Karten selten korrekt angegeben werden.

Die Preise sind in Yuan (Renminbi), US-Dollar oder Euro angegeben.

**Einige häufig verwendete Begriffe:**

| | |
|---|---|
| La | Pass |
| Chu | Fluss |
| Co | See |
| Gompa | Kloster |

*Kleine Stupa in Bitu*

## Zeichenlegende

- Allgemeine Informationen, Permits (Genehmigungen)
- Banken, Wechselstuben
- Postamt
- Busstation, Busverbindungen
- Übernachtungsmöglichkeiten
- Sehenswürdigkeiten, Klöster, Museen
- Einkaufsmöglichkeit
- Krankenhäuser, ärztliche Versorgung

# Das Wichtigste in Kürze

## Formalitäten

Tibet ist ein touristisch kaum erschlossenes Land. Einige Regionen sind nach wie vor Sperrgebiete für Touristen.

**Visum**: Ein **chinesisches Visum** und eine **Reisegenehmigung** (Tibet-entry-Permit) der CITS (China International Travel Service) für die Autonome Region Tibet (TAR) ist nötig.

Das **Tibet-entry-Permit** wird vom Tibet Tourism Bureau ausgestellt. Wenn man in einem Reisebüro bucht, organisiert beide Visa der Reiseveranstalter.

**Frei bereisbare Regionen**: Lhasa, Shigatse, Tsetang, Nyalam, Zhangmu, Purang, Nakchu sowie die Region des Nam Co. Wer weitere Orte besuchen möchte (zum Beispiel das Everest-Basecamp, Kailash), besorgt sich das Tibet-travel-Permit bei den PSB-Behörden (Public Security Bureau) vor Ort.

**Amtliche Impfvorschriften**: keine, empfohlene Impfungen: Tetanus, Hepatitis A, Diphtherie und Polio.

**Streng verboten**: Bilder des jetzigen 14. Dalai Lamas, tibetische Flagge.

## Unterkunft

In den großen Städten und in touristisch ausgebauten Regionen existieren häufig **Hotels und Pensionen** mit einfachem, aber annehmbarem bis zu westlich-luxuriösem Niveau.

Außerhalb der großen Städte ist eine Unterkunft oft sehr rustikal und manchmal unhygienisch, dafür billig. Hotelbuchungen kann man sogar im Internet erledigen. Vor Ort findet man jedoch eigentlich immer noch ein freies Zimmer, außer während wichtiger Feiertage. Das **Campieren** mit dem Zelt ist fast überall unproblematisch.

## Reisen im Land

Es gibt ein gut ausgebautes **öffentliches Verkehrsnetz** mit Bussen, das zudem billig ist.

**Taxis** kann man in der Nähe der Städte mieten. **Trampen** ist problematisch, weil es Privatpersonen und LKW-Fahrern verboten ist, Ausländer mitzunehmen. Ein Fahrzeug zu mieten ist nur über Reiseagenturen möglich und beinhaltet stets auch den Fahrer und oft noch einen Aufpasser.

## Verständigung

Auch in Tibet ist Chinesisch neben dem Tibetischen die Amtssprache. Nur wenige ältere Tibeter sprechen Englisch. Sowohl junge Tibeter in Lhasa als auch junge Chinesen sind hingegen vermehrt in der Lage, sich auf Englisch zu unterhalten. Die tibetische Sprache hat viele Dialekte, was die Verständigung nicht vereinfacht. Gespräche über die politischen Verhältnisse sollte man vermeiden.

## Die lohnenswerten Reiseziele

**In Lhasa** (S. 136): Potala-Palast und Altstadt, Sommerpalast, Jokhang-Tempel, Klöster Drepung (S. 154) und Sera (S. 155).

**Klöster**: Ganden (S. 153), Sakya (S. 152), Samye (S. 152), Palkhor (S. 155), Tashi Lhunpo (S. 156), Kumbum (S. 158) und Labrang (S. 158).

**Natur**: Seen Nam Co (S. 149) und Yamdrok Co (S. 160), Everest Basislager (S. 166), Yarlung-Tsangpo-Tal (S. 190), heilige Berge Kailash (S. 170) und Kawa Karpo (S. 192), die Schluchten Osttibets (S. 26, 185, 190).

**Ausführliche Informationen in den Reisetipps von A bis Z ab S. 302.**

Freundschaft mit allen Wesen,
Freude an den Fähigkeiten der Guten,
tiefes Mitleid mit Leidbefallenen,
Gleichmut gegenüber denen, die mir nicht wohlgesonnen sind:
Möge meine Seele diese Qualitäten für immer besitzen!

*Amitagati, Sammlung von Juwelen schöner Sprüche – Subhasitaratnasamdoha, 10./11. Jahrhundert*

# Land und Leute

# Tibet im Überblick

**Name**: Autonomes Gebiet Xizang (chinesische Bezeichnung), Bö oder Bod Chen (für die traditionellen Tibeter), Tibet Autonomous Region (TAR, englische Bezeichnung).

**Status**: seit 1949/50 von China besetzte Region und seit 1965 zu einer chinesischen Provinz umgewandelt (dabei um die Hälfte des ursprünglichen Staatsgebietes geschrumpft).

**Sprachen**: Tibetisch, Chinesisch (beides Amts- und Geschäftssprache).

**Alphabet**: tibetisch (eigenständige Schrift mit Wurzeln im indischen Sanskrit), Han-Chinesisch.

**Fläche**: etwa 2 500 000 Quadratkilometer (ursprünglich), etwa 1220000 Quadratkilometer (TAR).

**Höchste Erhebung**: Mt. Everest (8846 Meter, an der Grenze zu Nepal).

**Längster Fluß**: Yarlung Tsangpo (Brahmaputra).

**Klima**: März bis Mai trocken, meist sonnig, aber kühl, Mitte Mai bis August regnerisch (Monsun), aber warm, September und Oktober sonnig und trocken, November bis März winterlich kalt.

**Hauptstadt**: Lhasa (250 000 Einwohner).

**Weitere Städte**: Shigatse, Gyantse, Lhatse, Amdo, Golmud, Nyingchi, Chamdo.

**Einwohnerzahl** (TAR): etwa 2600 000.

**Bevölkerungsdichte** (TAR): etwa 2,14 Einwohner pro Quadratkilometer.

**Bevölkerung** (TAR): Tibeter (93 Prozent), Han-Chinesen (6 Prozent), Hui-Chinesen, Monba, Lhoba, Naxi, Bai, Uiguren, Mongolen (alle unter je 1 Prozent).

**Religion**: tibetischer Buddhismus (viele Jahre unterdrückt), alte Bön-Religion, Islam (Hui und Uiguren).

**Alphabetisierungsrate**: unbekannt, offiziell 32 Prozent.

**Verhältnis Stadt-/Landbevölkerung**: 19:81 Prozent.

**Staatsform**: chinesische Provinz, damit Teil der chinesischen Form des sozialistisch-kommunistischen Staatsgebildes (Ein-Parteien-Diktatur); die tibetische Exilregierung besitzt ein von weltweit allen Exiltibetern demokratisch gewähltes Parlament und eine gewählte Regierung.

**Staatsgrenzen**: Indien, Nepal, Buthan, Myanmar, Xinjiang (Ost-Turkestan), Qinghai, Gansu, Sichuan, Yunnan.

**Administrative Gliederung**: bezirksfreie Stadt Lhasa, Regierungsbezirke Nagqu, Ngari, Xigaze, Shannan, Nyingchi, Qamdo.

**Staatsoberhaupt**: Hu Jintao (chinesischer Staatspräsident), Qamba Püncog (seit Mai 2003 Governeur der TAR), Lobsang Tenzin (auch als Professor Venerable Samdhong Rinpoche bekannt, seit 2001 Premierminister der tibetischen Exilregierung in Indien).

**Landeswährung**: chinesische Währung Yuan (Zhongguo Renmin Yinhang)

**Zeitzonen**: gemeinsame Zeitzone mit ganz China, MEZ plus 6 Stunden.

**Nationalfeiertag**: 1.10. (chinesischer Nationalfeiertag), 10.3. (tibetischer Gedenktag der Niederschlagung des Volksaufstandes von 1959, in Tibet verboten).

**Telefonvorwahl**: 0086.

# Geographie und Geologie



Mit einer durchschnittlichen Höhe von 4300 Metern über dem Meeresspiegel ist Tibet das höchstgelegene Land der Erde. Aus diesem Grund nennt man das tibetische Hochland auch das ›Dach der Welt‹. Mit einer Fläche von 2,5 Millionen Quadratkilometern liegt Tibet zwischen dem Nordrand des Himalaya und der zentralasiatischen Wüste Takla Makan. Im Süden bildet der Himalaya-Gebirgszug eine natürliche Grenze, im Westen das Karakorum-Gebirge, und im Norden wird das tibetische Plateau durch die Kunlun-Bergkette begrenzt, hinter der das Tarim-Becken mit der Takla-Makan-Wüste liegt. Alle diese markanten Außengrenzen machten es in früheren Zeiten sehr beschwerlich, Tibet auf dem Landweg zu erreichen.

Tibet gliedert sich geographisch in ein nordwestliches Hochplateau (Chang Tang), das Tal des Yarlung Tsangpo (auf indischer Seite: Brahmaputra) und seiner Zuflüsse sowie die zerklüfteten tiefen Täler in den Provinzen Kham und Amdo im Osten. Der Gebirgszug des durch Eruptivgesteine geprägten Gangdise Shan (auch Transhimalaya genannt) trennt das Chang Tang durch eine weitere geologische Störzone vom Yarlung-Tsangpo-Tal.

Die vergletscherten Berge Tibets sind der Ursprung vieler großer Flüsse wie des Brahmaputra, des Indus und des Yangtse. Viele der markanten Bergriesen sind heilige Berge, die bekanntesten sind der Kailash in Westtibet und der Kawa Karpo in Osttibet.

## Das Tarim-Becken

Nördlich von Tibet befindet sich das Tarim-Becken, eine markante Senke, die im Norden deutlich durch das Tian-Shan-Gebirge in Kirgisistan und Kasachstan abgegrenzt ist und im Süden durch den Kunlun-Gebirgszug. Das Pamir- und Ka-

*Landschaft in Osttibet*

rakorum-Gebirge grenzen das Tarim-Becken im Westen ab, die Tsaidam-Ebene und die Wüste Gobi schließen sich im Osten an. Politisch gehört das Gebiet des Tarim-Beckens zur heutigen chinesischen Provinz Xinjiang (Uighurische Autonome Region).

Das Tarim-Becken liegt mit etwa 1500 Metern relativ tief im Vergleich zu seiner gebirgigen Umgebung. Die Tarim-Platte stellt eine eigene kleine Kontinentalplatte dar, die im Perm vor 290 Millionen Jahren mit dem asiatischen Kontinent entlang des Tian-Shan-Gebirges kollidierte. Erst im Jura vor 220 bis 170 Millionen Jahren schob sich die Chang-Tang-Platte entlang des heutigen Kunlun-Gebirges von Süden an. Vor etwa 150 Millionen Jahren verschmolz dann die Lhasa-Platte während der Bildung des Gangdise Shan mit der eurasischen Platte und vervollständigte die heutige Landmasse Tibets.

Das Tarim-Becken selbst ist eine kontinentale Wüstenlandschaft, in der sich die Wüste Takla Makan befindet. Entlang der Flüsse, die aus dem Karakorum- oder Kunlun-Gebirge fließen, wie dem Karakaxe und dem Tarim, ist am Wüstenrand genug Wasser vorhanden, um eine Besiedlung und etwas Landwirtschaft zu ermöglichen. Die Region des Tarim-Beckens und ebenso die Tsaidam-Senke sind bekannt für Lagerstätten an Kohle und Erdöl, die in tertiären Sandsteinschichten eingeschlossen sind.

## Aufwerfung des Himalaya und des Chang Tang

Der Himalaya und das Chang Tang sind geologisch gesehen sehr junge Regionen, deren heutige Strukturen erst in den vergangenen 50 Millionen Jahren entstanden sind.

Die relative junge geologische Entstehungsgeschichte des tibetischen Plateaus findet sich in einigen Legenden der Tibeter wieder, die von Zeiten erzählen, als ganz Tibet ein großer See war. Der Gott Chenresi öffnete schließlich mit einem Schwerthieb die umliegende Gebirgskette, und das Hochland wurde trocken. Es ist nicht unwahrscheinlich, dass die starken tektonischen Aktivitäten auch noch im Quartär, als das tibetische Hochland schon besiedelt war, dieser Legende einen realen Hintergrund gaben.

Die Landmasse Tibets formte sich bereits im Perm bis in die Jurazeit durch Verschmelzung von mehreren kleineren Landplatten (Tarim-Platte, Chang-Tang-Platte, Lhasa-Platte). Allerdings waren in der Kreidezeit die heutigen Oberflächen Tibets zum größten Teil durch ein Flachmeer, das Thetys-Meer, bedeckt. Die ehemaligen Meeressedimente liegen heute als metamorphe Sedimentgesteine an der Oberfläche des tibetischen Plateaus. Man geht davon aus, dass Tibet im frühen Miozän, vor etwa 20 Millionen Jahren, schon eine Höhe von 2000 Metern hatte.

Erst durch die Kollision der indischen Platte mit dem eurasischen Kontinent, die vor etwa 55 bis 50 Millionen Jahren im Eozän begann, hob sich die Landmasse Tibets langsam auf seine heutige Höhe an. Dieser Prozess ist auch heute noch nicht abgeschlossen: Die indische Platte bewegt sich immer noch mit bis zu 40 Millimetern pro Jahr auf den asiatischen Kontinent zu. Aufgrund der schrä-

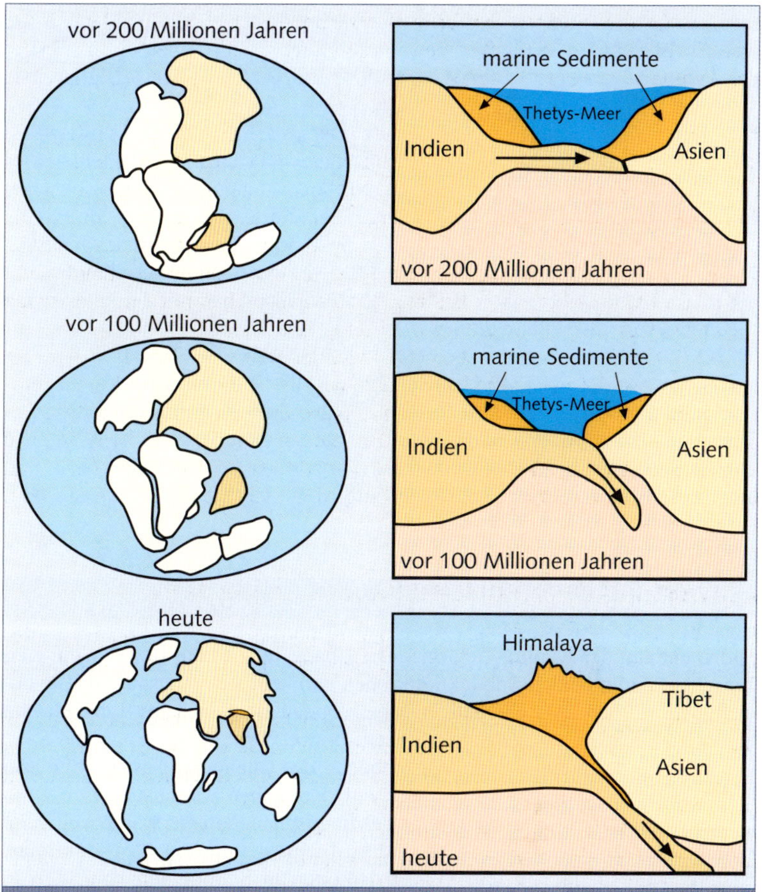


**Die Entstehung des Himalaya und Tibets**

gen Kollision Indiens mit dem asiatischen Block kommt es an der tektonischen Störzone am Kunlun-Gebirge (Kunlun-Quilian-Sutur) zu Ausweichbewegungen der Chang-Tang-Platte nach Osten. Der gesamte Himalaya, ebenso wie die zentralasiatischen Gebirge (Pamir, Tian Shan, Altai, Kunlun) und das tibetische Hochland gehören heute immer noch zu den tektonisch besonders aktiven Zonen der Welt. Die Kollisionszonen, an denen die einzelnen Kontinentalplatten der Landmasse Tibets aneinanderprallen, die sogenannten Suturen, sind auf Satellitenbildern deutlich zu erkennen.

Die außergewöhnlich gleichmäßige Hebung des Hochlands von Tibet ist jedoch nicht nur durch die Subduktion der indischen Platte nach Norden zu erklären, sondern auch durch eine schwächere Subduktion der Tarim-Platte nach

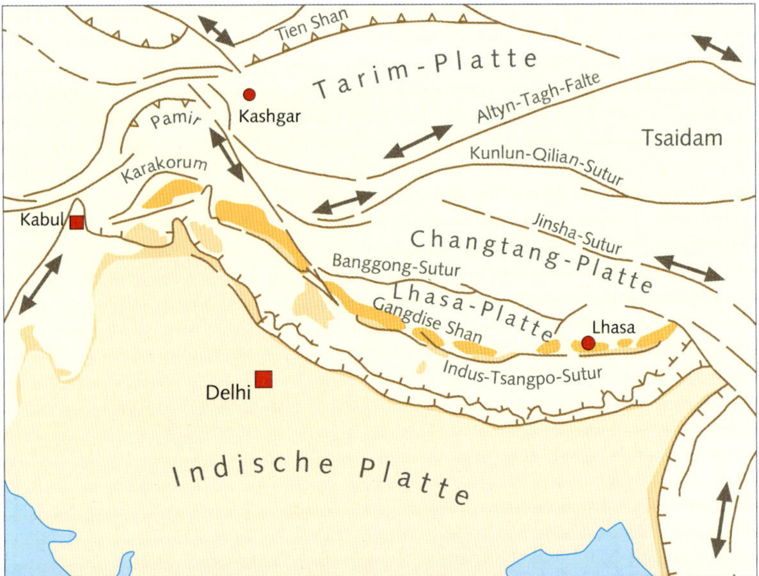


Tektonische Gliederung Tibets

Süden entlang des Kunlun-Gebirges. Die Chang-Tang-Platte sitzt wie ein Keil zwischen diesen beiden Subduktionszonen und hebt sich langsam und gleichmäßig nach oben. Als ehemaliger Meeresboden ist das Chang-Tang-Plateau besonders reich an mineralischen Salzen: Borax, Gips, Quarz, Soda und Salz. Die Bildung der humusarmen Wüstenböden des Chang Tang ist geprägt von Windeintrag und Erosion, Salzbildung und einer hohen Verdunstung.

Eng verbunden mit der Anhebung des tibetischen Plateaus waren weltweite klimatische Veränderungen, insbesondere die Entstehung des Monsunklimas. Neuere Untersuchungen von $^{16}O/^{18}O$-Isotopen in Sedimenten von Seen in Tibet geben Auskunft über den Zeitraum, über den sich die Hebung Tibets erstreckt. Die Isotopenzusammensetzung der Sedimente ist abhängig von der geographischen Höhe und dem Klima zur Zeit der Sedimentbildung. Der Methode liegt zugrunde, dass Niederschlag, der in größerer Höhe fällt, weniger $^{18}O$ -Isotopen-Anteil enthält, und der $^{18}O$ -Isotopen-Gehalt in Sedimenten ist abhängig vom $^{18}O$ -Gehalt des Niederschlagswassers. Auf diese Weise kann man rekonstruieren, in welcher Höhe sich bestimmte Sedimente befanden, als sie gebildet wurden.

Es zeigt sich, dass die $^{16}O/^{18}O$-Isotopenzusammensetzung in charakteristischen Zonen des tibetischen Plateaus variiert, das heißt, diese Zonen unterschiedlicher Isotopenzusammensetzung sind zu unterschiedlichen Zeiten emporgehoben worden. Der südliche Teil des Plateaus wurde bereits vor 40 Millionen Jahren gehoben, die nordöstlicheren Bereiche erst vor 10 Millionen Jahren.

# Übersicht über die geologische Geschichte Tibets

| Erdzeitalter | Periode | Zeitraum | Geologisches Geschehen |
|---|---|---|---|
| Präkambium (Erdurzeit) | | Das älteste tibetische Gestein ist 660 Millionen Jahre alt. | |
| Paläozoikum (Erdaltertum) | Kambrium | vor 500 Millionen Jahren | Der Kontinent Gondwana beinhaltet Indien und Südtibet. Fossilien aus Südtibet deuten auf eine geographische Lage des heutigen Australiens. |
| | Silur bis Devon | vor 400–300 Millionen Jahren | Der Superkontinent Pangaea besteht. Das Thetys-Meer beginnt sich zu verengen. |
| | Karbon | vor 300 Millionen Jahren | Bildung der Kunlun-Berge, des Pamir und des Altyn Tagh. |
| Mesozoikum (Erdmittelalter) | Perm | vor 250 Millionen Jahren | Verschmelzung der Chang-Tang-Platte und Indochinas mit Asien. Die Anhebung des Meeresbodens zum Hochplateau beginnt. |
| | Jura | vor 140 Millionen Jahren | Indien trennt sich von Afrika. |
| | Kreide | vor 100 Millionen Jahren | Unter dem tektonischen Druck der Indischen Platte heben sich das Gangdise- und das Nyenchen-Tanglha-Gebirge (Trans-himalaya). |
| Känozoikum (Erdneuzeit) | Tertiär–Eozän | vor 50 Millionen Jahren | Der Himalaya formt sich, als die Indische Platte weiter mit Asien kollididiert. Dabei wird der Rest des Thetys-Meeres unter die Asiatische Platte geschoben. |
| | Tertiär–Miozän | vor 20 Millionen Jahren | Altes Gestein wird durch jüngere Schichten entlang der 2000 Kilometer langen Indus-Tsangpo-Sutur emporgeworfen. |
| | Tertiär–Miozän | vor 15–10 Millionen Jahren | Der Himalaya ist bereits 3000 Meter hoch, das tibetische Plateau liegt auf 1000 Meter. |
| | Tertiär–Pliozän | vor 2 Millionen Jahren | Schnelle Hebung des Himalaya und des Plateaus |

## Das hydrologische System Tibets

Das Gewässersystem Tibets lässt sich in ein inneres und ein äußeres System unterteilen. Das äußere Gewässersystem besteht aus den großen asiatischen Strömen, die vor allem an den hohen Gebirgszügen und Gletscherfeldern entspringen: Der Indus (tibetisch Senge Khabab, 3100 Kilometer lang) entwässert nach Westen, der Brahmaputra (Yarlung Tsangpo, 2900 Kilometer) fließt nach Südosten und Süden. Salween (Gyalmo Ngulchu, 2800 Kilometer), Mekong (Zachu, 4500 Kilometer) und Yangtse (Drichu, 6380 Kilometer) sind die drei parallel verlaufenden Entwässerungssysteme Osttibets, der Gelbe Fluss oder Huang He (Machu, 5464 Kilometer) entwässert die nordöstlichen Regionen Tibets nach Osten. Diese und einige weitere kleinere Flüsse sind die Lebensadern für Millionen von Menschen, die in den Tälern Landwirtschaft betreiben. Die Flüsse, die in Tibet entspringen, stellen die Lebensgrundlage für 85 Prozent der Menschen Asiens dar. Interessanterweise gibt es keine großen Flusssysteme, die Tibet nach Norden und Nordwesten verlassen, diese Region ist abflusslos und geprägt durch eine hohe Anzahl an Seen.

Das innere Gewässersystem besteht aus Flüssen, die in der Regel nur saisonal Wasser führen und aus einer Vielzahl an Seen, die aufgrund der hohen Verdunstung meist brackiges oder salziges Wasser besitzen. Allein das tibetische Plateau enthält mehr als 1500 Seen, die größten davon sind der Koko-Nor-See im Nordosten, der Nam Co nördlich von Lhasa, der Yamdrok Co südwestlich von Lhasa, der Siling Co auf dem tibetischen Plateau und der See Manasarowar am Nordrand des Himalaya in der Nähe des Kailash.

*Fluss im Kawa-Karpo-Gebiet in Osttibet*

*Sickerquelle auf einem flachen Sattel mit ausgebildeten Frostböden*

## Gewässer im Chang Tang

Das zentrale Chang Tang ist ein abflussloses Hochplateau. Allerdings ist das Chang Tang kein Plateau im eigentlichen Sinn, vielmehr ist es ein durch Hochgebirge umrandetes ›Becken‹, aus dem keine großen Flüsse herausfließen. Die Größe und Gleichmäßigkeit des aus metamorphem marinem Sedimentgestein bestehenden Hochplateaus und vor allem das Fehlen von Altflusssystemen lassen darauf schließen, dass das Tibetische Plateau relativ schnell und gleichmäßig angehoben wurde.

Die Flüsse, die von vergletscherten Bergen ins Innere des Chang Tang fließen, enden in abflusslosen Seen oder sind aufgrund der extremen Trockenheit nur saisonal wasserführend. Die meisten der abflusslosen Seen sind türkisblaue Salzwasserseen, die in der trockenen Jahreszeit auch zu ockerbraunen Lehmpfannen austrocknen können.

Ein interessantes Phänomen des abflusslosen Gewässersystems ist die Bildung von Sickerwasserböden, die im Hochsommer zu großen Sumpfflächen auftauen und die teilweise auch Permafrostböden ausbilden. Es sind die einzigen großflächigen Permafrostböden außerhalb der polaren Klimazonen. Das Sickerwasser tritt häufig an Bergflanken oder flachen Sätteln in Form von Hangsickerquellen zutage, oft liegen diese Quellen sogar unmittelbar neben den Salzseen.

Ein weiteres Phänomen des Gewässersystems des Chang Tang ist die Tatsache, dass einige der Salzseen durch ein weites Flusssystem miteinander verbunden sind – ein Flusssystem aus Salzwasserflüssen!

## Die Berge und Schluchten Osttibets

Die parallel verlaufenden tiefen Schluchten Osttibets sind eine charakteristische geologische Erscheinung Asiens. Die Entstehung dieser Berg- und Talstrukturen ist ebenfalls eng verbunden mit der Kollision Indiens mit der eurasischen Kontinentalplatte. Vor allem die nach Osten verlaufende Hong-He-Falte (Falte des Roten Flusses) und die nach Südosten verlaufende Gaoligong-Falte sind die Bruchzonen, entlang der sich die asiatische Landmasse blockweise in die neue Richtung verschiebt. Auch das Epizentrum des schweren Erdbeben mit Stärke 7,9, das am 14. Mai 2008 die Provinz Sichuan in der Nähe der Stadt Beichuan erschütterte, liegt am nördlichen Rand einer der großen Verwerfungszonen Osttibets.

*Aufgeschmolzenes und emporgehobenes Sedimentgestein entlang der Banggor Sutur*

Die Erosionskraft der auf dem Hochland von Tibet entspringenden Flüsse trägt zu der außergewöhnlichen Tiefe der osttibetischen Schluchten bei: Mit einer durchschnittlichen Tiefe von 5382 Metern ist die Yarlung-Tsangpo-Schlucht die tiefste Schlucht der Welt, die Schlucht des Parlung Tsangpo mit einer durchschnittlichen Tiefe von 3555 Meter liegt nach der Kaligende-Schlucht in Nepal an dritter Stelle. Die Region der parallel verlaufenden Schluchten Osttibets gehört zu einer besonders erdbebenreichen Region. Vor allem entlang der Hong-He-Falte wurden in den letzten 75 Jahren hohe tektonische Aktivitäten registriert. Die Bergketten, die die großen Ströme Osttibets trennen, sind aus Sandsteinformationen und Dolomit.

## Gefaltete Gesteinsformationen

Während der Bildung der tibetischen Landmasse und vor allem während der Aufwerfung des Himalaya gelangten marine Sedimentgesteine des ehemaligen Thetys-Meeres an den Subduktionszonen in größere Tiefen und wurden durch hohen Druck und Temperaturen umgeformt. Anschließend wurden diese metamorphen Schichten wieder emporgehoben und kamen, durch Erosion begünstigt, an vielen Stellen zur heutigen Landoberfläche. Charakteristisch für diese metamorphen Sedimente ist ihre Durchsetzung mit bunten Mineralien und Konglomeraten.

Vor allem die Zonen, an der die Chang-Tang-Platte und die Lhasa-Platte aufeinandertreffen (Banggong-Sutur), und die Kollisionszone der indischen Platte mit Eurasien an der Indus-Tsangpo-Sutur sind geprägt durch wildgefaltete metamorphe Gesteinsschichten.



## Vulkanismus und geothermale Aktivitäten

Typisch für die jüngere geologische Geschichte des tibetischen Hochplateaus ist der Vulkanismus mit kaliumreicher Zusammensetzung der Lava. Diese Gesteine sind 120 bis 10 Millionen Jahre alt. Durch die Kollision Indiens mit Eurasien kam es zur sukzessiven Ausdünnung des Erdmantels unter dem Großraum Tibet. Der hohe Wasser- und Luftgehalt der abtauchenden und aufgeschmolzenen Krusten führte schließlich zum Aufstieg des vulkanischen Magmas. Ein etwa 2000 Kilometer langer Magmatitgürtel markiert den Nordrand der großen Kollisionszone, die Indus-Tsangpo-Sutur. Allerdings setzte die Eruptionstätigkeit im Gangdise Shan an einigen Stellen bereits lange vor der eigentlichen Kollision der Kontinentalblöcke ein und dauerte bis in den Tertiär an.

Über ganz Tibet verstreut gibt es heiße Quellen und Geysire. Ihr schwefelhaltiges Wasser tritt entweder in Form von Topfquellen oder von pulsierenden Geysiren zu Tage. Einige dieser Quellen werden heute zur Stromgewinnung genutzt, beispielsweise deckt die Stadt Nakchu ihre Stromversorgung über ein Geothermalkraftwerk.

*Geysire gibt es in verschiedenen Regionen Tibets*

## Erosion

Als junges und rasch aufgefaltetes Gebirge unterliegt der Großraum des Himalaya einer starken Erosion. Durch diese Prozesse bildeten sich riesige Schotterbänke und junge Sedimentschichten. Sedimentbänke von 1000 Metern Mächtigkeit sind in den großen Flusstälern des Sutlej oder des Yarlung Tsangpo keine Seltenheit.

In der geologischen Vergangenheit wurde der Lauf des Indus und des Yarlung Tsangpo infolge der Gebirgsbildung und Erosion umgeleitet. In den charakteristischen Flussbiegungen, die den Flüssen während der Himalaya-Aufwerfung ihren neuen Verlauf aufzwangen, stehen markante Berge: Der Nanga Parbat (8125 Meter) im Westen im Indus-›Knick‹ und der Namcha Barwa (7756 Meter) im Osten im Yarlung-Tsangpo-›Knick‹. Auch heute noch sind landschaftsformende Erosionsvorgänge zu beobachten: Massive Erdrutsche am Parlung Tsangpo führten in den Jahren 1953 bis 1956 zur Aufstauung des Flusses in weiten Bereichen. Dadurch kam es zu einer massiven Aufweitung des Flussbetts, und es entstanden einige neue Inseln im Oberlauf. Die Erdrutsche waren indirekte Folgen des schweren Erdbebens in Osttibet in der Region Kham am 15. August 1950, das eine Stärke von 8,6 auf der Richterskala erreichte.

In den engen und steilen Schluchten Osttibets sind Steinschlag und Erdrutsche etwas Alltägliches, und nicht selten erstrecken sich riesige Schotterfächer von den Berggipfeln bis zum Talgrund. Das erodierte Gestein wird von den großen Flüssen abtransportiert. In der Mündung des Ganges und des Brahmaputra hat sich durch die massiven Erosionsvorgänge in der Himalayaregion der weltweit größte submarine Sedimentfächer gebildet.

*Schutthänge in der steilen Schlucht des Yu Chu*

*Eine Gletscherzunge erstreckt sich von einem über 6000 Meter hohen Gipfel in die karge Landschaft des Chang Tang*

## Gletscher

Die meisten über 6000 Meter hohen Berggipfel Tibets sind das ganze Jahr über mit Schnee bedeckt und teilweise auch vergletschert. Die Gletscher erreichen vor allem im Karakorum-Gebirge eindrucksvolle Mächtigkeiten. Aber auch in Tibet unterliegen die Gletscher seit einigen Jahrzehnten einem starken Volumen- und Flächenschwund.

Das größte Gletschergebiet in Tibet liegt im Kangri-Karpo-Gebirgszug in Osttibet. Der dortige Lhagu-Gletscher ist 30 Kilometer lang und zwischen zwei und fünf Kilometer breit, die gesamte vergletscherte Fläche um den Lhagu-Gletscher umfasst etwa 200 Quadratkilometer.

Beeindruckend sind nicht nur die Hanggletscher der steilen Berge Tibets, sondern auch die Plateaugletscher im zentralen Hochland, dem Chang Tang. Da dort in über 5500 Meter Höhe wüstenhaftes Klima herrscht, geht jeder Wassertropfen, der aus einem schmelzenden Eiskristall entsteht, sofort in die Gasphase über, das Eis sublimiert. Größere Schmelzprozesse an den Gletschern in Form von Oberflächenabflüssen entstehen somit wegen der großen Trockenheit in dieser Höhe kaum. So gibt es an diesen Plateaugletschern in der Regel keine Gletscherabflüsse, kein Gletschertor und kaum im Tal auslaufende Gletscherzungen. Die Gletscherkante endet abrupt als imposante Eiswand auf dem losen Geröllmaterial der Endmoräne.

# Klima

Klimatisch kann Tibet grob in vier Regionen eingeteilt werden: das Hochlandplateau im Norden und Westen, Täler und trockene Regionen im Süden, Waldregionen im Osten und hohe Berge mit tiefen Flusstälern im Südosten. Die meisten Bereiche Tibets haben ein kontinentales, trockenes und windiges Klima. Durch die extreme Höhe ist das Land einer starken Sonneneinstrahlung und sehr hohen Tagestemperaturschwankungen ausgesetzt. In milderen Zonen wie im Yarlung-Tsangpo-Tal schwanken die Tagesdurchschnittstemperaturen zwischen minus 10 Grad Celsius im Winter und plus 20 Grad im Sommer, in einigen Regionen des Chang Tang reicht diese Spanne von minus 40 Grad im Winter bis kaum über null Grad im Sommer. Tibet zeichnet sich durch einen Gradient der Jahresniederschläge aus: Nach Südosten hin steigen die mittleren Jahresniederschläge an, der Nordwesten ist niederschlagsarme Wüste mit weniger als 200 Millimeter Niederschlag pro Jahr.

Das tibetische Hochplateau ragt mit einer Fläche von etwa einer Million Quadratkilometern bis in die mittlere Troposphäre auf und stellt eine deutliche Barriere für Luftmassenzirkulationen dar. Damit beeinflusst das Wettergeschehen in Tibet maßgeblich auch das Großklima umliegender Regionen und die globalen Windzirkulationen.

Im Winter entsteht über Tibet ein stabiles Hochdruckgebiet, das durch Einstrom kontinentaler Luftmassen aus Sibirien gebildet wird. Die kalte, trockene Luft zieht als Wintermonsun nach Südwesten. Charakteristisch für den tibetischen Winter ist eine relativ geringe Schneefallmenge. Diese stabile Hochdruckwetterlage wird jedoch in einigen Jahren durch zyklonartige Stürme, die aus dem Westen vom Mittelmeer kommen, unterbrochen. In diesen Fällen bildet sich ein Tiefdruckgebiet, das auch große Mengen Schnee in höhere Lagen bringt.

*Einzelne Gewitterzellen über dem Chang Tang*

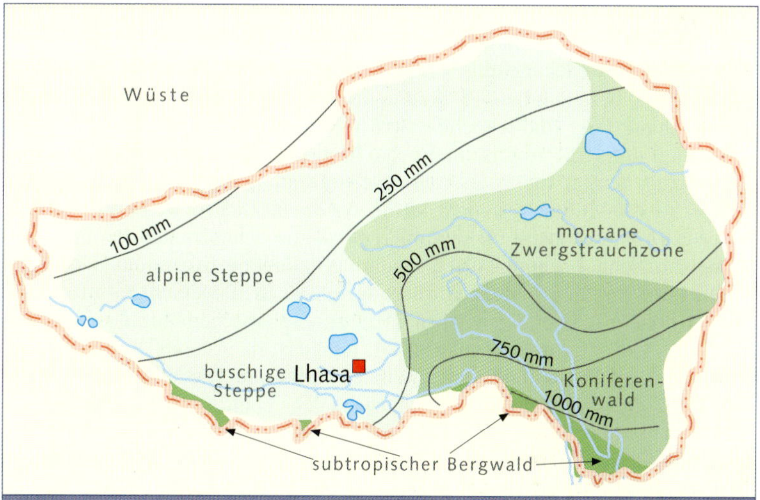


Die Vegetationszonen Tibets

Im Sommer entsteht durch die Hitze in den trockenen und staubigen Wüsten Zentralasiens über Tibet ein Tiefdruckgebiet, das die treibende Kraft für die Bildung der Sommer-Monsunwinde aus dem Südwesten darstellt. Fast der gesamte Niederschlag auf dem tibetischen Hochland fällt im Sommer.

## Westtibet

Im Kunlun-Gebirge ist das Klima geprägt durch staubige Hitze im Sommer und frostige Kälte im Winter. Der mittlere Jahresniederschlag beträgt 50 bis 100 Millimeter, und die Temperaturen schwanken zwischen 30 Grad Celsius am Fuß der Berge im Sommer und minus 30 Grad in den Höhenlagen im Winter. Im Karakorum-Gebirge herrschen eine intensive Sonneneinstrahlung und starke Winde. Der Jahresniederschlag von etwa 100 Millimeter beschränkt sich vor allem auf die Schneezone über 4900 Meter und auf die riesigen Gletscher.

## Chang-Tang-Hochland

Das Chang Tang (nördliche Ebene) ist ein wüstenhaftes Hochplateau im Norden und Zentrum Tibets, es nimmt etwa 70 Prozent des tibetischen Hochlands ein. Das tibetische Hochplateau hat eine Höhe von durchschnittlich 4900 Metern. Die Luft ist sehr klar und trocken. Im Vergleich zum Meeresniveau beträgt der Partialdruck des Sauerstoffs nur 59 Prozent und der des Kohlendioxids nur 50 Prozent. Mit einer Sonnenscheindauer von durchschnittlich 2850 bis 3200 Stunden pro Jahr ist die Einstrahlung, besonders die UV-Strahlung und Infrarot-Strahlung, sehr hoch. Durch die dünne, klare Luft ist das Klima im Hochland durch einen extremen Temperaturunterschied zwischen Tag und Nacht geprägt. Die Amplituden dieser Tagestemperaturänderungen erreichen im Chang Tang nicht selten 40 Grad Celsius oder mehr: Auch im Sommer können die Temperaturen von 30 Grad tagsüber bis minus 15 Grad in der Nacht schwanken. Charakteristisch für das Chang Tang sind schnelle, starke Wetterwechsel.

Bedingt durch die Abschirmung vom Monsuneinfluss durch den Himalaya-Gebirgszug beträgt die Niederschlagsmenge auf dem Chang-Tang-Plateau weniger als 100 Millimeter im Jahr, 90 Prozent davon fallen als Hagel oder Schnee. In der extrem trockenen Luft sublimiert gefallener Schnee unter der intensiven Sonne, d.h. Schnee schmilzt nicht, sondern geht direkt in Wasserdampf über.

Die hohe Strahlungsintensität führt dazu, dass die bodennahen Luftmassen deutlich höhere Temperaturen haben als die atmosphärischen Luftmassen in gleicher Höhe. Diese Temperaturunterschiede führen zu einer starken Luftzirkulation und fördern die Entstehung starker Winde und Stürme. Die Windgeschwindigkeiten erreichen an mehr als 100 Tagen im Jahr über 20 Meter pro Sekunde (72 Stundenkilometer), häufig bilden sich kräftige Windhosen, die staubaufwirbelnd über das Chang Tang fegen.

## Yarlung-Tsangpo-Region

Der Himalaya stellt eine vertikale Barriere dar, für kalte Luftmassen aus dem Norden ebenso wie für die tropischen warmen Monsunluftmassen aus dem Süden. Dementsprechend reicht der Jahresniederschlag auf der Südseite des Himalaya von 1500 Millimeter in Westnepal bis 3000 Millimeter in Bhutan. Im Gegensatz dazu erhält der Nordwestrand des Himalaya 765 Millimeter Niederschlag in Ladakh bis hin zu 150 Millimeter in einigen Regionen Zentraltibets. Der Westhimalaya ist im Winter, der Osthimalaya im Sommer niederschlagsreicher, da die östlichen Gebiete dem Südwestmonsun eher zugänglich sind.

## Die Schluchten Osttibets

In den Schluchten Osttibets ist das Klima stärker geprägt von den süd- und südostasiatischen Monsunzyklen, es herrscht ein feucht-tropisches Klima mit starken Sommerniederschlägen. Die geographische Klimalage wird jedoch überdeckt von einer starken vertikalen Klimazonierung: die schneebedeckten Berggipfel über 6000 Meter, die alpinen Zonen (4700 bis 3400 Meter), die montanen Zonen (3400 bis 1800 Meter) und das milde subtropische Klima in den Tälern (unter 2000 Meter). In den tiefen, in Nord-Süd-Richtung verlaufenden Tälern Südosttibets staut sich tagsüber die Hitze, und es bildet sich ein wüstenartiges Trockenklima, wohingegen in den in Ost-West-Richtung verlaufenden Schluchten eher feuchtes, tropisches Klima ausgeprägt ist.

Die Schluchten Osttibets bilden charakteristische Kleinklimate aus: Sonnige und regenexponierte Südhänge bilden andere Vegetationszonen aus als die schattigeren nordexponierten Hänge. Windexponierte Hänge unterscheiden sich deutlich von solchen im Wind- und Regenschatten der Bergriesen.

## Reisezeit

Tibet kann ohne Probleme ganzjährig bereist werden. Je nach Art der Reise – kulturell geprägtes Sightseeing, Bergsteigen, Mountainbiking oder Trekking in Osttibet – sind bestimmte Jahreszeiten komfortabler.

Das Frühjahr (März bis Mai) ist in Tibet kalt, trocken und sehr windig, Staubstürme und Wetterwechsel sind häufig. Die Vormonsunzeit im Mai ist die ideale Zeit für Gipfelbesteigungen im Hochhimalaya.

Der Sommer (Juni bis August) ist kühl und nass, aber tagsüber heiß: Der Sommer ist die Regenzeit in Tibet. Es kommt zu Überschwemmungen, Pisten weichen auf, und auf dem Hochplateau gibt es heftige Gewitter. Wer blühende Vegetation im tibetischen Hochland erleben möchte, muss dort im Sommer unterwegs sein.

Der Herbst (September bis November) ist kalt und trocken und wird oft als die ideale Reisezeit für Tibet genannt. Die Tage sind im September noch lang und sonnig, aber es regnet nicht mehr. Die Wetterlage ist stabil, der Himmel oft klar. Im September und Oktober ist noch einmal eine kurze Saison für Bergbesteigungen, bevor es im November dafür zu kalt wird. Auch zum Mountainbiking ist diese Saison gut geeignet, da die Pistenoberflächen fest und trocken sind.

Der Winter (Dezember bis Februar) in Tibet ist sehr kalt und trocken, Niederschlag fällt eher selten, erst am Ende des Winters sind Schneefälle in einigen Regionen Tibets häufig. Der Himmel ist im Winter extrem klar, die Fernsicht von Gipfeln und Pässen ist spektakulär.

*Aufsteigender Morgennebel im subtropischen Bereich des Yarlung Tsangpo*

# Die Pflanzen Tibets

Die mit 1,2 Millionen Quadratkilometer riesige Landfläche Tibets – und dabei ist nur die Autonome Region Tibet (chinesisch Xizang Zizhiqu) berücksichtigt – beinhaltet durch die unterschiedlichen klimatischen, hydrologischen und geologischen Verhältnisse eine enorme Spannweite an natürlichen Lebensräumen von den wüstenhaften Regionen im Norden über die Hochgebirgstundra bis zu den Subtropen im Südosten. Die große Artenvielfalt der Flora Tibets – besonders Osttibet und die angrenzende Provinz Yunnan gehören zu den weltweiten ›hotspots‹ der Biodiversität – ist bis zum heutigen Tag nicht vollständig untersucht worden. Erschwerend kommt hinzu, dass die existierenden wissenschaftlichen Studien für Europäer weitestgehend schwer zugänglich sind, da vieles nicht in internationalen Zeitschriften oder im Internet publiziert wird.

Begründet auf das System von Ellenberg zur Einteilung der Weltökosysteme (1973) besitzt Tibet alle Groß-Ökosysteme der Erde: Wälder, Buschzonen, Steppe, Wüste und aquatische Systeme. Solche Makro-Ökosysteme sind normalerweise nur komplett auf der Skala ganzer Kontinente zu finden.

*Mehr als 400 Rhododendron-Arten sind in Tibet zu finden*

Tibet ist das genetische Zentrum (Artbildungszentrum) für die Gattungen Rhododendron, Primula, Saussurea, Pedicularis und andere. Insgesamt sind 400 Rhododendron-Arten in Tibet zu finden, das ist die Hälfte aller weltweit bekannten Arten. Viele endemische (nur dort vorkommende) Pflanzengattungen wachsen in Tibet, wie Circaeaster, Himiphrogma, Chionocharis, Milula, Cyananthus, Leptocodon, Maharanga, Pegia, Chamasium.

Nach Untersuchungen der beiden chinesischen Wissenschaftler Zheng Wei und Xu Feng (1996) wachsen im heutigen Tibet über 12 000 Arten aus 1500 Gattungen der Gefäßpflanzen (zum Vergleich: Die Flora von Deutschland besteht aus etwa 3500 bis 4000 Arten), das ist mehr als die Hälfte aller in ganz China gefundenen Pflanzengattungen. Weiterhin wurden mehr als 5000 Arten von 700 Pilzgattungen gefunden, das sind etwa 82 Prozent aller in China gefundenen Pilze.

Allerdings ist die Verteilung dieser Pflanzenvielfalt in Tibet extrem ungleichmäßig, bedingt durch die großen Unterschiede in Topographie und Klima. Zum Beispiel macht das Chang-Tang-Hochland etwa ein Viertel der Gesamtfläche Tibets aus, beherbergt aber nur ein Zehntel der Pflanzenarten Tibets. Die Region um den Kawa Karpo (Meili Xue Shan) im Süden und Südosten Tibets, die gerade mal ein Fünftel der tibetischen Fläche ausmacht, ist hingegen Heimat von etwa 80 Prozent der in Tibet vorkommenden Pflanzenarten.

Neben den großflächigen Lebensräumen gibt es in Tibet viele azonale und extrazonale Lebensräume – zum Beispiel die Auenvegetation entlang der Flüsse oder die Quell- und Sumpfvegetation im Hochland –, die hier jedoch unberücksichtigt bleiben. Alle Lebensräume sind eng miteinander verzahnt und besitzen fließende Übergänge, beispielsweise die alpinen Wiesen oberhalb der Baumgrenze in Osttibet, die starke Ähnlichkeiten mit der Steppenvegetation des zentral-tibetischen Hochlandes aufweisen.

Aus der Vielfalt aller in Tibet existierenden Lebensräume und Ökosysteme werden im folgenden nur die wichtigsten und großflächigsten dargestellt: die ariden, wüstenhaften Regionen im Norden und Westen, das zentraltibetische Hochland, die Täler mit gemäßigtem Klima im Süden und Osten, die gemäßigten niederschlagreichen Waldregionen im Osten und die subtropischen Täler im Südosten.

## Die Regionen im Norden und Westen

Die aride, wüstenhafte Region erstreckt sich im Norden und Nordwesten bis in die Kunlun-Berge, ins Karakorum-Gebirge und das Aksai-Chin-Plateau (bis in 4000 Meter). Dieses Gebiet steht im starken Einflussbereich der zentralasiatischen Sandwüste Takla Makan im Tarim-Becken nördlich der Kunlun-Bergkette. Viele kleine und mächtige Flüsse wie der Tarim und der Karakaxe fließen von den tibetischen Hochgebirgen in diese abflusslose Senke und versickern im dortigen Wüstensand. Sie sind ideale Wanderkorridore für eine Vielzahl von Arten sowohl der Wüste als auch des Hochgebirges. Fast alle diese Flussläufe werden heute in der Provinz Xinjiang für die Bewässerung landwirtschaftlicher Flächen genutzt und weisen nicht mehr den ursprünglichen Vegetationscharakter in ihren Auenbereichen auf.

*Eine Gentiana-Art*

Das Kunlun-Gebirge und das Aksai-Chin-Plateau sind vor allem wegen der extremen Trockenheit für die dauerhafte menschliche Besiedlung ungeeignet. Allenfalls einige Nomaden ziehen hier im Sommer mit ihren Schafen, Ziegen, Yaks oder Kamelen durch. Die Vegetationsdecke im ariden Norden und Nordwesten Tibets ist sehr gering, die Vegetationszeit beträgt nur zwei bis drei Monate von Anfang Juni bis Mitte August. Viele der an diesen Lebensraum angepassten Arten zeigen einen unproportional kleinen Pflanzenkörper mit nur wenigen oder kleinen Blättern und dafür um so größeren Blüten. Die Energie für die Ausbildung von Blüten in der kurzen Vegetationssaison ziehen die Pflanzen zumeist aus dicken, nährstoffspeichernden Wurzeln oder Zwiebeln. Einige Arten haben auch einen sukkulenten Wuchs. Typische Vertreter dieses Lebensraumes sind die großblütigen Incarvillea younghusbandii und Incarvillea lutea, die gelbe Iris potaninii, die rosablühende Cheiranthus roseus, Vertreter der Mohn-Gattung Meconopsis oder die in den Flusstälern als Büsche vorkommenden Artemisia-Arten und das urtümlich aussehende Ephedra saxatilis (Ephedraceae, eine mit den Kiefern verwandte Gymnospermae). Bei den Grasarten dominiert die Gattung Stipa.

## Das zentraltibetische Hochland

Wie schon erwähnt, ist in diesem riesigen Gebiet des tibetischen Hochlandes (Chang-Tang-Plateau und angrenzende Berge, Transhimalaya-Gebirge, 4000 bis 5500 Meter) nur ein Zehntel der floristischen Artenvielfalt beheimatet. In dieser kalten Hochgebirgslandschaft stoßen die Pflanzen auf mehrere extreme Standortfaktoren, die eine flächenhafte Besiedlung und einen üppigen Wuchs stark einschränken: lange Winter und nur zwei bis drei Monate Vegetationsperiode, Kälte und Frost auch im Sommer, geringe Niederschlagsmengen, geringe Boden- oder Humusauflagen, starke Winde, starke UV-Belastung und Beweidung durch eine Vielzahl von Pflanzenfressern. Die meisten typischen Pflanzen des Hochlandes verfolgen eine vegetative Vermehrungsstrategie. Der Wuchs der an das Hochland angepassten Pflanzen zeigt oft dichte Polsterformen, in denen ein eigenes Mikroklima herrscht, die robust gegen äußere Einflüsse sind und in denen angesammelte Pflanzenreste verrotten. Die Blütengrößen sind nicht so ausgeprägt wie im wüstenhaften Klima. Die Blätter besitzen oftmals eine ledrige Haut oder dichte silbrige Haare, um die empfindlichen Blattzellen vor der Kälte oder der UV-Strahlung zu schützen. Typische Arten des tibetischen

*Ephedra saxatilis*

Hochlandes sind Vertreter der Gattungen Androsace, Arenaria, Oxytropis, Astragalus, Rhodiola, Lamiophlomis, Cremanthodium, Pedicularis, Gentiana, Potentilla, Saussurea oder Saxifraga.

Interessanterweise wachsen im Hochland von Tibet auch einige Pflanzen, die $CO_2$ über den sogenannten C4-Stoffwechsel fixieren. Man nimmt heute an, dass erst im Zuge der Anhebung des tibetischen Plateaus sich global das Klima zu einem saisonalen Monsunklima änderte, das anschließend die Ausbreitung des C4-Stoffwechseltyps vor allem in den tropischen Grasländern weltweit begünstigte. Pflanzen mit C4-Stoffwechsel sind besonders angepasst an saisonale Klimate mit hohen Temperaturen einerseits, aber auch an niedrige CO22-2Partialdrücke, wie sie auch in großen Höhen zu finden sind. Etwa 15 Prozent der Grasarten in Tibet weisen diesen C42-2Stoffwechsel auf, und alle in Tibet vorkommenden Arten aus den Gattungen Eragrostis, Setaria und Digitaria sind C42-2Arten. Bei den Chenopodiaceen sind 30 Prozent der in Tibet vorkommenden Arten C4-2-2Pflanzen. Die C42-2Chenopodiaceen Salsola monoptrea und Agriophyllum squarrosum kommen bis in 4800 Meter Höhe vor, die C42-2Grasart Orinus thoroldii wächst bis in 5400 Meter Höhe. Von den einjährigen C42-2Pflanzen wächst die Hälfte in Höhen über 3500 Metern.

## Die großen Flusstäler im Süden und Osten

Das weite Tal des Yarlung Tsangpo und viele der osttibetischen Flusstäler liegen häufig im Regenschatten hoher Bergmassive und sind aufgrund ihres trockenen Klimas und ihrer daran angepassten Vegetation sehr gut mit mediterranen Bergregionen vergleichbar. Die Temperaturen zwischen Sommer und Winter sind sehr ausgeglichen, die Niederschläge fallen unregelmäßig über das Jahr verteilt, und die Region ist in der Regel frostfrei. In diesen Talregionen sind auf den Schwemmfächern der Seitenzuflüsse und auf hochliegenden alten Flussterrassen viele landwirtschaftliche Flächen angelegt worden. Angebaut wird Gerste, Weizen, Raps, Senf und Hülsenfrüchte; die Bewässerung erfolgt häufig über ein Kanalsystem.

In der Höhenzone von 2500 Meter bis 3500 Meter wachsen an den trockenen Hängen dornige Büsche, trockentolerante Stauden und hartlaubige Bäume (am häufigsten ist Quercus semecarpifolia und Pinus wallichiana). Einige Arten sind in der trockenen Jahreszeit laubabwerfend. Häufige Gattungen dieses Landschaftstyps sind Berberis, Caragana, Jasminum, Cupressus, Juniperus, wilde Pfirsichbäume und verwilderte Granatapfel-Sträucher. Die Kiefern wachen in den höheren Zonen dieser Trockenhänge, im Übergangsbereich zu den Nadel- und Mischwäldern, und werden je nach Erreichbarkeit auch forstlich genutzt. In diesen Kiefernwäldern findet man häufig Orchideenarten (beispielsweise Pleione scopulorum und Cypripedium flavum), Leontopodium, Daphne, Rosea und einige an die Trockenheit angepasste Rhododendren. Eine Besonderheit in dieser mediterranen Landschaft sind die Felsen, auf denen poikilohydre Pflanzen gedeihen. Das sind wechselfeuchte Pflanzenarten, die komplett austrocknen können und nach einer Wiederbefeuchtung sehr rasch erneut mit der Photosynthese beginnen können. Am häufigsten ist hier Selaginella delicatula anzutreffen.

Unterhalb dieser Höhenstufe, in den trocken-heißen Tälern der großen Ströme Mekong, Salween und Yangtse herrscht außerhalb der Regenzeit schon wüstenhaftes Klima mit häufigen Tagestemperaturen von über 40°C. Die inzwischen in den meisten Regionen dieses Landschaftstyps häufigste, wenn auch nicht ursprüngliche Pflanze ist eine aus Mittelamerika eingeführte Opuntien-Art. Sie dient nicht nur als Viehfutter, sondern auch ist auch ein relativ guter Erosionsschutz. Nur konnten wir uns bisher einfach noch nicht an deren Anblick in Tibet gewöhnen.

*Delphinium kamaonense*

Im krassen Gegensatz dazu steht das Aussehen der regenzugewandten Hänge der osttibetischen Berge, die in der Regel dicht mit Mischwäldern bewachsen sind. Hier wird die Vegetationsperiode nicht durch eine starke Trockenheit unterbrochen, die Temperaturen sind gemäßigter und ebenfalls frostfrei. Durch die Niederschläge existiert auch eine bessere Bodenbildung, wodurch auch eine dichte krautige Vegetation möglich ist. Charakteristisch sind die vielen Epiphyten, auf den Bäumen wachsende Pflanzen, besonders Farne.

*Leontopodium, auch bekannt als Edelweiß, in Osttibet*

In diesen lichten Wäldern gedeihen viele Rhododendron-Arten im Unterwuchs von Birken, Pappeln, Ulmen, Kastanien, Eichen, Kiefern, Tuja und Cupressus. Besonders farbenprächtig sehen diese Wälder im Mai aus, wenn zwischen dem zarten Hellgrün der ersten Baumblätter die rosa und weißen Blüten der Rhododendren leuchten. In der krautigen Schicht wachsen viele Primula-Arten, die auch in unseren Gärten kultivierten Paeonia ludlowii und Paeonia lutea, die hellblau blühende Iris latistyla und viele auch in Europa weitverbreitete Gattungen wie Clematis, Hypericum, Cotoneaster, Salvia, Pedicularis, Delphinium, Spiraea, Stellera oder Rosa.

In den tieferen Lagen der regenbegünstigten Tälern Osttibets gehen diese Mischwälder in die subtropischen Wälder über, in den höheren Hanglagen in die dichten Nadelwälder der gemäßigten Zone.

## Die dichten Waldregionen im Osten

In den gemäßigten niederschlagsreichen Waldregionen im Osten (3000 Meter bis 4000 Meter) fühlt man sich in den europäischen Alpenraum versetzt. Mächtige Baumriesen bilden dichte Nadelwälder, in deren Unterwuchs verschiedene Rhododendron-Arten wachsen, die selbst baumförmigen Wuchs aufweisen. Darunter stehen eine Vielzahl an schon bekannten krautigen Pflanzengattungen, wie Primula, Gentiana, Pedicularis, Potentilla oder Delphinium. Die Bäume und Büsche sind dicht behangen mit Bartflechten (Usnea). Der Artenreichtum dieses Landschaftstyps ist enorm: Etwa 80 Prozent aller asiatischen Rhododendron-Arten kommen hier vor. Alleine die Nadelbäume zählen 40 Arten aus sieben Familien und 15 Gattungen, wie Abies, Larix, Picea, Pinus, Tsuga, Cupressus, Juniperus, aber auch seltene Vertreter wie Podocarpus, Amentotaxus oder Cephalotaxus. Unter den Laubbäumen findet sich eine nicht minder artenreiche Zusammensetzung aus weit über 1000 Arten aus 60 Familien, wie Ericaceae, Salicaceae, Betulaceae, Rosaceae, Aceraceae, Caprifoliaceae, Rutaceae, Tiliaceae, Thymelaeaceae, Urticaceae, Juglandaceae oder Magnoliaceae.

Neben den Kiefernwäldern aus der unterhalb liegenden Hangstufe sind diese Wälder die Hauptlieferanten für das forstwirtschaftlich nutzbare Stammholz, das für die großen Gebäude und Klosteranlagen Ost- und Zentraltibets seit Jahrhunderten in nachhaltigen Mengen geerntet wurde. Seit dem Einmarsch der Chinesen werden diese Wälder auch großflächig gerodet, wo sie mit Fahrzeugen erreichbar sind. Forstlich nutzbar und begehrt sind besonders die geradstämmigen und volumenstarken Stämme der Nadelbaumarten sowie die farbig gemusterten Holzarten einiger Laubbaumarten, darunter von Ahorn, Birken, Eichen, Kastanien und Ulmen.

## Die subtropischen Täler im Südosten

In den subtropisch feuchten Regionen Osttibets in Höhen von etwa 2000 Metern (tiefster Punkt im Yarlung-Tsangpo-Tal an der Grenze zu Indien) bis in etwa 3000 Meter gedeihen dichte Wälder aus immergrünen oder teilweise laubabwerfenden Baumarten. Eine große Anzahl von Büschen, Kletter- und Schlingpflanzen sowie Bambusstauden vermitteln den Eindruck eines tropischen Ökosystems. Nebelschwaden und Monsunregen durchfeuchten die Wälder, reißende Flüsse graben sich tief in die Täler ein. Große Schmetterlinge und bunte Vögel fliegen über den Baumkronen. Die Äste und Stämme sind mit dichten Moospolstern behangen und mit epiphytischen Farnen und Orchideen bewachsen. Typisch subtropische Pflanzengattungen in Osttibet sind Melastomataceae, Alangiaceae, Menispermaceae, Annonaceae, Flacourtiaceae, Combrataceae, Stachyuraceae oder Guttiferae. Die tropischen Orchideen, zum Beispiel Dendrobium, Arundina, Habenaria oder Cymbidium, sind ebenfalls heimisch in den feucht-subtropischen Regionen Osttibets. In der Baumschicht finden sich subtropische Vertreter vieler auch in Europa bekannter Familien: Cornaceae, Magnoliaceae, Tiliaceae, Betulaceae, Pinaceae oder Solanaceae.

# Die Tierwelt Tibets

Laut Information der tibetischen Exilregierung leben wissenschaftlichen Schätzungen zufolge in Tibet fast 800 Wirbeltierarten. Darunter seien 61 Fischarten, 44 Amphibienarten, 49 Reptilienarten, 505 Vogelarten und 118 Säugetierarten. Die zahllosen Wirbellosen (Insekten, Schnecken, Spinnen) sind noch nicht einmal mitgerechnet. Bereits unter der Regentschaft des V. Dalai Lama (1617–1682) wurde es amtlich verboten, Tiere zu töten. Davon ausgenommen waren solche, die als Haustiere gehalten wurden, oder jene, die man aus Notwehr töten musste, wie beispielsweise Wölfe, Bären, Ratten oder Schlangen. Der Buddhismus und die landschaftliche Vielfalt des Landes sorgten dafür, dass Tibet ›ein einziger großer Zoologischer Garten‹ blieb, so der englische Forschungsreisende Francis Kingdon-Ward (1886–1958).

*Dichte Nadelwälder prägen die Waldregionen des Ostens*

*Apollofalter*

Durch die Größe und Ausdehnung Tibets von der Hochgebirgssteppe bis in die subtropischen Regionen ist eine vollständige Erfassung der Tierwelt Tibets kaum möglich. Die Artenvielfalt Osttibets ist bis heute noch nicht vollständig dokumentiert, da viele Gebiete schwer zugänglich sind und die Region um die großen osttibetischen Flusstäler weltweit zu den Regionen mit einer außergewöhnlich hohen Artenvielfalt gehören. Diese Region der ›Drei-Flüsse-Landschaft‹ im Osten Tibets und in der heutigen Provinz Yunnan ist seit 2003 auch UNESCO-Weltnaturerbe. Leider sind die meisten der vorhandenen wissenschaftlichen Werke über die Fauna nicht vollständig und für einen Europäer nicht leicht zu erschließen. Im Gegensatz zu Osttibet sind die im Hochland Zentraltibets vorkommenden Tierarten besser erfasst, da dieses Gebiet durch seine landschaftliche Weite leichter zu erforschen war und von einer relativ geringen Anzahl an Tierarten bewohnt ist.

## Amphibien und Reptilien

Die bisher erfassten 44 Amphibienarten und 49 Reptilienarten Tibets leben hauptsächlich im subtropischen Bereich Osttibets. Die Artenzahl scheint zwar relativ überschaubar zu sein, allerdings ist es sehr schwierig, diese Vielfalt in der verfügbaren Literatur zu finden.

*Bartgeier*

Dagegen ist die Artenvielfalt dieser Tiergruppen im Chang Tang äußerst überschaubar. Bisher wurde in der Gruppe der Amphibien nur eine Froschart (Altirana parkeri) gefunden. Die Gruppe der Reptilien wird nur durch zwei kleine Eidechsenarten aus der Familie der Krötenkopf-Agamen (Phrynocephalus theobaldi und Phrynocephalus erythrurus) und die in einigen Tälern Nordosttibets lebende Tibetnatter (Thermophis baileyi) vertreten. Die Art Phrynocephalus erythrurus kommt noch bis in Höhen von 5200 Meter vor, was für Reptilien weltweit wohl der Höhenrekord ist.

## Säugetiere

Die 118 dokumentierten Säugetierarten Tibets sind zum größten Teil in den Tälern Süd- und Osttibets zu finden, besonders die artenreiche subtropische Bergregion beherbergt die meisten Tierarten dieser Gruppe. Die Liste der Säugetiere listet nur 52 Arten auf (s. S. 340). Erwähnenswert sind etwa das Moschustier, das Muntjak, der Axishirsch, das Takin, die Schraubenziege und das Blauschaf. In der Liste fehlen die vielen Kleinsäuger und Fledermäuse Tibets, die in der verfügbaren Literatur nur sehr schwer zu finden sind. Die Artenliste der auf dem Chang Tang beobachteten Säugetiere umfasst dagegen nur etwa 25 Arten. Die bekanntesten dieser Gruppe sind der Kiang, die Tibetantilope, das Wildyak, die Pfeifhasen oder der Schneeleopard.

### Kiang

Der Kiang (Equus kiang), auch Tibetesel genannt und auf tibetisch Jiang, ist eine eigene, nur in Tibet vorkommende Pferdeart. Kiangs treten in drei Varietäten auf, als eine östliche, eine zentrale und eine seltene, südliche Art, die in Sikkim und Ladakh vorkommt. Allerdings wurde über dieses bemerkenswerte Tier, das mit einer Schulterhöhe von 1,40 Metern das größte Wildpferd der Erde ist, bis heute keine umfassende populationsökologische Studie durchgeführt. Über ihre Wanderrouten im Laufe eines Jahres ist sehr wenig bekannt. Ihre Zutraulichkeit und Neugierde bekamen ihnen in der Vergangenheit schlecht: Während der chinesischen Invasion Tibets und der nachfolgenden Hungersnot, die Maos ›Großen Sprung nach vorne‹ begleitete, wurden die Kiang zu tausenden abgeschossen. Seither haben sie sich zum Glück wieder vermehrt – manchen Schätzungen zufolge auf 200 000; andere, die weniger optimistisch sind, sprechen von immerhin 80 000 Tieren.

*Tibetesel auf dem Chang-Tang-Plateau*

Die Kiang sind typische Bewohner des Chang-Tang-Hochlandes, und es ist ein wunderschöner Anblick, wenn die Herden von bis zu 150 Tieren über die Ebenen galoppieren. Sie sind ständig in Bewegung und legen jährlich tausende Kilometer zurück.

Das Chang Tang bietet wenig gute Verstecke. Die sanft gewellten Ebenen und die Klarheit der Höhenluft, die Stille und das Fehlen von hohem Gras oder Bäumen und Sträuchern lässt nicht zu, dass sich Raubtiere leicht an die Tierherden anschleichen können. Die Tiere erkennen ein sich näherndes Objekt schon von weitem.

## Tibetantilope

Die Tibetantilope (Pantholops hodgsonii), tibetisch Tseu, indisch Chiru genannt, ist das vielleicht schönste Tier des Chang Tang. In seinem Äußeren und Verhalten ist es den afrikanischen Oryx-Antilopen nicht unähnlich. Im Gegensatz zu anderen Vertretern aus der Familie der Bovidae (Hornträger), wie der Tibetgazelle oder dem Yak, tragen die weiblichen Tiere der Antilope keine Hörner. Die Männchen besitzen zwei steil nach oben ragende Hörner, die am oberen Ende leicht nach vorne gebogen sind. Die Männchen folgen den weiblichen Herden als Einzelgänger, manchmal auch in kleinen Gruppen. Die aus weiblichen Tieren zusammengesetzten Herden von bis zu 30 Tieren ziehen über die grasbewachsenen Ebenen des tibetischen Hochlandes. Gelegentlich schließen sie sich auch zu Herden von bis zu 2000 Tieren zusammen. Sie halten sich häufig in der Nähe anderer Tierherden wie der Kiangs auf. Wie Wellen fließen die Kiang- und Antilopenherden über das gelbbraune Gras. Die Tibetantilopen sind sehr scheue Tiere – wahrscheinlich auch wegen der rücksichtslosen Jagd, die auf diese Tiere wegen ihres Fells gemacht wird. Aus den ausgekämmten Haaren des Bauchfells wird die hochbezahlte Shahtoosh-Wolle hergestellt (siehe auch Seite 54).

*Wildyak*

Die natürliche Population der Tibetantilopen schwankt beträchtlich und ist sehr stark mit dem jeweiligen Nahrungsangebot im tibetischen Hochland verknüpft. In manchen Wintern, in denen große Mengen Schnee fallen, haben die Tiere nur wenige Möglichkeiten, an das darunter befindliche trockene Gras zu kommen. In solchen Wintern sterben tausende Tiere vor Hunger und Erschöpfung. In den Folgejahren erholt sich die Population jedoch rasch wieder, da die potentiellen Räuber nach solchen Hungerjahren ebenfalls in geringerer Zahl vorhanden sind. In diese natürlichen Zyklen darf der Mensch nicht eingreifen, sonst zerstört er den Kreislauf und die Stabilität des fragilen Ökosystems im Chang Tang. Vor 100 Jahren sollen auf dem tibetischen Chang-Tang-Plateau und dem Qinghai-Plateau noch fast eine Million Tibetantilopen gelebt haben, heute ist ihre Zahl auf geschätzte 75 000 Tiere geschrumpft.

## Tibetgazelle

Die Tibetgazelle (Procapra picticaudata), tibetisch Guowa genannt, ist ein kleines und nur 15 Kilogramm wiegendes Geschöpf, jedoch von schöner Anmut und außergewöhnlicher Bewegungskraft. Die Tibetgazelle ist mit den zwei anderen Gazellen Zentralasiens, der Mongolischen Kropfgazelle (Procapra gutturosa) und der Przewalskigazelle (Procapra przewalskii), eng verwandt. Sie kann die extremen Temperaturschwankungen des Chang Tang ertragen und ist an das geringe Nahrungsangebot des Hochlandes gut angepasst. Die Art lebt in kleinen Gruppen von bis zu zehn Tieren, meist mit gemischter Geschlechterzusammensetzung. Zumeist sehen wir diese Tiere nur von hinten auf der blitzartigen Flucht. Ihr weißer Schwanzspiegel mit dem kurzen schwarzen Schwanz ist ein perfektes Erkennungsmerkmal aus größerer Entfernung. Beide Geschlechter tragen etwa 30 Zentimeter lange Hörner, die zuerst gerade hoch wachsen und dann im fast rechten Winkel nach hinten umgebogen sind. Die Hörner der Männchen sind etwas länger und kräftiger als die der Weibchen.

## Wildyak

Das größte, mächtigste und schwerste Tier des Chang Tang ist das Wildyak (Bos mutus), tibetisch Drong genannt. Dieses bis zu 1200 Kilogramm schwere Tier ist der Urahn der Hausyaks, von dem die gesamte wirtschaftliche Existenz der Hochlandnomaden abhängt. Yaks werden schon seit vielen Jahrhunderten domestiziert gehalten. Die ältesten Quellen dazu stammen aus der Zhou-Dynastie um 850 vor Christus.

Das Wildyak ist erheblich größer als das Hausyak. Michail Przewalski, ein russischer Wissenschaftler, schrieb 1887 noch, er habe Hügel gesehen, die schwarz waren mit tausenden von Yaks. Aber schon Mitte der 1930er Jahre fand der Wissenschaftler Ernst Schäfer nur noch wenige Einzeltiere und diese weit verstreut. Der Bau der Straße von Golmud nach Lhasa in den 1950ern brachte nicht nur viele Jäger ins Hochland, sondern schnitt auch die östlich gelegenen alpinen Wiesenlandschaften von den alpinen Steppenlandschaften des Chang

Tang ab. Die traditionellen Wanderrouten der Yaks waren gekappt. Die im Osten lebenden Restbestände an Yaks waren schnell abgeschossen. Danach wurde es still um das Wildyak. In der Fachwelt ging man viele Jahre lang davon aus, dass es keine Wildyaks mehr gäbe. Seit Mitte der 1990er Jahre wurden jedoch während einiger Expeditionen in die unbewohnten Regionen des Chang Tang wieder Einzeltiere oder kleine Herden mit bis zu 60 Tieren entdeckt. Die Beobachtung von Wildyaks ist nicht einfach, da diese Tiere einen herannahenden Beobachter (oder sein Fahrzeug) schon aus mehreren Kilometern Distanz sehen, empfindlich auf Störungen reagieren und über große Strecken flüchten. Das Wildyak steht inzwischen unter strengem Schutz.

## Pfeifhase

Das Hochland von Tibet ist bevölkert von tausenden von Pfeifhasen oder Pikas, tibetisch Apuri genannt. Insbesondere kommen in Tibet zwei Arten vor: der Himalaya-Pfeifhase (Ochotona roylei) und der Schwarzlippen-Pfeifhase (Ochotona cruzoniae). Diese etwa hamstergroßen Nagetiere wohnen in unterirdischen Bauten und ernähren sich von Gras und anderen krautigen Pflanzen. Sie legen einen Wintervorrat an Heu an und überleben so sehr gut unter der Schneedecke. Für die meisten Raubtiere des Chang Tang, vom Wolf bis zum Falken, sind die Pfeifhasen die Nahrungsgrundlage. Besonders in den schneearmen Wintern, in denen die großen Huftiere genug Nahrung zum Überleben finden, müssen sich die Raubtiere an die kleinen Nagetiere halten.

In den meisten Gebieten des Chang Tang sind die Pfeifhasen wiederum die Grundlage dafür, dass in den kargen Hochgebirgssteppen der Boden durchlüftet wird, Nährstoffe eingetragen werden und für die Vegetation die Bodenfruchtbarkeit erhalten bleibt. Regenwürmer, die in unseren Breiten diese wichtige Aufgabe übernehmen, sind in über 5000 Meter Höhe nicht zu erwarten. So sind letztendlich die bodenwühlenden Pfeifhasen die Basis für den großen Tierreichtum dieser Region. Menschen gegenüber sind sie sehr neugierig und lassen sich nach wenigen Minuten der Angewöhnung sehr gut fotografieren und filmen. Ihren Namen haben die Pfeifhasen übrigens von den hohen Tönen, die sie tatsächlich häufig von sich geben, unter anderem als Warnsignal.

## Schneeleopard

Ein Tier des Chang Tang, das der Reisende wohl kaum lebend zu Gesicht bekommen wird, ist der Schneeleopard (Panthera uncia), tibetisch Sha, Samo oder Gangsi. Diese bis zu 1,30 Meter lange und bis zu 120 Kilogramm schwere Katze ist ideal an die Höhen und Landschaftsformen der asiatischen Hochgebirge und des Chang Tang angepasst. Das Fell ist grauweiß bis hellbraun und mit rauchig-dunklen bis schwarzen Flecken besetzt, so dass das Tier auf einem vegetationsfreien Hintergrund sehr gut getarnt ist. Noch dazu jagt er mit Vorliebe nachts. Der Schneeleopard zieht zwischen 3500 Metern und bis weit über der 6000er Höhenmarke seine Spuren durch den Schnee, wandert auch über Glet-

*Hier war ein Schneeleopard unterwegs*



scher und durch steile Bergflanken und ist ein äußerst scheuer und vorsichtiger Einzelgänger. Seine Beute sucht er sich in den großen Herden der grasbedeckten Ebenen, bei den Bergziegen (Blauschaf, Argali-Schaf, Steinbock), Murmeltieren, Hasen und Schneehühnern sowie gelegentlich auch bei den Herden der Nomaden. Traditionell waren die Nomaden der Meinung, dass überall dort, wo der Schneeleopard jagt, weniger Wölfe leben, was insgesamt positiv für den Haustierbestand ist. Daher wurde das Wappentier Tibets von den Einheimischen meist in Frieden gelassen.

Die neuen Modetrends in den Städten Tibets und die damit verbundenen Verdienstmöglichkeiten für Nomaden, die der Wilderei auch auf den Schneeleoparden nachgehen, haben diese traditionelle Ansicht inzwischen leider zerstört. Schätzungen zufolge leben im Chang Tang noch 500, in ganz Tibet noch 2200 dieser schönen Tiere. Jeder von ihnen benötigt eine Reviergröße von 60 bis zu 200 Quadratkilometern. In China steht er auf der Artenschutzliste als starkgefährdete Tierart. Obwohl die Jagd absolut verboten ist, lassen sich dennoch in diversen tibetischen und chinesischen Geschäften Felle entdecken, sei es offenkundig im üblichen Sortiment, sei es versteckt hinter der Ladentheke. Ein Fell ist mehrere tausend Euro wert, was Wilderer und Glücksritter auf den Plan ruft.

### Tibet-Braunbär

Eine absolute Rarität und zugleich ein faunistisches Kuriosum im Chang Tang ist der Tibet-Braunbär (Ursus arctos pruinosus oder Ursus pruinosus thibetanus), wegen seines hellen Fells auch Isabell-Braunbär und auf tibetisch Tsemeng oder Dingri genannt. Das seltene Tier lebt in einer sehr geringen Populationsdichte, was wahrscheinlich daran liegt, dass diese Unterart des Braunbären während einer warmen Epoche nach der letzten Eiszeit in das Chang Tang einwanderte und anschließend von wüstenhaften Regionen mit geringem Nahrungsangebot von den übrigen asiatischen Verbreitungsgebieten der Hauptpopulation abgeschnitten wurde. Der Tibet-Braunbär musste sich somit an das im Chang Tang immer trockener werdende Klima, die Baum- und Strauchlosigkeit und das dortige Nahrungsspektrum anpassen. Untersuchungen ergaben, dass sich der Tibet-Braunbär zu 66 Prozent von Nagetieren (Pfeifhasen und Murmeltiere) und zu 25 Prozent von frischem Gras ernährt. Der Rest der Nahrung besteht aus Aas, Pflanzenwurzeln oder Insekten. Rechnet man die jährliche Menge an Nagetieren hoch, entspricht das dem Verzehr von etwa 45 Schafen pro Jahr. Daher werden die Bären von den Nomaden nicht oder nur sehr selten gejagt, sondern eher verjagt. Allerdings führt der lukrative chinesische Markt für Bärenprodukte, besonders für Gallenblase, Fleisch und Knochen, wie schon bei vielen anderen Wildtieren dazu, dass der Bär trotz offiziell strengen Schutzes auch heute noch gejagt wird.

## Vögel

Über 500 Vogelarten wurden alleine für Tibet erfasst. Dagegen ist das tibetische Chang-Tang-Hochland in Relation zu seiner großen Fläche mit 108 Vogelarten relativ artenarm. Viele der im Chang Tang beobachteten Vogelarten (s. S. 333) sind zudem Zugvögel, die sich nur in der Brutsaison im Hochland aufhalten. Als Wintergäste sind bisher nur 16 Arten beobachtet worden. Eventuell muss in Folge der Klimaerwärmung, der Verschiebung von Artengrenzen und Wanderrouten in Zukunft mit mehr Arten gerechnet werden.

*Der Tibet-Ohrfasan*

*Schwarzhalskraniche*

An den Ufern aller Gewässer des Chang Tang (Salz- und Süßwasserseen, Flüsse und Sümpfe) sieht man von April bis August die Himalaya-Streifengans (Anser indicus). Diese Vogelart ist bis zu 85 Zentimeter lang und wiegt bis zu drei Kilogramm. Ein markantes Erkennungsmerkmal sind die zwei schwarzen Querstreifen auf weißem Grund am Hinterkopf und der schwarze Halsrücken. Als Brutvogel bevölkern die Streifengänse selbst die entlegensten Seen im westlichen Chang Tang, wo sie sich von Gras, krautigen Pflanzen, Insekten oder Wirbellosen im Schlick ernähren. Sie überwintern in Indien, weshalb sie zweimal jährlich über den Himalaya-Hauptkamm fliegen müssen. Die Streifengänse sind als die ›Astronauten‹ unter den Vögeln dafür bekannt, dass sie am oberen Rand der Troposphäre, in über 10 000 Metern Höhe bei Temperaturen von bis zu minus 70 Grad Celsius fliegen können. In dem Kinofilm ›Nomaden der Lüfte‹ aus dem Jahr 2002 zierten Streifengänse das Werbeplakat.

Im Gegensatz zur Streifengans ist der Schwarzhalskranich (Grus nigricollis) ein seltener Vogel des Chang Tang. Die sommerliche Brutpopulation wird momentan auf 1200 bis 1600 Tiere geschätzt. Ihr Überwinterungsgebiet liegt in Yunnan, Bhutan und in den breiten Flusstälern im Süden Tibets, wo sich bis zu 4000 Tiere versammeln können. Die lebenslang verbundenen Paare kommen schon im frühen April zur Balz in die Sümpfe und Feuchtgebiete des Hochlandes, selten jedoch in Gebiete über 4500 Meter Höhe. Ihre Nahrung besteht aus vegetarischer Kost, aus Insekten, Nagetieren und den wenigen im Wasser lebenden Fischen und Fröschen.

An den vielen Seen des Hochlandes häufig zu sehen ist die Rostgans und verschiedene Entenarten. Beeindruckend sind die Beobachtungen der großen Greifvögel, darunter Uhu, Goldadler oder Bartgeier. Der in den warmen und trockenen Gebieten vorkommende Wiedehopf besitzt eine sehr geringe Scheu vor dem Menschen und lässt sich oft aus nächster Nähe beobachten.

## Die Nutztiere der Tibeter

### Yak

Der Yak ist das wichtigste Transporttier der Nomaden. Yaks sind sehr widerstandsfähige Tiere, die auch in großer Höhe noch Lasten von über 40 bis 60 Kilogramm tragen können. Die Yaks sind aber nicht nur Transporttiere, sondern traditionell die wichtigste Grundlage im Wirtschaftssystem der Nomaden. Die Wolle wird zur Herstellung der Zelte und Decken, Haut und Leder zur Herstellung von Kleidung, Betten und Booten verwendet. Die Yakmilch wird zu Butter und Käse verarbeitet, das Fleisch wird gegessen oder zur Vorratsbildung in der kalten, trockenen Luft getrocknet. Die Knochen dienen zur Herstellung von Geräten. Selbst der Yakdung ist wichtiger Rohstoff, denn er dient in getrockneter Form als Brennmaterial. Im Tibetischen bezeichnet ›Yak‹ die männlichen Tiere, ›Dri‹ sind die weiblichen Tiere. Die Bauern der Täler verwenden die Kreuzung eines Kuhbullen mit einem weiblichen Yak (tibetisch Dzo) als Zugtiere bei der Feldarbeit.

### Pferd

Das Pferd ist das Reittier der Tibeter. Es gilt als wertvolles Tier, mit dem man schnell große Entfernungen zurücklegen kann. Die tibetischen Pferde sind klein und kräftig und an größere Höhen angepasst. Als Tierkarawanen die einzige Möglichkeit für Warentransporte waren, hatte man die tibetischen Pferde sogar darauf trainiert, auch Fleisch

*Maultierkarawane im Tal des Yu Chu*

zu fressen, um so Strecken mit wenigen Weidemöglichkeiten zu durchqueren. In den steilen Tälern Osttibets werden Pferde und Maultiere auch heute noch als Transporttiere für Waren verwendet. Es gibt noch immer sehr viele Dörfer, die nur mit Hilfe von Maultierkarawanen erreicht werden können. Die Tiere werden mit bunten Troddeln geschmückt, und das Leittier trägt ein Glöckchen. In über 4500 Metern Höhe fühlen sich Pferde oder Maultiere nicht wohl. Hier ersetzt das Yak das Pferd als Transporttier.

## Schaf

Schafe stellen die größte Tiergruppe der Nomaden. Das Schaf ist nicht nur Woll-, Fleisch- und Milchlieferant, sondern auch ein Lasttier. Insbesondere lange Wegstrecken mit geringem Nahrungsangebot werden mit bepackten Schafherden zurückgelegt. Die Schafkarawanen spielen neben den Yakkarawanen auf den alten Handelswegen der Tibeter eine besondere Rolle: Mit Salz von den Seen des Chang Tang beladen, ziehen sie weite Strecken zu den Siedlungen im Süden, um dort das Salz gegen Getreide oder andere Dinge einzutauschen. Mit den Tauschwaren auf dem Rücken der Schafe zieht die Karawane dann wieder gen Norden. Nicht selten sind die Händler so mehrere Monate unterwegs. Die Tiere werden für die gesamte Zeit der Wanderung nicht von ihrer bis zu 20 Kilogramm schweren Last befreit.

## Ziege

Die Ziegen sind vor allem Fleisch- und Milchlieferanten. Der Ziegendung wird als wichtiges Brennmaterial gesammelt. Die Ziegen werden in gemischten Herden mit Schafen gehalten und beweiden die karge Vegetation des Chang Tang und die Trockenhänge der steilen Schluchten Osttibets. Die Kaschmirziege ist eine regionale Ziegenart, die vor allem wegen ihrer Wolle gehalten wird. Die Kaschmirwolle wird aus den ausgekämmten Bauchhaaren gewonnen.

## Schwein

Schweine werden vor allem von den Bauern in Osttibet gehalten. Die relativ kleinen, aber robusten Schweine, meistens schwarzhaarig, werden in die Wälder getrieben, wo sie selbständig nach Nahrung suchen.

## Hühner

Haushühner werden lediglich von den sesshaften Tibetern in Höhenlagen unter 3500 Metern gehalten.

## Bienen

Bienenhaltung ist in Tibet nur in den tieferen Lagen des Yarlung-Tsangpo-Tals und in den Tälern Osttibets möglich. Die Bienenkästen sieht man häufig neben der Straße, wo die Honiggläser auf Tischen zum Verkauf angeboten werden.

*Hühner im Hof eines Bauernhauses*

## Hunde

Hunde sind in Tibet als Wachhunde für Haus und Hof und als Hütehunde weit verbreitet. Der Tibet-Terrier ist eine eigene Hunderasse, die den Anforderungen im rauhen Klima Tibets gerecht wird. Die Tiere sind groß und dicht behaart, sie sind ausgezeichnete Kletterer und besitzen eine gewaltige Sprungkraft. Lhasa-Apso und Shih-Tsus sind zwei weitere Rassen, die seit über 2000 Jahren von Lamas in Klöstern gezüchtet wurden. Lhasa-Aspos gelten als Reinkarnationen der Lamas und sind ›heilige Hunde‹. Die Shih-Tsu wurden aufgrund ihres außerordentlich guten Gehörs als Tempelwachhunde eingesetzt. Man nannte sie auch Löwenhunde wegen ihres löwenähnlichen Fells.

Viele Reisende berichten immer wieder von den besonders angriffslustigen, riesigen Hunden der Tibeter. Gemeint sind die Do Khyi, die großen, kräftigen Schutzhunde der Tierherden der Nomaden und Bauern – im Hochland leben ja auch Wölfe, Bären und Schneeleoparden. Da es in Tibet nie eine Rassezucht in unserem Sinne gegeben hat, sind die Do Khyis dort sehr unterschiedlich in Größe und Typ. Die Do-Khyi-Rasse ist bei den Nomaden wegen ihres ruhigen und selbstbewussten Auftretens beliebt.

Tibet-Terrier und auch die Do Khyis sind keine von sich aus aggressiven Hunderassen, und die Hunde sind nicht gefährlicher oder angriffslustiger als andere, vorausgesetzt, sie sind ›erzogen‹. Aggressive (wenn auch kleinere) Hunde findet man vor allem in heruntergekommenen Straßensiedlungen, in denen diese oft herrenlos herumstreunen. Ein guter Hirtenhund kann Fremden gegenüber abweisend sein, ist aber selten aggressiv. Gerade Trekking- und Radtouristen sollten beachten, dass Tollwut unter Hunden weitverbreitet ist (siehe auch S. 309).

# Tibet - ein Naturparadies?

Vor der Ankunft der chinesischen Besatzungstruppen hatte Tibet nicht nur seine eigene Kultur, Währung und Regierung, sondern wohl auch ein erfolgreiches System des Umweltschutzes. Zwar gab es keine Naturschutzgebiete im westlichen Sinn, dafür waren aber Landschaften, Tiere und Pflanzen durch das buddhistische Verständnis und das Mitgefühl für jedes Lebewesen geschützt: Der tibetische Buddhismus verpönte das Töten von wilden Tieren, zeitweise war es sogar verboten. Kindern wird von klein auf beigebracht, dass alles Leben heilig ist. Zwar verwendete die traditionelle tibetische Medizin eine Reihe an Produkten von wildlebenden Tieren, aber die dafür benötigten Mengen blieben doch relativ gering. Auch gab es sehr wohl Jäger und Wilderer, das Ausmaß blieb jedoch lokal beschränkt und stellte keinen bedrohlichen Eingriff in das Ökosystem dar.

Das allgegenwärtige ›Om mani padme hum‹, das tibetische Bittgebet für die Erlösung aller Lebewesen des Universums, ist Ausdruck dieses Verständnisses. Der tibetische Staat und der Buddhismus hatten ein System hervorgebracht, das sich so weit wie möglich bemühte, mit der Natur im Einklang zu leben.

Tibets Ökosysteme, sei es im subtropischen Osten oder im zentralen Chang Tang, sind vielerorts seit der chinesischen Besetzung grundlegend gestört worden. Im Zuge der von den chinesischen Besatzern forcierten wirtschaftlichen Ausbeutung und Entwicklung von Tibet verschwinden die natürlichen Ressourcen in großem Maßstab. Die ökonomische Entwicklung hat, ähnlich wie auch in den meisten anderen Regionen der Welt, keinerlei nachhaltigen Charakter und wird weder im Sinne des tibetischen Naturverständnisses noch für die Belange der Tibeter und ihrer Umwelt ausgeführt. In einer unethischen Umkehr des buddhistischen Prinzips der Achtung für alle Lebewesen, nach dem der Mensch in einer wechselseitigen Partnerschaft mit seiner Umgebung lebt, betrachten die chinesischen Kolonialherren die natürlichen Ressourcen des Landes als eine wirtschaftliche Hilfsquelle zum Gewinn und Nutzen der Menschen. In dieser Einstellung liegt der heute zu beobachtende rapide Verlust der Artenvielfalt und natürlichen Lebensräume in Tibet, aber auch in weiten Teilen Chinas begründet.

Besonders in Chinas ›Wildem Westen‹ – so die Einstellung vieler Chinesen zu den westlichen Provinzen – sind Naturzerstörung, Umweltverschmutzungen oder Wilderei keineswegs die einzigen im Zuge der ›wirtschaftlichen Entwicklung‹ von den bestechlichen Behörden durchgeführten Schiebereien. Zu den illegal oder halblegal geplünderten Naturressourcen Tibets gehören auch die Bodenschätze des tibetischen Hochlands sowie im Osten Tibets die mächtigen und jahrhundertelang gewachsenen Baumriesen. Auch in der Vergangenheit sind viele große alte Bäume als Bauholz oder für die Inneneinrichtungen der Klöster Tibets und Chinas genutzt worden. Der moderne Raubbau an den tibetischen Wäldern hat jedoch ein Ausmaß erreicht, das zu einem Rückgang der tibetischen Wälder auf etwa 40 Prozent der ursprünglichen Ausdehnung innerhalb der letzen 40 Jahre geführt hat. Dies ist sicher kein Tibet-spezifisches Phänomen, sondern liegt im Trend des weltweiten Rückgangs der Primärwälder durch Abholzung.

## Wilderei und Artenschutz

Es ist naiv zu glauben, dass das angeblich strenge Jagdverbot auf die Tibetantilope (Pantholops hodgsonii) eingehalten wird, auch wenn die chinesische Presse immer mal wieder darüber berichtet, dass die Behörden fest entschlossen sind, dem Handel mit der Shahtoosh-Wolle und damit dem Abschlachten der Antilopen ein Ende zu bereiten. Die Wilderei wird auch dadurch nicht verhindert, dass das 300 000 Quadratkilometer große Chang Tang Nature Reserve die höchste chinesische Schutzkategorie besitzt.

Seit Jahrhunderten wurde die Tibetantilope wegen ihrer Wolle für die indische und später auch internationale Mode und ihres Fleisches wegen von den Nomaden in kleinem Umfang und nachhaltig gejagt. Doch heutzutage wird das Gemetzel mit Schnellfeuerwaffen von Jeeps aus durchgeführt. Die chinesische Forstbehörde, die auch für den Artenschutz in Tibet zuständig ist, schätzt die jährliche gewilderte Abschußquote auf 20 000 Tiere – nur für die Wolle. Was die jahrhundertelange gemäßigte Nutzung nicht schaffte, ist seit wenigen Jahrzehnten zu befürchten: die Ausrottung der Tibetantilope. Die Wilderer massakrieren ganze Herden und machen auch vor weiblichen Tieren nicht halt, die trächtig sind oder Kitze führen. Für einen Shahtoosh-Schal müssen bis zu fünf Tiere sterben oder noch mehr, wenn man die verendeten Jungtiere mitrechnet.

Die Shahtoosh-Schals werden in manchen Modestädten der Welt mit 4000 bis 10 000 Euro so hoch bezahlt, dass sich nur eine kleine Klientel der Schickeria in Marbella, London, Paris, Hongkong oder New York diese leisten kann, obwohl der Handel mit dieser Wolle seit 1979 weltweit verboten ist. Dazu muss auch angemerkt werden, dass viele der sogenannten Shahtoosh-Schals in den Modehäusern Fälschungen aus normaler (legaler) Pashima- oder Kaschmirwolle (von der Kaschmirziege) sind, jedoch zum zehnfachen Preis der Kaschmirwolle angeboten werden. Ein Fell der Tibetantilope lässt sich an

*Trotz Jagdverbot werden Schneeleopardenfelle zum Verkauf angeboten*

*Selbst im Chang-Tang-Schutzgebiet werden die Chirus wegen ihres Fells gewildert*

einen indischen oder pakistanischen Händler für 500 Euro verkaufen. Der internationale Handel mit der Wolle war in den 1990er Jahren gut gedeckt durch die chinesischen Behörden, deren lokale Hintermänner und der nepalesischen, pakistanischen, indischen, exiltibetischen und chinesischen Aufkäufer. Die Verarbeitung der Wolle findet hauptsächlich in den indischen Bundesstaaten Jammu und Kaschmir statt. Der Stadtrat von Gertse, jener chinesischen Verwaltungs- und Garnisonsstadt, die für einen Großteil des Chang-Tang-Schutzgebietes zuständig ist, sieht kein Problem darin, seine Schulden mit den Fellen erlegter Tiere – auch die der seltenen Schneeleoparden, Tibet-Braunbären und vieler anderer geschützter Tiere Tibets – zu bezahlen. Wilderer, Nomaden, chinesische Glücksritter und lokale Behörden arbeiten Hand in Hand, so Michel Peissel in seinem Buch ›Land ohne Horizont‹.

Seither hat sich die Situation durchaus etwas zum Besseren gewendet, die flächendeckende systematische Wilderei der 1990er Jahre ist auch durch härteres Durchgreifen der Behörden deutlich zurückgegangen (Environment & Development Desk, Central Tibetan Administration, Dharamsala, 2007).

Als dramatisch ist jedoch die Situation der tibetischen Schneeleoparden zu bezeichnen. Durch das Vordringen der Haustierherden in immer weitere Hochgebirgsregionen Tibets wird das Verbreitungsgebiet dieser Raubkatze immer stärker in sich nicht mehr ausreichend genetisch austauschende Teilpopulationen zersplittert. Außerdem kommt es durch das Verdrängen der Beutetiere zu häufigeren Konflikten von Menschen mit dem Schneeleoparden, da immer häufiger auch Haustiere erbeutet werden. Zusätzlich verursacht der illegale Handel mit dem Fell und dem Skelett der Raubkatze eine immer stärkere Wilderei. Tibets wachsender Wohlstand, besonders in den Städten, hat eine für die Raubkatzen Asiens tödliche Mode belebt: das Verzieren und Umsäumen von Bekleidung mit dem Fell von Tiger, Schneeleopard oder Fischotter als soziales Statussymbol der zu Wohlstand gekommenen Tibeter und in Tibet lebenden Chinesen. »Einst eine Tradition, die allein auf einige kleine Gemeinden Osttibets beschränkt war, hat dieser neue Modetrend nichts mit alten Traditionen zu tun, sondern etwas mit neuem Reichtum«, so Dawa Tsering, Projektmanager des World Wide Fund For Nature (WWF) in Tibet. Kaum legte der im Exil lebende Dalai Lama seinen Landsleuten bittend nahe, auf diese neue Mode doch zu verzichten, bewies die chinesische Besatzungsmacht einmal mehr totale Ignoranz gegenüber tibetischen Belangen: Sie forderte ihre lokalen Politiker und Würdenträger auf, ihre festlichen Anzüge und Uniformen mit Fellen zu besetzen.

Die bisherige Vernachlässigung der staatlichen Kontrolle des illegalen Handels mit diesen gefährdeten und strenggeschützten Arten ist nach wie vor typisch für den Artenschutz in China und Tibet. Bei einem Gang über den Barkhor in Lhasas Altstadt findet man zahlreiche Geschäfte, die Felle oder Teile davon offen in der Auslage oder hinter dem Schaufenster anbieten. Dem Interessierten soll so der Eindruck vermittelt werden, der Handel sei legal. Ein Leopardenfell wechselt für 2200 bis 5000 Dollar seinen Besitzer, ein Tigerfell kostet zwischen 5000 und 9000 Dollar! Zum Vergleich: Das durchschnittliche Monatseinkommen eines in Lhasa tätigen Beamten liegt bei 312 Dollar. Die tibetischen Städte sind inzwischen zum größten Handelsplatz für die Felle gefährdeter asiatischer Raubkatzen geworden. Darüber hinaus wird auch das Skelett des Schneeleoparden hoch gehandelt: Bis zu 10 000 Dollar wird auf den Schwarzmärkten Chinas dafür bezahlt (Zahlen und Angaben von Caroline Liou, WWF China).

## Bodenschätze

Im Untergrund Tibets schlummern viele Erze wie Uran, Gold, Kupfer, Zink, Lithium, Chrom, Eisenerz und viele mehr sowie große Mengen Salze wie Boriumsalz. Nach Chinas Angaben von 1995 wird der Wert der tibetischen Bodenschätze auf umgerechnet 65 Milliarden Euro geschätzt. Der Abbau der Bodenschätze wird seit den 1980er Jahren in verstärktem Maße betrieben und ist inzwischen die wichtigste Wirtschaftsaktivität in den Provinzen des tibetischen Kulturraums. Der Abbau durch 145 Bergbaugesellschaften verursacht immense Umweltverschmutzungen und sorgt gleichzeitig für den starken Zustrom tausender Han-Chinesen und anderer nicht-tibetischer Bevölkerungsgruppen. Für den Bergbau werden neue Straßen angelegt und damit Lebensräume zerschnitten, und schließlich ist auch der teure Bau der Tibet-Bahn wegen des schnelleren und effizienteren Abtransportes der Rohstoffe aus Tibet forciert worden.

Die Mehrzahl der chinesischen Minen ist sicherheitstechnisch unzulänglich. Das erfährt man sogar in der westlichen Presse: Fast 7000 tote Minenarbeiter lautete die traurige (offizielle) Bilanz des Jahres 2005. Brisant sind zudem die unzureichenden Sicherheitsvorkehrungen bei den vielen Uranminen in Tibet, besonders im windgepeitschten Chang-Tang-Hochland. Ganze Landschaften, die hindurchfließenden Gewässer und wandernde Wildtiere werden so verseucht.

Ebenso sorglos geht China mit seinem Uranabfall um. Tibets menschenleere Hochgebirgsregionen erscheinen den Behörden als einfachste Lösung der Suche nach einem geeigneten Endlager für radioaktive Stoffe. Am Koko-Nor-See in der

Region Amdo stehen eine Uranaufbearbeitungsanlage und eine Uranmülldeponie. Diesem gigantischen Baukomplex mussten zahlreiche historische Bauten weichen, ganze Bevölkerungsgruppen wurden umgesiedelt. Von der Deponie gehen erhebliche Umweltbelastungen und -verseuchungen aus. Inzwischen ist eine weitere Anlage in Xihai, der neuen Hauptstadt von Haibei, einer tibetischen autonomen Präfektur in Qinghai, gebaut worden. China hat sich sogar wiederholt bereit erklärt, im Tausch gegen harte Währung für andere Länder atomaren Abfall zu deponieren. Die ›China Nuclear Industry Corporation‹ räumte 1984 westlichen Ländern vergünstigte Tarife für Nuklearmüll zum Preis von 1500 US-Dollar pro Kilo ein. 1987 wurde der Bundesrepublik die Übernahme nuklearen Abfalls angeboten. Deutsche Kerntechniker, Reaktorspezialisten und AKW-Lobbyisten haben Tibet schon bereist – im Schlepptau einer Wirtschaftsdelegation während des Staatsbesuchs von Helmut Kohl in Lhasa im Jahr 1988. Wegen massiver Proteste konnte man dieses umstrittene Angebot zunächst nicht annehmen. Inzwischen wird aber anderer industrieller Müll (Klär- und Industrieschlamm) aus dem Westen in Tibet gelagert (Angaben von Greenpeace, Waste Trade Update Vol. 4, Iss. 1, März 1991 und von der Tibet-Initiative Deutschland).

In Tibet befanden sich in den 1980er und 1990er Jahren mindestens drei Stützpunkte mit Atomwaffen, die eine Reichweite von 7000 Kilometern haben: Am Koko-Nor-See, in der Tsaidam-Region in der heutigen Provinz Qinghai und in der Nähe von Nakchu in der Tibetischen Autonomen Region. In der Nähe nuklear belasteter Gebiete, insbesondere in der Nähe der Tsaidam-Basen, wurden Gefangenenlager gebaut. Es existieren Berichte, dass die Gefangenen radioaktives Eisenerz fördern und Testgebiete betreten müssen, um gefährliche Arbeiten zu verrichten. Heute geht man davon aus, dass auf dem Gebiet der Autonomen Region Tibet keine Nuklearwaffen mehr gelagert werden, die Basen in der Tsaidam-Region und am Koko-Nor-See bestehen jedoch nach wie vor.

*Bergbau in Osttibet*

# Die Wälder Osttibets

In den Jahren nach 1950 begann unter Regie der neuen chinesischen Verwaltung in den osttibetischen Provinzen Kham und Amdo die systematische und großflächige Rodung der Wälder. Tibets ursprüngliche Landfläche (nicht nur die der Autonomen Region Tibet, TAR) war 1950 noch mit neun Prozent bewaldet, inzwischen sind es wohl nur noch fünf Prozent oder sogar weniger. In Kham und Amdo verschwanden über 40 Prozent der Waldflächen. Insgesamt soll es heute in der TAR nur noch 7,2 Millionen Hektar Wald (das entspricht lediglich drei Prozent) geben (Zahlen von der Tibet Initiative Deutschland).

Für die Rodungen und den effizienten Abtransport des Holzes ist die Erreichbarkeit der Wälder von Bedeutung. Deshalb legten die Chinesen in Tibet immer mehr Straßen und Forstwege an. 1985 waren 15 Prozent der Wälder in der Region Ü-Tsang (im Wesentlichen die heutige TAR) und 50 bis 70 Prozent der Wälder von Kham über Straßen erreichbar. Nicht nur Straßen, sondern auch Flüsse werden für den Abtransport von Holz genutzt.

Obgleich die starke Nachfrage nach Holz innerhalb Chinas nicht gedeckt werden kann, hat China 1990 angekündigt, die internationalen Holzimporte um etwa 40 Prozent zu reduzieren. Inwieweit das bisher eingehalten wurde, ist nicht bekannt. Das würde jedoch eine noch größere Belastung der verbliebenen tibetischen Wälder bedeuten. Offiziell verspricht die chinesische Führung, die Waldflächen ganz Chinas instandzuhalten. So wurde 1996 ein ambitionierter Plan angekündigt, 200 000 Hektar Land wiederaufzuforsten. Ob dieser Plan greift, ist vorläufig unklar, bis jetzt jedoch ist in Tibet noch nicht viel von Wiederaufforstungen zu sehen. Nur drei bis vier Prozent des vernichteten chinesischen Waldes werden erfolgreich wieder bepflanzt, wodurch China pro Jahr 2,8 Millionen Hektar Waldfläche verliert.

Abgesehen von diesem Verlust zeigt sich wie überall auf der Welt auch hier das Problem, dass durch den Wandel von ursprünglichen Primärwäldern zu

*Holztransporte gerodeter Wälder in Osttibet*

aufgeforsteten Sekundärwäldern ein Großteil der einstigen Artenvielfalt verloren geht. Üblicherweise wird mit nicht standortgerechten Kiefern oder Pappeln aufgeforstet.

Bedingt durch die heftigen und unregelmäßigen Monsunregenfälle an steilen Berghängen ist die Wiederaufforstung in Osttibet ausgesprochen schwierig, da durch Erosion die Fruchtbarkeit der Böden rasch verloren geht. Trotzdem betreibt man an diesen Steillagen keinen selektiven Holzeinschlag, sondern rodet ganze Berghänge kahl. Die marktfähigen starken Stämme transportiert man ab, das Schwachholz, Büsche und die restliche zerstörte Vegetation bleiben liegen und verrotten, eventuell nutzt die einheimische Bevölkerung dieses Holz noch. Eine Verjüngung der ehemaligen Vegetation ist kaum mehr möglich, da die entsprechenden Samen- und Fruchtbäume fehlen.

Viele der von Natur aus seltenen und endemischen Tier- und Pflanzenarten Osttibets sind seit der chinesischen Besatzung zu stark gefährdeten Arten geworden, die kurz vor der Ausrottung stehen, wie zum Beispiel das in osttibetischen Primärwäldern lebende Moschustier, der Tibet-Ohrfasan, der Rote Panda oder seltene Affenarten.

## Veränderte landwirtschaftliche Strukturen

Die Umsiedlung vieler Chinesen nach Tibet verursachte großen Druck auf die zur Verfügung stehenden landwirtschaftlichen Anbauflächen des Landes. Viele Tibeter wurden in die westlich gelegenen, unfruchtbaren Gebiete verdrängt. Der schnelle Bevölkerungszuwachs sorgte auch für eine Intensivierung der Landbewirtschaftung, was vor allem an den steilen Hängen und auf ehemals bewaldeten Flächen mit großen Problemen verbunden ist.

Die ursprüngliche tibetische Anbaumethode der Dreifelderwirtschaft, so wie man sie bis in die 50er Jahre hinein betrieb, war sehr gut an die empfindliche Berglandschaft und die kargen Böden angepasst. Eine zahlenmäßig kleine Bevölkerung lebte von der Yakzucht und dem Gersteanbau. Felder ließ man lange Zeit brachliegen, die durch das starke Gefälle vorhandene Erosion wurde so minimiert.

Seit der chinesischen Besetzung hat sich die Landbewirtschaftung grundlegend geändert. Zur Zeit der Kulturrevolution wurden 80 Prozent des bebaubaren Landes für den Anbau von Weizen umgepflügt, eine Getreidesorte, die von den Chinesen gegenüber der Gerste bevorzugt wird, für deren Anbau jedoch Kunstdünger notwendig ist. Missernten sowie der erzwungene Export von Getreide und Fleisch nach China führten in den 60er Jahren zu Hungersnöten in nie zuvor gekannten Ausmaßen.

Durch den Bau von Straßen, die neue Märkte erreichbar machten, und durch die Einführung der Marktökonomie – Warenhandel mit Geldwert war bei den traditionellen tibetischen Bauern und Nomaden unüblich – war der agrarische Ertrag im Jahr 1984 drei- bis viermal so hoch wie 1959. Auch der Viehbestand hat enorm zugenommen. Schätzungen zufolge hat dieser von 1970 bis 1990 um das Zehnfache zugenommen. Beträchtliche Anteile der Weideflächen sind heute

*Terrassenfeldbau am Yu Chu*

besonders wegen der großen Ziegenherden überweidet. Die Folgen sind Unterernährung und eine hohe Sterblichkeitsrate bei den Tieren. Im Winter 1996 sind bei extremer Kälte in der Region Amdo und im Norden von Kham große Teile der Yakbestände verendet, viele Nomaden verloren so ihre Einkommensquelle.

Bedingt durch den wirtschaftlichen Aufschwung der letzten Jahre in China entstand ein neuer Wohlstand, und damit auch ein gestiegener Bedarf an Fleisch. Dies übt einen besonders großen Druck auf die zur Verfügung stehenden Weideflächen des Landes aus, und davon gibt es im Hochland des Chang Tang bislang noch reichlich. Die Nomaden, die traditionell einige Bereiche des Hochlandes mit ihren Schaf-, Ziegen- und Yakherden beweiden, werden dabei als ›Fleischproduzenten‹ der Nation eingespannt. Der Preis für die Bestrebungen, die Nomaden in Siedlungen sesshaft zu machen und das umliegende Grasland dauerhaft als eingezäuntes Weideland zu betreiben, wird erst später zu bezahlen sein. Das traditionelle System der Kontrolle von Überweidung durch Neueinteilung von Weideflächen je nach Viehbestand im Dreijahresrhythmus wird zurzeit nicht mehr betrieben. Vielmehr werden immer mehr Gebiete des weiten Grasslandes des Chang Tang eingezäunt. So würde die Arbeit der Nomaden erleichtert, Gebietsstreitigkeiten ausgeräumt und ein effizienteres Bewirtschaften der Flächen möglich, heißt es von offizieller Seite. Die Zäune stellen nicht nur eine schreckliche Landschaftsverschandelung dar, sondern durch die Zäune werden vor allem die Ökologie und das Verhalten der Wildtiere stark beeinträchtigt. Dies alleine sollte deutlich im Widerspruch stehen zu der Tatsache, dass das Chang Tang Chinas größtes Naturschutzgebiet ist. Schon heute ist zu beobachten, wie die Konzentration von Weidetieren auf den eingezäunten Flächen den Grasbewuchs nachhaltig dezimiert und die Erosion zunimmt. Beträchtliche Anteile der Weideflächen sind als überweidet zu bezeichnen. Die Folgen sind Unterernährung und eine hohe Sterblichkeitsrate bei den Tieren. Im Winter 1996 sind bei extremer Kälte in der Region Amdo und im Norden von Kham große Teile der Yakbestände verendet, viele Nomaden verloren so ihre Einkommensquelle.

## Der neue Energiehunger

Es ist nur allzu verständlich, dass der Energiehunger Tibets infolge der chinesischen Wirtschaftsentwicklung ähnlich groß ist wie der Hunger nach Naturressourcen. Neben dem endlichen Vorrat an fossilen Energieträgern, die China neben dem Gelben Meer hauptsächlich aus seiner ebenfalls einmal unabhängigen uighurischen Provinz Xinjiang fördert, wird der Wasserkraft die größte Zukunft beschert. Das mag sicherlich auch daran liegen, dass der momentane Staats- und Parteivorsitzende der KP Chinas, Hu Jintao, ein studierter Wasserbauingenieur ist und die für die Wasserkraft günstige Situation in Tibet aus seiner Zeit als Gouverneur der TAR noch gut kennt.

Der weltweit umstrittene ›Drei-Schluchten-Staudamm‹ am Yangtse ist Ausdruck einer monströs ausgearteten Energiepolitik auf Kosten der Umwelt und lokalen Bevölkerung. Ein ähnliches, wenn auch im Westen nicht so bekanntes Projekt stellt die umstrittene Planung einer gigantischen Wasserenergie-Zentrale am südlich von Lhasa gelegenen heiligen See Yamdrok Co dar. Anstatt eine Anzahl kleinerer Anlagen zu bauen, die weniger in die Flussökologie eingreifen, entschieden sich die Behörden für den Bau einer einzigen riesigen Stromerzeugungsanlage. Sie wird mit der Unterstützung der österreichischen Regierung gebaut.

Von den drei umweltfreundlichsten Energiequellen, die in Tibet in großen Mengen zur Verfügung stehen, nämlich der Sonnen- und Windenergie sowie der Erdwärme, wird nur wenig Gebrauch gemacht. Lediglich der Strombedarf in den kleinen Nomadensiedlungen wird häufig durch dezentral angebrachte Solarzellen gedeckt. Die in anderen Regionen Chinas inzwischen stark forcierte Windenergieerzeugung, zum Beispiel nordwestlich von Beijing oder nordöstlich von Urumqi, ist in Tibet noch nicht angekommen. Lediglich die Stadt Nakchu wird durch ein Geothermalkraftwerk mit Strom versorgt.

*Sonnenenergie ist reichlich vorhanden, wird aber nur in geringem Umfang genutzt*

## Globale Auswirkungen

All die erwähnten Eingriffe in die Umwelt wirken sich nicht nur direkt vor Ort in Tibet, sondern auch auf alle angrenzenden Länder aus. Eine Reihe der wichtigsten Ströme Asiens entspringen auf dem tibetischen Plateau. Belastungen dieser Flüsse können die Wasserzufuhr von 30 bis 50 Prozent der Weltbevölkerung – in den Ländern China, Indien, Nepal, Bhutan, Bangladesh, Pakistan, Vietnam, Burma, Kambodscha, Laos und Thailand – beeinträchtigen. So sind bereits heute die intensive Landwirtschaft und die stärkere Wasserverdunstung auf den in großer Höhe gelegenen Feldern für die Versalzung des Yarlung Tsangpo (Brahmaputra) verantwortlich. In versalzten Böden werden die Kalium- und Calcium-Ionen in den Tonmineralen durch Natriumionen ausgetauscht. Der Boden verschlämmt und verdichtet sich dadurch und kann nur noch wenig und langsam Wasser aufnehmen. Die Hochwassergefahr steigt flussabwärts an, wie es bei zahlreichen Überschwemmungskatastrophen in Bangladesh und Ostchina (1997) zu sehen war.

Der Einfluss des Lokalklimas des tibetischen Plateaus auf das Weltklima wird durch aktuelle wissenschaftliche Untersuchungen immer deutlicher: Im Juli 1994 gab ein chinesischer Wissenschaftler, der mit Untersuchungen des Chang-Tang-Hochlandes beschäftigt ist, die Gefahren einer globalen Klimaerwärmung für das Chang-Tang-Ökosystem zu. Er nannte die fortwährend kleiner werdenden Gletscher und das von Wüstenausdehnung bedrohte tibetische Grasland als die deutlichsten Anzeichen dafür. Da die Renaturierung von gestörten oder zerstörten Regionen in Tibet wegen des extrem kontinentalen und zugleich alpinen Klimas und der kurzen Vegetationsperioden nur sehr langsam vor sich geht, ist zu befürchten, dass der bereits entstandene Schaden in den meisten Fällen für Jahrhunderte irreparabel ist. Es ist zudem zu berücksichtigen, dass sich ändernde klimatische Verhältnisse auf dem tibetischen Plateau auf das globale Wettergeschehen (Windzirkulationen) auswirken können: »Was in Tibet vor sich geht, wirkt sich auch auf die globale biologische Vielfalt und das Leben der Menschen in der ganzen Welt aus«, meint ein Sprecher des WWF.

*Intensive Landwirtschaft belastet die großen Flüsse Tibets und ganz Asiens*

*Begegnung der Kulturen: Denkmal in Shigatse*

## Sind wir Eindringlinge?

Wir radeln durch die endlosen Weiten des Chang Tang oder wandern in der Bergwelt Osttibets und verbrauchen lediglich 100 Milliliter Benzin pro Tag für unseren Kocher. Mit eigener Muskelkraft reisen wir durch eines der letzten unberührten Paradiese auf unserem Planeten und hinterlassen unsere Fuß- und Reifenabdrücke in der Natur. Sollen wir uns deshalb unschuldiger fühlen als jene, die sich mit allradgetriebenen, 25 Liter auf 100 Kilometer verbrauchenden Fahrzeugen diese Region ›erobern‹? Sind wir denn um so viel anders in unserem Verhalten?

Auch wir sind Eindringlinge und werden von den Wildtieren nicht anders betrachtet als ein Jeep, wenn auch die Fluchtdistanz wegen unserer Geräuscharmut weit niedriger ist und die Neugierde der Tiere durch den ungewohnten Anblick geweckt wird. Auch wir schleppen unsere Zivilisation in unseren Packtaschen mit uns herum, auch wir hinterlassen Spuren, die möglicherweise noch lange sichtbar sind. Auch wir sind Teil des Systems, das auf Profit und Ausbeutung beruht und dafür sorgt, dass die letzten Naturräume immer stärker eingeschränkt werden. Wie schuldig sind wir also, wenn wir in dieses Naturparadies eindringen? Bereiten wir als Individualtouristen anderen, zum Beispiel dem Pauschaltourismus und dem Massenpublikum, nur die Wege? Kann man ein Paradies wie das Chang Tang oder die Bergwelt Osttibets mit sanftem Naturtourismus erhalten?

Klare Antworten auf diese Fragen sind wohl kaum möglich, trotzdem sollten sie gestellt werden und zum Nachdenken über das eigene Verhalten anregen, da es keine klaren Grenzen zwischen den beiden Reisephilosophien gibt. Man findet heute Beispiele sowohl für sanften Pauschaltourismus wie auch für naturzerstörenden Individualtourismus.

## Schutzprojekte des WWF

Das 2,5 Millionen Quadratkilometer große Tibetische Plateau beherbergt tausende von einzigartigen Tieren und Pflanzen - 798 Wirbeltier- und 4000 Insektenarten sowie 9600 höhere Pflanzenarten - unter ihnen so beeindruckende Geschöpfe wie Tibetantilope (Pantholops hodgsonii), Schneeleopard (Uncia uncia), Schwarzhalskranich (Grus nigricollis) und Himalaja-Eibe (Taxus wallichiana). Laut Roter Liste der Weltnaturschutzunion IUCN sind jedoch viele dieser besonderen Arten bereits bedroht.

Zu den wichtigsten Ursachen gehören die zunehmende Zerstörung der natürlichen Lebensräume vor allem durch Überweidung, lokale Brennholzgewinnung, Abholzung und Bergbau. Hinzu kommt noch die Wilderei. Für den WWF ist es daher dringend notwendig, die lokale Bevölkerung bei den Bemühungen zum Schutz der tibetischen Artenvielfalt mit einzubeziehen.

Der WWF (World Wide Fund for Nature) begann sein Naturschutzprogramm in Tibet im Jahr 1998 mit den Schwerpunkten Maßnahmen gegen Wilderer, Öffentlichkeitsarbeit,

*Schädel einer Tibetantilope auf dem Markt in Shigatse*

Wissenstransfer und Forschung. Im Mittelpunkt steht dabei das Chang-Tang-Reservat, das mit 300 000 Quadratkilometern größte Naturschutzgebiet Chinas. Von der Zentrale in Lhasa aus arbeitet der WWF für den Schutz des Hochplateaus und unterstützt die Behörden beim Kampf gegen den illegalen Handel mit Großkatzenfellen. Denn trotz internationaler und chinesischer Handelsverbote werden in den Läden Lhasas und auf dem Bakhor-Platz immer noch Tiger-, Leoparden und Schneeleopardenfelle offen zum Verkauf ausgelegt. Die Felle kommen dabei selten aus der Autonomen Region Tibet, sondern meist aus Nepal oder Indien, wo die Tigerbestände dramatisch schrumpfen.
Große Erfolge zeigt die Naturschutzarbeit des WWF beim Erhalt der Tibetantilope. Gemeinsam mit anderen Organisationen kämpfte der WWF gegen den Shahtoosh-Schmuggel und setzt sich für die Einhaltung der Gesetze in China und den Abnehmerstaaten ein. Obwohl der illegale Handel noch nicht vollends unterbunden werden konnte, hat sich der Tibetantilopenbestand von 75 000 Tieren in den 1990er Jahren wieder auf etwa 100 000 Tiere (letzte Schätzungen) erholt.
Aktivitäten und Schutzerfolge des WWF:
**Anti-Wilderermaßnahmen**: Ausbildung von Wildhütern im Bereich Projektmanagement, Wildtierüberwachung und Kommunikation. Beobachtung und Analyse des illegalen Marktes: 2000 wurden etwa 1540 Tibetantilopenfelle und 2003 fast 1400 Großkatzen- und Otterfelle beschlagnahmt. Bei einer einzigen Großrazzia im August 2007 wurden 104 Felle von seltenen Tierarten aus Tibet beschlagnahmt, darunter allein 27 Schneeleopardenfelle, sowie Felle und Knochen von Luchsen, Bären und Nebelpardern.
**Wissenstransfer**: Seit 1998 hat der WWF verschiedene Trainingsprogramme und Workshops organisiert, in denen Mitarbeiter von Naturschutzbehörden geschult wurden.
**Unterstützung des TRAFFIC-Programms** in China zur Beobachtung, Überwachung und Analyse des Handels von bedrohten Tier- und Pflanzenarten. TRAFFIC ist ein Expertennetzwerk, das in China Naturschutz-Vollzugsbehörden ausbildet und über Mittelsmänner über illegale Aktivitäten informiert wird.
**Öffentlichkeitsarbeit und Kooperation**: Seit fast zehn Jahren bindet der WWF die lokale Bevölkerung beim langfristigen und nachhaltigen Schutz des Chang-Tang-Reservats mit ein und publiziert Bücher, Broschüren und Filme zur Weiterbildung der Nomaden, zur Kommunikation mit Regierungsmitarbeitern und anderen Organisationen. Ende 2005 unterstützte der WWF in Deutschland mit Presse- und Aufklärungsarbeit den Kinostart des chinesischen Films ›KeKeXiLi – Mountain Patrol‹, der den Kampf um den Erhalt der Tibetantilopen und ihrer Lebensräume thematisiert. TRAFFIC und WWF veröffentlichten auch eine chinesisch-englische Broschüre, in der Touristen darüber aufgeklärt werden, welche Naturprodukte sie tunlichst nicht in Tibet kaufen sollten.
**Finanzielle Entschädigungen bei Wildtierkonflikten**: Nomaden, die Vieh verloren haben, stellen vermehrt Wildtieren nach. Der WWF versucht den Konflikt, einer der Hauptgründe für die Tötung von Wildtieren im Chang-Tang-Naturschutzgebiet, durch finanzielle Aufwandsentschädigungen zu minimieren. Hierzu wurde mit Hilfe des WWF im Schutzgebiet ein Gewächshaus errichtet; der Erlös der angebauten Gemüseprodukte geht zu 50 Prozent als Kompensationsmaßnahmen an die Nomaden.

*Claudia Kitschke, World Wide Fund for Nature (WWF),*
*www.wwfchina.org, www.traffic.org*

# Die Menschen Tibets

Die in Tibet lebenden Menschen stammen aus mehr als zehn verschiedenen ethnischen Gruppen. Neben den Tibetern findet man Mongolen, Nu, Drung, Moinba, Lhoba, Hui (chinesische Muslime), Naxi, Deng und Sherpa. Unter diesen Gruppen stellen die Tibeter mit 92 Prozent die Mehrheit. Seit Einrichtung der Autonomen Region Tibet am 9. September 1965 kommt es zu einer starken Einwanderung von Han- und Hui-Chinesen. So besteht die Befürchtung, dass die Tibeter in den größeren Städten und entlang der großen Verkehrsverbindungen zur Minderheit im eigenen Land werden. Bezieht man die chinesische Militärpräsenz mit ein, so stellen die Tibeter in ihrem historischen Gebiet (einschließlich der ehemaligen Provinzen Kham und Amdo) mit 60 Prozent der Einwohner aber immer noch die Mehrheit, Han- und Hui-Chinesen machen mit etwa 30 Prozent den grössten Anteil der anderen Volksgruppen aus. In der Autonomen Region Tibet stellen die Tibeter gemäß offiziellen Statistiken nur noch 48 Prozent der etwa zehn Millionen Einwohner, Han- und Hui-Chinesen machen 45 Prozent aus.

In der westlichen Welt hält sich immer noch das mystische Bild von Tibet als einem Land, dessen Bewohner in einer anderen Zeit leben. Die internationale Beliebtheit des im indischen Exil lebenden XIV. Dalai Lama trägt zu einer verklärten Vermarktung des tibetischen Buddhismus bei, die jedoch wenig mit der Realität in Tibet zu tun hat. Die Tibeter tragen einen einsamen Kampf um ihre nationale Identität und ihre jahrhundertealte Kultur aus, lediglich ein paar internationale Nichtregierungsorganisationen unterstützen das tibetische Anliegen. Tibet ist fest unter chinesischer Besatzung, selbst in den entlegensten Regionen des Chang Tang gibt es chinesische Garnisonsstädte.

Das tibetische Volk ging laut Legende aus den Nachkommen einer Felsendämonin und des in Gestalt eines intelligenten Affen verkörperten Gottes Chenresi hervor. Das Volk der Tibeter gliedert sich in verschiedene Stämme: Die Topa, die die Hochlandregionen in Westtibet besiedeln, die Tsangpa ebenfalls in Westtibet, die Upa in Zentraltibet, die Horpa in Nordtibet, die Khampa in Osttibet, die Amdowa in Nordosttibet und die Gyarongwa im Südosten Tibets. In all diesen Regionen gibt es sesshafte Gemeinschaften (tibetisch rongpa) und Nomaden (tibetisch drokpa). Die Tibeter sind vom Aussehen her keine homogene Rasse: Es gibt großgewachsene Menschen mit länglichem Schädel und scharfen Gesichtszügen, die vor allem in den Provinzen Kham und Amdo vorkommen und kleinere Menschen mit rundem Schädel, hohen Backenknochen und flachen Nasen, die das Hochland und die Ackerbauregionen im Süden bevölkern – sie gehen vermutlich auf Nachkommen von eingewanderten mongolischen Stämmen zurück, die sich mit den ›Ureinwohnern‹ vermischten. Anfang des 7. Jahrhunderts wurden die unterschiedlichen tibetischen Stämme von König Songtsen Gampo vereinigt, und die Hauptstadt dieses Königreichs Tu wurde nach Lhasa verlegt. Diese Zeit wird gerne als ›Gründung‹ des tibetischen Staates betrachtet.

*Junger Schüler im Khatok-Kloster in Osttibet*

Eine Besonderheit im Familienleben der Tibeter ist die sehr flexible Gestaltung der Ehe: Bei Nomaden wie Bauern gibt es neben der am häufigsten vorkommenden Einehe die traditionell weitverbreitete Form der Ehe einer Frau mit mehreren Brüdern als Ehemänner. Diese Form des Familienlebens ist an die tibetischen Verhältnisse sehr gut angepasst: Der Land- oder Herdenbesitz bleibt in der Familie, und mehr Arbeitskräfte bedeuteten mehr Einkommen. Zudem ist die Anzahl der Kinder, die eine Frau bekommen kann, unabhängig von der Anzahl an Ehemännern. Die Bevölkerungsdichte wurde durch diese Form der Ehe reguliert. Umgekehrt galt das Gleiche: Gab es in einer Familie keinen Sohn, so wurden alle Schwestern gemeinsam mit nur einem Mann verheiratet.

## Sprache

Die tibetische Sprache gehört zu den tibeto-burmesischen Sprachen. Tibetisch wird heute in sechs Staaten gesprochen, über die sich der tibetische Kulturraum erstreckt: China, Myanmar, Indien, Bhutan, Nepal und Pakistan. Die tibetische Schrift entstand Anfang des 7. Jahrhunderts. Es ist eine alphabetische Schrift mit vier Vokalen und 30 Konsonanten. Die Schrift wird in allen Regionen Tibets verwendet, während die gesprochene Sprache verschiedene Dialekte aufweist. Die Dialekte stellen selbst für die Tibeter oft eine Kommunikationsbarriere dar, so dass heute viele Tibeter in den Städten in chinesischer Sprache kommunizieren. Die tibetische Schriftsprache hat jedoch nach wie vor einen hohen Stellenwert innerhalb Tibets und wird auch offiziell verwendet.

*Tibeter in Litang*

## Kleidung

Typisches Kleidungsstück der Tibeter ist ein langärmliger Mantel (chuba), der mit einem Gürtel zusammengehalten wird. In diesem Kleidungsstück transportieren die Tibeter alles, was sie den Tag über brauchen: Er ist Rucksack, Beutel, Decke und Kleidung in einem. Die Nomaden tragen in der Regel eine Chuba mit innseitigem Schafsfell, die Bauern eine Chuba aus Stoff, die vorne mit einer buntbestickten Schürze versehen ist. Die Haartracht der Tibeter besteht häufig aus in die Haare geflochtenen und um den Kopf gewickelten bunten Bändern, die Männer aus der Provinz Kham tragen meist rot, die Frauen eher bunte Farben. Die Tibeter beiderlei Geschlechts tragen viel Schmuck aus Silber, Türkis und anderen bunten Steinen in Form von Ketten, Ohrringen und Broschen.

*Tibeterin mit prächtigem Haarschmuck*

## Nomaden

Die tibetischen Nomaden leben in den Steppen des tibetischen Hochlands auf einer Höhe von 4000 bis 5500 Metern. Ihr Körper ist an ein Leben in großer Höhe, die starke Sonneneinstrahlung und die harten Witterungsbedingungen angepasst. Ihre traditionelle Lebensweise ist den Regeln der Natur unterworfen.

Das Leben der Nomaden ist eine Kombination aus Freiheit und strenger Wahrung der Tradition. Diese Tradition sichert das Verhalten im Alltag, indem mit bestimmten Regeln festgelegt ist, wie Zelte hergestellt werden, wie die Feuerstellen gebaut werden oder die Tierherden versorgt werden müssen. Trotz des streng reglementierten Alltags sind die Nomaden ›frei‹, sie können ihr Leben selbst bestimmen. So ertrugen die tibetischen Nomaden im Laufe der Geschichte eine Reihe unterschiedlichster Regierungen, aber durch ihre traditionelle und durch tiefe Verehrung für die Geister der Natur geprägte Lebensweise konnten sie ihre Kultur erhalten. Erst in moderner Zeit, mit Entstehung der Autonomen Region Tibet und des chinesischen Wirtschaftsbooms, beginnen sich die Sitten und Gebräuche radikal zu ändern, was vor allem auf die sich ändernde Handelsweisen und Absatzmärkte für ihre Produkte sowie auf moderne Regulierungen für die Viehhaltung zurückzuführen ist.

Traditionell leben die Nomaden in polygamen Familien, in denen jedes Familienmitglied bestimmte Aufgaben des täglichen Lebens übernimmt. Obwohl

*Zu Besuch bei Nomaden im Chang Tang*

sie oft weit verstreut leben, bilden sie doch eine Gemeinschaft, die Weidegebiete untereinander aufteilt und sich auch gegenseitig unterstützt. Heute findet ein durch die chinesische Administration erzwungener Prozess der Sesshaftwerdung statt: Die traditionellen Zelte werden mehr und mehr durch einfache Steinhäuser ersetzt, in denen die Nomaden zumindest die kalte Jahreszeit verbringen. Aber die meisten Nomaden leben auch heute noch in Zelten aus Yakwolle, mit denen sie während des Jahres von einem Weidegebiet zum nächsten ziehen. Es gibt zwei Arten von Zelten: die schwarzen Wohnzelte aus Yakwolle (ba) und die leichten weißen Baumwollzelte (gur), die häufig von Dorfbewohnern zum Picknick und von den Nomaden während der Festsaison genutzt werden. Heute besitzen viele Nomadenfamilien einen kleinen Zweitakt-Traktor, mit dem der Umzug des Camps zu neuen Weidegründen erfolgt und mit dem die Familien Waren transportieren.

Während der Kulturrevolution in den 1960er Jahren nahm die chinesische Besatzungsmacht den Nomaden die Herdentiere weg, die daraufhin durch staatliche Kommunen verwaltet wurden. Die Nomaden fielen in Armut und hatten zudem die Kontrolle über ihren Lebensstil verloren. Erst 1981 wurden die Kommunen wieder aufgelöst, und jeder Familie wurden wieder eigene Herdentiere zugestanden. Die Größe der Herden ist auch ein Maß für den Wohlstand der Nomaden, die meisten Familien besitzen 350 bis 400 Tiere, nur wenige Familien besitzen Herden von über 500 Tieren.

Die Nahrung der tibetischen Nomaden besteht aus Tsampa (geröstete Gerstenkörner, die anschließend gemahlen werden), getrocknetem Fleisch und unterschiedlichen Milchprodukten von Yak, Schaf und Ziege. Die Milch wird frisch getrunken oder auch zu Trockenkäse (tschurra) oder Quark verarbeitet. Tsampa und andere Lebensmittel werden bei den Bauern gekauft oder gegen Salz, getrocknetes Fleisch, Wolle und Felle eingetauscht. Tsampa und getrocknetes Yakfleisch bilden den traditionellen Reiseproviant der Nomaden.

In Osttibet leben einige Familien als Halbnomaden. Sie besitzen ein Bauernhaus im Tal, bestellen dort die Terrassenfelder, besitzen aber auch Tierherden, mit denen einige Familienmitglieder in den Hochlagen der Berge auf den alpinen Wiesen den Sommer verbringen.

In den 1980er Jahren gab es für die tibetischen Nomaden im Rahmen der veränderten Politik nach der Kulturrevolution eine deutliche Verbesserung der Lebensumstände: Die sozialistischen Kommunenstrukturen wurden aufgelöst und die Verantwortung für die Herden wieder auf die Privathaushalte übertragen. Weiterhin wurden Steuern und Quotenverkäufe an staatliche Händler drastisch reduziert und religiöse und traditionelle Bräuche und Werte wieder zugelassen. So kann man davon ausgehen, dass die Nomanden heute am wenigsten unter dem strukturellen Wandel und unter der chinesischen Herrschaft leiden.

## Bauern

Archäologische Funde belegen, dass die Geschichte der tibetischen Bauern bis in die Zeit 3000 bis 4000 vor Christus zurückgeht. Die ältesten Ackerbauaktivitäten sind im Yarlung-Tsangpo-Tal nachgewiesen, die Region um die heutige Stadt Tsetang gilt als die Wiege der tibetischen Kultur. Etwa 80 Prozent aller Tibeter leben als Bauern, die für Landwirtschaft geeignete Fläche beträgt allerdings nur etwa 30 Prozent der Fläche Tibets. Es handelt sich um Regionen, die in Flussnähe auf relativ geringer Höhe liegen, im Durchschnitt aber immer noch auf 3500 Meter. Die höchstgelegenen Anbaufelder für Sommergerste liegen in der Nähe von Saga in Westtibet auf 4750 Meter mit einer Vegetationszeit von 120 Tagen.

Die tibetischen Bauern bauen Gerste, Weizen, Buchweizen, Mais, Senf, Hirse, Sesam und Reis an. Die traditionell angebauten Gemüsearten sind verschiedene Kohlsorten, Salat, Wurzelgemüse (Rettich, Karotten), Spinat, Bohnen, Erbsen, Tomaten, Kürbis und seit etwa 200 Jahren auch Kartoffeln. Heute findet man

*Bäuerinnen bei der Feldarbeit im Tal des Yu Chu*

in der Umgebung von Lhasa riesige Treibhausanlagen, in denen das ganze Jahr über Gemüse angebaut und geerntet wird. An Obstbäumen findet man in Tibet Apfel, Aprikose, Pfirsich, Kirsche, Pflaume, Birne, Walnuss und Edelkastanie sowie in den subtropischen Regionen auch Banane und Orange. Weitere angebaute Obstsorten sind Erdbeeren, Himbeeren, Weintrauben und Rhabarber. In den Regionen Metok, Zayul, Tramo und Nyangtri in den Provinzen Amdo und Kham wird Tee angebaut.

Die traditionellen Bauerndörfer liegen entlang der großen Flüsse Tibets. Die meisten Flüsse Tibets fließen durch wüstenartige und steinige Landschaften und haben enge Täler mit steilen Hängen. Daher sind die Dörfer wie Oasen im Mündungsbereich seitlicher Wasserläufe in die großen Flüsse auf den terrassierten Schotterbänken gelegen, die Felder sind um das Dorf angeordnet. Nicht selten wird jeder Meter flaches Land ausgenutzt, die häufig durch Mauern geschützten Felder reichen direkt bis an die Uferkanten. Zur Bewässerung dient ein Kanalsystem. Traditionell wurde die Dreifelderwirtschaft betrieben: Nach Anbau von Getreide folgten Brache und der Anbau von Hülsenfrüchten, die als Stickstoff-Fixierer wieder Nährstoffe in die Böden brachten.

Zumindest aus westlicher Sicht erscheinen die Arbeitstechniken der Bauern eher primitiv: Mit einem von zwei Yaks gezogenen Nagelpflug werden die Felder bestellt, die Frauen verbringen den Tag beim Unkrautjäten mit einer Hacke. Die Arbeit der Bauern wird das ganze Jahr über von spirituellen Ritualen begleitet: So werden zur Aussaat Gebetsfahnen in die Felder gestellt, die an den Pflug gespannten Yaks sind mit roten Troddeln an den Hörnern geschmückt, und Prozessionen, bei denen heilige Schriften durch die Felder getragen werden, sollen Unwetter abhalten.

*Traditionelle Wegzehrung der Tibeter: Tsampa und getrockneter Käse*

Während der Kulturrevolution wurden die Bauern gezwungen, Weizen für den Export nach China anzubauen. Dies war nur möglich mit intensivem Düngereinsatz. Missernten und der Export des Großteils der Ernten nach China führten zu Hungersnöten bei den Bauern. Erst als man 1980 feststellte, dass der Lebensstandard in Tibet nach wie vor unter dem Niveau von 1959 lag, bekamen die Bauern ihr Land zurück und durften wieder selbst entscheiden, was sie anbauen.

## Kaufleute

In Tibet herrschte schon seit frühester Zeit ein reges Handelsnetz zwischen Nomaden und Bauern. Das System beruhte vor allem auf dem Tauschhandel: Salz, Yakbutter, getrocknetes Fleisch, Felle, Wolle, Edelsteine und Mineralien des Hochlandes wurde von den Nomaden gegen Getreide, Gemüse, Metallgegenstände oder andere Waren eingetauscht. Diese Art des Tauschhandels wird heute jedoch mehr und mehr durch den Geldhandel ersetzt. Der Transport der Waren auf großen Tierkarawanen weicht dem schnellen Transport per Lkw. Auffällig ist, dass vor allem in den Siedlungen zunehmend chinesische Einwanderer die Rolle der Händler übernehmen.

Die traditionellen tibetischen Händler waren robuste Leute, die in der Lage waren, Tag für Tag mit den Tieren entlang der Karawanenwege zu wandern. Sie kannten sich bestens aus und fanden die sichersten Wege über Pässe und durch Furten der großen Flüsse. Auf diesem Netz aus Wegen, die das Hochland im Norden mit den Tälern im Süden verbinden, verlaufen heute viele der Lkw-Pisten Tibets. Mit dem Bau eines Straßennetzes werden Regionen Tibets erschlossen, die bisher nur durch strapaziöse mehrtägige Wanderungen zu erreichen waren. Dies bringt jedoch auch gravierende Veränderungen in der Lebensweise der Tibeter mit sich. Einige Tibeter arbeiten heute als moderne Händler und als Lkw-Fahrer: Die modernen Handelswaren sind vor allem industriell abgebaute Salze des Hochlands, zum Beispiel Boroxid, Borax und Lithiumsalze, und Holz aus den Wäldern Osttibets, während die traditionellen Produkte der Tibeter (Felle, Wolle, Tsampa) immer mehr an Wert verlieren.

## Mönche und Nonnen

Die Gemeinschaft der Mönche und Nonnen stellt eine der drei Säulen des Buddhismus dar, die da sind: Buddha (der Meister), Dharma (die Lehre) und Sangha (die Mönchgemeinschaft). Traditionell waren viele kleine Bauerndörfer in unmittelbarer Umgebung zu einem Kloster gelegen. Während der Kulturrevolution wurden die meisten Klöster zerstört, heute werden einige wenige der zerstörten Anlagen mit chinesischem Einverständnis und unter strenger behördlicher Aufsicht wieder restauriert.

Die Bauernfamilien waren verpflichtet, einen großen Teil der Ernte an das Kloster abzugeben und auch Frondienste zu leisten. Dies führte dazu, dass viele Bauernfamilien in ständiger Armut lebten. Als Gegenleistung erhielten sie spirituelle Sicherheit, religiöse Dienste bei Ritualen um die Feldarbeit und bei

*Mönche in Lhasa*

familiären Angelegenheiten sowie die Hilfe durch medizinisch gebildete Mönche im Krankheitsfall. Trotz des feudalen Systems hat es in Tibet nie große und ausgedehnte Hungersnöte gegeben und auch keine Aufstände gegen die Grundherren. Dies hat sicher auch mit der buddhistischen Auffassung von Karma (dem Gesetz von Ursache und Wirkung) zu tun, nach dem das jetzige Leben die Folge von Taten im vorherigen Leben ist. Das buddhistische Prinzip, wonach der Gebende und nicht der Nehmende zu tiefem innerem Dank und Demut verpflichtet ist, mag auch eine wichtige Rolle zur Ausprägung dieses Systems gespielt haben. Heute sind die Mönche und die Klostergemeinschaften auf Spenden angewiesen, um weiter aktiv bleiben zu können.

Für jede tibetische Familie war es eine Ehre, oft aber auch Pflicht, wenigstens einen Sohn oder eine Tochter zur buddhistischen Ausbildung ins Kloster zu schicken. Heute bemüht man sich, in der Pflege der Diskussionskunst die Wurzeln der tibetischen Kultur – unter chinesischer Aufsicht– lebendig zu erhalten. In früheren Zeiten hatten diese Diskussionen unter den Mönchen nicht nur spirituellen Wert, sondern auch politischen Einfluss, denn aus den Klöstern als einzige wissensvermittelnde Institution gingen die Intellektuellen des Landes und viele Minister hervor.

Mit dem V. Dalai Lama nahmen die Klosterstrukturen gigantische Ausmaße an. Laut einer Schätzung im Jahr 1663 gab es damals 1800 Klöster mit über 100000 Mönchen und Nonnen. Die Klöster waren autonom, sie waren von Steuern befreit. Die Tatsache, dass die besten Ressourcen des Landes fast ausschließlich in die Klöster flossen, führte zu einer Schwächung der weltlichen Strukturen Tibets und nicht zuletzt zu einer Schwächung in der Selbstverteidigung des Landes.

Traditionsreiche und einflussreiche Klosterschulen sind Sakya (gegründet 1073) und Tashi Lhunpo (Sitz des Panchen Lama in Shigatse, gegründet 1447) sowie die drei Gründunger-Klöster der Gelugpa (Gelbmützen): Ganden (1409), Drepung (1416) und Sera (1419).

# Tibetische Medizin

*»Wenn jemand Heilung sucht, so frage ihn zuerst, ob er in Zukunft bereit ist, die Ursachen seiner Krankheit zu meiden.«*

*Sokrates*



Die tibetische Medizin stellt ein umfassendes und komplexes System naturheilkundlicher Diagnose- und Therapiemethoden dar. Die Ausbildung umfasst sechs intensive Studienjahre.

Die tibetische Heilkunst wird schon seit über 3000 Jahren in allen Himalayaregionen praktiziert. Im 8. und 9. Jahrhundert nach Christus gab es große Medizinkongresse in Lhasa, wozu die damaligen tibetischen Könige Heiler aus ganz Zentralasien (Mongolei, Sibirien), Südostasien (China, Indonesien, Indien) und dem Orient (Persien, Arabien) eingeladen hatten. Sogar Ärzte aus Griechenland reisten damals nach Tibet und nahmen an dem monatelangen Erfahrungsaustausch teil.

Wer sich mit der Tibetischen Medizin zum ersten Mal beschäftigt, wird eine ungewohnte Betrachtungsweise von Krankheit und Gesundheit, von Diagnose und Therapie entdecken. Die ganzheitliche Betrachtungsweise des menschlichen Körpers steht immer im Vordergrund der Tibetischen Medizin. Nach östlicher Anschauung existiert der Mensch auf mehreren Ebenen gleichzeitig. Jenseits des materiellen, physischen Körpers gibt es noch mehrere feinstoffliche, unsichtbare Energiekörper, die auch nach dem physischen Tod weiterexistieren. Wir im Westen nennen dies Seele oder Geist. Während jedoch die westliche Sichtweise darauf besteht, dass die materiellen Wirkungsfaktoren (chemische Substanzen) die stärksten Kräfte in unserem Leben sind, sind dies in der Tibetischen Medizin das Bewusstsein und die persönliche Willenskraft (Geist).

Als ganzheitliche Medizin strebt die tibetische Medizin das innere Gleichgewicht der physiologischen Kräfte von Körper und Psyche sowie der geistigen Willenskraft an. Die tibetische Medizin trennt somit die physiologischen Faktoren nicht von den psychosomatischen und mentalen Bewusstseinshaltungen unserer Persönlichkeit. Vielmehr geht die tibetische Medizin davon aus, dass diese verschiedenen Teilpersönlichkeiten in uns und deren Interaktionen unsere Wesenheit ausmachen und lediglich unterschiedliche Ausdrucksformen derselben Energieprinzipien, nämlich der fünf Elemente Erde, Wasser, Feuer, Luft und Raum/Äther sind.

## Die Fünf Elemente

Die Wissenschaft der Fünf Elemente ist ein Denksystem, das aus Analogien besteht. Man darf sie sich nicht nur als sichtbare Naturphänomene (Wasser, Erde usw.) oder als die Aggregatzustände fest, flüssig, gasförmig vorstellen. Sie sind vielmehr die energetischen Impulse für alle physikalischen, chemischen biologischen und geistig-seelischen Prozesse in uns und außerhalb von uns.

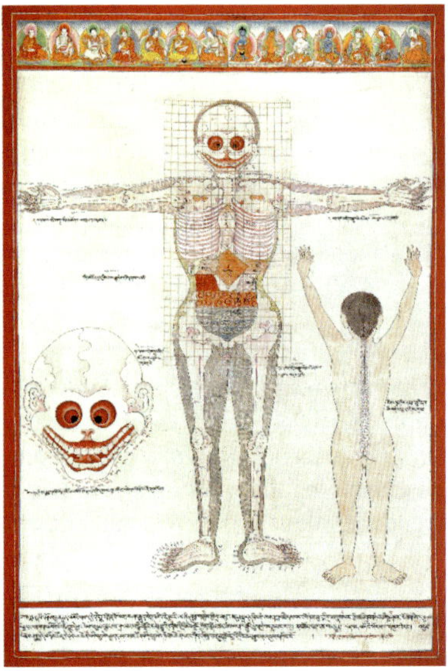

*Bildliche Darstellung der Anatomie, mit Knochen, Organen, Körperporen*

Wenn der Tibeter vom Element Erde/Wasser spricht, so denkt er dabei nicht an eine Handvoll feuchter Blumenerde. Es geht vielmehr darum, sich in den feuchtwarmen, fruchtbaren und nährenden Humus einzufühlen, in dem der Same keimen kann, oder in den Uterus, in dem der Fötus sich entwickelt, oder in den Magen, die Leber und andere Organe sowie in das Zellplasma, in denen die Nahrungsmittel und Getränke umgewandelt und zu nährender Energie werden. Genauso verhält es sich auch mit all den weiteren Elementen. Die Wirkungsweise der Fünf Elemente ist nicht trennend oder ausschließend. In jedem Elementprinzip wirken auch die anderen Elemente immer mit. Man spricht von der gegenseitigen Wechselwirkung aller Phänomene im Körper, der Psyche und dem Unterbewusstsein (Geist). Deshalb gibt es in der Tibetischen Medizin keinen Facharzt nur für einen Organbereich oder nur für die Psyche. Jedes körperliche Organ, jede Emotion und Stimmung, jedes gesprochene oder gehörte Wort, jeder Gedanke und jede Motivation befinden sich zu jeder Sekunde in wechselseitigem Austausch und gegenseitiger Beeinflussung – vom Kopf bis zu den Fußsohlen. Diese Ebenen gehören alle zu unserer Persönlichkeit und sprechen dieselbe energetische ›Sprache‹, die Sprache der Fünf Elemente.

## Impulsenergien

Die Elemente gestalten die drei Impulsenergien: Lung (Wind/Luftelement), Tripa (Feuerelement), Päken (Erde und Wasserelement). Lung verbindet das Bewusstsein mit dem Körper. Seine physiologische Wirkung entspricht der energetischen Vernetzung des Nerven-, Hormon- und Immunsystems mit der Psyche. Die neue westliche Forschungsdisziplin hierzu heißt Neuroimmunphysiologie – was für die Tibeter schon seit über 3000 Jahren zur medizinischen Grundlagenforschung gehört.

Tripa reguliert die katalytischen Stoffwechselvorgänge – einschließlich der in der Tibetischen Medizin sehr wichtigen Verdauungsphysiologie, die sogenannte Verdauungshitze, sowie den Temperaturhaushalt. Päken reguliert den Haushalt aller Körperflüssigkeiten. Ein Ungleichgewicht der drei Impuls-Energien führt zu Krankheit. Gesundheit heißt also das ständige Halten der Balance in den jeweiligen drei Impulsenergien.

Der Beginn zur Disbalance beginnt immer in der Bewusstseinshaltung, also der geistigen Disposition von guter oder schlechter Laune, interessiert oder gelangweilt, gestresst oder zufrieden/ausgeglichen zu sein. Disbalance wird weiterhin verstärkt durch ungünstige Nahrungsmittel und jahreszeitliche/klimatische Einflüsse. Alle Störungen der drei Impuls-Energien werden zuerst in den Kategorien kalt und heiß (= Yin und Yang) betrachtet. Krankheiten durch ein Ungleichgewicht von Lung und Päken sind kalt und meist Ursachen aller chronischen Krankheiten wie Diabetes, Tumore, Übergewicht, Gefäßerkrankungen, Depressionen. Tripa-Krankheiten sind immer heißer Natur und oft bei akuten Erkrankungen wie beispielsweise Infektionen, Allergien, Bluthochdruck, Psychosen und Unfällen die Ursache.

Von großer Bedeutung sind auch alle Emotionen, die unsere Mitmenschen in Form von ihren eigenen Stimmungen und Launen sowie konkreter Gefühle, wie Neid, Hass, Abwertung, aber auch im positiven Sinne wie Lob, Aufmunterung, Freude und Mitgefühl uns entgegenbringen. Unser Bewusstsein verwertet all diese Impulse als energetische Qualitäten der Fünf Elemente. So erzeugt beispielsweise Hass mehr Tripa-Feuer und Langeweile vermehrt kalten Päken-Schleim im Körper. Eifersucht erhöht den kalten Wind, und Sturheit verhärtet das Erdelement, beispielsweise bei Gelenkproblemen. Intoleranz vermindert unter anderem das Raumelement.

## Diagnose und Therapie

*Bestandteile der Therapie: Ernährung, Verhalten, Arzneien, externe Therapien*

Die Königsdisziplin der tibetischen Medizin ist die Pulsdiagnose, ähnlich wie in der indischen Ayurveda-Medizin sowie der Chinesischen Medizin. Die Pulsdiagnose in der tibetischen Medizin ist jedoch viel differenzierter: Über 50 verschiedene Pulskriterien können unter einer Fingerkuppe für die Diagnose wahrgenommen werden. Mit sechs verschiedenen Fingern können somit alle inneren Organ- und Geistesfunktionen bezüglich ihres Gleichgewichts oder Ungleichgewichts erfasst werden. Die Diagnosestellung des tibetischen Arztes beruht fast ausschließlich auf der Pulsdiagnose.

Die Pulsdiagnostik ist schwer erlernbar, aber effizient und instrumentenfrei. Es gibt Pulse für akute und chronische Krankheiten, und spezielle Pulse können beispielsweise für Epilepsie, Phobien, unverarbeitete

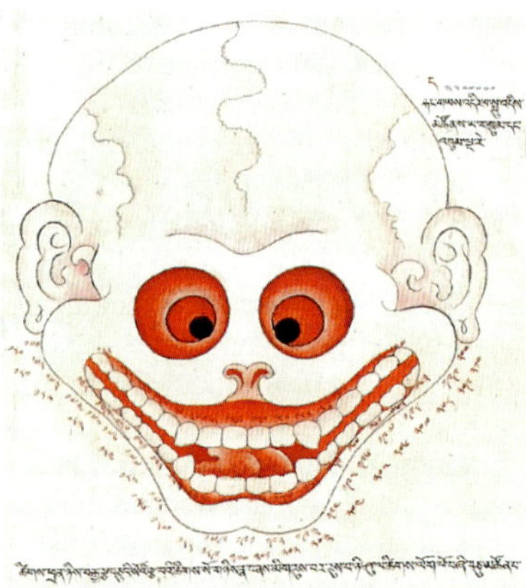

*Detaillierte Darstellung des Schädels und des Gebisses*

Traumata, Vergiftungen und Tumore unterschieden werden. Weiterhin wird die Urindiagnose, Zungendiagnose und Physiognomie herangezogen.

Nach der klassischen tibetischen Tradition sollten nach der Diagnose zuerst Korrekturen bei den ungünstigen, individuellen Ernährungs- und Verhaltensgewohnheiten stattfinden. Aber hiermit hat der westliche Patient häufig Schwierigkeiten. Die Verschreibung von Pulvern, Kräuterpillen oder Tees aus Himalayakräutern steht deshalb in der westlichen Therapie an erster Stelle. Reicht diese Kräuterbehandlung nicht aus, werden auch externe Behandlungsmaßnahmen angewendet. Dazu gehören die Moxibustion (Kältekrankheiten werden mit gezielter Wärmezufuhr von Körperpunkten behandelt), die Kauterisation (Körpergewebe wird durch gezielten Einsatz von chemischen Ätzmitteln entfernt) oder das Schröpfen, um lokale Tripa-Störungen auszugleichen. Sehr wirkungsvoll ist auch die im Westen noch wenig bekannte Tibetische Meridianmassage.

Körper und Bewusstsein durchdringen sich mit einer natürlichen Tendenz zur Balance, vorausgesetzt, der Geist bringt sich in einen zufriedenen entspannten Zustand. Deshalb gehören aktive Entspannungsübungen wie Atemyoga, Chi Gong oder kurze Meditationssitzungen (5 bis 10 Minuten) zur Prophylaxe und werden auch als Heilmethoden bei Krankheiten eingesetzt. Der ideale Einnahmezeitpunkt der tibetischen Heilmittel und vieler Heilmethoden wird häufig durch die Befragung der Sterne (Astrologie) bestimmt.

## Die richtige Ernährung

Die Ernährung und Verdauung nimmt in der Tibetischen Medizin einen sehr hohen, gesundheitsbestimmenden Stellenwert ein. Nach tibetischer Erkenntnis sind bei über 60 Prozent aller chronischen Krankheiten langfristige, latente Verdauungsstörungen die Primärursache.

Die Verdauungshitze bildet die katalytische Energie für den eigentlichen Verdauungsprozess vom Speichel über den Magen bis zum Dünndarm. Weiterhin bildet sie die Basis für die gesamte Wärmeregulation im Körper. Ist die Verdauungshitze beispielsweise zu schwach, so wird ein großer Teil der aufgenommenen Nahrung unverdaut wieder ausgeschieden, das heißt, ein Teil der Nahrung wird durch die schlechte Aufspaltung und Verwertung verschwendet und belastet noch zusätzlich den Körper, was sich in Form von Auftreibung und Blähung äußern kann. So wird der Körper bei einer schwachen Verdauungshitze aufgrund von fehlenden Nähr- und Spurenstoffen bestimmte Mangelsymptome entwickeln. Deshalb ist die alleinige Einnahme von Vitaminen und anderen Aufbaupräparaten ohne die gleichzeitige Unterstützung der Verdauungshitze auf Dauer nicht sinnvoll. Die Verdauungshitze kann auch zu aktiv sein. Sie wird dann die Gewebe angreifen und sozusagen verbrennen. Dies kann ebenfalls zu Mangelerscheinungen und einer allgemeinen Auszehrung des Körpers oder einer psychischen Erschöpfung führen.

Der erste Therapieansatz in der Tibetischen Medizin beginnt mit der Überprüfung der Ernährungsgewohnheiten, und hier kann/soll der Patient aktiv an seiner Selbstheilung mitarbeiten. Unsere Zunge ist das wichtigste Organ, das die Nahrungsmittel und Flüssigkeiten prüft, die wir zu uns nehmen. So arbeitet die tibetische Medizin mit sechs Geschmäckern: süß, sauer, salzig, bitter, scharf und herb, deren charakteristische Qualität immer durch die Dominanz zweier Elemente hervorgebracht und bestimmt wird.

Die sechs Geschmacksrichtungen und fünf Elemente (das Raumelement ist immer dabei): Erde und Wasser = süß/Feuer und Erde = sauer/Wasser und Feuer = salzig/Wasser und Luft = bitter/Feuer und Luft = scharf/Erde und Luft = herb.

*Ausschnitt aus einem Thangka zum Thema ›gesundheitsförderndes Verhalten‹*

*Ausschnitt aus einem Thangka, das die Herstellung eines ›Größeren Elixirs gegen das Altern‹ behandelt*

Da gemäß der ganzheitlichen Sichtweise in jedem Teilchen alle fünf Elemente enthalten sind, ist bei dieser Aufstellung auch zu berücksichtigen, dass in jeder Nahrung oder Flüssigkeit neben den jeweils zwei dominanten Elementen die drei verbleibenden Elemente immer in mengenmäßig geringerem Umfang mit enthalten sind. Die Kenntnis dieser Zusammenhänge ermöglicht es uns, Nahrungsmittel zu kategorisieren und gezielt für die Gesundheit oder Heilung einzusetzen. Unsere Ernährung sollte dem Prinzip der tibetischen Medizin nach nicht nur den physischen Körper erhalten, sondern auch unseren Geist klar, aufmerksam, freudvoll und gelassen halten. Beispielsweise regt Saures und Scharfes die Leber an und ist mitbestimmend für die Intensität eines Zornausbruches, während Süßes die depressive Tendenz verstärken und verlängern kann. Wenn wir zuviel Rohkost/Salate essen und zudem kalte Getränke oder Mineralwasser trinken, wird unser Körper schneller auskühlen. Denn damit schwächen wir oft unsere Verdauungshitze und machen uns somit anfälliger für Kältekrankheiten.

Bei allen hier erwähnten Gedanken- und Praxisansätzen darf aber auch nicht zu schnell verallgemeinert werden, denn jeder Mensch hat seinen persönlichen Fünf-Elemente-Haushalt, der sich in seiner individuellen Konstitution ausdrückt. Der Konstitutionstyp kann durch eine Pulsberatung vom tibetischen Arzt ermittelt werden. Mit diesem Wissen über seine persönliche Konstitution kann jeder an Hand übersichtlicher Nahrungsmitteltabellen seine Gesundheitsprophylaxe selbst in die Hand nehmen.

## Literatur

Das Standardwerk der tibetischen Medizin ist das Buch ›Gyud-bzhi‹ (Die Vier Tantras). Das Buch besteht aus 156 Kapiteln und ist wegen seiner schwierigen Texte nur von medizinisch ausgebildeten Tibetern lesbar und verständlich. Zwischen 1687 und 1703 wurden von Sangye Gyamtso, dem Gelehrten und einem der Regenten von Tibet, die Texte zu medizinischen Ausbildungszwecken aufwändig illustriert. Das umfassende Werk bekam den Titel ›Der blaue Beryl‹ und bestand insgesamt aus 77 medizinischen Lehrtafeln in Form von Rollbildern (Thangkas). Diese außergewöhnlichen Grafiken dienten als eine bebilderte medizinische Enzyklopädie. Sowohl die Texte als auch die Grafiken werden noch heute von tibetischen Ärzten verwendet. Drei vollständige Original-Sätze dieser 77 Rollbilder sind über die letzten Jahrzehnte erhalten geblieben, zwei davon in Tibet selbst.

Obwohl die Thangkas der ärztlichen Ausbildung dienten, war es den gelehrten Mönchsärzten mit diesen Grafiken möglich, den schriftunkundigen Menschen und den Patienten die Inhalte der medizinischen Lehrtexte näher zu bringen. Die Darstellungen auf den Thangkas zeigen ein umfangreiches Spektrum der damaligen tibetischen Medizin: Anatomie, embryonale Entwicklung, Geburt und Tod, Diagnose, Krankheitssymptome und Prophylaxe sowie eine sehr ausführliche Darstellung der in der Pharmakologie verwendeten tierischen, pflanzlichen und mineralogischen Heilmittel. Ebenso gibt es Abbildungen der verwendeten medizinischen Instrumente sowie von Ärzten während der Untersuchung und Behandlung von Patienten. Interessant ist ein präziser Verhaltenskodex für die Berufsausübung der Ärzte.

## Baustile

Die tibetische Wohnhausarchitektur ist eng mit dem Klima und der Geographie Tibets verbunden. Beim traditionellen Bau von Siedlungen wird auf lokale Gegebenheiten geachtet, und die Ressourcen vor Ort werden genutzt. Auch die Architektur steht im Einklang mit der Umgebung und ist vom traditionellen Glauben und Aberglauben der Tibeter beeinflusst. Die traditionellen Häuser entstehen komplett aus lokalen Baustoffen unter Anwendung passender Bautechniken. So orientiert sich auch die Farbgebung der Häuser an den Farben der Erden, Steine oder des Holzes, das zum Bau zur Verfügung steht.

Die unterschiedlichen Bedingungen, Ressourcen und Lebensstile führen dazu, dass die Wohnstätten oder Vorratshäuser starke regionale Charakteristika aufweisen. Es gibt Zeltwohnungen, Höhlenwohnungen, Erd-, Holz- und Steinhäuser, Häuser mit Flachdach oder Giebeldach. Die Form des Daches spiegelt die Niederschlagsmenge wieder, die Dicke der Wände gibt Auskunft über die Temperaturunterschiede zwischen Sommer und Winter, die Offenheit oder Geschlossenheit der Dorfstruktur und der Wohnhausanlagen liefert Information über die Sonnenscheindauer, die Windverhältnisse oder darüber, ob sich der Baugrund am Steilhang oder im Tal befindet.

*Siedlungen von Nomaden: traditionell mit Zelten, ...*

Seit Einrichtung der Autonomen Region Tibet als Teil des chinesischen Staatsverbundes erfolgt ein starker Siedlungsdruck von Chinesen nach Tibet. Ebenso verfolgt die chinesische Administration die Sesshaftmachung der tibetischen Nomaden und die Umsiedlung der Tibeter aus traditionellen Dörfern. Entlang der Hauptverkehrsstraßen entstehen Retortensiedlungen mit Einheitsbauten, meist Betonbauten und gemauerte Häuser aus kantig geschlagenen Flusskieseln, für Zuwanderer und umgesiedelte Menschen.

## Westtibet

Die Wohnhäuser in den Tälern Westtibets sind Lehmziegel-Holz-Konstruktionen. Sie haben meist zwei Stockwerke, im Sommer wird das obere Stockwerk bewohnt, im Winter das untere. An Steilhängen findet man oft Mischformen zwischen Höhlenwohnungen und Häusern. Der vordere Hausteil und der hintere Höhlenteil bilden eine Wohneinheit. Das Aushöhlen der Hangwände zu Wohnzwecken wird im Westen Tibets durch mächtige Schichten an weichem Sedimentgestein begünstigt.

*... mit Rundbauten (bugri)...*

## Siedlungen der Nomaden

Die Nomaden im tibetischen Hochland leben in Zelten aus dichtgewebten Yakwolldecken. Ein rechteckiger, etwa zwei Meter hoher Rahmen aus Holzstöcken wird an allen vier Ecken mit Yakwollseilen fest in der Erde verankert. Das schräg nach oben zulaufende Dach wird durch eine Filzdecke abgedeckt. Oben bleibt eine etwa 15 Zentimeter breite und einen Meter lange Spalte offen, die als Rauchabzug, zur Beleuchtung und Belüftung dient. Diese Spalte kann bei schlechtem Wetter von innen durch kleine Haken verschlossen werden. An einer Seite des Zeltes gibt es eine Tür aus Stoffflügeln.

In der Mitte des Zeltes ist die Kochstelle. Früher wurde die Feuerstelle aus Steinen gebaut. Heute besitzen die Nomaden einen Ofen aus Blech, der mit Ziegen- oder Yakdung geheizt wird. Hinter der Kochstelle, an der dem Eingang

*... oder modern mit Häusern aus Lehmziegeln*

gegenüberliegenden Seite, befindet sich der Opferaltar. Hier befinden sich buddhistische Bilder und Butterlampen, die zu bestimmten Ritualen angezündet werden. Oft steht gleich daneben ein kleines chinesisches Radio, das mit einer Autobatterie läuft. Diese wird oftmals mit Hilfe eines kleinen Solar-Kollektors neben dem Zelt aufgeladen.

Die Bewohner des Zeltes sitzen und schlafen auf Decken, die auf dem Boden beiderseits der Kochstelle ausgebreitet sind. Nicht selten findet man in den Zelten auch einen Bereich in der Nähe des Eingangs, in dem ganz junge Ziegen und Schafe angebunden werden können.

## Bauerndörfer am Yarlung Tsangpo

Im Tal des Yarlung Tsangpo liegt das Zentrum des tibetischen Ackerbaus mit einer Fläche von etwa 200 000 Hektar auf einer Höhe zwischen 3500 Meter und 3900 Meter. Hier ist eine weitverbreitete Wohnhausform das sogenannte Wehrturmhaus. Die Häuser sind aus Stein oder Lehmziegeln gebaut, haben zwei oder drei Stockwerke und ähneln einer Burg. Der Grundriss der Häuser ist durch

*Wehrturmhaus bei Lhatse*

Pfeiler aus Holz festgelegt, die die einzelnen Räume voneinander trennen. In der Regel gibt es außen einen großen Raum und innen zwei kleine Räume, pro Zimmer gibt es einen Pfeiler, der auch als ›Schirm‹ bezeichnet wird. Charakteristisch für diese Bauform sind die sich nach oben verjüngenden Außenwände, die Innenwände sind jedoch gerade. Traditionell ist das Erdgeschoss für die Viehhaltung und für Gerätschaften, der Wohnbereich befindet sich darüber. Die Häuser haben in der Regel ein Flachdach aus gestampfter Erde oder Lehm, das zum Trocknen von Getreide genutzt wird. Die Wände der Wehrturmhäuser sind meist mit weißer Kalkfarbe bemalt, die Fenster und Türen sind mit schwarzer Farbe oder bunten Balken umrandet. Die Türen und Fenster sind oft zusätzlich mit buntverzierten Baldachinen versehen.

Häufig sind die Wehrturmgebäude um einen Hof angelegt, der von dicken Mauern umgeben ist. Auf den Mauern wird Brennmaterial (Yakdungfladen) gelagert, sie dienten in der Vergangenheit auch der Verteidigung. Die 20 bis 30 Meter hohen Türme waren zugleich Lagerhäuser, Wach- und Aussichtstürme.

Festungen (tibetisch Dzong) wurden auf Felsspornen oder einzeln stehenden Felsen errichtet. Die bekannteste Festung ist in Gyantse, die 1904 bei der Invasion der Engländer in Tibet unter Younghusband eingenommen und teilweise zerstört wurde. Einige Bereiche dieser Burg sind heute wieder aufgebaut worden. Weitere bekannte Festungen waren in Lhatse (Lhatse Dzong, zerstört) und der elf Meter hohe Yumbulagang-Turm zwölf Kilometer südlich von Tsetang, eines der ältesten Gebäude in Tibet. Der Yumbulagang-Turm wurde während der Kulturrevolution komplett zerstört, ist aber wieder aufgebaut worden.

# Dörfer in Osttibet

Die Dörfer in den engen Tälern Osttibets sind meistens auf den mächtigen Schotterbänken der Seitenzuflüsse angelegt. Um möglichst wenige für die Landwirtschaft wertvolle Flächen zu besetzen, sind die Dörfer am Steil- oder Felshang angelegt. Die Häuser stehen oft dicht über- und nebeneinander, wodurch man die oberen Häuser nur über Leitern und dunkle Gänge erreichen kann. Die Felder sind um die Dörfer terrassiert angelegt.

Die traditionellen Bauten in den waldreichen Regionen Osttibets haben Giebeldächer. Die Giebeldächer sind mit Holzschindeln gedeckt, die mit großen Steinen beschwert werden. Die Häuser selbst sind aus Stein, aus Holz oder aus beidem.

Auch hier dient das Erdgeschoss der Stalltierhaltung und das obere Stockwerk dem Wohnbereich. Die einzelnen Zimmer sind durch Holzplanken getrennt. Auf dem Dachboden unter dem Giebeldach wird Brennmaterial, Viehfutter und Baumaterial gelagert.

In den trockenen und heißen Tälern Osttibets wohnen die Menschen in großen Wohnhäusern aus gestampftem Lehm. Lehm aus der unmittelbaren Umgebung wird in spezielle Formen direkt auf der entstehenden Mauer festgestampft, so dass die Mauer Schicht für Schicht nach oben wächst. Der Grundriss der Häuser ist quadratisch mit einem großen Innenhof. Im Erdgeschoss der meist zweistöckigen Häuser ist der Viehstall, der auch den Innenhof einschließt. Das Obergeschoss wird durch Pfeiler gestützt. Von einer Art Galerie um den Innenhof sind die einzelnen mit Holzwänden abgetrennten Zimmer zugänglich. Zum Innenhof hin befinden sich glaslose Fenster, die mit Bretterläden verschlossen werden können. Die Häuser haben Flachdächer aus Lehm, die zum Trocknen von Getreide und Heu genutzt werden. Der Innenhof ist durch ein lichtdurchlässiges Glas- oder Plastikdach abgedeckt, das bei schönem Wetter geöffnet werden kann.

*Getreide und Heu wird in Osttibet auf den Dächern getrocknet*

## Der Einfluss der Religion auf den Baustil

Der heutige tibetische Buddhismus stellt eine Mischung aus frühen buddhistischen Elementen Indiens und Tibets dar, die mit einigen Zeremonien des ursprünglichen Bön-Glaubens vermischt wurden. So entstand eine eigene Form des Buddhismus, die auch Lamaismus genannt wird. Besonders im Orakelwesen, bei den rein tibetischen Schutzgottheiten und bei vielen Ritualinstrumenten und Symbolen lebt die alte Bön-Religion Tibets weiter. Der tiefe (Aber-) Glaube der Tibeter schlägt sich auch im Bau ihrer Wohnhäuser und Siedlungen nieder. Am Eingang oder im Zentrum des Dorfes stehen oft Haufen aus Manisteinen, Gebetsmühlen oder Stupas. Die Häuser sind mit religiösen und abergläubischen Zeichen verziert, zum Beispiel Skorpionen, auf den Dächern wehen Gebetsfahnen. In jedem Wohnhaus, ebenso wie in den Zelten der Nomaden, befindet sich ein Altar mit Butterlampen und Bildern von Göttern oder angesehenen Mönchen. Nicht nur die Wohnhäuser, sondern auch die Architektur und das Design der Stupas, Manisteinhaufen und Gebetsfahnen variieren mit den geographischen Gegebenheiten in Tibet und sind den unterschiedlichen Standort- und Klimabedingungen angepasst.

Im Hochland Westtibets sind die Stupas mit roten, weißen oder blauen Kalkfarben bemalt, die Manisteine sind aus Schiefer- oder Tonplatten, in die die Gebete und Mantras geritzt oder gemeißelt werden. Die bunten Gebetsfahnen, vor allem in den Grundfarben gelb, grün, rot, weiß und blau, die die Elemente Erde, Luft, Feuer, Äther und Wasser symbolisieren, sind an langen Schnüren aufgespannt. Auf den Dächern der Wohnhäuser sind Pappel- oder Weidenäste angebracht, an denen Gebetsfahnen befestigt werden. In den niederschlagsreichen und dichtbewaldeten Gebieten Osttibets werden an bis zu zehn Meter hohen Holzstangen der Länge nach weiße oder orangefarbene Gebetsfahnen befestigt. Als Manisteine werden auch große und kleine Flusskiesel beritzt. Die Stupas in Osttibet sind weißgetüncht und werden in niederschlagsreichen Gebieten oft von einem mit bunten Schnitzereien versehenen Holzdach bedeckt.

*Gebetsfahnen in Osttibet*

# Die tibetische Küche

Das traditionelle Getränk der Tibeter ist Buttertee: Ein Stück Butter wird in heißem, salzigem Tee aufgelöst. Es schmeckt keineswegs ranzig, sondern ist ein Getränk, das zum Lebensstil der Tibeter in großer Höhe perfekt passt: ein energiereiches, salzhaltiges, heißes Getränk.

Tibetreisende berichten sehr häufig, die tibetische Küche sei relativ fad und wegen des hohen Fettgehaltes oder des häufigen Fleischkonsums gewöhnungsbedürftig. Während unseres Aufenthaltes in Tibet, sowohl bei den Nomaden im Chang-Tang-Hochland als auch bei Gerstenbauern in Osttibet, bekamen wir einen kleinen Einblick in die rustikale Küche und bekamen verschiedene Gerichte serviert. Das eine oder andere schmeckte uns so gut, dass wir gerne das dazugehörige Rezept mitnahmen. Nach dem Genuss einiger Gerichte waren wir allerdings auch froh, wieder am eigenen Benzinkocher den mitgeführten Proviant köcheln zu dürfen. Somit stellen die folgenden Abschnitte nur einen kleinen Ausschnitt aus der tibetischen Küche dar, die weit vielseitiger ist, als behauptet wird. Wer selber gerne kocht und in der Küche experimentiert, wird feststellen, dass einige tibetische Rezepte solchen aus lokalen Küchen Deutschlands ähneln, zum Beispiel tibetische Momos den schwäbischen Maultaschen.

## Bei den Nomaden Westtibets

Die Nomaden des Hochlandes müssen Getreide, Zucker, Gemüse und Tee bei den Bauern der Täler eintauschen und verwenden daher diese Zutaten relativ sparsam. Die Küche der Nomaden ist daher stark geprägt von Fleisch, Milch und Milchprodukten.

Das Frühstück eines Nomaden besteht aus dem obligatorischen Tsampabrei mit Buttertee, in dem der getrocknete und kleingebröselte Hartkäse eingeknetet wird. Dazu isst man noch gekochte Fleischreste oder Reste der Fleischbrühe vom Vorabend. Zusätzlich gibt es heißen Buttertee zum Trinken. Der Buttertee wird

*Butterklötze*

*In der Großküche*

in speziellen zylinderförmigen, etwa 50 Zentimeter hohen Gefäßen mit ungefähr zwei Liter heißem schwarzen Tee, darin aufgelösten etwa zwei Eßlöffeln (Yak-)Butter und einer Prise Salz erstellt. Mit dem Stampfer im Gefäß richtig aufgelöst, bildet die Butter nicht nur eine dünne Fettschicht auf der Oberfläche des Tees und verhindert so das zu schnelle Auskühlen in der großen Höhe, sondern gibt mit ihrem Fettgehalt dem Getränk auch einen gewissen Energiegehalt. In großen Höhen ist die Verdunstung über die Haut extrem hoch, weswegen ein fettiges und leicht salziges Getränk den idealen Ausgleich darstellt.

Tsampa, das Mehl aus gerösteten Gerstenkörnern, wird in die handgroße Eßschale geschüttet und mit soviel Buttertee mit den Fingern verknetet, bis ein fester Brei daraus geworden ist, der nicht mehr an den Fingern kleben bleiben darf. Wir hatten anfangs große Schwierigkeiten, die richtige Konsistenz hinzubekommen, was unsere Gastgeber immer zu herzlichem Schmunzeln anregte. Für dieses Gericht zieht der Gast gewöhnlich seinen eigenen kleinen Eßnapf aus dem Fellmantel (chuba). Wir nutzten stets die Becher unserer Thermoskannen, die sich aber nie so elegant für das Kneten des Breis eigneten.

Den getrockneten Käse lehnten wir nach anfänglicher Probe ab, da er uns zu hart zum Kauen war, zu säuerlich schmeckte und einiges Rumoren im Verdauungstrakt verursachte. Wurde uns getrocknetes Yak- oder Ziegenfleisch angeboten, winkten wir grundsätzlich freundlich, aber bestimmt ab und verwiesen mit einem bedauernden Gesichtsausdruck mit der Handfläche auf die Magengegend. Wir hatten in den Zelten und Vorratshäusern der Nomaden häufig die Möglichkeit, den Trocknungsprozess des Fleisches eingehend bestaunen zu dürfen: Beim Trocknen in den Hochlagen Tibets kommen sicherlich nicht so viele Fliegen und andere Insekten an das in die Luft gehängte Fleisch wie etwa in unseren Tieflagen. Aber der Trocknungsprozess ist auch in der sehr trockenen Höhenluft nicht immer so optimal, dass die Umgebungsluft dem Fleisch schnell genug die Feuchtigkeit entzieht. Die Folgen kann man häufig riechen: Es riecht verfault, vergammelt und nach Verwesung.

Zum Mittag befindet sich der Nomade gewöhnlich draußen bei den Tieren und kommt nicht immer zum Zelt zurück. Da die chinesischen Zwei-Liter-Thermoskannen heute in fast jedem Nomadenzelt mehrfachen Einzug gehalten haben, nimmt der Hirte zum Mittagessen wieder den obligatorischen Tsampabrei und heißen Buttertee zu sich, oft ergänzt auch getrocknetes Fleisch den Mittagsproviant. Ebenso konnten wir bei den tibetischen Lkw-Fahrern (größtenteils Khampa-Tibeter) diese Art von Proviant beobachten. Das Tsampa und der getrocknete Käse werden aus zwei kleinen Stoffbeuteln hervorgeholt, das getrocknete Fleisch wird von der mitgeschleppten Keule heruntergeschnitten.

Boten wir den Lkw-Fahrern oder Nomaden Kekse, Nüsse oder getrocknete Früchte an, so gab es nur sehr wenige, die davon angetan waren. Die allgegenwärtigen bunten chinesischen Bonbons wurden zumindest von den Kindern immer sehr gerne angenommen, mussten jedoch manchmal durch die Hände der Erwachsenen gehen, wenn die Kinder uns Großnasen gegenüber zu ängstlich waren.

Das Abendessen des tibetischen Nomaden ist meist ein Fleischeintopf mit einigen eingestreuten Körnern Reis, selten einer Kartoffel und noch seltener mit Kräutern und Gewürzen, obwohl Majoran oder Thymian um das Zelt herum wächst. Die im felsigen Untergrund wachsende Wildzwiebel wird gerne verwendet, Salz hingegen, das traditionelle Handelsgut der Nomaden, unserer Meinung nach zu wenig. Gegessen wird in der Regel Schaf- oder Ziegenfleisch, da ein Yak nur selten geschlachtet wird und wenn, dann in der Regel nur die Jungbullen im Herbst. Beim Griff in den Fleischeintopf weiß man nie, was man erwischt. Da kann es auch heißen ›Augen zu und durch‹. Wer da zimperlich ist, sollte am besten gänzlich auf Fleisch verzichten. Sehr religiöse Tibeter essen auch kein Fleisch. Einem Touristen nimmt man das aber nur ab, wenn er auch die anderen untersagten (›schwarzen‹) Speisen verschmäht: Zwiebeln, Knoblauch und Alkohol.

Vereinzelt haben sich auch bei den Nomaden schon Eßstäbchen (tibetisch khotse) durchgesetzt. Manchmal wird das Fleisch auch in kleine mundgerechte Stücke zerklopft, bevor es in den Topf kommt, dann muss man auf Knochensplitter im Essen achten. Gegessen wird mit beiden Händen und reichlich Geräuschen.

*Glasnudeln*

Die ›Tischmanieren‹ der Nomaden sind sehr unterschiedlich. Als Gast wählt man am besten die Manieren der tibetischen Bauern und passt während des Essens diese an die vorhandenen Verhältnisse an.

Bei Festen aller Art und besonderen Anlässen wird auch in der Nomadenküche einiges an aufwendigen Köstlichkeiten serviert. So sind Fleischtäschchen, sogenannte Momos, in ganz Tibet beliebte Leckereien. Es gibt Sahne und Joghurt zu verschiedenen Fleisch- und Getreidegerichten. Warme Brötchen und Fladenbrote gehören ebenfalls dazu.

## Bei den Bauern Osttibets

Die Küche der Bauern ist verständlicherweise reichhaltiger an Gemüse und Getreideprodukten als jene der Nomaden. In den Tälern werden auch Obstbäume angepflanzt wie Apfel, Birne, Aprikose, Pfirsich sowie Walnüsse. Auf den Äckern wachsen, je nach Höhenlage, neben der Gerste auch Weizen, Senf, Kartoffeln, Rüben, Kohl oder Bohnen. In den Hausgärten sieht man Rettich, Rote Beete, Kohlarten, Salate, Tomaten, Paprika oder Gurken. Die Bauern halten auch Hühner und Schweine. Aus diesen reichhaltigen Nahrungsmitteln entspringen viele wunderbare Rezepte, die man als Besucher auch in den guten tibetischen Restaurants in Lhasa oder Shigatse probieren kann.

Zum Frühstück essen die Bauern neben dem Tsampabrei oder einer Reissuppe (Fleischbrühe mit Reiskörnern) auch Reisspeisen mit Gemüse und Fleisch oder Rührei mit Kräutern. Je wohlhabender ein Bauer ist, desto üppiger fällt die erste Malzeit des Tages aus. So kann es auch sogenannte Sha-Leb-Leb-Scheiben geben, kleine Fleischscheiben, die nur kurz in heiße Butter getaucht wurden. Zum Mittag sind Momos bei den sesshaften Tibetern fast obligatorisch. Dazu gibt es diverse Gemüse- oder Fleischgerichte, Tsampa oder Reis. Buttertee ist stets in großen Kannen vorhanden und wird permanent nachgeschenkt. Oft wird noch eine Süßspeise zum Abschluss des Mittagsessens serviert. Die Bauern müssen Zucker bei den Händlern kaufen, Honig gibt es nur selten von Wildbienen, die in Felsspalten ihre Waben bauen. Das Abendessen besteht zumeist aus einer Suppe, zum Beispiel Kartoffelsuppe und frischem Brot mit gerösteten Speckwürfeln.

Die Tischsitten der Bauern unterscheiden sich von denen der Nomaden gewaltig. Das Ausspucken und Auf-den-Boden-Werfen von Resten wird nicht gerne gesehen, mit offenem Mund zu schmatzen und zu kauen ist verpönt. Ausgestreckte Beine und lautes Reden während des Essens sind allerdings normal. Der Gast muss mit dem Essen warten, bis der Gastgeber oder jemand anderes aus der Familie ein Tischgebet gesprochen hat. Als Zeichen für die gelungene und köstliche Bewirtung wird in einigen Regionen Osttibets der Teller nach dem Essen abgeleckt und abgewischt. Das Rülpsen wird nicht überall in Tibet als Zeichen dafür angesehen, dass es geschmeckt hat.

Wenn man von einem Tibeter zum Essen eingeladen wird, gehört es sich, diese Einladung erst einmal zurückzuweisen – egal wie hungrig man ist. Der Gastgeber wird dann weiter drängeln, wonach man sich dann zu ›einem kleinen Happen‹ überreden lässt.

# Tibetische Köstlichkeiten

### Tsampasuppe (Tsamthug)

200 Gramm Tsampa in 1500 Milliliter kalte Fleischbrühe geben und gut verrühren. Nach dem Erhitzen 60 Gramm Butter, 150 Gramm in einer Pfanne geröstete Sojabohnen, in kleine Stücke geschnittenen Rettich und drei gehackte Frühlingszwiebeln dazugeben. Das Ganze etwa zehn Minuten köcheln lassen, mit Salz und Pfeffer abschmecken und etwas geriebenen Hartkäse dazugeben. In Schälchen heiß servieren.

»Diese Suppe soll noch schmackhafter sein, wenn sie aufgewärmt wird. Manche Feinschmecker sollen sich sogar erst zufrieden geben, wenn sie mehrere Male hintereinander aufgewärmt und wieder abgekühlt wurde«, berichtete Alexandra David-Néel.

### Tibetische Teigtaschen (Momo)

Momo werden in ganz Tibet gekocht. Dazu benötigt man einen Dampfgarer oder einen entsprechenden Dampfeinsatz im Kochtopf. Die Tibeter verwenden in der Regel Topfetagen aus Bambus, die über den Topf mit kochendem Wasser gestellt werden. Die Momos dürfen sich nicht berühren, sonst verkleben sie. Am besten legt man einige Weißkohlblätter unter die Teigtaschen; die Dampfaustrittslöcher dadurch jedoch nicht völlig verschließen. Der Teig für vier Personen wird aus 250 Gramm Weizenmehl, einem halben Teelöffel Salz, einem Eßlöffel Öl, einem Ei und 170 Millilitern warmem Wasser erstellt. Alle Zutaten zu einem geschmeidigen, aber festen Teig verkneten, der nicht an den Fingern kleben bleiben darf. Nach einer Ruhepause von einer Stunde rollt man

*Gewürzstand auf dem Markt*

den Teig auf einem eingemehlten Holzbrett so dünn wie möglich aus. Mit einer runden Form - zum Beispiel einem Schälchen - werden die Momos ausgestochen. Ein Eßlöffel der Füllung wird in die Mitte des Kreises gegeben, die Ränder hochgeklappt und durch Verdrehen verbunden. Über dem kochenden Wasser etwa zehn Minuten garen.
Die Füllungen können aus verschiedenen Zutaten bestehen: Fleischstückchen mit Zwiebeln, Gemüsemischungen, Gemüse-Käse-Mischungen, sogar süßen Fruchtmischungen. Bei den pikanten Momos werden Soßen oder Dipps gereicht, die aus Sojasoße, Gewürzen und scharfer Chilipaste bestehen.
Am meisten hat uns die Spinat-Käse-Füllung zugesagt: 500 Gramm frischen Spinat blanchieren und fein hacken. Dazu gibt man eine feingehackte und angeröstete Zwiebel, einige Knoblauchzehen, etwas Pfeffer und Salz, eine kleine Menge feingehackten frischen Ingwer und schließlich etwa 400 Gramm feingewürfelten Käse. Als Ersatz für den tibetischen Käse nimmt man am besten griechischen Feta-Käse.

**Koreanderdip**
100 Gramm frische Koreanderblätter, fünf Knoblauchzehen und zwei Chilischoten sehr fein hacken und mit etwas Zitronensaft, Zucker, Salz und Sojasoße abschmecken.

**Joghurtdip**
300 Gramm Naturjoghurt, eine grüne feingehackte Chilischote, drei Eßlöffel frische feingehackte Koreanderblätter, eine halbe gewürfelte Salatgurke, einen halben Teelöffel Chilipulver, einen halben Teelöffel gemahlenen Kumin und Salz mischen.

**Brot aus Amdo (Amdo Bale)**
Dieses Brot ist sehr einfach herzustellen, schmeckt warm am besten und ist sogar für die Rucksackküche geeignet. 650 Gramm Weizenmehl mit zwei Teelöffeln Trockenhefe und einem Teelöffel Backpulver verkneten und etwa 30 Minuten abgedeckt und warm gehen lassen. Einen Topf mit dickem Boden gut einölen und erhitzen. Aus dem etwa drei Zentimeter hoch ausgerollten Brotteig ein topfgroßes Stück stechen und in den heißen Topf legen. Der Boden des Topfes sollte vollständig bedeckt sein. Den Topf nun auf einen weiteren mit kochendem Wasser gefüllten Topf stellen und mit einem Deckel versehen. Ebenso kann der Topf in die Glut des Campfeuers gestellt werden. Nach 20 Minuten, wenn der Teigboden braun geworden ist, sollte das Brot im Topf umgedreht werden. Eine leckere Variation ist das süße Ambo Bale, in dessen Teig man etwa 100 Gramm Zucker und ein verquirltes Ei einknetet.

**Festtagsgebäck (Khapse)**
600 Milliliter Milch und zwei Eßlöffel Zucker erwärmen, bis sich der Zucker aufgelöst hat. 50 Gramm flüssige Butter unterrühren. Zu einem Kilogramm Weizenmehl und drei Teelöffel Backpulver die Milch langsam unterkneten. Den auf einem mehlbestreuten Brett ausgerollten Teig in Rechtecke oder Sterne schneiden. Die Rechtecke in der Mitte (ein Zentimeter bis zum Rand) aufschlitzen und das eine Ende vorsichtig durchziehen. Eine andere Form: An einer Seite des Rechtecks den Teig aufschneiden und beide Enden miteinander verdrehen. Die Teigstücke werden in heißem Fett oder Frittieröl ausgebacken und mit Puderzucker bestreut.

# Überblick über die Geschichte Tibets

Bereits vor 20 000 Jahren waren weite Teile Tibets von Menschen bewohnt. Schriftliche Aufzeichnungen zur Geschichte Tibets gibt es jedoch erst ab dem 7. Jahrhundert nach Beginn unserer Zeitrechnung, als die tibetische Schrift entwickelt wurde.

**127 vor Christus bis 842 nach Christus** Herrschaft der 41 Könige der Yarlung-Dynastie. Mit der Krönung Nyatri Tsenpos zum König der tibetischen Stämme des Yarlung-Tals im Jahr 127 vor Christus beginnt die tibetische Zeitrechnung. Unser Jahr 2006 zum Beispiel ist das Jahr 2133 im tibetischen Königskalender. Nyatri Tsenpo soll das erste mehrstöckige Gebäude aus Stein errichtet haben, den Yumbulagang, der auf einem Felssporn zwölf Kilometer südlich von Tsetang gelegen ist.

**627–649** Regierungszeit von König Songtsen Gampo. Der 32. tibetische König erweitert das Reich nach Westen bis in das Königreich Guge und nach Nordosten bis zum Koko-Nor-See, die Hauptstadt wird vom Yarlung-Tal nach Lhasa verlegt.

**632** König Songtsen Gampo schickt den Minister Sambhota zu Erkundungen nach Indien. Aufbauend auf dem indischen Sanskrit-Alphabet entwickelt Sambhota das tibetische Alphabet.

**639** Songtsen Gampo heiratet seine vierte Frau, die nepalesische Prinzessin Bhrikuti. Verbunden mit der Heirat ist eine Übernahme des buddhistischen Glaubens, zumindest am Königshof.

**641** Kriegerische Auseinandersetzungen mit China werden durch die Heirat Songtsen Gampos mit der chinesischen Prinzessin Wengcheng beigelegt. Der chinesische Kaiser Taizong verpflichtet sich zudem, jährlich 50 000 Rollen Seide als Tribut zu entrichten. Als Mitgift bringt Wengcheng eine goldene Buddhafigur nach Lhasa, die heute im Jokhang-Tempel eine der meistverehrten Buddhastatuen ist.

**Um 775** Gründung des buddhistischen Klosters Samye im Yarlung-Tal, des ältesten buddhistischen Klosters Tibets, durch den indischen Tantriker Padmasambhava, der vom König Trisong Detsen (755–797) ins Land gerufen worden ist, um den Buddhismus zu verbreiten. Trisong Detsen entscheidet sich für die Form des Buddhismus, der den Weg zum Nirwana als langen geistigen Prozess ansah, im Gegensatz zum Zen-Buddhismus, der an eine spontane Erleuchtung durch strenge Meditation glaubt. Der Einfluss der buddhistischen Mönche wird gestärkt, neue Steuern sichern finanzielle Mittel für Schmuck, Bücher und heilige Bauten. Die Priester der ur-

*Der Yumbulagang, angeblich das erste mehrstöckige Gebäude Tibets*

sprünglichen Bön-Religion kämpfen um ihren früheren Einfluss und ihre gesellschaftlichen Stellungen.

**836–842** Verfolgung der Buddhisten. Nach der Ermordung König Ralpachens durch Bön-Priester übernimmt der ältere Bruder des Ermordeten, Lang Dharma, die Macht und verfolgte die Buddhisten. Die alte Bön-Religion lebt wieder auf. Lang Dharma wird schließlich durch einen als Bön-Zauberer verkleideten Eremiten ermordet. Mit dem Tod Lang Dharmas zerfällt Großtibet wieder in viele kleine Teilreiche.

**Um 970** Wiederbelebung des Buddhismus in Tibet. Ausgehend von Regionen im heutigen Ladakh im Westen des Himalaya, wo sich die Religion des tibetischen Buddhismus erhalten hatte, beginnt sich dieser unter Übernahme und Umdeutung vieler Praktiken aus der Bön-Religion in Tibet wieder auszubreiten, diesmal mit größerem Erfolg.

**1249–1350** Tibet steht unter der Herrschaft der zwölf Sakya-Hierarchen, das 1073 gegründete Kloster Sakya wird Zentrum der Macht. Tibet gehört in

*Das Sakya-Kloster*

*Aus dem Kloster Drepung stammen die ersten drei Dalai Lamas*

dieser Zeit zum Machtbereich des mongolischen Weltreichs, das Dschingis Khan gegründet hat. Nach Dschingis Khans Tod 1227 lädt sein Enkel den Abt des Klosters Sakya ein, um das mongolische Volk zu unterrichten. Damit wird die Priester-Patron-Beziehung zwischen den tibetischen Geistlichen und den mongolischen Khanen begründet. Die Herrschaft der Oberhäupter des Sakya-Klosters wird durch Unterstützung der von den Mongolen begründeten chinesischen Yuan-Dynastie gefestigt.

**1350–1436** Tibet ist für 86 Jahre unter der Herrschaft der elf Phagdru-Hierarchen, Nedong das Zentrum der Macht. Die Religion verweltlicht, verschiedene Klöster und Sekten führen Krieg gegeneinander. Der Reformator Tsongkhapa (1357–1419) gründet die Gelugpa (Schule der Tugendhaften), die zunehmend an Einfluss gewinnt und dann im 17. Jahrhundert unter dem V. Dalai Lama praktisch zur Staatsreligion wird.

**1436–1566** Tibet steht für 130 Jahre unter der Herrschaft der vier Rinpung-Fürsten, Shigatse wird das Zentrum der Macht.

**1566–1642** Tibet ist für 76 Jahre unter der Herrschaft der drei Tsangpa-Könige, Shigatse bleibt Machtzentrum.

**1578** Der dritte Abt des Klosters Drepung, Sonam Gyatso (1543–1588), erhält vom Mongolenherrscher Altun Khan als erster den Ehrentitel ›Dalai Lama‹ (Ozean der Weisheit). Seine beiden Vorgänger Gendup Drupa (1391–1474) und Gendun Gyatso (1475–1542) werden posthum mit dem gleichen Titel bedacht, so dass er als III. Dalai Lama in die Geschichte eingeht.

**1642–1959** Tibet ist für 317 Jahre unter der Herrschaft der Dalai Lamas, Lhasa das Zentrum der Macht. Bis zum IV. Dalai Lama beschränkt sich der Wirkungsbereich der Dalai Lamas fast ausschließlich auf religiöse Angelegenheiten im Raum Lhasa.

Erst der V. Dalai Lama, Lobsang Gyatso (1617–1682), besiegt in einem siebenjährigen Krieg mit Hilfe der Mongolen alle Feinde der Gelugpa-Sekte. 1642 übergibt der mongolische Herrscher die politische Macht über Tibet an den Dalai Lama. Um die neu errungene Macht der Gelugpa-Sekte zu demonstrieren, veranlasst der V. Dalai Lama 1644 den Beginn der Bauarbeiten am Potala-Palast auf den Mauern des alten Königspalastes von Songtsen Gampo. Der Palast wird jedoch erst neun Jahre nach dem bis dahin verheimlichten Tod des Dalai Lama (1682) fertiggestellt. Unter dem ›Großen Fünften‹ wird Tibet zu einer Theokratie. Während seiner Herrschaft wird die Priester-Patron-Beziehung wiederbelebt, diesmal zwischen den Dalai Lamas von Tibet und den mandschurischen Kaisern der Qing-Dynastie Chinas.

*Mönche im Songtsanlin-Kloster*

Nach dem V. Dalai Lama erfolgen jeweils nur kurze Herrschaften der VI. bis XII. Dalai Lamas, die teilweise unter mysteriösen Umständen sehr jung sterben.

Die Herrschaft des XIII. Dalai Lama Tubten Gyatso (1876–1933) ist geprägt durch globalpolitische Prozesse, die Einfluss auf Tibet haben: die Kolonialherrschaft Englands in Indien, die Erkundung Tibets durch europäische Forscher und Militärs und die Beanspruchung der Vorherrschaft über Tibet durch China.

**1904** Während der kurzen Invasion des Engländers Younghusband flieht der XIII. Dalai Lama in die Mongolei. Mit der Younghusband-Expedition haben die Engländer den Tibetern die Eröffnung von drei Handelsmissionen (Gyantse, Gartok und Yarlung) aufgezwungen.

**1910** Der chinesische Mandschu-Kaiser schickt ein Heer nach Lhasa. Während der Angriffe auf Osttibet flieht der Dalai Lama nach Nordindien. Durch die bürgerlichen Aufstände 1911 in China wird der einmarschierten Armee die Grundlage der chinesischen Präsenz in Tibet

entzogen. Tibetische Verbände zwingen im März 1912 die mandschurischen Truppen zum Rückzug.
Trotz schlechter Ausstattung der tibetischen Armee führt der XIII. Dalai Lama Tibet 1913 wieder in die politische Unabhängigkeit. Der XIII. Dalai Lama ist für den Eintritt Tibets in die internationalen Beziehungen verantwortlich. Unter seiner Herrschaft werden die Administration und das Militär modernisiert, eine eigene Polizei gegründet, Studenten ins Ausland geschickt sowie Post- und Telegraphendienste eingerichtet. Zum erstenmal wurden auch Papiergeld und Briefmarken eingeführt. Verschiedene internationale Abkommen mit Großbritannien, der Mongolei und China werden ferner abgeschlossen. Die 1914 abgehaltene ›Simla-Konferenz‹ zwischen England, Tibet und China ist der erste ernsthafte Versuch im Sinne des heutigen Völkerrechts, die sino-tibetischen Differenzen zu bereinigen und die Grenze Tibets festzulegen. Sie erzielt jedoch keine konkrete Lösung in dieser Frage, denn der vorgeschlagene Vertrag wird von China nicht ratifiziert.

*Mädchen mit Kälbchen in Gyantse*

**17. Dezember 1933** Tod des XIII. Dalai Lama.

**6. Juli 1935** Geburt von Tenzin Gyatso in der Provinz Amdo im Nordosten Tibets.

**1938** Der junge Tenzin Gyatso wird als der XIV. Dalai Lama erkannt und kommt im Oktober 1939 nach Lhasa, wo er am 22. Februar 1940 inthronisiert wird.

**1. Oktober 1949** Mao Zedong proklamiert die kommunistische Volksrepublik China.

**7. Oktober 1950** Chinesische Truppen überschreiten die Grenze zu Tibet.

**19. Oktober 1950** Chinesische Truppen erobern Chamdo, die Hauptstadt der Provinz Kham.

**17. November 1950** Der XIV. Dalai Lama übernimmt vorzeitig als 15jähriger die Regierungsgeschäfte.

**23. Mai 1951** Eine hochrangige tibetische Delegation unterzeichnet unter Zwang in Beijing das sogenannte ›17-Punkte-Abkommen zur friedlichen Befreiung Tibets‹.

**9. September 1951** Die Volksbefreiungsarmee erreicht die Hauptstadt Lhasa.

**August 1954–März 1955** Der Dalai Lama und der 16jährige Panchen Rinpoche – der Panchen Lama ist nach dem Dalai Lama der zweithöchste Mönch der Gelugpa – weilen in Beijing und kommen unter anderem mit Mao Zedong zusammen, mit dem sie auch über die Vereinbarkeit von Buddhismus und Sozialismus diskutieren. Die Gespräche führen zu keinem erkennbaren Resultat.

**10. März 1959** Gerüchte über eine Entführung des Dalai Lama nach Beijing verursachen einen Volksaufstand der Tibeter gegen die chinesische Fremdherrschaft, der blutig niedergeschlagen wird. Tausende Tibeter kommen ums

Die Grenzen Tibets vor 1950 und heute

Leben, und der Dalai Lama flieht nach Indien. Hunderttausende Tibeter folgen ihm ins Exil. Nach der Niederschlagung des Aufstandes setzt Beijing die ›demokratischen Reformen‹ in ganz Tibet durch.

**28. März 1959** Die Führung der kommunistischen Partei erklärt am 28. März das tibetische Parlament für aufgelöst. Der Panchen Lama wird geschäftsführender Vorsitzender des ›Vorbereitenden Komitees für die Autonome Region Tibet‹.

**2. September 1960** Die ›Commission of Tibetan People's Deputies‹ nimmt im Exil nach den ersten demokratischen Wahlen in der Geschichte Tibets ihre Arbeit auf.

**1962** Der X. Panchen Lama überreicht nach einer ausgedehnten Inspektionsreise durch ganz Tibet eine 70 000-Schriftzeichen-Petition an Mao Zedong, in der die chinesische Politik und Misswirtschaft scharf kritisiert wird.

**10. März 1963** Der Dalai Lama verkündet im Exil eine demokratische Verfassung Tibets.

**9. September 1965** Gründung der ›Autonomen Region Tibet‹, die im Wesentlichen die zentraltibetischen Provinzen Ü und Tsang sowie Teile der osttibetischen Provinz Kham umfasst. Die Hälfte des früheren Staatsgebietes (der Nordosten und Osten Tibets mit großen Teilen der Provinzen Amdo und Kham) befindet sich bereits seit den 1920er Jahren unter der Kontrolle der heutigen chinesischen Provinzen Qinghai, Sichuan, Gansu und Yunnan. Die Provinz Kham wurde 1918 im Zuge von Grenzstreitigkeiten geteilt, und auch der Nordosten Tibets (die Provinz Amdo) stand zu der Zeit bereits unter lokaler Verwaltung eines Hui-Governeurs. Die neu geschaffene TAR besitzt nun 7 Bezirke: Ngari, Nyingchi, Amdo (Qamdo), Nagqu, Shannan, Xigaze (Shigatze), Lhasa.

**1966–1976** Während der Kulturrevolution werden Angst und Terror in ganz China verbreitet, tausende Klöster und Tempel werden alleine in Tibet dem Erdboden gleichgemacht, Hunderttausende wurden ermordet, es kommt zu großen Hungersnöten.

**1980** Das Zentralkomitee der Kommunistischen Partei beschließt eine Liberalisierung in Tibet: Die Religionsausübung wird wieder erlaubt, Besuche von Angehörigen im Exil genehmigt, und den Bauern und Nomaden wird wieder mehr wirtschaftliche Selbstbestimmung gegeben.

**1987–1989** Im September und Oktober 1987 sowie im März 1988 und 1989 kommt es bei Demonstrationen zu Unruhen in Lhasa und Shigatse. Informationen über gewaltsames Vorgehen der Chinesen gegen Demonstranten gelangen durch westliche Touristen an die Weltöffentlichkeit. Die chinesischen Behörden reagieren, indem sie 1989 erstmals in der tibetischen Geschichte das Kriegsrecht über Lhasa verhängten.

*Freundliche und fröhliche Osttibeterinnen*

*Texte studierender Klosterschüler*

**5. Oktober 1989** Dem XIV. Dalai Lama wird in Oslo der Friedensnobelpreis verliehen.

**15. Mai 1995** Der XIV. Dalai Lama erkennt Choekyi Nyima als die Reinkarnation des X. Panchen Lama an. Choekyi Nyima wird mit seiner Familie von den chinesischen Behörden verschleppt, an seiner Stelle wird von den Chinesen am 29. November 1995 Gyaltsen Norbu als XI. Panchen Lama im Jokhang-Tempel in Lhasa eingesetzt. Der von der chinesischen Regierung eingesetzte Panchen Lama findet jedoch durchaus auch Unterstützung bei einigen tibetischen Geistlichen, wodurch es der chinesischen Regierung gelingt, sich den Konflikt zunutze zu machen, der schon seit Anfang des

20. Jahrhunderts zwischen dem Dalai Lama und dem Panchen Lama schwelt.

**28. Dezember 1999** Der XVII. Karmapa flieht im Alter von 14 Jahren als einer der letzten religiösen Führer aus seinem Kloster Tshurpu nach Indien.

**10. bis 14. März 2008** Zum Jahrestag des tibetischen Volksaufstandes von 1959 gibt es kleinere Proteste in Lhasa und den Klöstern Sera und Deprung. Dabei werden einige der Protestierenden verhaftet. Als vier Tage später eine Gruppe von etwa 600 Mönchen für die Freilassung ihrer Kollegen demonstrieren, beginnen die chinesischen Behörden mit harter Gewalt einzugreifen. Weitere Demonstrationen im März führen zum massiven Einsatz des Militärs. Es kommt zu den schwersten Unruhen in Lhasa seit den 1980er Jahren. Die Demonstrationen dehnen sich auf weitere Gebiete im gesamten tibetischen Kulturraum aus. In der Folge der Abschirmung Tibets vor der internationalen Presse wird das Reisen in Tibet für Ausländer und Chinesen deutlich erschwert.

Weltweit beginnt eine große Unterstützungsbewegung für die Belange des tibetischen Volkes mit medienwirksamen Störungen des olympischen Fackellaufes und einem dramatischen Gesichtsverlust der chinesischen Machthaber. Das ramponierte internationale Ansehen der größten Diktatur der Welt kann selbst durch perfekt organisierte Olympische Sommerspiele nicht wieder geglättet werden.

**Januar 2009** Der Volkskongress des südwestchinesischen Autonomen Gebiets Tibet hat beschlossen, den 28. März als den ›Tag zum Gedenken der Befreigung der Leibeigenen in Tibet‹ einzurichten mit dem Ziel der Erinnerung an die ›demokratische Reform‹, die vor 50 Jahren in Tibet durchgeführt wurden.

Die Dalai Lamas in Tibet

| Lama | Name | Lebenszeit |
|---|---|---|
| I. Dalai Lama | Gendun Drupa | 1391–1474 |
| II. Dalai Lama | Gendun Gyatso | 1475–1541 |
| III. Dalai Lama | Sonam Gyatso | 1543–1588 |
| IV. Dalai Lama | Yonten Gyatso | 1589–1616 |
| V. Dalai Lama | Ngawang Lobsang Gyatso | 1617–1682 |
| VI. Dalai Lama | Tsangyang Gyatso | 1683–1706 |
| VII. Dalai Lama | Kalzang Gyatso | 1708–1757 |
| VIII. Dalai Lama | Jampal Gyatso | 1758–1804 |
| IX. Dalai Lama | Lungtok Gyatso | 1806–1815 |
| X. Dalai Lama | Tsultrim Gyatso | 1816–1837 |
| XI. Dalai Lama | Khedrub Gyatso | 1838–1856 |
| XII. Dalai Lama | Trinle Gyatso | 1856–1875 |
| XIII. Dalai Lama | Tubten Gyatso | 1876–1933 |
| XIV. Dalai Lama | Tenzin Gyatso | seit 1935 |

# Aktuelle Situation

*Möge sich wieder ein goldenes Zeitalter voller Freude und Glück über die drei Regionen Tibets ausbreiten. Möge sein weltlicher und spiritueller Glanz wieder erstrahlen. Mögen sich Buddhas Lehren in alle zehn Himmelsrichtungen ausbreiten und alle Wesen im Universum zu einem glorreichen Frieden führen.*

*Aus der Nationalhymne Tibets*

Als im Jahre 1950 das freie Tibet von chinesischen Truppen besetzt wurde, schwiegen fast alle Regierungen der Erde. Am 7. Oktober 1950 überschritt Maos Volksbefreiungsarmee den Yangtse, der die heutige Grenze der Autonomen Region Tibet in der Provinz Kham darstellt. Tibet war zur Zeit der Gründung der Vereinten Nationen noch führerlos – der Dalai Lama übernahm erst im November 1950 die Regierungsgeschäfte – und nicht von allen Ländern als ein eigenständiger Staat anerkannt – politisch hatte sich Tibet zwischen den beiden Weltkriegen freiwillig vom Rest der Welt isoliert und war kein Mitglied des Völkerbundes –, so dass es für die Vetomächte USA, Großbritannien, Frankreich und die Sowjetunion aus geopolitischen Gründen bequem war, sich nicht mit China anzulegen. Am 23. Mai 1951 zwang die chinesische Führung eine hochrangige tibetische Delegation, die nach Beijing gekommen war, zur Unterzeichnung eines ›17-Punkte-Abkommens zur friedlichen Befreiung Tibets‹. Der 16jährige Dalai Lama war als Oberhaupt der tibetischen Regierung nicht Teil dieser Delegation. Das Abkommen beendete die Eigenständigkeit Tibets, gestand jedoch den Tibetern eine innenpolitische Autonomie zu. China hielt sich jedoch nie an diese Verpflichtung. Am 9. September 1951 erreichte die chinesische Volksbefreiungsarmee die Hauptstadt Lhasa.

*40-Jahr-Feier zum Bestehen der Autonomen Region Tibet*

*Allerorten werden Billardtische aufgestellt*

Als El Salvador 1951 in der UN die Frage der Invasion Chinas in Tibet zur Debatte stellte, stimmten die USA und die UdSSR dafür, die Diskussion über Tibet zu vertagen – neun Jahre lang. Es gab nur sehr wenige Abstimmungen, bei denen die USA und die UdSSR einer Meinung waren! Erst im Juli 1959 bestätigte die Internationale Juristenkommission, dass China das sogenannte ›17-Punkte-Abkommen‹ mit Tibet von 1951, die Allgemeine Erklärung der Menschenrechte von 1948 sowie die UNO-Konvention zur Verhütung und Bestrafung von Völkermord von 1948 gravierend verletzt hatte. Und erst 1960 bestätigte ein Untersuchungsausschuß, dass Tibet zum Zeitpunkt der Invasion ein souveräner Staat und insbesondere unabhängig von China gewesen war. Schließlich wurden drei UN-Resolutionen verabschiedet, die die Beendigung der Menschenrechtsverletzungen durch die chinesische Besatzungsmacht und die Wiederherstellung der Selbstbestimmung Tibets verlangten: Resolution 1353 vom 21. Oktober 1959, Resolution 1723 vom 20. Dezember 1961 und Resolution 2079 vom 18. Dezember 1965.

## Regierung im Exil

Die acht Jahre nach 1951 brachten eine scheinbar friedliche Koexistenz von chinesischen Besatzern und tibetischer Verwaltung, Politikern und Würdenträgern. Als im März 1959 die Spannungen eskalierten und auch die Hauptstadt Lhasa erreichten, floh der junge Dalai Lama am 17. März als Soldat verkleidet ins Exil nach Indien. In dem blutig niedergeschlagenen Volksaufstand am 10. März starben laut Schätzungen der exiltibetischen Regierung etwa 87 000 Tibeter.

Seitdem lebt der Dalai Lama mit dem Großteil der etwa 150 000 geflüchteten Tibeter im Gebiet um die Stadt Dharamsala im indischen Himalaya, etwa 500 Kilometer nördlich von Delhi. Seine demokratisch gewählte Exilregierung ist jedoch bis heute nicht international anerkannt. Die Bemühungen des Dalai Lama um internationale Hilfe für die Selbstbestimmung Tibets und die Versuche, mit den chinesischen Machthabern in Dialog zu treten, wurden 1989 zwar mit dem Friedensnobelpreis honoriert, wirkliche Fortschritte in der ›Tibetfrage‹ gibt es leider nicht.

Die zurückgebliebenen Tibeter wurden seit 1959 Opfer von Terror und permanenter Unterdrückung. Alles an der tibetischen Kultur und Identifikation sollte zerstört werden. Die Landwirtschaft und die Nomadenherden wurden kollektiviert, was zu großen Hungerkatastrophen führte. Etwa 1,2 Millionen Menschen waren in Folge von Maos ›Großem Sprung nach vorne‹ (1958–1960) und besonders während der ›Großen Proletarischen Kulturrevolution‹ (1966–1976) ums Leben gekommen, die Landwirtschaft lag am Boden, die Bodenschätze wurden geplündert, die jahrtausendealte Kultur und fast alle Klöster und Tempel – etwa 6000 wurden zuvor gezählt – waren zerstört. Nur 13 blieben unbeschädigt.

## Autonome Region Tibet

Am 9. September 1965 proklamierte die chinesische Verwaltung die ›Autonome Region Tibet‹ (TAR), die nun als Provinz Xizang eine der vielen Provinzen der chinesischen Volksrepublik wurde. Die Autonome Region Tibet beinhaltet jedoch nur die Hälfte der ursprünglichen Fläche Tibets: Die Provinzen Amdo und Kham wurden größtenteils den Provinzen Yunnan, Sichuan und Qinghai angegliedert. Große Teile der tibetischen Bevölkerung Osttibets lebten nun plötzlich in Verwaltungsbezirken mit chinesisch dominierten Volksgruppen.

In Tibet herrschte der Geist der zerstörerischen Kulturrevolution bis weit in die 1980er Jahre, länger als in allen anderen chinesischen Provinzen. Ungeachtet der leichten Liberalisierung Mitte der 1980er Jahre wird die tibetische Identität weiter zerstört. Inzwischen dürfen zwar einige Klöster und Tempel aufgebaut werden, und die Religionsausübung ist in gewissen Grenzen wieder erlaubt. Allerdings werden die Klöster streng kontrolliert: Alle Klosterschulen müssen chinesische Lehrpläne lehren, die Mönche und Nonnen sind von Spitzeln und Denunzianten unterwandert, und die Meinungsfreiheit wird weiterhin mit Füßen getreten. In Tibet ist es verboten, ein Bild des XIV. Dalai Lama zu besitzen, die tibetische Flagge zu hissen oder für einsitzende Tibeter einzutreten. Die großen Volksaufstände im September und Oktober 1987, die blutig niedergeschlagen wurden, hatten einen nicht unerheblichen Einfluss auf die Neuwahl des KP-Generalsekretärs in Tibet 1988. Der ehrgeizige junge Mann, der in dieses Amt berufen wurde, war Hu Jintao. Dieser vertrat gegenüber den Tibetern eine harte Hand und machte sich auch dadurch bei seinem Förderer, dem ehemaligen KP-Chef Deng Xiaoping, beliebt. 1992 kehrte Hu Jintao zurück in die Politik der Hauptstadt und wurde im November 2002 Parteichef und im März 2003 Staatspräsident.

Derzeit sitzen etwa 1500 Tibeter aus politischen Gründen in chinesischer Haft. Eine unbekannte Anzahl sitzt in chinesischen Umerziehungslagern, den berüchtigten Laogais. Alle müssen unter menschenunwürdigen Bedingungen leben, bis zu zwölf Stunden pro Tag in Steinbrüchen, Minen oder Fabriken schuften und haben keinen Zugang zu adäquater Gesundheitsversorgung oder juristischem Beistand. Diese ›Umerziehung durch Arbeit‹ ist für viele Tibeter das Todesurteil.

## Die chinesische Politik in Tibet

Heute ist vor allem auch die Umsiedlung von Millionen Chinesen, die oft mit attraktiven Versprechungen und Vergünstigungen nach Tibet gelockt werden, eine Bedrohung für die Kultur und Identität der Tibeter. Die Stadt Lhasa wurde baulich grundlegend verändert. An die Stelle der Altstadthäuser wurden chinesische Betonkästen mit Alu-Glas-Plastik-Fassaden gestellt, der Wirtschaftsboom seit den 1990er Jahren tut sein übriges. Die Bodenschätze und Naturressourcen Tibets werden geplündert, und die aufstrebenden tibetischen Städte sind ideale Absatzmärkte für chinesische Waren.

Vom Wirtschaftsboom profitieren auch genügend Tibeter, die sich nun ebenfalls Mobiltelefone, Pkw oder einen häuslichen Stromanschluss leisten können. Für China ist es der ideale Expansionsmarkt für Billigprodukte, so dass sich das Einkommen der Mittel- und Oberschicht im produktiven Osten des Landes stetig erhöht. Für die Tibeter selbst bleiben in der Regel die schlechtbezahlten oder unbeliebten Arbeitsplätze übrig.

Es gehört zur gängigen chinesischen Politik in Tibet, alle Aktivitäten der Exiltibeter zu stören oder zu unterwandern. Die Radiosender ›Voice of Tibet‹ und ›Radio Free Asia‹ werden regelmäßig gestört, die unabhängigen Internetseiten über Tibet sind in China gesperrt, und selbst völlig unpolitische tibetische Gruppen wie Folklorevereine bekommen enge politische Bandagen angelegt. Die medizinische Versorgung ist in Tibet so schlecht wie nirgendwo in China. Obwohl die chinesische Besetzung Tibets vor allem in den Städten zu einer allgemeinen Verbesserung der medizinischen Versorgung geführt hat, bleibt die Mütter- und Kindersterblichkeit die höchste im chinesischen Machtbereich, was auch an den regelmäßig durchgeführten Zwangsabtreibungen und Zwangssterilisationen tibetischer Frauen liegt. Mit allen Mitteln wird versucht, den tibetischen

*Am wärmenden Lagerfeuer in fast 4000 Meter Höhe in Osttibet*

Bevölkerungsanteil niedrigzuhalten. Die Tibetische Autonome Region ist auch die chinesische Provinz mit dem höchsten Anteil von Analphabeten (2004 waren es 39,5 Prozent in der gesamten TAR). Seit den Unruhen bei Demonstrationen in Lhasa bemüht sich die chinesische Administration zudem, Jugendliche und Erwachsene durch ›Brot und Spiele‹ abzulenken: Billiges Bier und überall aufgestellte Billardtische sollen die Tibeter ruhigstellen. In den Schulen werden die Kinder schon von klein auf mit pro-chinesischem Patriotismus erzogen, tibetische Kultur und Geschichte fehlen im Lehrplan, und ihnen wird beigebracht, dass der tibetische Buddhismus ›rückständig‹ sei.

Tibeter werden von den Chinesen als Menschen zweiter Klasse bezeichnet und so auch behandelt. Die Chinesen mit ihrem jahrtausendealten kulturellen Gedächtnis können nicht akzeptieren, dass es gleichwertige Kulturen in ihrer Umgebung geben kann. Dieser offene Rassismus der Chinesen ist auch nicht durch den Hinweis auf die universellen Menschenrechte zu erschüttern. Die einzige Möglichkeit, dem Rassismus gegenüber den Tibetern zu begegnen, wäre die kulturelle und finanzielle Autonomie Tibets – wenn schon eine völkerrechtliche Loslösung von China momentan nicht möglich ist.

## Der Weg des Dalai Lama

Während seines Deutschlandbesuchs im Mai 2008 erklärte der Dalai Lama vor dem Brandenburger Tor in Berlin erneut, dass er keine Separation von China anstrebe und dass vielmehr Tibet auf den wirtschaftlichen Fortschritt innerhalb des chinesischen Staates angewiesen ist. Gleichzeitig stellte er jedoch fest, dass auch junge Chinesen von dem geistigen und spirituellen Reichtum Tibets profitieren würden.

Der Dalai Lama setzt sich mit seinem sogenannten ›Mittleren Weg‹ also heute in erster Linie für ein echte Autonomie Tibets innerhalb Chinas ein und für die Anerkennung der Menschenrechte in ganz China. Auch die tibetische Flagge möchte er nicht als antichinesisches Symbol eines separatistischen tibetischen Staates verstanden wissen, sondern vielmehr als Symbol für das Prinzip eines gewaltfreien Einsatzes für Freiheit und Autonomie generell. »Das 21. Jahrhundert soll das Jahrhundert des Dialogs werden«, so der Dalai Lama in Berlin.

In den zukünftigen Verhandlungen um die Umsetzung einer Autonomie Tibets innerhalb Chinas dürfte die Frage nach der Definition von ›Tibet‹ besondere Schwierigkeiten hervorrufen. Ein Großteil der Exiltibeter stammt aus den Regionen außerhalb der ›Tibetan Autonomous Region‹, also aus den Regionen, die zu den chinesischen Provinzen Qinghai, Gansu, Sichuan oder Yunnan gehören. Die tibetische Exilregierung ist dementsprechend natürlich besonders daran interessiert, die Autonomiebestrebungen auch auf die ›ethnisch-tibetischen‹ Gebiete auszudehnen, und nicht nur auf die ›politisch tibetische‹ Provinz Xizang zu begrenzen.

Der auch mit Hilfe des Drucks der internationalen Presse und Meinungsbildung im Vorfeld der olympischen Spiele erzwungene Dialogprozess zwischen hohen Vertretern der tibetischen Exilregierung und der chinesischen Regierung sah im Sommer 2008 nach einem tatsächlichen Durchbruch bei vielen offenen Fragen aus. Bald nach der Beendigung des für China wichtigen Sportereignisses flachten die Gespräche zunehmend ab und im November wurden sie dann als gescheitert erklärt. Darauf hin erklärte sogar der Dalai Lama mit viel Frust und Enttäuschung seine jahrzehntelangen Bemühungen um den ›Mittleren Weg‹ als gescheitert und beendet. Es ist wahrscheinlich, dass in Zukunft die politische Richtung der Exilregierung gegenüber China zunehmend in den Einfluss einer neuen Generation von Exiltibetern kommt, die außerhalb Tibets aufgewachsen sind. Diese neue Generation sieht, dass der jahrzehntelange gewaltfreie Weg des Dalai Lamas keinen Erfolg brachte und denkt daher öffentlich auch über Alternativen nach.

## Die Bahnlinie nach Lhasa

Beijings Prestigeprojekt, die Bahnlinie von China nach Lhasa, ist im Dezember 2005 fertiggestellt worden und hat im Juli 2006 den regelmäßigen Betrieb aufgenommen. Eine Bahnlinie der Superlative ist es, mit den höchsten von einer Bahn befahrenen Pässen, tiefsten Schluchten und mit dem höchstgelegenen Bahnhof der Erde. Neben den zu erwartenden Einnahmen aus dem Personentransport geht es wohl auch darum, Tibet noch enger an China zu binden, den Zustrom von Chinesen zu erleichtern und die vielen Bodenschätze Tibets schneller und billiger außer Landes bringen zu können.

Seit 1984 war schon die Bahnlinie von Xining bis Golmud, die tibetische Stadt, die seit 1965 in der Provinz Qinghai liegt, in Betrieb. Von Golmud nach Lhasa mussten die Bahningenieure das Burhan-Budai-Shan, einen Ausläufer des Kunlun-Shan, mit über 4500 Meter hohen Pässen und kilometertiefen Schluchten überwinden. Der höchste Pass dieser Strecke ist der Tanggula-Pass

*Ein Bahnbau der Superlative*

mit 5206 Metern. Die 1142 Kilometer lange Strecke führt zudem über die östliche Chang-Tang-Steppe, die für die großflächigen Permafrostböden bekannt ist. Durch natürliche klimatische Schwankungen, aber auch die zunehmende Klimaerwärmung wirft die im Sommer auftauende Oberfläche des Bodens Wellen und Hügel auf. So wird ein momentan noch geradliniger Bahnverlauf schon in wenigen Jahren zu einem ziemlich ruppigen Reisevergnügen werden, wenn nicht ständig nachgebessert wird. Mit Hilfe tausender von Metallrohren, die mit flüssigem Ammoniak gefüllt sind und als Kühlelemente dienen, wird an den gefährdeten Stellen der Bahndamm kontinuierlich kalt gehalten, sodass eine Erdbewegung durch Auftauprozesse unterbunden wird: ein Kampf gegen Windmühlen.

Mehr als 200 000 Hilfsarbeiter schufteten an dieser Strecke, viele verloren ihr Leben dabei. Häufigste Todesursache war die Höhenkrankheit: Gehirn- und Lungenödeme, die nur heilbar gewesen wären, wenn die Erkrankten schnell in niedrigere Lagen gebracht worden wären. Aber auf einem Hochplateau gibt es keine niedrigen Lagen, und auf Sauerstoffzelte in den Lazaretten für die Arbeiter hatte man aus Kostengründen verzichtet. Eine Entschädigung für die Angehörigen gibt es bisher auch nicht, da Höhenkrankheit nicht als Arbeitsunfall anerkannt ist. Viele Arbeiter sind auch von den Brückenkonstruktionen gestürzt, denn die Sicherheitsmaßnahmen waren äußerst unzureichend. Ein Großteil der Strecke ist mit einfachsten Handarbeiten gebaut worden, so schleppten die Arbeiter zum Beispiel bis zu 80 Kilogramm schwere Steine oder Betonwannen auf ihrem Rücken. Nach einem von der ›International Campaign for Tibet‹ verfassten Sonderbericht über die Qinghai-Tibet-Eisenbahn sind die für die Eisenbahn veranschlagten Kosten mehr als dreimal so hoch wie der Gesamtbetrag, den die chinesische Regierung während der vergangenen 50 Jahre für Gesundheitsversorgung und Bildung in Tibet ausgegeben hat. Siehe auch ›Die Tibetbahn‹, Seite 291.

*Tibets Grenzgebirge, hier im Osten des Landes, machten es Eroberern schwer*

# Westliche Entdeckungsgeschichte

Tibet galt für die Europäer lange Zeit als ›Terra incognita‹. Das Land ist vor den Straßenbaumaßnahmen der Moderne von allen Seiten schwierig zu erreichen gewesen, und eine Durchquerung des dünnbesiedelten Tibets stellte eine ungeheuere logistische Herausforderung dar. In der Geschichte Tibets ist es nie vorgekommen, dass große Armeen über Tibet nach Indien eindrangen, selbst Dschingis Khan nahm die Route über Afghanistan, statt direkt von der Mongolei über Tibet nach Indien zu gelangen. Hinzu kamen die besondere Lebensweise und Kultur der Tibeter, die europäischen Entdeckern das Bereisen des Landes nicht leicht machten.

Die ersten Europäer, die nach Tibet gelangten, waren christliche Missionare. Der portugiesische Jesuit Antonio Andrada reiste als nachweislich erster westlicher Mensch nach Tibet. Er kam 1621 von Indien über den See Manasarowar nach Tibet und gründete in Tsaparang im Königreich Guge in Westtibet eine Missionsstation. Anlass für seine Reise waren Gerüchte, die Tibeter seien Christen-Abkömmlinge.

Im Jahr 1667 gelangten die Jesuiten Johann Grüber und Albert D'Orville von Beijing nach Lhasa. Sie reisten aber direkt weiter über Nepal nach Indien. Grüber erstellte die ersten Skizzen vom Potala-Palast, der damals noch im Bau war. Die Strecke von Beijing über Lhasa nach Agra in Indien bewältigten sie in nur 214 Tagen, D'Orville starb in Agra an Erschöpfung.

Der erste Engländer, der Tibet betrat, war George Bogle, ein Repräsentant der ›East India Company‹, der 1774 den Panchen Lama in Shigatse besuchte, um geschäftliche Kontakte zu knüpfen. Bogle war von Tibet fasziniert und heiratete sogar eine Tibeterin. Er war es, der die Kartoffel in Tibet einführte. 1783 reiste Samuel Turner in ähnlicher Mission ebenfalls nach Shigatse, aber erst 1811/12

*Viele der früheren Forschungsreisenden versuchten, das Chang Tang zu durchqueren*

erreichte Thomas Manning als Pilger verkleidet als erster Engländer Lhasa. Er blieb dort etwa fünf Monate und führte einige Interviews mit dem IX. Dalai Lama, Lungtok Gyatso, bevor er wieder nach Indien ausreisen musste.

Aus politischen Gründen wurde den Europäern die Einreise nach Tibet im 19. Jahrhundert systematisch verwehrt, im Land gefundene Europäer wurden des Landes verwiesen. Dennoch gelangten 1844 bis 1846 die französischen Lazaristenprediger Evariste Regis Huc und Joseph Gabet von China nach Lhasa. Ihre Aufgabe war die Einrichtung neuer Missionsstationen, das Ziel Lhasa hatten sie sich selber gewählt, wo sie am 29. Januar 1849 ankamen und bis zum März des gleichen Jahres blieben. Sie waren die letzten westlichen Besucher in Lhasa bis 1904. In seinem Buch ›Reise durch die Mongolei nach Tibet‹ beschreibt Huc diese Reiseerlebnisse. In Gegensatz zu anderen Reisenden aus dem 19. Jahrhundert fehlte es Huc und Gabet jedoch an jeglichem geographischen Gespür. Der Reisebericht von Huc und Gabet birgt daher wenig nützliche geographische und wissenschaftliche Information, dafür beschreibt er die Charaktere der Menschen sehr detailliert.

## Die Pundits

In der Mitte des 19. Jahrhunderts beobachtete man in England, dass sich Rußland mehr und mehr für die Länder Zentralasiens interessierte. Die bislang als unwichtig angesehenen innerasiatischen kleinen Königreiche rückten so plötzlich ins Interesse der britischen Politik. Vor allem in Tibet sah man nun ein strategisch wichtiges Land, um dessen Vorherrschaft England und Rußland heimlich rangen.

Eine der herausragendsten Leistungen der Engländer in Indien war die ›Great Trigonometrical Survey‹, eine komplette trigonometrische Landvermessung des gesamten indischen Subkontinents. Die Landvermesser waren oft auch Entdecker und Forscher, die ihre Arbeit in entlegenen Regionen und unter schwierigen Bedingungen verrichten mussten. Da Tibet den Europäern die Einreise verwehrte, asiatische Händler und Pilger jedoch nach wie vor das Land bereisen durften, kam Captain Montgomerie, der Leiter der Landesvermessungen in Kaschmir, etwa um 1860 auf die Idee, Leute aus der lokalen Bevölkerung Kaschmirs auszubilden, die dann Tibet vermessen und erforschen sollten.

Nach einer einjährigen Ausbildung hatten die ›Spione‹ gelernt, in gleichmäßigem Schritt zu laufen und die Schritte mit Hilfe einer buddhistischen Gebetskette zu zählen. Zur Ausrüstung gehörten weiterhin Papier für Aufzeichnungen und ein Kompass, der in einer Gebetsmühle versteckt war. Ein Thermometer fand im ausgehöhlten Wanderstock Platz, und ein Sextant wurde in einem Geheimfach der hölzernen Reisekiste versteckt.

Der bekannteste ›Pundit‹ war Nain Singh, dessen Codename ›Pundit‹ der ganzen Gruppe ihren Namen gab. Nain Singh wurde 1864 losgeschickt, um eine Route nach Lhasa zu finden. Als er schließlich Lhasa erreichte, versteckte er sich tagsüber und nahm nachts Vermessungen mit dem Sextanten vor. Auf einer zweiten Reise erforschte Nain Singh die Quelle des Indus.

Kishen Singh (Codename A-K) war ein weiterer ›Pundit‹, der 1878 zu seiner vierten Reise aufbrach. Er ging nach Lhasa und schloss sich dort einer mongolischen Karawane an, mit der er über das tibetische Plateau bis in die Wüste Gobi ging. Er beschloß, einen anderen Rückweg zu nehmen, der ihn über das heutige Osttibet zurück nach Nepal führte. Insgesamt hatte er eine Strecke von 4800 Kilometer innerhalb von vier Jahren akkurat vermessen.

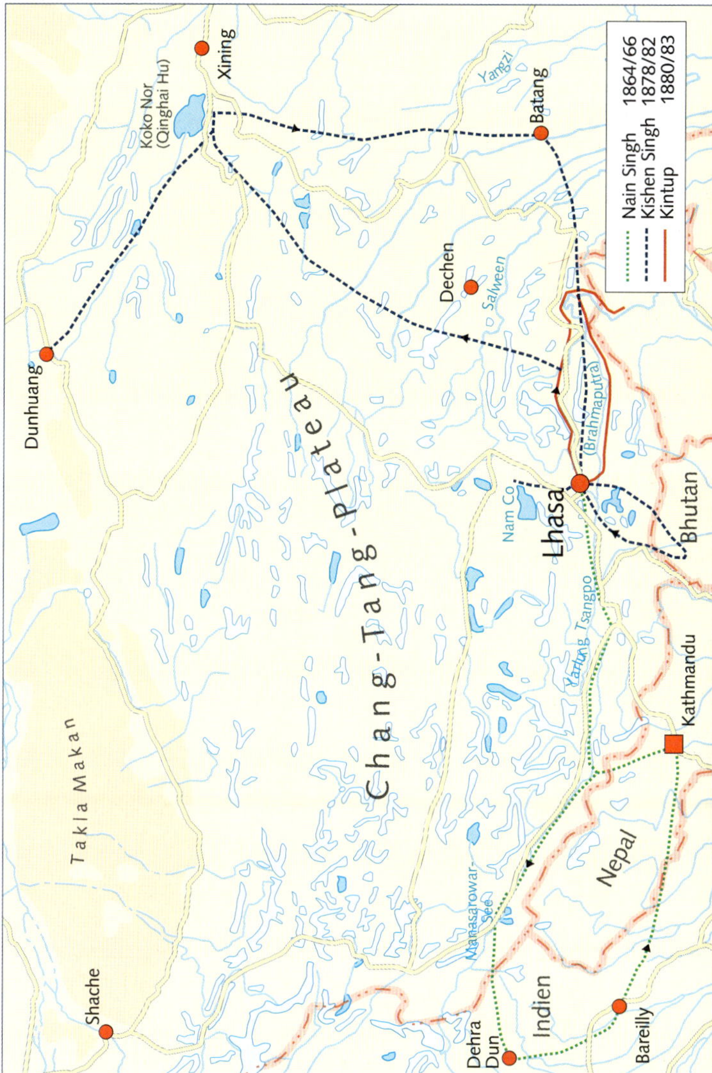


Die Routen der bekanntesten Pundits

Kintup wurde 1880 losgeschickt, die Quelle des Brahmaputra zu finden. Zu der Zeit war die Frage noch nicht geklärt, ob der ostwärts fließende Yarlung Tsangpo mit dem auf der indischen Seite westwärts fließenden Brahmaputra verbunden ist. Man hatte sich einen einfachen Plan ausgedacht: Der Pundit Kintup sollte dem Yarlung Tsangpo so weit wie möglich folgen, dann sollte er mehrere markierte Baumstämme in den Fluss werfen. Auf der anderen Seite des Himalaya würden Beobachter am Brahmaputra nach den Baumstämmen Ausschau halten. Kintup erreichte nach einigen Irrwegen – er war zwischendurch in Leibeigenschaft geraten – den Tsangpo, fällte einige Bäume, markierte die Stämme und versteckte sie. Er reiste dann nach Lhasa, um eine Nachricht nach Indien zu schicken, wann die Baumstämme in den Fluss geworfen würden. Rechtzeitig schickte er dann die Baumstämme auf ihre Reise, jedoch kam seine Nachricht aus Lhasa nie an, so dass die markierten Baumstämme unbeobachtet den Brahmaputra hinuntertrieben.

## Gabriel Bonvalot

Gabriel Bonvalot (1853–1933) war in Begleitung von Pater DeDeken von der belgischen katholischen Mission und Prinz Henri d'Orleans der erste Europäer, der Tibet zu wissenschaftlichen Zwecken bereiste. Er brachte nicht nur geographische Erkenntnisse mit nach Hause, sondern auch eine Vielzahl an botanischen und zoologischen Proben, die heute im naturgeschichtlichen Museum in Paris aufbewahrt werden.

Bonvalots Reise begann südwestlich des Lop Nor im November 1889. Er ging nach Süden über das tibetische Plateau und überschritt die Nyenchen-

Die europäischen Expeditionen bis 1908

Tanglha-Berge in der Nähe des Nam Co. Tibetische Behörden stoppten kurz darauf seine Reise und zwangen ihn auf eine ostwärts gewandte Route über Nakchu und Chamdo nach Litang. In seinem 1891 erschienenen Buch ›De Paris au Tokin à travers le Tibet inconnu‹ über diese Reise beschrieb Bonvalot einige erloschene Vulkane im tibetischen Hochplateau, lieferte die ersten Fotografien der Tibetantilope und berichtete von Affen, die er an einer heißen Quelle in über 5000 Meter Höhe beobachtete.

Auf einer ähnlichen Route wie Bonvalot versuchte 1893 der Franzose de Rhins bis zur Quelle des Mekong vorzustoßen. De Rhins wurde jedoch auf der Reise von einem Khampa-Tibeter erschossen. Auch der Engländer George Littledale scheiterte mit seiner Expedition, Lhasa von Norden her zu erreichen: Von den 240 Pferden, Yaks und Maultieren der Expedition kamen 239 unterwegs um.

## Hamilton Bower

Captain Hamilton Bower (1858–1940) wurde 1892 als Reaktion auf die erfolgreiche Durchquerung des Chang Tang durch Gabriel Bonvalot von den Engländern zur wissenschaftlichen und kartographischen Erkundung Tibets losgeschickt. Er begann seine Reise in Leh in Ladakh und reiste über den Aru Co auf der heutigen Gertse-Amdo-Straße weiter zum Nam Co. Dort wurde er von Behörden aufgehalten, änderte seine Route nach Norden und kreuzte Bonvalots Route. Auch Bower beendete seine Tour in Osttibet in der Region Chamdo. Bower brachte von seiner Reise detaillierte Aufzeichnungen und Karten mit, die er in seinem Buch ›Diary of a Journey Across Tibet‹ 1894 veröffentlichte. Seine Reise hatte einen klaren strategischen und politischen Hintergrund, der sich auch in seinen Tagebuchaufzeichnungen in Kommentaren über vorhandenen oder nicht-vorhandenen chinesischen oder russischen Einfluss auf Tibet wiederfindet. Bower brachte wichtige Beiträge zur botanischen und zoologischen Erkundung Tibets mit.

## Montagu Wellby

Auch die Expedition von Captain Montagu Wellby (1866–1900) und seinem Begleiter Lieutnant Malcom im Jahr 1896 begann in Leh (Ladakh), mit dem Ziel, das Chang Tang vom Aksai Chin aus in gerader Linie bis China zu durchqueren. Die Expedition war geprägt von der Unerfahrenheit der beiden noch jungen Soldaten. Ihr Misstrauen gegenüber den ›Einheimischen‹ führte zu einer Reihe von Ärgernissen, die diese Expedition zu einem sehr verlustreichen Unternehmen machten: Von zehn Männern kamen nur vier in China an. Dennoch ist die Expedition von Wellby und Malcom eine außergewöhnliche Leistung, denn sie wählten eine komplett neue und vorher nicht begangene Route auch abseits von Handelsrouten. Trotz aller Widrigkeiten brachte Wellby eine Reihe an botanischen Proben mit und hinterließ detaillierte geographische Aufzeichnungen über seine Route in seinem Buch ›Through Unknown Tibet‹, das 1898 erschien.

# Sven Hedin

Sven Hedin (1865–1952) ist der wohl bekannteste europäische Erforscher Zentralasiens und Tibets. Er erstellte detaillierte Karten, fertigte Skizzen und Fotografien von Landschaft und Menschen an und sammelte geographische, hydrologische und meteorologische Daten, er lotete sogar die Tiefen mehrerer Seen des tibetischen Plateaus aus. Sven Hedin war zwar kein ausgebildeter Wissenschaftler und auch kein Kartograph, aber er verstand es wie kein anderer, seine Erlebnisse und Aufzeichnungen in umfassenden Berichten niederzuschreiben und zu verbreiten.

Während seiner ersten Reise nach Zentralasien (1893–1897) erforschte Sven Hedin den Pamir, durchquerte die Wüste Takla Makan und machte die ersten Abstecher nach Tibet. Von dieser Reise handelt sein Werk ›Durch die Wüsten Asiens‹.

Seine zweite und wichtigste Reise in Zentralasien (1899–1902) begann mit einer Floßfahrt auf dem Tarim. Hedin erkundete die besiedelten Regionen der Takla Makan und erforschte den Lop Nor. Anschließend zog er vom östlichen Ausläufer der Takla Makan über das tibetische Hochplateau bis in die Nähe des Nam Co. Die Reise begann im Mai 1901 mit einer großen Karawane. Wie vielen anderen Europäern vor ihm wurde auch Sven Hedin die Weiterreise nach Lhasa verwehrt. Am 5. August 1901 wurde Sven Hedin etwa zwei Tagesreisen vor Lhasa gestoppt. Er wandte sich daraufhin nach Westen und erreichte auf einer südlicheren Route zu der von Captain Bower im Dezember 1901 die Stadt Leh in Ladakh. Die Erlebnisse dieser Reise schrieb er in den Büchern ›Im Herzen von Asien‹ und ›Abenteuer in Tibet‹ nieder.

*Sven Hedin (Mitte) unterwegs im Himalaya*

Sven Hedins dritte Reise in Tibet (1905–1909) führte von Leh mehrmals über den Gebirgszug des Gangdise Shan, den Sven Hedin Transhimalaya nannte, und zu den Quellgebieten des Indus und des Brahmaputra. Durch diese Reise erlangte er seine Berühmtheit in Europa. Über das Aksai Chin betrat er Tibet und reiste entlang des Gangdise Shan bis Shigatse. Dort besuchte er den Panchen Lama und hielt sich mehrere Monate auf. Von Shigatse reiste er im Süden des Gangdise Shan zum Manasarowar-See und wieder zurück nach Leh. Auf dieser Reise wurde Sven Hedin mehrfach von tibetischen Behörden zur Umkehr aufgefordert, es gelang ihm jedoch jedesmal mit viel Verhandlungsgeschick, seine Reise auf einer ihm nützlichen Route fortzusetzen. Nach dieser Reise entstand das dreibändige Werk ›Transhimalaya‹.

*Blauer Mohn in Osttibet*

## Francis Kingdon-Ward

Francis Kingdon-Ward (1885–1958) war ein Botaniker, der im Auftrag des vermögenden Kaufmanns Arthur Kiplin Bulley in der chinesischen Provinz Yunnan Pflanzen sammeln sollte – die Pflanzensammlungen Bulleys sind heute die Liverpool University Botanic Gardens. Auf mehreren Reisen mit Basis in Dali erkundete er die Pflanzenwelt der tiefen Schluchten Nord-Yunnans. Auf einer seiner Reisen nach China (1924–1925) besuchte er die Yarlung-Tsangpo-Region. Über Sikkim reiste die Gruppe um Kingdon-Ward nach Tibet ein und folgte dem Yarlung Tsangpo (Brahmaputra) bis Tsetang. Von dort folgten sie zunächst weiter dem Tsangpo bis in die Nähe der heutigen Stadt Nyangtri. Über den Pass Serkhyim La (4656 Meter) gelangten sie ins Rong-Chu-Tal, wo sie im Dorf Tumbatse ein Hauptquartier einrichteten. Von Tumbatse aus unternahm die Gruppe mehrwöchige Expeditionen, unter anderem in die Brahmaputraschlucht. Sie wanderten bis zum Kloster Pemakochung, und von dort schlugen sie sich durch bis zum Einfluss des Po Tsangpo in den Brahmaputra. Entlang des Po Tsangpo und am Rong Chu aufwärts gelangten sie wieder nach Tumbatse. Auf dieser Reise konnte das Mysterium der Brahmaputra-Wasserfälle aufgeklärt werden: Es handelte sich nicht wie vermutet um einen 50 Meter hohen Wasserfall, sondern um mehrere kleinere Kaskaden von 9 bis 15 Metern, heute bekannt unter dem Namen ›Rainbowfalls‹. Von seiner Reise berichtete Kingdon-Ward 1926 in einem Artikel im ›Geographical Journal‹ und erhält die Goldmedaille der Königlich

*Im Tal des Rong Chu schlug die Expedition des Francis Kingdon-Ward ihre Zelte auf*

Geographischen Gesellschaft für seine Anstrengungen zur Erkundung der Tsangpo-Schlucht. Auf einer weiteren Reise 1933 erkundete Kingdon-Ward zusammen mit Ronald Kaulback die Region des Kangri Karpo. Sie folgten der Route des Pundits Kishen Singh von Dzayul über den Pass Ata Kang La bis Rawok.

Als Pflanzensammler war Kingdon-Ward äußerst einfallsreich und in seinen Ein-Mann-Expeditionen sehr erfolgreich: Er beschrieb den berühmten ›blauen Mohn‹ (Meconopsis betonicifolia), zahlreiche Primel-Arten und über 100 Rhododendron-Arten.

## Alexandra David-Néel

Die Reise der Französin Alexandra David-Néel (1868–1969) vom Kloster Kumbum am Koko-Nor-See nach Lhasa (1921–1923) war weniger wissenschaftlich motiviert als vielmehr eine spirituelle Reise. Bemerkenswert ist, dass sie als erste europäische Frau, als Bettlerin verkleidet, angeblich Lhasa erreichte. Ihre vierjährige Reise durch die Provinzen Amdo und Kham war geprägt von Rückschlägen, erzwungenen Routenänderungen und Überfällen. Allerdings tauchten in jüngster Zeit erhebliche Zweifel auf, ob sie überhaupt jemals nach Lhasa gereist war. Recherchen des belgischen Sprach- und Geschichtsforschers Philippe van Heurck ergaben, dass große Teile der Reiseberichte von Alexandra David-Néel wahrscheinlich gefälscht oder stark verfälscht sind. Vor ihrer Reise nach Tibet lebte sie bereits sechs Jahre lang in buddhistischen Klöstern in Indien und China. Sie kehrte 1925 nach Frankreich zurück und veröffentlichte mehrere Bücher über ihre Erlebnisse. 1937 unternahm sie als 70jährige eine Reise mit der Transsibirischen Eisenbahn nach China, und als 100jährige erneuerte sie noch einmal ihren Reisepass.

## Wilhelm Filchner

Seine Forschungsreisen führten den Geographen und Geodäten Wilhelm Filchner (1877–1957) vor allem nach Zentralasien. So bereiste er den Pamir, Tibet, China und Nepal. Sein Hauptinteresse galt erdmagnetischen Messungen.
Zwischen 1903 und 1905 erkundete Filchner zusammen mit seiner Frau und Albert Tafel in Nordost-Tibet die Quellen des Gelben Flusses (Huang He). Er schrieb ein ausführliches Buch und erstellte einen Dokumentarfilm über das Kloster Kumbum.
Seine zweite Tibet-Reise begann am Koko-Nor-See und führte Richtung Lhasa. Kurz vor Lhasa wurde Filchners Gruppe aufgehalten, und er musste am südlichen Rand des Chang Tang nach Westen in Richtung Leh weiterziehen. Seine dritte Tibet-Expedition führte Filchner 1934 bis 1937 von Osttibet zum südlichen Tarim-Becken und von dort weiter nach Hotan, wo er für sieben Monate in Gefangenschaft geriet. Danach reiste er über den Karakorum-Pass zurück nach Leh und Kaschmir.

## Das Rätsel der Tsangpo-Wasserfälle

In Osttibet entbrannte seit den 1950er Jahren ein ›Wettrennen‹ um die erste vollständige Dokumentation der Yarlung-Tsangpo- oder Brahmaputra-Schlucht. Dort, wo Francis Kingdon-Ward 1925 nach Entdeckung der ›Rainbowfalls‹ aufgeben musste, erklärte die Royal Geographic Society die Tsangpo-Wasserfälle zur ›Legende der Geographie‹.

Dennoch sind die Tsangpo-Schlucht und auch die Wasserfälle Gegenstand vieler tibetischer und buddhistischer Mythen, und in der Zeit zwischen 1950 und 1960 flohen viele Tibeter durch die Yarlung-Tsangpo-Schlucht nach Indien. In der westlichen Welt blieb die Region jedoch unzugänglich, und es mehrte sich das Interesse, ein für allemal das Rätsel um die Tsangpo-Wasserfälle aufzuklären.

Erst in den 1970er Jahren versuchte ein chinesisches Team, die Tsangpo Schlucht zu erkunden, konnte aber nicht bis ins Innere der Schlucht vordringen. Erst in den 1990er Jahren versuchten sich vermehrt auch wieder westliche Abenteurer und Forscher daran, das ›Rätsel des Tsangpo‹ aufzuklären.

Der Amerikaner Ian Baker ging die Herausforderung ebenfalls an und unternahm in der Zeit von 1993 und 1998 mehrere Reisen in die Tsangpo-Schlucht. Sein Ansatz unterschied sich jedoch in einem entscheidenden Punkt von anderen Expeditionen: Baker orientierte sich an den Berichten früher britischer Entdecker und studierte intensiv die visionären Geschichten tibetischer Lamas, die das Gebiet Jahrhunderte zuvor betreten hatten. Immer wieder erlebte er auf seinen Reisen bittere Rückschläge durch Naturgewalten, aufgegeben hat er jedoch nie. Als Baker im November 1998 vor dem mächtigen Tsangpo-Wasserfall, dem ›Hidden Fall‹, stand, vor dem legendären Gral sowohl westlicher Entdecker als auch tibetanischer Pilger, meldete die National Geographic Society, diese Entdeckung habe ein Rätsel gelöst, das ›über 100 Jahre lang die Quelle von Mythen und Spekulationen‹ gewesen sei.

## Weitere Expeditionen im 20. Jahrhundert

Bis zum Zweiten Weltkrieg gab es eine ganze Reihe weiterer politisch und wissenschaftlich motivierter Reisen in und nach Tibet, davon auch einige mit deutscher oder österreichischer Beteiligung:

Zu erwähnen wäre die Reise des österreichischen Geologen Herbert Tichy (1912–1989), der 1937 nach heimlicher Einreise nach Tibet zum Manasarowar-See und zum heiligen Berg Kailash gelangte. Den Kailash umrundete er auf dem Pilgerweg, der Kora. Tichy, Sepp Jöchler und Helmut Heuberger waren die ersten, die 1954 den Cho Oyu (8201 Meter) mit einfachen Mitteln und ohne zusätzlichen Sauerstoff bestiegen. Da auch bei dieser Expedition die finanziellen Mittel bescheiden waren, mussten sie ihr komplettes Gepäck über Bergpfade, Flusstäler und Pässe selber tragen.

Die einzige offizielle deutsche Tibet-Expedition wurde 1938 von Ernst Schäfer (1919–1992) geleitet. Edmund Geer, Dr. Karl Wienert, Bruno Beger, Ernst Krause und Ernst Schäfer erhielten eine offizielle Einladung der tibetischen Regierung zu einem Besuch in Lhasa und im Kloster Samye. Der ideologische Hintergrund der Schäfer-Expedition lag in der Theorie der von Himmler gegründeten ›Ahnenerbe Forschungs- und Lehrgemeinschaft‹, dass sich auch in Tibet Nachkommen der arischen Rasse befänden. Diese Theorie wurde einerseits gespeist durch das indische Glückssymbol, die Swastika, die auch ein Symbol in der alten nordischen Mythologie war, und zum anderen durch Erzählungen des Nazi-Sympathisanten Sven Hedin. Propagiert wurde diese Suche nach den Nachkommen der arischen Überrasse in Asien durch den General und Professor Karl Haushofer. Ursprüngliches Ziel der Schäfer-Expedition war das Amnye-Machen-Gebirge im heutigen Qinghai, südlich des Koko-Nor-Sees. Doch wegen Deutschlands Pakt mit Japan verwehrte China die Einreise, so dass Schäfer sich von Sikkim aus auf neue Ziele besann. Da Tibet in seinem Unabhängigkeitsbestreben von China Anerkennung durch Deutschland suchte und England einen Konflikt mit Deutschland vermeiden wollte, wurde dem deutschen Einreisegesuch nach Tibet nicht widersprochen, vielmehr wurde die deutsche Expedition nach Lhasa eingeladen. Vor diesem Hintergrund war die Reise nicht vergleichbar mit den unter widrigen Umständen stattfindenden Expeditionen früherer Forscher, andererseits konnten durch die legale Reise die tibetische Kultur und die Stadt Lhasa gut dokumentiert werden. Schäfer wurde nach seiner Rückkehr mit dem SS-Totenkopfring ausgezeichnet.

Das Kapitel der tibetischen Entdeckungsgeschichte wäre ohne die beiden Österreicher Heinrich Harrer (1912–2006) und Peter Aufschnaiter (1899–1973) nicht vollständig. Während der deutschen Nanga-Parbat-Expedition wurde das gesamte Team 1939 nach Ausbruch des Krieges von den Engländern interniert. Aus dem englischen Camp Dehra Dun in Indien gelang ihnen 1944 die Flucht. Beide schlugen sich fast zwei Jahre lang in Tibet durch und gelangten 1946 nach Lhasa. Harrer und Aufschnaiter wurden angesehene Bürger der Stadt, Harrer wurde sogar Vertrauter und Lehrer des jungen XIV. Dalai Lama. Beide übernahmen Aufgaben in Diensten der tibetischen Regierung, größtes Projekt war

*Der Kailash war das Ziel Herbert Tichys*

Aufschnaiters Arbeit am Elektrizitätswerk in der Nähe von Lhasa. Harrer und Aufschnaiter verließen 1951 Tibet, diesmal auf der Flucht vor dem Einmarsch der chinesischen Volksbefreiungsarmee, die jeden westlichen Ausländer inhaftierte. Heinrich Harrers Buch ›Sieben Jahre in Tibet‹ wurde weltberühmt und ist in 50 Sprachen übersetzt worden. Als es 1996 von Hollywood verfilmt wurde, wurde auch sein legendärer Ruf als letzter König der Berge gefestigt.

Eine weitere Durchquerung des Chang Tang erfolgte 1950, als der CIA-Agent Douglas Mackiernan in Begleitung von Frank Bessac und drei Russen vor der anrückenden roten Armee flohen. Mackiernan und zwei der Russen wurden aufgrund eines Missverständnisses in der Nähe des Siling Co von tibetischen Grenzpatrouillen erschossen. Die genauen Hintergründe der Reise Mackiernans nach Tibet wurden bis heute nur unvollständig aufgeklärt, und es erschien auch keine Originalveröffentlichung dieser Reise. Die entsprechenden Unterlagen der CIA sind wegen der Rücksichtnahme auf noch lebende Personen, wie es offiziell heißt, auch nach über 50 Jahren noch nicht freigegeben worden.

Auch unter chinesischer Verwaltung gab es in Tibet einige von westlichen Forschern initiierte wissenschaftliche Expeditionen: Der Amerikaner Georg Schaller studierte auf mehreren Reisen 1985 bis 1992 die Wildtiere des Chang-Tang-Plateaus, sein Landsmann Melvyn Goldstein forschte über die tibetischen Nomaden und verbrachte zwischen 1986 und 1988 ein Jahr mit den Nomaden im Gangdise Shan. Der Franzose Michel Peissel machte auf mehreren Reisen seit 1997 archäologische Entdeckungen. Ein amerikanisches Team unter Richard Ridgeway erforschte 2002 die Wanderungen der Tibetantilope in Westtibet.

## Sportlich ambitionierte Expeditionen

Mit dem von Reinhold Messner in Form von Kleinexpeditionen ins Leben gerufenen ›by fair means‹-Gedanken entstanden neue sportlich ambitionierte Herausforderungen: Die Durchführung von Expeditionen aus eigener Kraft, ohne fremde Hilfe von Tierkarawanen oder Motorfahrzeugen. Nachdem alle 8000er bestiegen und die beiden Pole mehrfach Ziel unterschiedlichster Expeditionen waren, blieb das Hochland von Tibet eine der wenigen Regionen der Erde, in der es noch unbegangene Routen und unbestiegene Berggipfel gab und gibt. Im Sinne dieses ›by-fair-means‹-Stils gelang es 1997 erstmals den beiden Deutschen Stefan Simmerer und Frank Kauper, das zentrale Chang-Tang-Hochland in einem anstrengenden 50tägigen Fußmarsch vom Nomadendorf Dong Co am Nordrand des Gangdise Shan in der Banggong-Sutur bis nach Tura im Tarim-Becken nördlich der Kun-Lun-Berge zu durchqueren und auf dem Weg den höchsten Berg des zentralen Chang Tang, den Zangser Kangri (6450 Meter), zu besteigen. Die Ausrüstung für die 50 Tage zogen Simmerer und Kauper in selbstentworfenen und selbstkonstruierten geländegängigen Anhängern aus Titan hinter sich her. Im Jahr 2003 schafften es der Schwede Janne Corax und die Kanadierin Nadine Saulnier, mit Mountainbikes auf der von Sven Hedin 1901 genutzten Route von Magnai Zhen über das östliche Chang Tang bis zur Stadt Shuanghu zu gelangen. Im Herbst 2005 erfolgte dann die erste Solo-Durchquerung des Chang Tang per Mountainbike durch den Dänen Martin Adserballe. Im darauffolgenden Jahr 2006 wurde das Chang Tang zum ersten Mal von West nach Ost durch ein tibetisch-chinesisches Team unter Georg Schaller mit drei Jeeps durchquert.

*Gedenkstein für britische Bergsteiger am Mount Everest*

Ziele zukünftiger Expeditionen sind wohl vor allem die unbestiegenen Berggipfel im Hochland von Tibet und in den vielen Gebirgsketten Osttibets. So wurde ein Nebengipfel des in Westtibet gelegenen 6700 Meter hohe Nganglong Kangri 2004 durch Mitglieder einer englischen Expedition erstbestiegen. In der Kangri-Karpo-Region und im Ost-Nyenchen-Tanglha-Gebirge sind immer noch einige anspruchsvolle Gipfel unbestiegen.

## Der tibetische Buddhismus

Den tibetischen Buddhismus auf wenigen Seiten so zu erklären, dass dem Besucher Tibets das Wesen dieser Religion deutlich wird, ist kaum möglich. Der tibetische Buddhismus ist mit seinen unterschiedlichen Schulen und Lehrrichtungen in sich schon so vielseitig, dass er nur von Gelehrten in wenigen Worten darstellbar ist. Wir wollen es trotzdem versuchen und bitten alle praktizierenden Buddhisten um großzügige Nachsicht. Der interessierte Leser und Besucher Tibets sei an die weiterführende Literatur zu diesem Thema verwiesen.

Der tibetische Buddhismus ist sehr eng mit der Geschichte Tibets verwoben, weswegen die religionshistorischen Erläuterungen auch als Ergänzung zum Geschichtskapitel dienen.

Die Religion des Buddhismus, sofern sie überhaupt als solche zu bezeichnen ist, entstand vor etwa 2500 Jahren im nördlichen Teil Indiens. Zu der damaligen Zeit bestand in Nordindien am Fuß des Himalaya eine reiche Kultur mit großen geistigen Freiheiten. Unter diesen Bedingungen entwickelten sich Philosophie und Religion in anderen Bahnen als wenig später im Vorderen Orient.

*Gebetsfahnen im Kawa-Karpo-Gebiet*

Ziel des Buddhismus ist die freie und individuelle Entfaltung des menschlichen Geistes. Siddharta Gautama, später Buddha genannt, warnte seine Schüler, einfach seinen vorgetragenen Worten zu glauben. Er wünschte, seine Belehrungen immer zu hinterfragen und durch eigene Erfahrungen zu überprüfen. Strenggenommen ist die ursprüngliche Lehre von Siddhartha Gautama eine atheistische Religion ohne Bezug zu einem Gott, ohne höhere Mächte, ohne ein Paradies und ohne eine von außen aufgezwungene Ordnung. Stattdessen ist die Lehre auf das Überwinden der persönlichen Bedürfnisse, Sehnsüchte und Wünsche ausgerichtet. Im Laufe der Jahrhunderte und der religionsgeschichtlichen Veränderungen entstanden jedoch auch Gottheiten, ohne die der gläubige Mensch scheinbar nicht auskommen will, und Normen, an die sich die Mönche und Nonnen zu halten hatten.

Die Lehre Buddhas ist darauf ausgerichtet, dass jeder die Erleuchtung erreicht. Für den Weg dorthin muss der Schüler und Lernende selbständig auf die ihm innewohnende verborgene Begabung bauen. Das jedem Menschen eigene Potential für die Erleuchtung, genannt Buddhanatur, beruht auf dem Vertrauen auf den richtigen Weg und das richtige Ziel. Dieses ist der wohl grundlegende Unterschied zu den anderen Religionen.

Die Lehre Buddhas, Dharma genannt, ist eine der drei Stützen – also eine der ›Drei Juwelen‹ – des Buddhismus und wird in Tibet seit etwa 1000 Jahren als Tschö bezeichnet, übersetzt ›wie die Dinge sind‹. Die beiden anderen Säulen des Buddhismus beziehen sich auf die Erleuchtung (Buddha) und auf die Mönchsgemeinschaft (Sangha). Buddha stellt im Buddhismus die freie und volle Entfaltung des Geistes und die Verkörperung der Erleuchtung dar. Diese Entfaltung des Geistes wohnt jedem Lebewesen, ob Mensch oder Wurm, als die

*Gebetsmühlen für jeden Geschmack*

*Sangha, die Mönchsgemeinschaft, ist eine der drei Säulen der buddhistischen Lehre*



erwähnte Buddhanatur inne, auch wenn sich das jeweilige Wesen dessen nicht immer bewusst ist. Der Weg zur Erleuchtung, zum Buddha, ist der Dharma, die nötige Belehrung. Damit dieser Weg erfolgreich beschritten wird, umgibt man sich mit Freunden, die diesen Weg schon begangen haben oder noch auf ihm üben, Sangha genannt.

Es gibt buddhistische Schulen, die über die Meditation im Buddha die letztendliche Zuflucht suchen, andere Schulen sehen das Ziel der Zuflucht in der Lehre, der Dharma, der man sich schrittweise annähert. Je höher die Erkenntnisebenen in der Dharma, desto wichtiger ist für den Schüler auf dem weiteren Weg die Sangha, die Gemeinschaft der Mönche. Diese helfen nicht nur bei weiterem Erkenntnisgewinn, sondern sind auch Vorbild. Der Begriff Bodhisattva bedeutet ›der Erleuchtungsstrebende‹ und bezeichnet ein solches Vorbild in der Sangha, das kurz vor der Erleuchtung steht, aber freiwillig darauf verzichtet, um den übrigen Menschen auf dem Weg dorthin zu helfen. Erst wenn alle Menschen das Nirwana erreicht haben und damit den ewigen Kreislauf von Geburt und Tod durchbrochen haben, beschreiten auch die Bodhisattvas den Weg zur endgültigen Erleuchtung.

Ein Kennzeichen des Buddhismus, das ihn auch von den meisten anderen Weltreligionen unterscheidet, ist die Gleichheit aller Menschen, die Achtung von allem Leben, die hohe Toleranz und das Fehlen von aggressiver Missionierung. Der Kern der buddhistischen Lehre wird geprägt von den ›Vier Edlen Weisheiten‹:

- Alles Leben ist dem Leiden unterworfen.
- Das Leiden resultiert aus den drei menschlichen Grundübeln Gier, Hass und Unwissenheit.

*Kleine Buddhastatuen im Kloster Ganden*

- Der Mensch kann sich selbst aus dem Leid befreien, wenn er alle Bedürfnisse, Wünsche und Begehrlichkeiten ablegt.
- Der Weg zur Befreiung aus dem Leid, zum Eingang ins Nirwana, der ›Achtfache Pfad der Edlen‹, ist in der Lehre Buddhas aufgezeichnet.
  Der edle achtfache Pfad erklärt die Mittel, um dauerhaftes Glück, die Erleuchtung, zu erreichen. Er sei hier nur kurz zusammengefasst. Dabei sind die drei Hauptpfade:
- Weisheit entwickeln, Unwissenheit überwinden.
- Das persönliche Handeln so einsetzen, dass positives Karma aufgebaut und negatives abgebaut wird.
- Mit dem Geist handeln.
  Die acht Mittel des Pfades sind:
- Verstehen, wie Leid entsteht, seine Ursachen erkennen und wissen, wie es zu beenden ist.
- Unterscheiden zwischen relativer und absoluter Wahrheit.
- Man erkennt die Natur des Geistes, da die Störgefühle (Neid, Ehrgeiz, Eifer, und andere) nicht länger das eigene Fühlen und Handeln bestimmen.
- Sinnvolles Reden, nicht lügen, keinen Unsinn erzählen, nicht schlecht über andere reden.
- Das Handeln aufgeben, das anderen schadet. Sinnvolle Lebensführung: ein von Mitgefühl und Weisheit bestimmtes Leben führen.
- Richtiges Bemühen: Energie aufbringen und auf die unzerstörbare Natur des Geistes meditieren.
- Richtige Achtsamkeit: das Objekt der Konzentration nicht vergessen.
- Richtige Vertiefung: den Geist immer wieder an einer Stelle halten und durch Meditation seine zeitlosen Qualitäten immer wieder hervorbringen.

## Die Schulen des tibetischen Buddhismus

Etwa 500 Jahre nach dem Tod von Siddhartha Gautama (im Jahr 528 vor Christus) spaltete sich die Religionsgemeinschaft in den Theravada- (oder Hinayana-) Buddhismus und in den Mahayana-Buddhismus auf. Der unter anderem auch in Tibet wirkende Mahayana (›großes Fahrzeug‹) strebt nach der stufenweisen Erleuchtung aller Lebewesen. Der Weg dorthin ist erfüllt mit dem positiven und guten Wirken zugunsten einer späteren Wiedergeburt und besitzt dadurch auch eine wichtige soziale Rolle.



### Vajrayana-Buddhismus

Der Zweig des Buddhismus, den der indische Gelehrte Padmasambhava in der zweiten Hälfte des 8. Jahrhunderts nach Tibet brachte, war ein Zweig des Mahayana, der tantrische oder Vajrayana-Buddhismus. Der Vajrayana nutzt als Mittel zur Erlösung unter anderem auch magische Rituale und Praktiken, die dazu herangenommen werden, materielle Dinge ins Geistige zu verbannen und aus rein geistigem Vorstellen Dinge zu materialisieren, also alle Dinge als vergänglich darzustellen. Durch die in der ursprünglichen tibetischen Bön-Religion ebenfalls praktizierte Magie hatte es der Vajrayana relativ leicht, sich in Tibet zu etablieren. Nach und nach verschmolzen die Praktiken beider Religionen, weswegen es die Bön-Religion in Tibet immer noch in einer ungebrochenen Tradition gibt.

### Kadampa-Orden

Um das Jahr 770 gründete Padmasambhava in Samye das älteste Kloster Tibets. König Trisong Detsen machte im Jahr 779 den Buddhismus zur Staatsreligion. In den Jahren nach dem Tod des Königs folgten jedoch heftige innertibetische Kämpfe zwischen dem Vajrayana- und dem Zen-Buddhismus, der in Teilen

*Debatte in einem Kloster der Sakyapa-Schule*

Chinas praktiziert wurde. Bei letzterer Philosophie ist es mit Hilfe von bestimmten Praktiken möglich, direkt ins Nirwana zu gelangen. Durch die staatliche Förderung des Buddhismus und der Klostergemeinschaften durch die nachfolgenden tibetischen Könige festigte sich der Buddhismus zunehmend in Tibet. Die Anhänger der Bön-Religion waren mehr und mehr unzufrieden mit dem Verlust der religiösen Vormachtstellung, was zur Ermordung des Königs Ralpachen im Jahr 836 führte. Der nachfolgende Bön-König Lang Dharma regierte nur sechs Jahre, bevor auch er ermordet wurde. Mit seinem Tod endete nicht nur das tibetische Königtum, sondern es begannen auch lange Jahre der Willkür und des Terrors durch Provinzherrscher und die erneute Vormachtstellung der alten Bön-Religion. Kurz nach der Jahrtausendwende (1042) erneuerte sich die buddhistische Lehre vom westtibetischen Königreich Guge aus. Den Anstoß dazu gab der Guge-König Yeshe Ö, der den indischen Gelehrten Atisha in sein Land holen ließ. Dieser gründete den Kadampa-Orden, veranlasste zahlreiche Klostergründungen, stellte das Studium der Mahayana-Richtung ins Zentrum der Lehre und führte eine strenge Ordensdisziplin für die Mönche ein.

## Rotmützen

In dieser Zeit des zweiten buddhistischen Aufbruchs in Tibet entstand neben der Kadampa-Schule auch die Kagyüpa-Schule, die sich jedoch schon nach wenigen Jahren in vier Hauptlinien aufspaltete. Aus diesen gingen verschiedene weitere Orden hervor, unter anderem auch der Karma Kagyü (Karmapa), dessen Hauptkloster das 60 Kilometer nordwestlich von Lhasa liegende und 1189 erbaute Tsurphu ist. Das Kloster Sakya wurde das Zentrum einer weiteren Schule, der Sakyapa, die der Karmapa nahesteht. Neben der alten Schule Nyingmapa, die sich auf Padmasambhava beruft, gab es nur 100 Jahre nach der Neuorientierung durch den indischen Gelehrten Atisha viele unterschiedliche neue Richtungen innerhalb des tibetischen Buddhismus. Als sogenannte Rotmützen werden die drei Orden der Nyingmapa-, der Kagyüpa- und der Sakyapa-Schule bezeichnet.

Im Laufe der folgenden Jahrhunderte entwickelten sich die Schulen nicht nur unterschiedlich stark, sondern die Klöster vermehrten auch Reichtümer und weltliche Macht. Äbte regierten und lebten wie Fürsten. Die Reformen Atishas schienen in Vergessenheit geraten zu sein. Sogar die damalige mongolische Supermacht unter Dschingis Khan, unter deren Einfluss Tibet zum Ende des 12. Jahrhundert geriet, stärkte diese Machtstrukturen der Klöster noch. Die Mongolen, eigentlich die Eroberer, zeigten ein zunehmendes Interesse am tibetischen Buddhismus und assimilierten so die Kultur ihrer südlichen Nachbarn. Auch die mongolische Herrschaft vermochte jedoch nicht die Streitereien zwischen den Klöstern und Fürstentümern zu verhindern. Die gesellschaftlichen Leitlinien verfielen zunehmend, und das Klosterleben entfernte sich stärker denn je von Buddhas Lehren.

*Eine der fünf häufigsten Gesten bei der Darstellung Buddhas: das Andrehen des Rades (Chakra) der Lehre (Dharma)*

## Gelbmützen

Mitte des 14. Jahrhunderts betrat ein Mönch die Bühne der tibetischen Geschichte, der durch seine Reformen den Buddhismus für Tibet grundlegend veränderte: Tsongkhapa (1357–1419, Mönchname Losang Dragpa). Er reformierte mit seiner neuen Schule der Gelugpa (Schule der Tugendhaften) im 40 Kilometer östlich von Lhasa gelegenen Kloster Ganden (gegründet 1409) den tibetischen Buddhismus: Schwarze Magie und Okkultismus wurden verboten, das Spirituelle wurde auf tantrische Rituale beschränkt, die Mönche waren wieder dem Zölibat unterlegen und mussten sich den 253 Regeln Buddhas unterwerfen. Tsongkhapa hinterließ der Nachwelt achtzehn Bände gesammelter Lehren, die hunderte Texte zu allen Aspekten des Buddhismus enthalten und einige der schwierigsten Punkte von Sutra und Tantra klären. Er hatte unzählige Schüler, die herausragendsten unter ihnen waren Gyeltsab Dharma Rinchen (1364–1431), sein Nachfolger im Kloster Ganden, Khedrub Je Gelek Plezangpo (1385–1438), der rückwirkend zum 1. Panchen Lama ernannt wurde und Gyalwa Gendun Drub (1391–1474), der rückwirkend zum I. Dalai Lama ernannt wurde.

Die Gelugpa, die auch als ›Gelbmützen‹ bekannt ist, prägte in den darauffolgenden Jahrhunderten das Leben in Tibet am stärksten von allen Schulen und Denkrichtungen. Die Gelugpa gründeten 1416 das Kloster Drepung – dessen erste Äbte später zu den ersten drei Dalai Lamas benannt wurden – und 1419 das Kloster Sera. Die drei Klöster Ganden, Drepung und Sera wurden zu den drei Säulen des tibetischen Staates, sie wurden zu den Zentren von Religion, Meditation, Forschung, Wissenschaft und Studium. In seiner Blütezeit beherbergte das Kloster Drepung etwa 10 000 Mönche, Sera noch stolze 7000. In Lhasa selbst restaurierten die Gelugpa-Mönche die heruntergekommenen Tempel Ramoche und Jokhang.

Durch den zunehmenden Einfluss der Gelugpa im Zentrum Tibets wurden die anderen Schulen und Fürstentümer bedrängt. Es kam zu innertibetischen militärischen Auseinandersetzungen, in dessen Folge die Mongolen den Gelugpa zu Hilfe kamen und die Streitigkeiten gewaltsam beendeten. Nach dem Sieg verlieh der mongolische Herrscher Gusri Khan dem damaligen V. Dalai Lama die religiöse und weltliche Macht über Tibet.

*Tibeterin mit Gebetsmühle in Lhasa*

## Reinkarnationslehre

Eine der wesentlichen Besonderheiten des tibetischen Buddhismus ist die Reinkarnationslehre, die Lehre von der Wiedergeburt. Ihren Ursprung hat die tibetische Reinkarnationslehre in der Karma-Kagyü-Schule. Inkarnation bedeutet wörtlich ›Verkörperung‹. Der tibetische Buddhismus betrachtet große und bedeutende Lehrer und Gelehrte als Verkörperung, also als Wiedergeburt eines Buddhas oder Bodhisattvas. Diese Wiedergeburt ist allerdings nicht an das jeweilige Individuum gebunden, sondern an das Amt, das dieser Lehrer innehatte. Damit löst sich die Reinkarnationslehre auch von dem höchst Vergänglichen des körperlichen Wesens, was praktischerweise auch das Aufkommen von Dynastien nur schwer ermöglicht. Stirbt ein Lehrer oder Abt, so bleibt sein Amt bestehen und damit die Lehre, die mit diesem Amt ausgeübt und gelehrt wurde. Nach der Lehre von Tod und Wiedergeburt kehrt der Verstorbene in einem neugeborenen Kind wieder zur Erde zurück. Nun ist es die Aufgabe von ausgewählten religiösen Würdenträgern, diese Wiedergeburt ausfindig zu machen. Die Anstrengungen, die für die Suche in der Weite Tibets nötig sind, beginnen häufig damit, dass ein Orakel zur Suchrichtung und einigen Anhaltspunkten befragt wird. Im Fall der Suche nach der Reinkarnation eines Dalai Lama wird das Staatsorakel von Nechung befragt, das direkt neben dem Kloster Drepung liegt. Manchmal hat

*Stupas waren ursprünglich die Grabstätten hoher Lamas*

auch der Verstorbene selbst mehr oder weniger eindeutige Hinweise hinterlassen. Sind nach oft langer Suche einige Kinder in die engere Auswahl gekommen, so werden diese einer strengen Prüfung unterzogen. Diese Kinder müssen Gegenstände des Alltags und der Religionsausübung des Verstorbenen von solchen anderer Personen unterscheiden, und körperliche Merkmale des Verstorbenen müssen auch bei der Wiedergeburt erkennbar sein. Bis die neue Inkarnation zweifelsfrei gefunden ist, können mehrere Jahre vergehen. Wenn die Suche jedoch geglückt ist, kommt das Kind in die Obhut des zuständigen Klosters und wird auf sein zukünftiges Leben vorbereitet. Bei weltlichen Dingen, die bei Äbten oder hohen Würdenträgern stets Bestandteil des Klosterlebens sind, übernimmt bis zur Volljährigkeit ein geistiger Würdenträger als Vormund diese Aufgabe.

## Der Panchen Lama

Neben dem Dalai Lama spielt im tibetischen Buddhismus auch der Panchen Lama (Panchen Rinpoche) eine wichtige Rolle. Die Institution des Panchen Rinpoche wurde vom V. Dalai Lama geschaffen, als dieser seinem Gelugpa-Lehrer Lobsang Chökyi Gyaltsen diesen Titel (kostbarer Lehrer) verlieh. Damit mit dem neugeschaffenen Amt nach den Vorstellungen der Reinkarnationslehre auch eine geistige Ahnenreihe existiert, wurden die Vorgänger des Lehrers im Nachhinein ebenfalls zu Panchen Rinpoches ernannt. Der erste dieser Reihe war Khedrub Je Gelek Plezangpo, einer der beiden wichtigsten Schüler des tibetischen Reformators Tsongkhapa.

Die Panchen Rinpoches residierten in Shigatse im Kloster Tashi Lhunpo und waren in der staatlichen Hierarchie die zweitwichtigsten Persönlichkeiten Tibets. Dadurch wurde jedoch auch eine gewisse Rivalität zwischen den beiden hohen Ämtern des Dalai Lama und des Panchen Lama geschaffen, was die chinesischen Herrscher stets und bis in die heutige Zeit ausnutzten, um ihren Einfluss in Tibet geltend zu machen. Der X. Panchen Rinpoche (Choekyi Gyaltsen, 1938–1989) ist ein bekanntes Beispiel dafür. Er wurde wohl zunächst als Gefangener seit 1962 in Beijing von den Kommunisten für deren Politik in Tibet benutzt, in den späteren Jahren war diese Arbeit wohl auch mehr oder weniger freiwillig. Nach seinem Tod wurde nach einer Reinkarnation gesucht. Als allerdings nach langer Suche und einigen Fehlschlägen im Jahr 1995 eine Delegation des Orakels von Nechung und des Klosters Tashi Lhunpo ein geeignetes Kind (Gedhun Tschökyi Nyima) fanden und der amtierende Dalai Lama dieses Kind am 14. Mai 1995 als den XI. Panchen Lama anerkannte, war der Streit vorprogrammiert. Denn die Chinesen entführten das sechsjährige Kind samt seiner Familie schon am 17. Mai 1995; sie halten es bis zum heutigen Tag versteckt. Er war damals der wohl jüngste politische Gefangene der Welt. Auf die nun ›freie‹ Position des Panchen Lama setzten die Chinesen am 8. Dezember 1995 ein anderes Kind (Gyaltsen Norbu). Auf diese Weise wollen sich die chinesischen Machthaber einen Einfluss auf die nächste Auswahl der Reinkarnation des Dalai Lama sichern.

Die bisherigen Panchen Lamas waren (die Jahreszahlen vor dem 20. Jahrhundert sind nicht zuverlässig):

*Kloster Tashi Lhunpo, Sitz des Panchen Lama*

- Khedrub Je Gelek Plezangpo, 1385–1438, rückwirkend ernannt
- Sonam Chokyi Langpo, 1438–1505, rückwirkend ernannt
- Ensapa Lobsang Dobdrub, 1505–1568, rückwirkend ernannt
- Libsang Chokyi Gyeltsen, 1569–1662
- Lobsang Yeshe, 1663–1737
- Palden Yeshe, 1737–1780
- Tenpei Nyima, 1781–1852
- Tenpei Wanchuck, 1853–1882
- Chokyi Nyima, 1883–1937. Seine Flucht nach China wegen Rivalitäten mit dem Dalai Lama 1923 erschwerte die offizielle Bestimmung seiner Wiedergeburt durch die tibetische Regierung. Er starb auf der Rückreise nach Tibet.
- Trinle Lhundrub Chikyi Gyeltsen, 1938–1989. Er wurde 1944 von Personen aus dem Umfeld des IX. Panchen Lama proklamiert. Erst 1950/51 wurde der X. Panchen Lama unter chinesischem Druck von Lhasa anerkannt.
- Gedhun Tschökyi Nyima, (geboren 1989), ist verschollen, seit er 1995 von der chinesischen Regierung entführt wurde, die an seiner Stelle Gyaltsen Norbu (geboren 1989) einsetzte.

## Heilige Berge

Seit Anbeginn der menschlichen Kultur spielt die Auseinandersetzung des Menschen mit der Natur eine große Rolle. Bevor die Religionen vor allem eine spirituelle Rolle für das Leben der Menschen übernahmen, lebte der Mensch in einer Welt der Mystik und der Magie, in der Schamanismus und der Glaube an Naturgeister eine große Rolle spielten. In diesem Glauben sind die Naturphänomene wie Berge, Wasser oder Gewitter durch ihnen innewohnende Geister oder Götter hervorgerufen, die es zu befrieden und zu kontrollieren galt. Der tibetische Buddhismus hat viele Elemente der alten Bön-Naturreligion übernommen und umgedeutet. Besonders die verschiedenen Berggeister und Götter sind nach wie vor fester Bestandteil in der tibetischen Spiritualität.

### Der Kailash

Der Kailash (tibetisch Kang Rinpoche) ist der bekannteste heilige Berg Asiens. Der 6638 Meter hohe Berg und der benachbarte See Manasarowar sind Pilgerorte für Millionen von Hindus, Buddhisten und Anhänger der alten Bön-Religion. Seit etwa 4000 Jahren ist der Kailash ein mythischer Mittelpunkt und die wohl älteste Wallfahrtsstätte der Erde. Der Indus, der Sutlej, der Brahmaputra (Yarlung Tsangpo) und der Karnali entspringen im Einflussgebiet des Kailash und fließen in vier verschiedene Himmelsrichtungen. Dies wurde in der westlichen Welt erst nach der Reise von Sven Hedin im Jahr 1904 in die Region des Kailash und zu den Quellen der verschiedenen Flüsse bekannt, ist aber in hinduistischen und buddhistischen Mythen seit Jahrtausenden fest verankert. In alten buddhistischen Schriften und hinduistischen Sanskrittexten gibt es den Berg Meru, den ›Nabel der Welt‹, dessen Bergseiten durch in vier Himmelsrichtungen fließende Flüsse getrennt sind. Der Kailash ist der Berg, der in der realen Welt dem Bild des Berges Meru nahe kommt.

Der 52 Kilometer lange Pilgerpfad (Kora, sanskrit Parikrama), der im Uhrzeigersinn – für die Bön-Anhänger gegen den Uhrzeigersinn – um den Kailash herumführt, beginnt und endet in Darchen, der höchste Punkt der Kora ist mit 5636 Meter der Pass Dolma La. Eine Abkürzung der äußeren Kora über den Pass Khamdo Sanglam La umgeht den hohen Dolma La, wird aber von den Pilgern erst auf der glückverheißenden 14. Kora begangen, da der Khamdo Sanglam La von der Göttin Senge Dongpa bewacht wird. Die Pilger glauben, dass sie sich am Kailash in einem großen Mandala (Kraftkreis) der Natur befinden, in dem alles Sichtbare als göttliches Mandala betrachtet werden soll, jeder an das Ohr dringende Ton als Mantra (Schutzlaut) und jeder aufkommende Gedanke als Offenbarung der großen Weisheit. Eifrige Pilger bewältigen die äußere Kora an einem Tag.

Erst wenn ein Pilger dreizehnmal die äußere Kora absolviert hat, darf er sich auf die innere Kora begeben, die den kleinen pyramidenförmigen Gipfel im Süden des Kailash, den Nandi, umrundet. Auf der äußeren Kora befinden sich die Klöster Choku, Drirapuk (auf 4909 Meter!) und Zutrulpuk, auf der inneren Kora liegen die Klöster Seralung und Gyangdrak.

## Der Kawa Karpo

Der Berg Kawa Karpo (chinesisch Meili Xue Shan) ist einer der wichtigsten heiligen Berge in Osttibet. Der Kawa Karpo steht in einem Bergmassiv mit 13 Gipfeln, das den chinesischen Namen Taizi Shisan Feng trägt (Massiv der 13 Prinzessinnen). Die prominentesten Gipfel des Kawa-Karpo-Massivs sind Kawa Karpo (6740 Meter), Cogar Laka (6509 Meter), Magai Laka (6400 Meter), Nairi Denka (6379 Meter), Godai Laka (6108 Meter), Miancimu (6054 Meter), Xaiunang (6000 Meter) und Gyalwa Rignga (5470 Meter). Der Mingyong-Gletscher, der von 5000 Metern Höhe des Kawa Karpo bis auf 2700 Meter Höhe fast den Mekong (auf 2300 Meter) erreicht, sieht für die Tibeter aus wie ein Seidenschal des Berges und ist ein Ziel vieler Pilger. Es geht die Legende, dass sich die Wolken über dem Berg verzogen, als 1986 der Panchen Lama Jiangzen hier ein Ritual abhielt.

Kawa Karpo heißt auf tibetisch ›Berg des Schneegottes‹. Laut einer Legende entstand der Berg, als König Songtsen Gampo und Prinzessin Wengcheng von Xi'an nach Lhasa reisten und ihr unterwegs geborener Sohn starb. Die Reinkarnation des gestorbenen jungen Prinzen erfolgte als Schneeberg Kawa Karpo.

Das Kawa-Karpo-Massiv wurde jedoch bereits lange vor der Einführung des Buddhismus in Tibet als heiliger Berg verehrt. Der Hauptgipfel des Massivs, der auch nach dem Berggeist Kagebo benannt wird, ist von vielen Seiten gesehen eine perfekte Pyramide. Kagebo ist eigentlich ein böser neunköpfiger Geist mit 18 Körpern. Nach der Einführung des Buddhismus wurde Kagebo mit einem silbernen Schwert in der Hand als majestätischer Reiter auf einem weißen Pferd verehrt. Es geht die Sage, dass man vom Dach des Potala-Palastes die Schatten Kagebos durch die Wolken sieht.

*Blick auf den Kawa Karpo, den ›schönen Schneeberg‹*

*Stupa in der Nähe des Dorfes Laide*

Jedes Jahr im Herbst begeben sich tausende buddhistische Pilger zum Berg Kagebo, vor allem im tibetischen Jahr des Schafs (das nächste Mal im Jahr 2015) ist eine spektakuläre Masse an Pilgern auf den Wegen zum Mingyong-Gletscher und auf der beschwerlichen Kora um das Massiv zu sehen. Die Kora um das Kawa-Karpo-Massiv ist eine etwa 250 Kilometer lange anstrengende Wanderung, die über sechs Pässe mit Höhen über 3000 Meter führt. Teile dieses Pilgerpfades waren alte Handelsrouten für Tee aus China. Die Kora um den Kawa Karpo dauert 11 bis 14 Tage, je nach Kondition. Auf der Strecke der Kora sind zahlreiche Dörfer gelegen, in denen die Menschen vom Gerstenanbau, der Viehzucht und der Bewirtung der Pilger leben.

Der Kawa Karpo ist bis heute ein unbestiegener Berg. Die ersten Besteigungsversuche wurden 1902 von einer britischen Expedition unternommen, seither versuchten sich Amerikaner, Japaner und Chinesen vergeblich an dem Berg. 1991 endete der Besteigungsversuch einer chinesisch-japanischen Expedition in einer Tragödie: Alle 17 Mitglieder der Expedition kamen in einer Lawine ums Leben. Die Bewohner der Dörfer um den Kawa Karpo sehen in dem Unglück die Rache der Götter gegenüber den Eindringlingen, die es wagten, den heiligen Boden zu betreten. Auch die anderen hohen Gipfel, Cogar Laka, Miancimu und Gyaiwarignga, sind trotz einiger Versuche noch unbestiegen.

## Die heiligen Berge der Yarlung-Region

Alten tibetischen Schriften und Überlieferungen zufolge gibt es in Tibet vier Haupt-Berggottheiten, die auf den vier heiligen Bergen der tibetischen Yarlung-Kultur residieren: Nyenchen Thanglha (7162 Meter), südöstlich des Nam Co gelegen, Yarlha Shampo (6635 Meter), Kula Kangri (7544 Meter) und der Noijin Kangsang (7192 Meter). Die Berge sind vom Yarlung-Tal aus in vier Himmelsrichtungen gelegen. Ein fünfter Berg, der Ode Gunggyel (5775 Meter), steht – etwas geographische Phantasie vorausgesetzt – als Ursprung der Berggötter im Zentrum der anderen Berge. Alle fünf Berge und Berggötter spielten schon zu Zeiten der Bön-Religion eine zentrale Rolle.

## Der Himalaya

Der Himalaya, aus dessen Tälern die segensreichen Flüsse Indiens kommen, die in den trockenen und heißen Tiefebenen des Subkontinentes eine fruchtbare Landwirtschaft und damit eine hochstehende Zivilisation ermöglichten, wurde schon seit Urzeiten von den Menschen verehrt:

»Aus den Tiefen der Erde erhebst Du Dich, oh Himalaya. Die Erhabenheit Deiner Gipfel gleicht der Deines Geistes«, so wurde der Himalaya von Indiens großem Dichter Kalidasa im 5. Jahrhundert gepriesen. Er nannte den Himalaya ›eine Verkörperung des Göttlichen, würdig der Anbetung‹. Das Wort setzt sich aus den beiden Sanskritworten ›Hima‹ und ›Alaya‹ zusammen und bedeutet ›Wohnsitz des Schnees‹.

## Mount Everest

Der Mount Everest (tibetisch Chomolungma, ›Göttinmutter der Erde‹; nepalesisch Sagarmantha, ›Göttin des Himmels‹) im Grenzgebiet zwischen Nepal und Tibet im östlichen Himalaya-Hauptkamm ist mit 8850 Meter der höchste Berg der Welt und damit populäres Ziel für Bergsteiger und Kletterer. Aber er ist auch ein heiliger Berg: Im Himalaya werden fünf Göttinnen als die ›Fünf Schwestern des Langen Lebens‹ verehrt, die auf Bergen zwischen Tibet und Nepal residieren.

Für die Buddhisten in Nepal ist es auf Chomolungma die Göttin Chomo Miyo Langsangma, die drittjüngste der fünf ›Feengöttinen des Langen Lebens‹ und für die Tibeter auf der Nordseite ist es die Göttin Tshe-ring-ma (Tashi Tseringma).

*Der Mount Everest im Abendlicht*

In Tibet bietet die Natur spektakuläre Reiseziele: neben dem höchten Berg und der tiefsten Schlucht der Erde auch reißende Ströme, vielfältige Gebirgslandschaften und eine reiche Tier- und Pflanzenwelt. Der weltberühmte Potala-Palast in Lhasa, Klöster und heilige Berge verheißen Einblicke in die tibetische Geschichte und Kultur.

# Reiseziele

# Lhasa

Auf dem Landweg Lhasa zu erreichen, war über viele Jahrhunderte der Traum vieler europäischer Abenteurer und Forschungsreisender. Für die in der Weite dieses großen Landes lebende Landbevölkerung war es in der Vergangenheit ein nicht minder anstrengendes und entbehrungsreiches Abenteuer gewesen, in ihre Hauptstadt zu pilgern und in deren Umfeld die heiligsten und ältesten Tempelanlagen des tibetischen Buddhismus zu verehren.

Heute reist der Besucher aus Europa per Flugzeug oder per Bahn, der Pilger per Bus oder Lkw nach Lhasa. Nur wenige Touristen kommen auf dem Landweg, und nur eine kleine Schar von Abenteurern bewältigt die Strecke vom nepalesischen Kathmandu, vom südchinesischen Kunming, von Chengdu in Sichuan oder von der Seidenstraße aus dem Norden mit eigener Muskelkraft, mit dem Reiserad, oder gar zu Fuß.

Diejenigen, die noch nicht an die Höhenluft (3680 Meter) angepasst sind, können die Zeit in Lhasa nutzen, um mehr von der tibetischen Kultur und den Menschen zu erfahren.

*Auf dem Markt in Lhasa*

▲ Karte S. 137

*Auf dem Barkor*

## Potala-Palast

Der Potala-Palast, das Symbol der weltlichen und religiösen Macht der Dalai Lamas und ein Meisterwerk tibetischer Baukunst, ist nicht nur das auch im Westen bekannteste Bauwerk Tibets, sondern seit 1994 auch auf der UNESCO-Liste der Weltkulturstätten. Selbst die Chinesen können sich der architektonischen Leistung nicht völlig entziehen und erweisen diesem Bauwerk auf ihren 50-Yuan-Banknoten die Ehre. Wer zum erstenmal vor dem Palastberg steht und seinen Blick nach oben zu den vielen kleinen und großen Gebäuden schweifen lässt, ist von seiner Mächtigkeit überwältigt.

Der Palast wurde von 1645 an unter der Leitung des V. Dalai Lama (Ngawang Lobsang Gyatso, 1617–1682) auf den Ruinen des alten Palastes der Yarlung-Könige gebaut. Der Potala-Palast wurde offiziell 1694 fertiggestellt. Über viele Jahrhunderte wurde der Palast nach seiner Fertigstellung immer wieder ausgebaut und ergänzt.

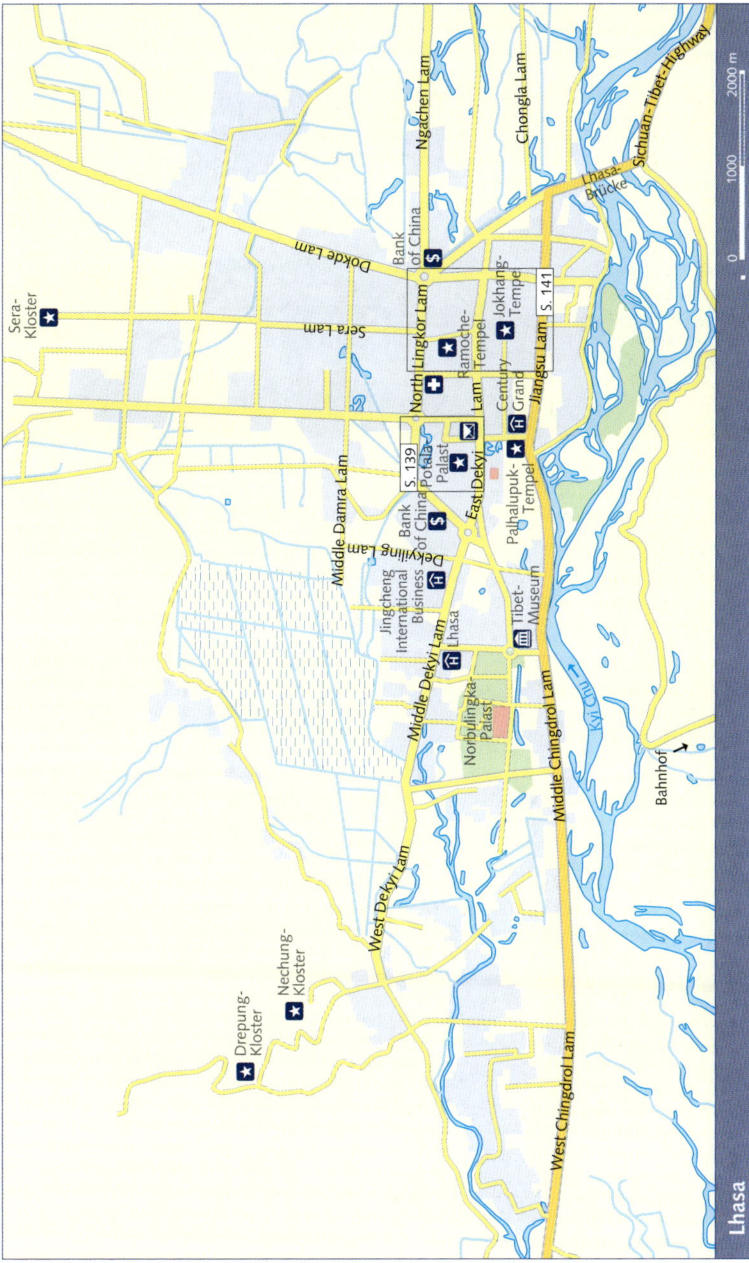
Lhasa
0
1000
2000 m
Sera-Kloster
Dokde Lam
Sera Lam
Bank of China
Ngachen Lam
Chongla Lam
Lhasa-Brücke
Sichuan-Tibet-Highway
North Lingkor Lam
Ramoche-Tempel
Jokhang-Tempel
S. 141
S. 139
Jiangsu Lam
Century Grand
Potala-Palast
East Dekyi Lam
Bank of China
Palhalupuk-Tempel
Middle Damra Lam
Dekyiling Lam
Jingcheng International Business
Lhasa
Tibet-Museum
Middle Dekyi Lam
Norbulingka-Palast
Middle Chingdrol Lam
Kyi Chu
Bahnhof
West Dekyi Lam
Nechung-Kloster
Drepung-Kloster
West Chingdrol Lam

*Das bekannteste Bauwerk Tibets: der Potala-Palast*

Der Felshügel, der sich 130 Meter über dem Zentrum Lhasas erhebt, heißt Marpori (roter Hügel). Die Dimensionen des Potala-Palastes sind gewaltig: 400 Meter lang (Ost–West) und bis zu 117 Meter hoch, 130 000 Quadratmeter Grundfläche und bis zu fünf Meter dicke Mauern. Die ehemalige Baugrube ist der heutige See des Naga-Königs auf der Rückseite des Berges. Für die Verbindung der tausenden von Balken, Stützen und Säulen aus Holz wurde kein Nagel verwendet. Die riesigen Holzmengen stammen aus den waldreichen Gebieten Osttibets. Über 1000 Zimmer, 10000 Kapellen und 20000 religiöse Statuen enthält der Potala-Palast.

Jedes der ab 1645 im Potala-Palast residierenden bisherigen acht Oberhäupter hatte seinen eigenen Thron- und Audienzraum. Nach dessen Tod wurde der jeweilige Raum zu einem Pilgerziel und Meditationsraum der Geistlichen. Der nachfolgende Dalai Lama hatte einen neuen Raum für seinen Thron. Jeder dieser Throne und Räume ist heute ein Museum und Pilgerziel, das das jeweilige Leben und Wirken des Oberhauptes darstellt.

Während der Unruhen 1959 und der Kulturrevolution wurde der Palast glücklicherweise kaum beschädigt. Teile des Palastes sind für den Besucher offen, einige Hallen und Zimmer werden nur

**Legende**

1. Haupteingang
2. Außenhof des Weißen Palastes
3. Versammlungshalle des Weißen Palastes
4. Eingang zum Roten Palast
5. Außenhof des Roten Palastes
6. Versammlungshalle des Roten Palastes
7. Bestattungskapelle des V. Dalai Lama
8. Bestattungskapelle des XIII. Dalai Lama
9. Höhle des Songtsen Gampo
10. Quartiere der Klostermönche
11. Lagerhaus der Riesenthankas

▲ Karte S. 139

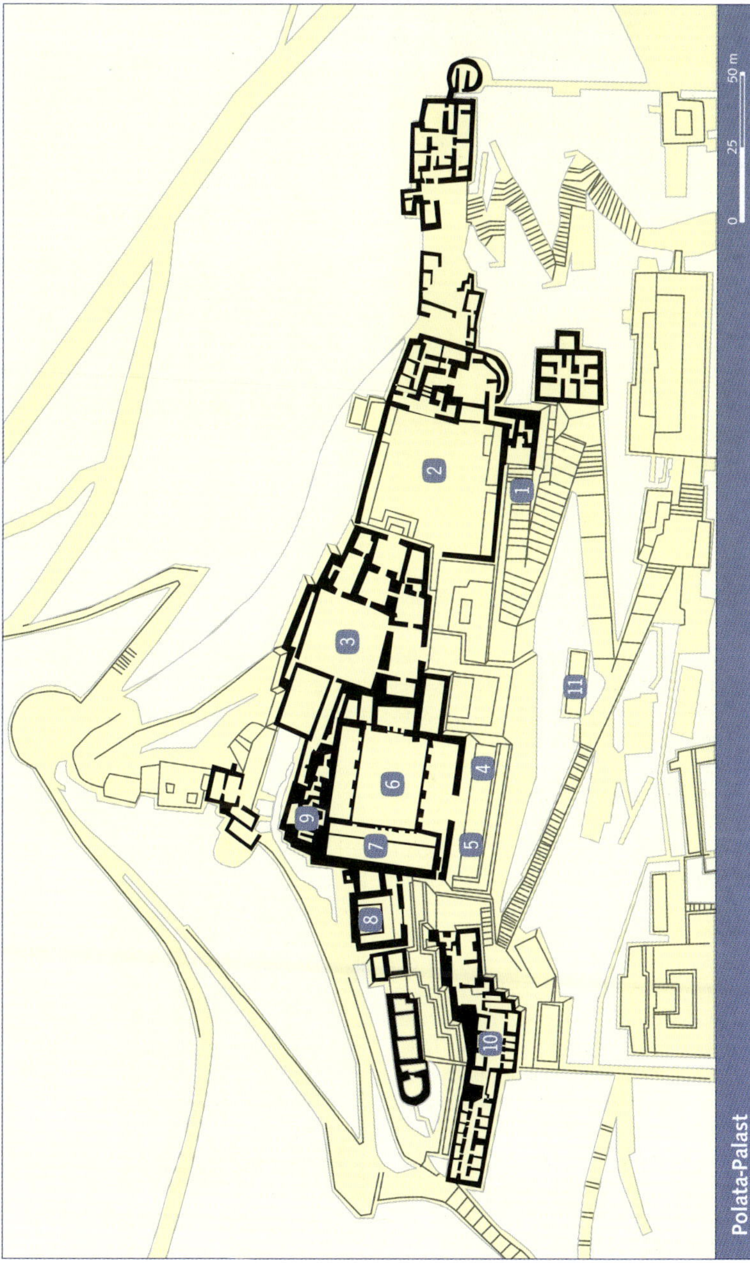
Polata-Palast
0 25 50 m
1
2
3
4
5
6
7
8
9
10
11

*Blick vom Potala-Palast*

mit einem Führer geöffnet, die meisten Räume sind jedoch nicht der Öffentlichkeit zugänglich. Der Rundgang durch die Zimmer der Dalai Lamas mit deren Grabmälern (Stupas), die kleinen Kapellen mit den riesigen goldenen Buddhastatuen und die reichgeschmückten Versammlungshallen führt mit dem Uhrzeigersinn durch die oberen Stockwerke des Palastes. Die Privaträume des amtierenden und im indischen Exil lebenden XIV. Dalai Lamas sind nur mit einem Führer zugänglich.

Im Potala-Palast leben heute wieder mehrere hundert Mönche, auf die der Besucher und Pilger überall treffen kann. Sie halten die weiträumige Anlage sauber und gepflegt, helfen bei der Übergabe von Rauchopfern oder Butterlampen an den Stupas und achten auf die Verhaltensregeln. In einem separaten sonnendurchfluteten Raum im Zentrum des Obergeschosses gibt es auch einen Ruheraum mit Sitzkissen, Tischen und Erfrischungen.

▲ Karte S. 139

## Jokhang-Tempel

Der Jokhang-Tempel (tibetisch Jowo-Tempel) im Zentrum Lhasas ist das religiöse Zentrum des tibetischen Buddhismus und Kulturbereiches. Jeder gläubige buddhistische Tibeter versucht, einmal in seinem Leben zum Jokhang-Tempel zu pilgern, um die Kostbarkeiten und Kultobjekte zu sehen. Das dreimalige Umrunden des Tempels im Uhrzeigersinn und die rituellen Niederwerfungen vor dem Haupteingang sollen den Pilger vor einer schlechten Wiedergeburt bewahren. Pilgert man zum zweitenmal zum Tempel, so erlangt man die Verkörperung als Mensch und ist der Erlösung nahe, kommt man gar ein drittes Mal in seinem Leben zum Jokhang-Tempel, so tilgt man dadurch die Gifte der Seele. Der Bau des Tempels verliert sich in Legenden und in der Geschichte des 7. Jahrhunderts. Der Jokhang-Tempel beherbergt die buntverzierte Buddhastatue, die Prinzessin Wengcheng als Hochzeitsgeschenk an König Songtsen Gampo mitbrachte. Sein heutiges Aussehen

*Rauchopfer und Niederwerfungen vor dem Jokhang-Tempel*

erhielt der Tempel unter der Herrschaft des V. Dalai Lama, inklusive der Eingangsfront und den vergoldeten Kupferdächern. Das Rad der buddhistischen Lehre und die beiden Gazellen auf dem Dach stammen von einer Spende aus dem Jahr 1927. Die Gazellen, die häufig das Rad der Lehre flankieren, erinnern an Buddhas erste Predigt nach seiner Erleuchtung im Park von Sarnath. Während der Aufstände 1959 beschossen die chinesischen Truppen das Gebäude, da sich Freiheitskämpfer darin verschanzt hatten. Mit einem Panzer drückten die Truppen sogar das Haupttor auf. Religiöse Zeremonien wurden von 1959 an verboten und erst wieder im März 1972 zugelassen. Die Schäden sind ausgebessert und die während der Kulturrevolution zerstörten Skulpturen ersetzt worden. Heute pflegen etwa 80 Mönche das Heiligtum, kümmern sich um die vielen Pilger und nehmen Spenden entgegen.

Die Granitplatten vor dem Haupteingang und vor den Mauern zu beiden



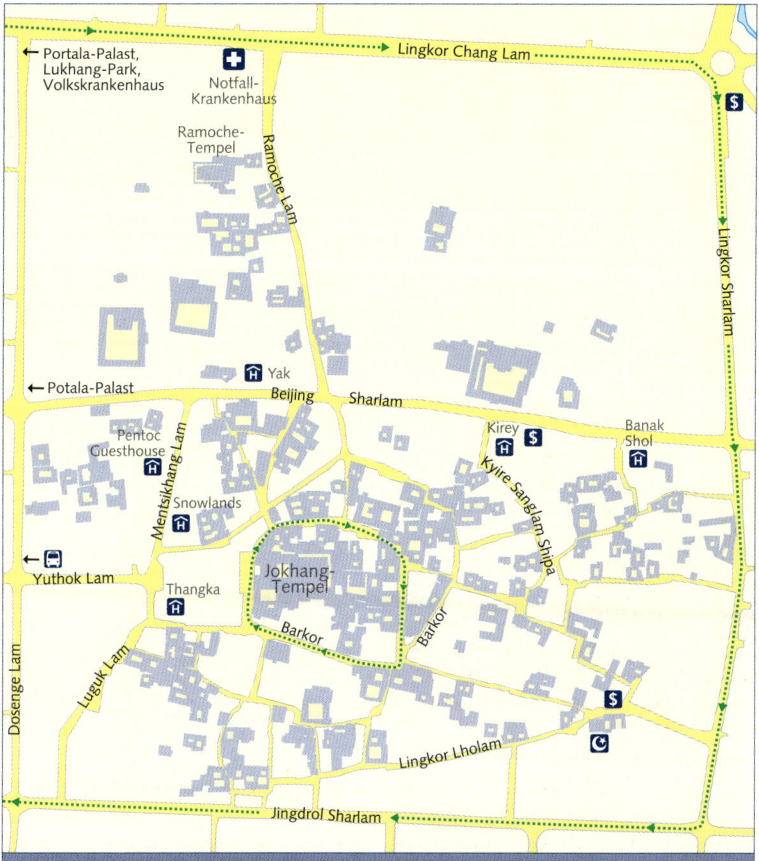


Lhasa, Zentrum

Seiten sind von den unzähligen Pilgern über die Jahrhunderte blankpoliert worden. Zu jeder Tages- und Nachtzeit verrichten hier die Pilger ihre Gebete. Die meisten haben kleine Decken oder Matten vor sich liegen, die Praktizierenden (Mönche, Nonnen, Laien) benutzen Lederschürzen und dicke Handschuhe mit Holzgleitern für die Niederwerfungen. Diese müssen während der Übung ›Ngöndro‹ auch 111 000 Niederwerfungen aushalten.

Zur Zeit der chinesischen Invasion befanden sich im Obergeschoss des Jokhang-Tempels die Räume der tibetischen Regierung.

## Barkor

Der Barkor, der Marktplatz der Altstadt von Lhasa, bekam sein heutiges Aussehen erst 1985, als die chinesischen Besatzungsbehörden einige historische Gebäude vor dem Jokhang-Tempel abrissen, um so genügend Platz für die Feierlichkeiten zum 30. Jahrestag der Autonomen Region Tibet zur Verfügung zu haben. Dennoch ist gerade hier am Barkor die Altstadt von Lhasa noch am besten erhalten. Barkor wird auch die Straße (der innere Ring) um den Jokhang-Tempel genannt, auf dem die Pilger die dreimalige Umrundung absolvieren. Die Eckpfeiler dieser Umrundung sind weithin an ihrem bunten Fahnenschmuck und den weißen Seidentüchern erkennbar. Der ›äußere Ring‹, die Pilgerumrundung der Stadt Lhasa, war in seiner früheren Ausdehnung elf Kilometer lang und hieß Lingkor. Die heutige Siedlungsstruktur hat den ursprünglichen Lingkor teilweise verbaut, mit den Umleitungen ist er heute zwölf Kilometer lang.

*Händler auf dem Barkor*

▲ Karte S. 141

Die Religiosität der Tibeter ist trotz der Umerziehungsversuche und der Morde an Mönchen und Gläubigen durch die Besatzer weitestgehend ungebrochen. Tagtäglich umrunden die Menschen auf dem Barkor den Jokhang, Verse, Gebete oder heilige Sutren und Mantras vor sich hinmurmelnd, die Gebetsketten gleiten durch ihre Finger, die Gebetsmühlen sind ständig in Bewegung, und man sieht am Glanz in ihren Gesichtern, dass sie am Ziel ihrer Pilgerfahrt angekommen sind.

Hier kann man als Tourist auch sehr schön die verschiedenen Landestrachten, Volksgruppen oder gesellschaftlichen Stände erkennen: Khampas aus Osttibet mit ihren hohen Lederstiefeln und den ins Haar geflochtenen Bändern, Nomaden in Felljacken mit speckigem Gesicht und nach Rauch riechend, junge Tibeterinnen aus wohlhabenden Familien mit vielen kleinen geflochtenen Zöpfen und mit Türkisschmuck behängt. Geschäfte, Buden und Marktstände säumen den Barkor an allen Seiten. Ob frisches Obst und Gemüse, T-Shirts und kopierte Musik-CDs, ob Gebetsfahnen, Gebetsmühlen, Seidenschals, Hüte, Ketten, Edelsteine, Souvenirs, Wandvorhänge, Wolle und Teppiche, (meist gefälschte) Antiquitäten und Gemälde – hier kann man tagelang stöbern.

*Der Sommerpalast im einstigen Edelsteingarten, heute ›Volkspark‹ genannt*

## Sommerpalast

Der Sommerpalast (Norbulingka, Edelsteingarten) ist in Teilen schon vom VII. Dalai Lama um das Jahr 1755 errichtet worden. Seither wurden das Bauwerk und der Park mit den vielen alten Bäumen von den tibetischen Gottkönigen als Sommerresidenz genutzt und stetig erweitert. Sein heutiges Aussehen bekam er in der Zeit des XIII. und XIV. Dalai Lama. Vom Sommerpalast aus flüchtete auch das amtierende Oberhaupt am 17. März 1959 mit Hilfe einiger Khampa-Tibeter und einer vor dem Gebäude versammelten Volksmenge – man geht heute von etwa 30 000 Menschen aus – im Schutz der im März nicht seltenen Sandstürme. Während des damaligen Beschusses der chinesischen Armee und später in der Kulturrevolution wurde viel am Gebäude und Park zerstört. Heute heißt die Anlage Volkspark und ist an allen Tagen geöffnet. Es gibt englischsprachige Führer, die Besucher durch die Räumlichkeiten leiten, darunter auch alle Privatzimmer des Dalai Lama. Eine interessante Tatsache ist, dass im Audienzzimmer ein großes Wandgemälde existiert, das die Feierlichkeiten zum 15. Geburtstag des jetzigen Dalai Lama zeigt. Auf diesem Gemälde ist das einzige öffentlich zugängliche Portrait des Dalai Lama in Lhasa zu finden. In der Schar der abgebildeten Gäste sind auch Heinrich Harrer und Peter Aufschnaiter mit schwarzem Frack und Zylinder zu erkennen.

## Ramoche-Tempel

Ein weiterer sehenswerter Tempel in der Altstadt Lhasas ist der Ramoche-Tempel, auch ›kleiner Jokhang-Tempel‹ genannt. Der Tempelkomplex stammt ebenfalls aus dem 7. Jahrhundert, wurde aber im Laufe seiner Geschichte schon mehrfach durch Brände oder äußere Gewalt schwer in Mitleidenschaft gezogen. Seit dem Jahr 1474 diente der Tempel als Versammlungshalle für die tantrische Gyutö-Schule. Dort studierten Mönche, meist nur die ›höheren‹ Semester, die tantrischen Rituale, das Herstellen von Mandalas und die Besänftigung von Dämonen. Der Ramoche wurde während der Kulturrevolution stark zerstört und erst wieder 1985 feierlich eröffnet. Vom Dach des Ramoche hat man einen schönen Blick auf die Altstadt und die typischen Gebäudestrukturen mit ihren Innenhöfen und Flachdächern. Kein Haus im alten Lhasa durfte höher als zwei Stockwerke sein, da der Jokhang-Tempel nicht überbaut werden durfte. Die heutigen Architekten und Stadtplaner lassen diese alte Vorschrift unberücksichtigt.

## Palhalupuk-Tempel

Der Palhalupuk-Tempel ist eine kleine und wenig beachtete Sehenswürdigkeit Lhasas, die in den letzten Jahrzehnten kaum beschädigt wurde. Dieser Tempel ist am Fuß des Chakpori-Hügels, gegenüber dem Potala-Hügel, in der Regentschaft des Königs Songtsen Gampo (7. Jahrhundert) gebaut worden. Die Wände sind mit vielen bunt bemalten Steinreliefs von Buddhas und Bodhisattvas bedeckt. Dazwischen hängen viele weiße Seidenschals, davor liegen die Opfergaben aus Tsampaschalen und bunten Butterskulpturen, die Luft ist erfüllt von Rauchopfern und dem fettigen Ruß der Butterlampen. Heute leben wieder einige Mönche und Novizen dort und pflegen die Anlage.

## Tibet-Museum

Viel neueren Datums ist das Tibet-Museum etwa einen Kilometer westlich der Innenstadt. Hier wird dem Besucher viel zur Landeskunde und zur Ethnologie Tibets nähergebracht. Die Ausstellungsstücke sind mit Sorgfalt ausgewählt und in sehr gutem Zustand. Die Beschreibungen der Vitrinen und Wandtafeln sind auch auf englisch. Sobald es um die jüngste Geschichte Tibets geht, werden die Texte jedoch stark tendenziös. So ist überall davon die Rede, dass China im Laufe mehrerer Herrscherdynastien schon immer Beschützer und Herrscher über Tibet gewesen sei. Die Hochzeit des tibetischen Königs Sontsen Gampo mit der chinesischen Prinzessin Wengcheng wird immer wieder als Anhaltspunkt für die chinesische Argumentation ›Tibet ist ein Teil von China‹ verwendet, die schließlich zur ›friedlichen Befreiung Tibets‹ (wörtlich in den Texten: ›peaceful liberation‹) führte.

Man sollte sich jedoch dazu in Erinnerung rufen, dass sich das Wort ›Befreiung‹ keineswegs nur auf die Auflösung der feudalen Strukturen in der traditionellen tibetischen Gesellschaft bezog, sondern vor allem auf die ›Befreiung‹ von ›imperialistischen‹ Subjekten – gemeint war das englische und amerikanische Engagement in Tibet nach dem Zweiten Weltkrieg. Friedlich war das Ganze auch keineswegs: Die exiltibetische Regierung schätzt, dass über 150 000 Menschen während und in den Jahren nach der ›Befreiung‹ von der chinesischen Armee ermordet wurden – ganz zu schweigen von den vielen tausend Toten während der Kulturrevolution.

**Lhasa**

**Vorwahl:** 0891.

**Bank of China**, Lingkor Nub Lam, westlich des Marpori-Berges.

**Wechselstuben**: im östlichen Bereich der Beijing Sharlam auf der südlichen Straßenseite und im südöstlichen Bereich der Altstadt schräg gegenüber der Moschee.

**Hauptpostamt**, Beijing Sharlam 1, vor dem Potala-Palast stehend rechts an der Kreuzungsecke.

**Busstation**, Stadt- und Überlandbusse, Kreuzung Dosenge Lam und Yuthok Lam.

Einfache Übernachtungsmöglichkeiten (bis zu 100 Yuan) gibt es entlang der Einfallsstraßen in den Randgebieten der Stadt. Viele Hotels und Gästehäuser bieten dort vor allem Lkw-Fahrern und Pilgern eine Unterkunft. Hotels mittlerer Qualität sind beispielsweise das **Yak-** oder das **Kirey-Hotel** in der Innenstadt von Lhasa (100 bis 350 Yuan pro Person und Nacht). In den

▶ Karte S. 141

Hotels der gehobenen Klasse (**Tibet, Himalaya, Thangka** oder **Lhasa**) muss man pro Nacht mit 430 bis 1800 Yuan rechnen.

Einige der vielen Hotels in Lhasa:

**Lhasa** (früher ›Holiday Inn‹), Min Zu Road 1. Das wohl beste und auch teuerste Hotel der Stadt (4 Sterne). Liegt gleich neben dem Sommerpalast im Westen der Stadt und ist innen im tibetischen Stil eingerichtet. Von Zimmerservice über Fitnessraum bis Internet und Abendbar.

**Century Grand Hotel**, De Ji Nan Lu, an der Kreuzung von South De Ji Road und Jiang Su Road; Zimmer ab etwa 500 Yuan. Etwa 2 Kilometer südwestlich des Zentrums gelegen, 8 Minuten zum Norbulingka. Saubere und gepflegte Zimmer mit gutem Service. Fitnessraum, Kinderbetreuung, Geschäftsräume. In den oberen Stockwerken hat man einen guten Blick auf den Potala.

**Jingcheng International Business Hotel**, Middle Beijing Road 48; ca. 400 Yuan. Etwa 1,5 km vom Zentrum entfernt, dafür auch in der mittleren Preisklasse. Modernes, sauberes Hotel mit freundlichem englischsprachigem Rezeptionspersonal.

**Bog-Garden Hotel**, Beijing Xiluzi 194; Zimmer ab etwa 350 Yuan. Zwar 3 km südlich vom Zentrum, aber dafür nur 4 Kilometer vom Bahnhof entfernt. Sehr enger Anschluss an die öffentlichen Verkehrsmittel in oder aus Richtung Zentrum.

**Kirey-Hotel**, Beijing Sharlam, Tel. 632-3462. Dreistöckiges Hotel ca. 10 Min. zu Fuß vom Potala entfernt und im Norden der Altstadt. 24-Stunden-Heißwasserversorgung, öffentliche Dusche (ohne Zimmeranmietung), Fahrradverleih, Laden. Restaurant im Haus.

**Banak Shol**, Beijing Dong Lu, Tel. 6323829. Sehr beliebtes Hotel im tibetischen Stil. Heißwasser zweimal täglich 10–13 und 15–19 Uhr; Wäschereiservice und Fahrradverleih. ›Kailash‹-Restaurant im Obergeschoß. Nah am Barkor im Südosten der Altstadt.

**Pentoc Guesthouse**, Mentsi-khang Lam, Tel. 6326686. 100 Meter westlich des Jokhang-Tempels. Sauberes, angenehmes Haus aus Lehmziegeln, 24-Stunden-Heißwasserversorgung und Duschen, Vermietung von Trekkingausrüstung. Restaurant im Haus.

**Snowlands Hotel**, Mentsi-khang Lam, Tel. 6323687. 100 Meter westlich des Jokhang-Tempels. Dachterrasse mit Restaurant, 24-Stunden-Heißwasserversorgung.

**Thangka Hotel**, Yutuo Road 38, etwa 200 m neben dem Jokhang-Tempel. Einzel- und Doppelzimmer mit eigenem Bad. 24-Stunden-Heißwasserversorgung, englischsprechendes Personal, Bar, Internetcafé, eigener Innenhof.

**Yak Hotel**, Beijing Sharlam, Tel. 6323496. Ein sehr beliebtes Hotel, bietet Zimmer verschiedener Kategorien vom Mehrbettzimmer bis hin zu Einzel- und Doppelzimmern mit eigenem Bad. 24-Stunden-Heißwasserversorgung, englischsprechendes Personal, Internetcafé.

**Potala-Palast**; tägl. 9.30–13 und 15–18 Uhr, 100 Yuan. Man muss seinen Reisepass vorzeigen. Fotografieren ist in den meisten Räumen verboten oder nur gegen eine Gebühr erlaubt. Am Ticketschalter bekommt man auch englischsprachige Führer und Broschüren.

**Jokhang-Tempel**; ganztägig, vormittags (9–12 Uhr) hauptsächlich für Pilger reserviert; 70 Yuan. Um 19 Uhr findet eine buddhistische Messe statt (öffentlich).
**Sommerpalast**; Mo–Sa 9–12 und 15–18 Uhr, 70 Yuan.
**Ramoche-Tempel**; tägl. 9–12 und 15–18 Uhr, 30 Yuan.
**Palhalupunk-Tempel**; tägl. 9–12 und 15–18 Uhr, 30 Yuan.
**Tibet-Museum**; Di–So 10–18 Uhr, 35 Yuan.

**Potala-Palast**; tägl. 9.30–13 und 15–18 Uhr, 100 Yuan. Man muss seinen Reisepass vorzeigen. Fotografieren ist in den meisten Räumen verboten oder nur gegen eine Gebühr erlaubt. Am Ticketschalter bekommt man auch englischsprachige Führer und Broschüren.
**Jokhang-Tempel**; ganztägig, vormittags (9–12 Uhr) hauptsächlich für Pilger reserviert; 70 Yuan. Um 19 Uhr findet eine buddhistische Messe statt (öffentlich).
**Sommerpalast**; Mo–Sa 9–12 und 15–18 Uhr, 70 Yuan.
**Ramoche-Tempel**; tägl. 9–12 und 15–18 Uhr, 30 Yuan.
**Palhalupunk-Tempel**; tägl. 9–12 und 15–18 Uhr, 30 Yuan.
**Tibet-Museum**; Di–So 10–18 Uhr, 35 Yuan.

Im Hauptpostamt gibt es einen kleinen Laden, in dem man bunte Briefmarken, eine große Auswahl an Postkarten, Briefpapier und Bildbände über Tibet kaufen kann.

**Volkskrankenhaus** (Peoples Hospital) und Notfall-Krankenhaus (Emergency Hospital), an der Südseite der Lingkor Chang Lam, nördlich der Altstadt und östlich des Lukhang-Parks.

## Wanderungen rund um Lhasa

Rund um Lhasa gibt es einige Berggipfel als lohnenswerte Wanderziele, von denen aus man einen eindrucksvollen Blick auf die Stadt und den Potala-Palast hat.

Keiner der hier beschriebenen Gipfel ist technisch anspruchsvoll, es reichen in der Regel normale windabweisende Kleidung und gute Trekkingschuhe. Die hier vorgestellten Kurzwanderungen sind auch ideale Möglichkeiten, sich nach der Ankunft in Lhasa schnell an noch größere Höhen zu akklimatisieren. Wer etwas mehr Zeit hat, kann Kultur- und Naturerlebnisse verbinden und zu einer etwa viertägigen Wandertour vom Kloster Ganden zum Kloster Samye aufbrechen.

### Bumpari

Ausgangspunkt ist die Lhasa-Brücke (im Südosten der Stadt). Von der südlichen Seite der Brücke bis zum Berg und dann für ein paar hundert Meter nach links (also nach Osten) laufen. Bei den Gebetsfahnenverkäufern die Strasse verlassen und den Innenhof eines Gebäudekomplexes durchqueren. Hinter dem Gebäudekomplex einfach einem der zahlreichen fähnchengesäumten Wegen zum Gipfel des Bumpari (4298 Meter) folgen. Es gibt mehrere Wege, die sich in ihrer Steilheit unterscheiden. Der Gipfel ist markiert durch eine riesige Konstruktion mit tausenden von Gebetsfahnen, man muss sogar aufpassen, in dem Gewirr aus Fähnchen nicht über die zahlreichen Schnüre zu stolpern! Das letzte

Stück zum nördlichen Gipfel erfordert ein bisschen einfache Kletterei. Bumpari kann innerhalb einer Tagestour bestiegen werden. Unbedingt genug Wasser mitnehmen, denn es gibt keine Wasserversorgung entlang des Aufstiegs.

## Gyaphelri

Per Bus oder Taxi zum Kloster Drepung fahren (kostet etwa 20 bis 30 Yuan). Man beginnt mit der Kora um das Kloster Drepung (im Uhrzeigersinn). An der westlichen Ecke der Kora verlässt man den gepflasterten Weg und folgt einem Pfad auf die hinter dem Kloster liegenden Berge zu. Diesem Pfad das Tal hinauf folgen. Der Weg windet sich in sanften Serpentinen bis zum Gipfel (5249 Meter). Obwohl der Weg einfach zu laufen ist, sollte man sich unbedingt gegen Wind schützen, denn der Gipfel ist sehr exponiert. Entlang der Aufstiegsroute sind zahlreiche, mit buddhistischen Symbolen bemalte und beritzte Steine zu sehen. Während des Drukwa-Tsezhi-Festes am 21. Juli machen sich hunderte von Pilgern auf den Weg zum Gipfel des Gyaphelri. Der Dalai Lama hat den Gyaphelri ebenfalls schon bestiegen. Der Gyaphelri kann innerhalb einer Tagestour bestiegen werden; es gibt Wasser auf halbem Weg zum Gipfel.

## Trekkingtour Ganden–Samye

Eine beliebte Trekkingtour, die vier bis fünf Tage dauert und vom Kloster Ganden (mit dem Taxi dorthin etwa 100 Yuan) zum Kloster Samye am Yarlung Tsangpo führt. Wer schnell läuft und gut akklimatisiert ist, kann es auch in drei Tagen schaffen. Obwohl die Route leicht zu finden ist, kann es sinnvoll sein, einen Führer mitzunehmen. Ein Zelt ist notwendig, da es zwischen Hebu und Nyinggong keine Dörfer gibt. Proviant für etwa fünf Tage sollte dabei sein. In den Dörfern oder bei Nomaden kann man eventuell etwas kaufen oder auch übernachten, das ist jedoch Verhandlungssache. Offiziell ist ein Trekkingpermit notwendig, das bei Reiseagenturen in Lhasa erworben werden kann.

Die Route beginnt mit einem steilen Aufstieg vom Kloster Ganden (4240 Meter) zum **Dorf Hebu**. Der Weg ist deutlich zu sehen, die Wanderung bis Hebu dauert etwa drei bis vier Stunden. Nach Überquerung eines Flusses beginnt der Aufstieg zum **Shuga La** (5240 Meter), der nach etwa sechs bis sieben Stunden erreicht ist. Vom Shuga La steigt man auf einem steilen Pfad ab bis zu einem See. Dort gabelt sich der Weg: Die westliche Route führt über den **Chitu La** (5090 Meter), die östliche über den **Kampa La** (5100 Meter). Vom Shuga La bis zum Chitu La oder Kampa La sind sieben bis acht Stunden Marsch zu veranschlagen. Der Abstieg vom Chitu La führt an zwei kleinen Seen vorbei, während die Alternativroute über den Kampa La einem Fluss folgt,

*Fähre über den Yarlung Tsangpo*

der im Laufe des Abstiegs mehrfach überquert werden muss. Nach einer Etappe von etwa sechs bis acht Stunden vom Chitu La oder Kampa La erreicht man das **Dorf Nyinggong**. Nördlich von Nyinggong kann man das **Kloster Yamalung Gompa** ansehen, allerdings befindet sich dieses auf einem Bergrücken und ist erst nach etwa einstündigem Aufstieg erreicht. Von Nyinggong folgt man einem gut ausgeprägten Pfad hinab nach **Sangyi** (3600 Meter), wo das Samye-Kloster ist. Der Abstieg von Nyinggong bis Samye dauert etwa fünf bis sechs Stunden. Von Sagyi muss man noch ein paar Kilometer entlang einer Piste in Richtung Zurkhardo laufen, bis man an die Fähre über den Yarlung Tsangpo kommt. Von dort kann man dann wieder mit dem Bus, dem Taxi oder per Anhalter zurück in Richtung Lhasa. Zum Gonggar-Airport sind es noch etwa 60 Kilometer. Von dort gehen regelmäßig Busse in die Stadt.

## Der heilige See Nam Co

Der Nam Co ist der größte See in der Autonomen Region Tibet, lediglich der Koko-Nor-See in der Provinz Qinghai, im Bereich der ehemaligen tibetischen Provinz Amdo, ist größer. Der Nam Co liegt auf 4718 Meter Höhe, ist etwa 70 Kilometer lang, 30 Kilometer breit und hat eine Fläche von 1920 Quadratkilometern. Die spektakuläre Landschaft um den Nam Co ist geprägt von vergletscherten Bergen des **Nyenchen-Tanglha-Gebirgszuges**, dessen höchster Gipfel bis auf 7127 Meter emporragt.

Ein **Pilgerweg** führt gegen den Uhrzeigersinn um den See herum – es dauert 18 Tage, den See zu Fuß zu umrunden. Lasttiere für die Seeumrundung können in der Siedlung **Namtso** am östlichen Ende des Sees am kleinen Gästehaus gemietet werden. Unterwegs gibt es kaum Versorgungsmöglichkeiten, man muss sich daher gut vorbereiten. Von Namtso aus erreicht man nach zehn Tagen die **Siedlung Ring Drok**, wo man etwas Proviant kaufen kann. Diese Siedlung hat auch einen Pistenanschluß. Am zwölften Tag erreicht man die **Siedlung Tara**, in der es einen kleinen Laden gibt.

Von **Tara** am westlichen Ufer des Sees ist ein weiterer zwölftägiger Fußmarsch über den 5240 Meter hohen **Kalamba La** in das **Tal des Shang Chu** nördlich von Shigatse möglich. Entlang dieser Strecke gibt es einige heiße Quellen und Geysire zu sehen.

### Anreise zum Nam Co

Von Lhasa aus bieten Reiseagenturen **Tagesausflüge** zum Nam Co an, die auch kurzfristig gebucht werden können. Die Tour kostet etwa 250 Yuan pro Person. Mit dem Jeep geht es zunächst nach Damzhung, 163 Kilometer nördlich von Lhasa. Von **Damzhung** wurde eine neue Asphaltstraße angelegt, die über den 5150 Meter hohen **Lhachen La** bis **Tashidor** führt. Von Damzhung bis Tashidor sind es 74 Kilometer, von Damzhung bis zum Dorf **Namtso** sind es etwa 40 Kilometer.

Die **Siedlung Ring Drok**, die am nordwestlichen Ufer des Nam Co liegt, kann von Norden aus mit Fahrzeugen erreicht werden.

Gut akklimatisierte Wanderer können von **Damzhung** eine zwei- bis dreitägige Tour über den **Kong La** (5200 Meter) zu



*Im Kloster Ganden*

Der heilige See Nam Co

Fuss zum Nam Co unternehmen. Auf dieser Wanderstrecke gibt es keine Versorgungs- und Unterkunftsmöglichkeiten.

## Tashidor

Tashidor liegt 40 Kilometer südwestlich der Siedlung Namtso auf einer Halbinsel. Die Halbinsel ist ein Vogelschutzgebiet und eingezäunt - vor allem damit man von Besuchern Eintritt verlangen kann (10 Yuan). Tashidor ist eine Höhleneinsiedelei, die durch zwei markante Felstürme gekennzeichnet ist. Heute leben nur noch einige wenige Eremiten hier, und das neugegründete Höhlenkloster wird von ein paar Mönchen und Nonnen gepflegt. Mittlerweile steht in Tashidor auch ein gehobenes Touristenhotel, das ›Namtso Hotel‹. Tashidor ist der Ort, an den die meisten Besucher des Nam Co fahren.

Im angrenzenden Vogelschutzgebiet lassen sich in der Zeit von April bis November Zugvögel beobachten: Himalaya-Streifengänse, Rostenten, und wer Glück hat, kann auch einige der seltenen Schwarzhalskraniche sehen.

*Stupa am Nam Co*

### See Nam Co

Öffentliche **Überlandbusse** fahren täglich von Lhasa nach Nakchu und halten nach 3–4 Stunden Fahrt auch in Damzhung.

Schneller geht es mit **Minibussen**, die täglich vom ›Yak Hotel‹, dem ›Kirey Hotel‹ oder in der Nähe des Jokhang-Tempels abfahren. Wer mit dem Bus bis Damzhung fährt, muss für die restliche Strecke einen **Lkw-Lift** finden. In den Straßenrestaurants lässt sich mit den Lkw-Fahrern leicht der Preis verhandeln. Zu beachten ist, dass die Lkw in der Regel das Dorf Namtso anfahren und nicht das Kloster und Hotel in Tashidor.

In Namtso kann man ein **Pferd** mieten (100 Yuan/Tag) oder sich mit dem **Traktor** (200 Yuan, auch für Gruppen geeignet) nach Tashidor bringen lassen.

Namtso: **Gästehaus**; 10 Yuan in einem Gemeinschaftszimmer. Vermietung von Lasttieren.

**Tashidor**: **Namtso Hotel**.

# Klöster

Von etwa 6000 haben nur 13 tibetische Klöster die Kulturrevolution ohne Zerstörungen überstanden. Einige der zerstörten Anlagen werden heute wieder restauriert, Mönche und Nonnen füllen die derzeit etwa 250 Klöster wieder mit Leben. Die wichtigsten Klöster **Sera**, **Ganden**, **Drepung** und **Gyantse** sowie der Sitz des Panchen Lama, **Tashi Lhunpo**, sind heute wieder zu besichtigen, wenn auch nicht mehr in ihrem alten Glanz. Außerhalb der Autonomen Region Tibet sind die Klöster **Labrang** und **Kumbum** sehenswert, beide in der Provinz Qinghai.

Die Klöster können in der Regel von Montag bis Samstag besichtigt werden. Bei einigen gibt es Führungen in englischer Sprache, bei einigen entrichtet man ein Eintrittsgeld und kann sich dann relativ frei bewegen. Fotografieren ist in der Regel gegen eine Gebühr möglich, allerdings kann es passieren, dass man für jeden Tempel eines Klosters separat bezahlen muss. In der Regel kostet das Fotografieren 10 bis 15 Yuan, das Filmen 50 Yuan.

## Samye

Die als Mandala angelegte Klosteranlage Samye wurde im Jahr 775 gegründet und ist das älteste buddhistische Kloster Tibets. Es liegt im Tal des Yarlung Tsangpo, dem alten Zentrum der tibetischen Kultur, etwa 60 Kilometer östlich des Flughafens. Das Kloster gilt als herausragendes historisches, religiöses und architektonisches Erbe. Hier werden seit dem 8. Jahrhundert Wandmalereien und Bildhauereien sowie andere Kulturschätze sorgfältig aufbewahrt. Der antike Tempel war nach der Kulturrevolution im Inneren zum großen Teil zerstört. Einziger Anhaltspunkt für Restaurateure war ein in den 1940er Jahren aufgenommenes Foto, nach dem ein Modell erstellt wurde.

Samye kann zwischen 9 und 16 Uhr besichtigt werden, der Eintritt kostet 30 Yuan. An- und Abreise mit dem öffentlichen Bus oder dem Taxi.

## Sakya

Das Sakya-Kloster, gegründet 1073, ist das Hauptkloster der Sakya-Sekte des tibetischen Buddhismus und liegt zwischen Lhasa und Shigatse. ›Sakya‹ bedeutet im Tibetischen ›hellgraue Erde‹, weil es sich in der Nähe des Berges Benbori befindet, dessen verwittertes Gestein eine hellgraue Farbe hat. Das Sakya-Kloster besteht aus einem Südkloster und einem Nordkloster, dazwischen fließt der Fluss Zhongqu.

Das **Südkloster** misst von Süden nach Norden 210 Meter und von Osten nach Westen 214 Meter. Es hat eine Gesamtfläche von etwa 45 000 Quadratmetern. Manche der am Berghang liegenden Gebäude haben die Form von Festungen. Die Haupthalle des Klosters, die 21 Meter hohe **Sutra-Halle**, ruht auf einem Fundament aus gestampfter Erde und besitzt einen großen Innenhof.

Das Sakya-Kloster war eine Zeit lang das politische und kulturelle Zentrum Tibets. Im hinteren Teil der Sutra-Halle stehen riesige, bis zur Decke reichende Regale, in denen Bücher aller nur denkbaren Themengebiete stehen. Bis heute konnte noch keine Inventurliste erstellt werden. Darüber hinaus sind im Kloster noch zahlreiche **Buddhafiguren**, viele religiöse Geräte, Porzellangegenstände, über 2000 Holzdruckplatten sowie viele von den Dharma-Königen hinterlassene

▲ Umschlagkarte

*Der Gründer der Gelbmützen-Schule: Tsongkhapa*

Gegenstände zu finden. Besonders zu erwähnen sind die auf hohem künstlerischem Niveau stehenden **Wandmalereien** und **Thangkas** (Wandteppiche). Die Wandmalereien nehmen eine Fläche von über 10 000 Quadratmetern ein. Das Sakya-Kloster dokumentiert einen Höhepunkt der kulturellen Blüte des tibetischen Mittelalters. Zugleich ist es auch ein hervorragendes Beispiel für die Geschichte der tibetischen Baukunst.

Die Öffnungszeiten des Sakya-Klosters sind 9 bis 12 und 14 bis 18.30 Uhr, der Eintritt kostet 40 Yuan. An- und Abreise mit dem öffentlichen Bus oder Taxi.

## Ganden

Ganden ist das älteste Kloster der Gelugpa, gegründet wurde es 1409. Nach Studien in Drigung, Nethang, Samye, Shalu, Sakya und Reting gründete Tsongkhapa, der Begründer der Gelugpa, auf einem Berg etwa 45 Kilometer flussaufwärts östlich von Lhasa ein eigenes Kloster. Er nannte es Ganden, das ›Freuderfüllte‹. In Ganden verwirklichte Tsongkhapa seine Reformideen, das Kloster wurde das religiöse Zentrum der Gelugpa. Als Tsongkhapa 1419 starb, wurde sein Schüler Gyeltsab Je Nachfolger als Thronhalter von Ganden (Tri Rinpoche), danach folgte der zweite Lieblingsschüler Khedrub Je Gelek Plezangpo (der postum ernannte erste Panchen Lama). Seither wurde jeweils einer der Vorsteher der Kloster-Fakultäten oder ein gelehrter Mönch aus Sera oder Drepung für sieben Jahre zum Ganden Tri Rinpoche gewählt. Das offizielle Oberhaupt der Gelugpa ist somit nicht der Dalai Lama, sondern der Ganden Tri Rinpoche.

Ganden, auf 4300 Meter an einem steilen Berghang wie ein Amphitheater gelegen, wurde im Lauf der Zeit zum einflussreichsten Kloster Tibets. 1959 bevölkerten noch 3000 Mönche diesen Ort der Gelehrsamkeit und Meditation, danach wurden sie alle verhaftet, ermordet oder vertrieben, das Inventar des Klosters wurde abtransportiert. Die

*Blick auf das Kloster Ganden*

*Das Drepung-Kloster*

Roten Garden zerstörten während der Kulturrevolution die Klosterstadt mit Artillerie und Dynamit. Seit der Liberalisierung nach 1980 begann ein langsamer Wiederaufbau einzelner Gebäude. Ganden ist für Besucher von 9 bis 16 Uhr geöffnet, es wird ein Eintritt von 30 Yuan verlangt. An- und Abreise mit dem öffentlichen Bus oder dem Taxi.

## Drepung

Das Kloster Drepung, das 1416 gegründet wurde und am nordwestlichen Stadtrand von Lhasa liegt, zählt zusammen mit dem Sera- und Ganden-Kloster zu den drei Eliteklöstern der Gelugpa. Die ersten drei Äbte des Drepung-Klosters galten als die ersten Dalai Lamas. Einst war Drepung das größte und reichste Kloster von Tibet. Hier wohnten und arbeiteten vor 1959 über 10 000 Mönche, momentan sind es etwa 450. Aber auch heute noch ist Drepung das Kloster Tibets, in dem der Geist der tibetischen Unabhängigkeit am ehesten noch aufrechterhalten wird: Am 23. November 2005 nahmen Sicherheitskräfte des Public Security Bureaus (PSB) im Drepung-Kloster einen der ranghöheren Mönche, Khenpo Ngawang Phelgyal, und vier seiner Kollegen in Gewahrsam. Grund seien die außergewöhnlich heftigen Proteste gegen die verschärften Kampagnen der chinesischen Administration gegen die Anhänger des Dalai Lama gewesen. Auch nach den März-Unruhen 2008 wurden fast alle Mönche des Deprung-Klosters entweder verhaftet oder nach Hause geschickt, weil sich hier erneut Proteste gegen die chinesische Unterdrückung in Form von Demonstrationen Luft schafften. Im Herbst 2008 waren gerade einmal 15 Mönche im Kloster. Drepung bedeutet ›Reishaufen‹, einige erklären den Namen durch die vielen weißgekalkten Gebäude der Klosteranlage.

Von 9 bis 16 Uhr und gegen einen Obolus von 30 Yuan kann das Kloster besichtigt werden. An- und Abreise vom Zentrum Lhasas aus mit Leihfahrrädern, Taxis oder den Stadtbussen.

*Im Kloster Sera*

Umschlagkarte ▲

## Sera

Das Sera-Kloster, gegründet 1419, ist eines der ›drei großen Klöster Lhasas‹ und liegt am Fuß eines Berges in der nördlichen Vorstadt. Einer Überlieferung zufolge wurde es nach einer gleichnamigen, auf dem Berg beheimateten Wildrose benannt, es gibt aber auch eine andere Auslegung des Namens, nach der Sera ›Hagel‹ bedeutet. Der vollständige Name des Klosters lautet Sera Mahayana.

Die dicht nebeneinander stehenden Häuser zeigen eine übersichtliche bauliche Ordnung, wobei die Hauptgebäude hervortreten. Die **Große Sutra-Halle** ist die größte Halle und zugleich das Verwaltungszentrum des Klosters.

Im Kloster wird auf die religiöse Debatte und Diskussionsrethorik großen Wert gelegt. Sie hat einen zentralen Stellenwert, weil sie auf eine Anweisung des Buddha selbst zurückgeht, der sagte, dass man seine Lehren nicht einfach aus Respekt zu ihm akzeptieren solle, sondern aufgrund der eigenen Überprüfung. Die Schüler sollen seine Unterweisungen selbst auf ihren Wahrheitsgehalt hin überprüfen, und dafür eignet sich die Debatte sehr gut, die vor allem unter den Studenten geführt wird. Auch im Kloster Sera finden heute immer wieder Razzien statt, bei denen politisch aktive Mönche verhaften werden.

Sera kann man von 9 bis 16 Uhr besichtigen, das Eintrittsgeld beträgt 30 Yuan. An- und Abreise vom Zentrum Lhasas aus mit Leihfahrrädern, Taxis oder den Stadtbussen.

## Palkhor

Das Palkhor-Kloster in Gyantse ist eine Besonderheit, da sich innerhalb der Mauern des Klosterkomplexes 18 unabhängige kleine Klöster befinden, die zu

*Der Tsuklahang-Tempel im Palkhor-Kloster*

unterschiedlichen tibetischen Sekten – Gelugpa, Sakapa, Shalupa, Brupgpa und Karmapa – gehören und ihre verschiedenen Lehren auch heute noch praktizieren dürfen. Allerdings bildet ein von Lhasa berufener Abt der Gelugpa die höchste Autorität innerhalb des Klosterkomplexes.

Der Tsuklakhang-Tempel, der Kumbum-Chörten und zwei weitere kleinere Klöster sind während der Kulturrevolution nicht zerstört worden.

Das Hauptgebäude des Komplexes ist der **Tsuklakhang**, ein zwischen 1418 und 1425 in Form eines Mandala erbauter Tempel. Der Tsuklakhang gehörte ursprünglich zur Sekte der Sakyapa, wird heute aber von Gelugpa-Mönchen betreut. Der Haupthalle sind in die vier Himmelsrichtungen gelegene Kapellen vorgelagert. Das Innere des Heiligtums ist ausgefüllt mit Bodhisattva-Figuren und wertvollen Thangkas.

Ein weiteres sehenswertes Gebäude des Palkhor-Klosterkomplexes ist der **Kum-**

**bum-Chörten**, der 1427 durch den Fürsten Rabten Kunzang fertiggestellt wurde. Diese riesige begehbare Stupa ist die ›Stupa der 100 000 Buddhas‹ und gilt als eines der bedeutendsten Denkmäler tibetischer Kunst. Das Innere der Basis der Stupa ist mit üppigen Wandmalereien verziert, die darüberliegenden vier Stockwerke enthalten 68 Kapellen, das sechste Stockwerk enthält vier Kapellen in alle vier Himmelsrichtungen, und das siebte Stockwerk enthält den quadratischen Sitz Buddhas. Darüber liegt der Schirm der Stupa und als neuntes Stockwerk die Spitze. Das Gebäude ist insgesamt 35 Meter hoch.

Der **Kumbum-Chörten** hat einen Durchmesser von 108 Ellen, und das Bauwerk hat 108 Türen – das entspricht der im Buddhismus heiligen Zahl 108, die unter anderem das Resultat der Multiplikation von neun Maßeinheiten mit zwölf Tierkreiszeichen ist, also der Multiplikation von Raum und Zeit. Der Aufstieg von einem Stockwerk zum nächsten symbolisiert die rituelle Umwandlung des Menschen bis zur Erlösung, die durch den Flammenjuwel an der Spitze der Stupa symbolisiert wird. Für 35 Yuan kann der Palkhor-Klosterkomplex besichtigt werden.

## Tashi Lhunpo

Das Kloster Tashi Lhunpo in Shigatse ist der Sitz des Panchen Lama. Das Kloster wurde 1447 von Gedundup, dem nach seinem Tod ernannten I. Dalai Lama, gegründet. Gedundup liegt auch in Tashi Lhunpo begraben.

▶ Umschlagkarte

Heute ist Tashi Lhunpo mit 600 Mönchen, von denen etwa 100 Novizen sind, das tibetische Kloster mit den meisten religiösen Aktivitäten. Sven Hedin berichtete 1907 noch von 3700 Mönchen, die in Tashi Lhunpo lebten. Die Mönche betreiben etwa 20 Kilometer östlich von Shigatse Landwirtschaft, um ihren Lebensunterhalt zu sichern.

Ein **Pilgerweg**, gesäumt von Gebetsmühlen und Manisteinen, führt rund um die Mauern der Klosterstadt. Das größte Gebäude der Klosteranlage ist die neunstöckige **Thangkamauer**, in der die großen Bilder aufbewahrt werden, die nur einmal im Jahr beim Joghurt-Fest im Sommer (am 15. Tag des 5. Monats des tibetischen Mondkalenders) entrollt werden.

Die **Hauptgebäude** des Klosters bilden eine Linie und blicken über die Stadt nach Süden. Am westlichen Ende steht der rote Maitreyatempel, im Zentrum befindet sich die weiße **Residenz des Panchen Lama** und im Osten die Hauptgebetshalle mit einem goldenen Dach. Während der Kulturrevolution ist sehr viel im Kloster zerstört worden, unter anderem auch die Grab-Stupas der Panchen-Lamas. Später wurde eine neue Stupa für diese Panchen Lamas gebaut, in die die Überreste der zerstörten Gräber gefüllt wurden. Für den 1989 verstorbenen 10. Panchen Lama wurde 1992 eine aufwändig verzierte und vergoldete Stupa gebaut, bezahlt von der chinesischen Regierung. Die große **Gebetshalle** wurde von einem schlauen Mönch mit Lebensmittelsäcken und Buttervorräten befüllt und so vor der Zerstörung durch die Chinesen bewahrt. Nach vielen Jahren der Renovierungen und Restaurierungen gilt Tashi Lhunpo als eine der schönsten Klosteranlagen in Tibet.

*Im Kloster Kumbum*

施工重地
严禁入内

## Labrang

Labrang ist eines der größten tibetischen Klöster außerhalb der Provinz Xizang an der nordöstlichen Grenze des tibetischen Kulturraums. Labrang beherbergt sechs wichtige Fakultäten, in denen die angehenden Mönche studieren. Die vielleicht wichtigste Fakultät ist das Institut für tibetische Medizin. Weitere Institute lehren Esoterik, Astronomie, Theologie und das Rad der Zeit. Besonders interessant ist die Schule für Tanz. Wenn die Mönche draußen üben, kann man zusehen, wie sie die Cham-Masken-Tänze oder andere kultische Tänze üben. Die Klosteranlage wurde 1708 gegründet und bis 1949 stetig ausgebaut. Einst lebten hier 4000 Mönche, 1980 waren es nur noch zehn, heute sind jedoch wieder 1700 Mönche in Labrang tätig. Um das Kloster herum führt ein **Pilgerpfad**, den man im Uhrzeigersinn begeht.

## Kumbum

Das Kloster Kumbum befindet sich etwa 80 Kilometer westlich von Xining, der Provinzhauptstadt von Qinghai. Das Kloster ist eine heilige Stätte des tibetischen Buddhismus, denn Tsongkhapa, der Begründer der Gelugpa-Sekte, wurde hier 1357 geboren. Der Legende nach wurde der Meister unter einem Lindenbaum geboren. Nach seiner Geburt trug der Baum 100 000 Blätter, und jedes Blatt war mit dem Buddha-Bild versehen. An seinem Geburtsplatz ließ die Mutter von Tsongkhapa 1379 eine Stupa bauen, zu der in den folgenden Jahren immer häufiger Pilger kamen. Der dritte Abt des Klosters Deprung, Sonam Gyatso (der von den Mongolen ernannte III. Dalai Lama), bat den Abt Rinchen Tsondru Gyeltsen 1583, an der Stelle dieser Stupa einen Maitreya Tempel zu bauen (genannt Jampa Lhakhang). Daher heißt der volle Name des Klosters auch Kumbum Jampaling Gompa.

Kumbum ist architektonisch eine Mischung aus tibetischen Stilen und chinesischen Bauweisen. Nach vielen Jahrhunderten des kontinuierlichen Ausbaus umfasst das Gelände heute eine Fläche von 41 Hektar mit etwa 30 Tempeln. In seiner Geschichte ist das Kloster öfters zerstört und wieder aufgebaut worden, speziell während der moslemischen Aufstände 1860 wurde viel zerstört. Während der Kulturrevolution ist die gesamte Anlage wieder stark beschädigt worden. Inzwischen ist, auch dank der vielen Touristen, das Kloster größtenteils gelungen restauriert worden. Kumbum wirkt aber heute wegen der wenigen Mönche und der vielen Touristen wie ein Museumsdorf. Dennoch sind hier vier wichtige Fakultäten untergebracht: Religiöse Tänze, tibetische Medizin, tantrische Rituale und Astrologie/Esoterik. Etwas über die Hälfte aller Mönche sind Tibeter, die anderen Mönche sind Mongolen, Tu, Chinesen und sogar einige Westler. Im Kloster gibt es einige wichtige Feiertage: Maskentänze im 4., 7. und 9. Monat, Dharmakakra-Jahrestag am 4. Tag des 6. Monats und der Geburtstag von Tsongkhapa am 25. Tag des 12. Monats (alles nach dem tibetischem Mondkalender).

Um die Klosteranlage führt auch ein gepflasterter **Pilgerweg**, für den man etwa zwei Stunden benötigt, man kann aber auf halbem Weg wieder hinunter ins Kloster. Der Pilgerweg ist für diejenigen, die noch weiter nach Tibet reisen werden, eine ideale sportliche Betätigung, um sich besser an die dünne Luft zu gewöhnen.

▲ Umschlagkarte

# Der Friendship Highway

Die Strecke von Lhasa nach Kathmandu (oder umgekehrt) gehört zu den beliebtesten Strecken in Tibet. Die Strecke ist jedoch nicht nur touristisch interessant, sondern sie stellt die Fortsetzung der Hauptverbindungsstraße von Nordtibet - heute die Provinz Qinghai - und der Seidenstraße nach Nepal und Indien dar. Die Strecke Golmud bis Lhasa (Qinghai-Tibet-Highway) ist schon lange ausgebaut und asphaltiert, und es wird nicht mehr lange dauern, bis die Lkw auch von Lhasa nach Kathmandu über Asphalt rollen werden.
Besonders beliebt ist der Friendship Highway bei Radfahrern. Jährlich bewältigen hunderte diese Strecke, die einiges an kulturellen Sehenswürdigkeiten bietet und fantastische Aussichten auf den Himalaya-Hauptkamm ermöglicht. Vor etwa 20 Jahren, am 29. März 1986, haben die ersten europäischen Radler die Grenze zwischen Nepal und Tibet überquert und fuhren auf diesem Highway nach Lhasa.
Heute kann man die Strecke per Jeep abfahren, ebenso bieten zahlreiche Veranstalter organisierte Mountainbike-Touren mit Gepäcktransport im Auto an. Für zahlreiche Individualisten ist Lhasa–Kathmandu eine relativ leicht zu organisierende Radtour. Wer die Strecke

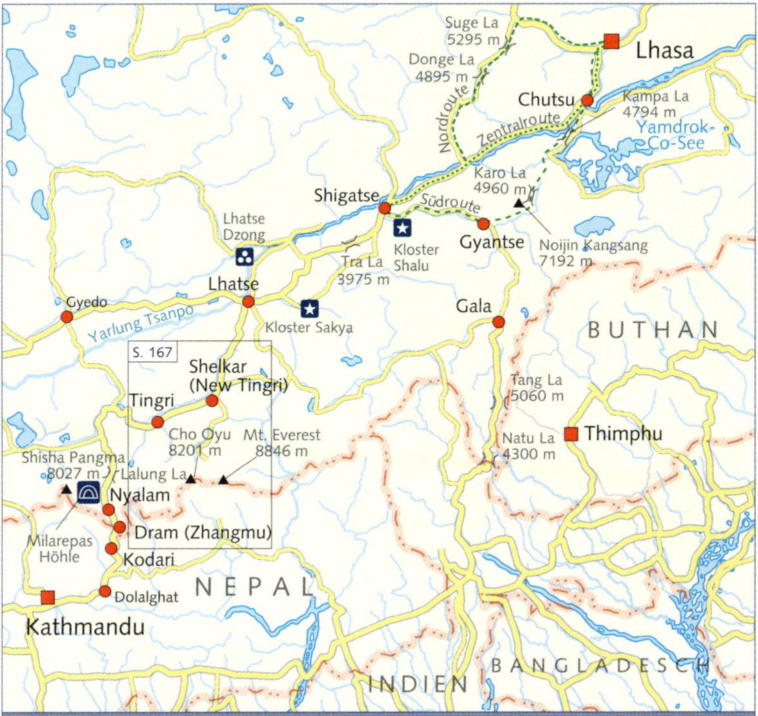

Der Friendship Highway von Lhasa nach Kathmandu

selbstorganisiert radeln möchte, sollte von Lhasa nach Kathmandu fahren und nicht umgekehrt. Aus unerfindlichen Gründen ist es einfacher, ein Permit für die Strecke nach Kathmandu zu bekommen, umgekehrt ist es weitaus schwieriger. Für eine Radtour von Lhasa nach Kathmandu (etwa 1000 Kilometer) sollte man drei Wochen veranschlagen.

## Von Lhasa nach Shigatse

Von Lhasa nach Shigatse hat man drei Möglichkeiten: Die **Nordroute** führt von Lhasa über den Suge La (5295 Meter) und über den Donge La (4895 Meter). Die Route ist anspruchsvoll, da sie direkt von Lhasa aus über zwei hohe Pässe führt.

Bei Dazhuka führt die Route über eine neugebaute Brücke über den Yarlung Tsangpo und folgt der Zentralroute nach Shigatse. Wer Ausblicke auf die Nyenchen-Tanglha-Bergkette genießen möchte, ist auf der Nordroute richtig, kulturell gibt es wenig zu sehen.

Die **Zentralroute** ist der eigentliche ›Friendship Highway‹. Die Straße ist gut ausgebaut und asphaltiert, entsprechend viel Verkehr rast an einem vorbei. Die Strecke führt am Yarlung Tsangpo entlang, teilweise durch eine enge Schlucht. Hübsche Dörfer in traditionellem Baustil liegen entlang der Strecke.

*Die Festung Gyantse hoch über dem Tal des Nyang Chu*

▲ Karte S. 159

### Die Südroute

Die Südroute ist die touristisch beliebteste Variante, auf der es eine Vielzahl an abwechslungsreichen Landschaften zu sehen gibt. Auch kulturell bietet diese Strecke die meisten Sehenswürdigkeiten:

Der **Kampa La** (4794 Meter) ist der erste hohe Pass von Lhasa aus, vom Pass bietet sich eine schöne Aussicht auf den **Yamdrok Co**. Dieser See heißt übersetzt ›Skorpionsee‹, da der langgezogene bogenförmig verlaufende Ausläufer des Sees und die vielen Fjorde an Schwanz und Beine eines Skorpions erinnern. Skorpione sind in Tibet mythische Tiere, häufig sieht man Skorpione an Hoftore und Haustüren gemalt. Der Yamdrok Co ist neben dem Nam Co, dem Manasarowar und dem Lhamo Latso einer der vier heiligen Seen in Tibet. Der Yamdrok Co ist mit großen Rohren mit einem Wasserkraftwerk im Tal des Yarlung Tsangpo verbunden, wo mit dem Höhenunterschied von 700 Metern die Turbinen angetrieben werden.

Weiter geht es über den **Karo La** (4960 Meter). Der Pass ist sehr exponiert, kalte Winde auf der Passhöhe laden nicht zum Verweilen ein. Daher ist der Parkplatz mit einigen Souvenirbuden und einem Toilettenhaus etwa 2 Kilometer unterhalb. Vom Parkplatz aus bietet sich eine grandioser Blick auf die beiden gewaltigen Gletscherzungen des **Noijin Kangsang** (7192 Meter) und die im Süden stehenden vergletscherten 6000er.

*Im weiten Tal des Yarlung Tsangpo südlich von Lhasa*



Vor dem nächsten Pass erreicht man einen Stausee, dessen türkisblaue Farbe besonders bei sonnigem Wetter einmalig ist. Der Pass **Simi La** (4275 Meter) ist flach und eher unspektakulär.

## Gyantse

Gyantse war einst die drittgrößte Stadt in Tibet, hat in den letzten Jahrzehnten jedoch mit der Schließung der Grenze nach Sikkim an Bedeutung verloren. Bis zur Schließung der Grenze 1959 war Gyantse Tibets Zentrum für Wollwaren und Webarbeiten. Die Region um Gyantse ist auch eines der wichtigsten Getreideanbaugebiete Tibets. In jüngster Zeit haben es die regen Handelsbeziehungen zwischen den beiden Ländern China und Indien notwendig gemacht, den Warenaustausch wieder über den Landweg zu fördern. Der Grenzübergang nach Sikkim wurde daher im Juli 2006 wiedereröffnet, es ist immerhin der einzige direkte Grenzübergang für den Lkw-Verkehr zwischen Tibet und dem indischen Bundesstaat. Die Grenze liegt auf 4300 Meter Höhe auf dem **Natu La**, nördlich davon ist noch der **Tang La** mit 5060 Meter Höhe zu bewältigen. Der Grenzübergang wird sicherlich nicht ganzjährig geöffnet sein. Ob dieser Tibet-Sikkim-Highway in Zukunft auch für Individualtouristen geöffnet sein wird, ist bisher noch unbekannt. Einige staatlich lizenzierte Reiseagenturen bieten im Grenzbereich Trekkingtouren an.

Die Stadt Gyantse ist weitgehend gut erhalten, die Altstadt besteht aus einer breiten Marktstraße, entlang der noch viele Bauernhäuser in traditionellem Baustil stehen. Im Norden der Stadt befindet sich der Klosterkomplex des **Palkhor-Klosters** (siehe Seite 155). Auf einem hohen Felssporn am Nyang Chu liegt die **Festung Gyantse Dzong**, von der aus man eine lohnenswerte Aussicht auf die Altstadt und das Kloster hat. Die Festung wurde im 14. Jahrhundert von den Fürsten von Gyantse erbaut, und später stationierte die tibetische Regierung dort Garnisonen zur Kontrolle der Handelsroute nach Lhasa. 1904 wurde Gyantse Dzong von der englischen Invasion unter Francis Younghusband eingenommen und teilweise zerstört. Erst während der Kulturrevolution wurde die Festung zur Ruine, die seither jedoch restauriert wird. Für 25 Yuan kann man

*Im Kloster Tashi Lhunpo*

die Festungsanlage besichtigen. Von Süden führt ein steiler Pfad mit teilweise kaputten Treppenstufen hoch, von Norden kommend kann man eine gepflasterte Fahrspur nutzen.
Etwa 19 Kilometer vor Shigatse führt eine kleine Piste etwa 4 Kilometer zum **Kloster Shalu**. Das Kloster Shalu war seit dem 14. Jahrhundert Ausbildungszentrum für Tranceläufer, die angeblich große Entfernungen zu Fuß zurücklegen konnten, ohne zu ermüden. Das Kloster wurde von den Chinesen völlig zerstört, wird seit 1985 jedoch restauriert.

**Gyantse**

In Gyantse gibt es mehrere Gästehäuser entlang der Hauptstraße sowie viele **Truckstops**, in denen hauptsächlich die Lkw-Fahrer übernachten. Die Preise liegen zwischen 10 und 50 Yuan. Das beste Hotel im Ort ist das **Gyantse Hotel** mit Preisen zwischen 300 und 600 Yuan. Ein **Internetcafé** gibt es schräg gegenüber des Hotels.

## Shigatse

Shigatse ist die zweitgrößte Stadt in Tibet und war vor 1959 das Verwaltungszentrum von Südtibet. Von dem einstigen Glanz der zweitheiligsten Stadt Tibets ist außer dem Kloster Tashi Lhunpo nicht mehr viel übriggeblieben. Es dominieren moderne Stadtviertel im chinesischen Baustil.

▶ Karte S. 159

Die Festung von Shigatse war wohl einst eine der schönsten tibetischen Burgen. Die Anlage wurde von den tibetischen Königen im 16. und 17. Jahrhundert erbaut und als Verwaltungszentrum, Gerichtshof, Gefängnis und Verteidigungsanlage genutzt. Während der Kulturrevolution wurde die Festung bis auf die Grundmauern zerstört. Mittlerweile sind

Wiederaufbauarbeiten im Gange. Unterhalb des Dzong liegt der **Marktplatz**, auf dem vor 1959 vielfältige Waren aus Indien und China ebenso wie Waren aus Westtibet angeboten wurden: Gewürze, Korallen, Glasperlen, Stoffe, Tee, Eisenwaren, aber auch tibetische Produkte wie Yakhäute und Teppiche. Heute ist von diesem bunten Handel kaum mehr etwas zu sehen. Sehenswert ist das **Kloster Tashi Lhunpo**, der Sitz des Panchen Lama (siehe Seite 156).

**Shigatse**

**Permits**: In Shigatse können sogenannte **Alien Travel Permits** bei der PSB (Public Security Bureau) erworben werden. Das PSB-Büro liegt an der Hauptstraße zwischen dem ›Tenzin‹-Gasthaus und dem Kloster Tashi Lhunpo auf der rechten Straßenseite (stadtauswärts gesehen). Ein Permit von Shigatse bis Dram kostet 50 Yuan, unabhängig von den geplanten Abstechern. Man sollte jedoch darauf achten, dass alle geplanten Abstecher (zum Beispiel Everest-Basecamp oder Sakya) mit aufgelistet sind und dass alle weiteren größeren Siedlungen namentlich aufgeführt werden.

Es ist auch möglich, das **Chinavisum** in Shigatse verlängern zu lassen. Allerdings sollte man das nur in Ausnahmefällen in Anspruch nehmen, denn es ist üblich, die Verlängerung nur solange zu gewähren, wie es nötig ist, um die Autonome Region Tibet zu verlassen.

In der Innenstadt von Shigatse gibt es einige Hotels und mehrere Gästehäuser. Die Auswahl ist groß, Qualität und Preise entsprechen den Verhältnissen in Lhasa. Am Stadtrand gibt es billige Truckstops. Das beste Hotel in der Stadt ist das erst 2008 eröffnete **Jiumu Yamei Hotel** an der Ausfallstraße in Richtung Lhasa, mit sehr gutem Service, modernen Zimmern, einer Bar, Internet, gehobenem Restaurant und ruhiger Lage. Die Zimmerpreise bewegen sich zwischen 400 Yuan und 800 Yuan.

## Von Shigatse nach Dram

In Richtung Dram (Zhangmu) führt der Weg zunächst über den **Tra La** (3975 Meter), einen eher flachen und unspektakulären Pass. Eine Alternative bietet sich im Yarlung-Tsangpo-Tal bei Kilometerstein 4935/4936: Hier zweigt eine Piste nach Norden zum Yarlung Tsangpo. Die Strecke führt durch kleinere Bauerndörfer nach Lhatse. An der Strekke liegt das kleine **Kloster Phuntsoling**. Die Piste führt auch durch das alte Lhatse, elf Kilometer nördlich der heutigen Stadt. Die Reste der zerstörten **Festung Lhatse Dzong** sieht man noch auf einem Felsen am Yarlung Tsangpo.

Bleibt man auf der Hauptstrecke, erreicht man kurz vor Lhatse den **Lagpa La** (4450 Meter), einen weiteren unspektakulären Pass, dem eine steilere Abfahrt in Richtung Lhatse folgt.

Ein lohnenswerter Abstecher führt bei Kilometerstein 5028/5029 zum **Kloster Sakya** (siehe Seite 152): Direkt nach der Brücke zweigt eine Piste ab zum Kloster (20 Kilometer). Für den Abstecher nach Sakya ist es wichtig, ein Permit zu besitzen, denn in dem Dorf vor dem Kloster wird dies häufig kontrolliert. Permits für Sakya können problemlos in Shigatse beim PSB (Public Security Bureau) erworben werden.

**Lhatse** ist eine eher häßliche Stadt aus einer Reihe Betonhäuser. Auch die Gästehäuser sind eher unsauber, ein längerer Aufenthalt ist nicht zu empfehlen.

Der **Gyatso La** (5105 Meter) ist der höchste Pass zwischen Shigatse und Kathmandu. Von der Passhöhe hat man Aussicht auf den Himalaya-Hauptkamm. Ein Schild gibt Auskunft über die zu sehenden Berggipfel.

Im Ort **Shelkar** ist lediglich die Ruine der Festung sehenswert. Shelkar ist zudem Ausgangspunkt für Touren zum Everest-Basecamp. Man kann auch spontan in Shelkar eine Jeeptour zum Everest mieten. Ein Abstecher zum Everest-Basecamp ist ebenfalls möglich.

**Tingri** ist die einzige Siedlung des Friendship Highway, von der aus man direkt den Mount Everest und auch den Cho Oyu sehen kann. Tingri ist ebenfalls Ausgangspunkt für Trekkingtouren zum Everest-Basecamp.

Der **Lalung La** (4845 Meter)/**Yarle Shung La** (4945 Meter) ist ein Doppelpass, beide Passhöhen sind etwa 13 Kilometer voneinander entfernt. Der erste Pass ist sehr dem Wind ausgesetzt, häufig liegt auch im Sommer Schnee. Vom zweiten Pass hat man eine spektakuläre Aussicht auf den Shisha Pangma (8027 Meter). **Milarepas Höhle** bei Kilometerstein 5334/5335 ist eine der ältesten religiösen Stätten in Tibet. Die Höhlen liegen direkt an der Straße und sind durch eine große weiße Stupa gekennzeichnet. Milarepa (1040–1123) gehörte der buddhistischen Sekte der Kagyüpa an und war der am meisten verehrte Dichter Tibets. Milarepa hat nie Klöster gebaut, er lebte als Einsiedler in Höhlen. Erst nach seinem Tod wurde um seine Meditationshöhle ein Kloster gebaut, **Kloster Pelgye Ling**, das später von der Gelugpa übernommen wurde.

▲ Karte S. 159

**Nyalam** liegt auf etwa 3700 Meter, es ist der Start einer spektakulären Abfahrt bis Dram (Zhangmu): Etwa 1500 Höhenmeter auf einer Distanz von 33 Kilometern. Bei Radfahrern ist diese Abfahrt sehr beliebt.

Das Grenzstädtchen **Dram** (Zhangmu) liegt nur noch auf 2230 Meter und damit bereits im subtropischen Regenwald. Die Siedlung ist entlang einer Serie von Serpentinen in den steilen Hang gebaut. Die chinesische Grenzstation liegt am unteren Ende der Siedlung.

**Shigatse–Dram**

**Dram**: Eine Filiale der **Bank of China** ermöglicht Geldwechsel.

**Dram**: Büro der chinesischen Reiseagentur ›CITS‹, bei der man diverse **Jeeptouren** in Tibet buchen kann.

Entlang der Strecke gibt es in fast jeder Siedlung kleine einfache Gästehäuser und Truckstops.

## Von Dram nach Kathmandu

Der nepalesische Teil des Friendship Highway steht in starkem Kontrast zum tibetischen Teil: Zu verschieden sind Landschaft und Kultur. Nicht nur die Vegetation ändert sich schlagartig, man lässt auch das karge tibetische Essen der Imbissbuden und Truckstops hinter sich und kann sich in Nepal an tropischem Obst und Gemüse erfreuen.

Von der chinesischen Grenzstation in **Dram** (chinesisch Zhangmu) fährt man zunächst durchs Niemandsland über die Friendship-Brücke zur nepalesischen Grenzstation in **Kodari**. Der weitere Verlauf der Strecke führt durch subtropisches Klima: Wald und landwirtschaftlich genutzte Flächen wechseln sich ab.

In **Tatopani**, etwa fünf Kilometer hinter der nepalesischen Grenze, befinden sich heiße Quellen, die zum Baden einladen. Vor der Stadt **Dolalghat** geht es noch einmal über einen Pass, allerdings ist dieser nur 870 Meter hoch! Über den Fluss Sun Koshi erreicht man dann Dolalghat. Von Dolalghat führt die Straße durch eine Reihe kleinerer Dörfer bis Kathmandu.

**Kathmandu** ist eine geschäftige Stadt, die auch als Portal für Bergsteiger, Trekking- und Radtouristen im Himalaya gilt. Zahlreiche Veranstalter in Kathmandu bieten auch Touren in Tibet und speziell auf dem Friendship Highway an.

In der jüngeren Vergangenheit gab es politische Unruhen in Nepal. Es gab zwar keine Übergriffe auf Touristen, aber die Landesinfrastruktur litt erheblich unter Streiks, Straßenblockaden und auch einigen gewalttätigen Auseinandersetzungen. Touristen wurden in einigen Regionen des Landes lediglich zu ›Spenden‹ in Größenordnungen zwischen 13 und 30 Euro zur Unterstützung des Widerstandes aufgefordert, die ›Spenden‹ wurden in der Regel quittiert.

Hintergrund der Unruhen waren und sind die seit vielen Jahren währenden Widerstände der ›Maobadi‹, einer kommunistisch orientierten Gruppe, die sich gegen den korrupten Staatsapparat und die Vorherrschaft der Hindu-Kasten auflehnt. Als der König Nepals im Oktober 2002 das gewählte Parlament absetzte, verschärften sich die Widerstände, und in monatelangen Demonstrationen im Frühjahr 2004 zeigten die Parteien Nepals, dass sie keinen Rückfall in die absolute Monarchie hinnehmen würden.

Nachdem der König im April 2006 seine Niederlage eingestanden und das Parlament wieder eingesetzt hatte, wurden auch der Generalstreik und die Straßenblockaden aufgehoben. Seit 2008 die Monarchie in Nepal abgeschafft wurde, hat sich die politische Situation wieder etwas beruhigt. Aktuelle Informationen zur Situation in Nepal gibt es beim Auswärtigen Amt, www.auswaertiges-amt.de.

*Der Friendship Highway zwischen Shigatse und Lhatse*

# Mount Everest

Der Mount Everest (tibetisch Chomolungma) ist mit 8850 Meter der höchste Berg der Erde und damit ein attraktives Ziel für Bergsteiger und Bergfreunde. Auch bei Trekkingtouristen ist eine Wanderung zum Basecamp eine beliebte Route. Auf tibetischer Seite befindet sich in der Nähe des Basecamps das Kloster Rongbuk auf etwa 5000 Meter Höhe. Es wurde 1902 erbaut und ist angeblich das höchstgelegene Kloster der Welt. Etwa 500 Mönche und Nonnen lebten hier einst.

Ausgangspunkt für Touren zum Everest-Basecamp sind die Siedlungen **Shelkar** (New Tingri) oder **Tingri** am Friendship Highway. Etwa fünf Kilometer südlich von Shelkar befindet sich ein Polizei-Checkpoint, an dem die Reisepässe überprüft werden. Tingri und Shelkar sind von Shigatse, Lhatse und Lhasa aus per Bus zu erreichen (Busse in Richtung Dram/Zhangmu nehmen).

Generell sollte man in den Siedlungen und kleinen Dörfern auf dem Weg zum Basecamp vorsichtig sein, da es hier immer wieder Fälle von Diebstahl an Touristen gibt. Das ist sicher auch eine Folge der großen Besucherzahl in dieser Region.

## Östliche Route

Die östliche Route beginnt in **Shelkar**. Etwa zwölf Kilometer südlich von Shelkar, bei Kilometerstein 5145, zweigt die Piste zum Everest ab. Vier Kilometer nach der Abzweigung befindet sich das Dorf **Chay**, an dem der Chomolugma-Nationalpark beginnt. Hier werden die Permits für das Everest-Basecamp über-

▲ Karte S. 167

*Blick auf den Mount Everest und den Changtse*

prüft. Der erste große Pass ist der **Pang La** (5150 Meter), von dem aus man eine spektakuläre Aussicht auf die Himalaya-Bergkette hat. Der Abstieg führt zum Dorf **Peruche**. Am Dzakar Chu führt die Route talaufwärts durch die Dörfer **Paksum** und **Choesang** zum **Rongbuk-Kloster**. Von Chay bis zum Rongbuk-Kloster sind es etwa drei Wandertage, Übernachtungsmöglichkeiten gibt es in Privatpensionen (10 bis 40 Yuan) in den Dörfern oder im eigenen Zelt. Die östliche Route ist auch mit Fahrzeugen zu bewältigen. Mit dem Jeep benötigt man von der Abzweigung am Friendship Highway zum Rongbuk-Kloster etwa zwei Stunden.

## Westliche Route

Die westliche Route von **Tingri** ist eine beliebte Route bei Trekkern, denn in Tingri können am Gästehaus Yaks für den Gepäcktransport und ein Führer gemietet werden. Da der Weg nicht immer leicht zu finden ist, ist es ratsam, einen Führer mitzunehmen. Von Tingri sind es etwa 15 Kilometer bis **Lungchang**. Über den **Lamma La** (5120 Meter) geht es weiter nach **Zommung** (etwa 33 Kilometer), dann entlang des Dzakar Chu zum **Rongbuk-Kloster**. Die Wanderung dauert drei bis vier Tage. Übernachtungsmöglichkeiten gibt es in den Dörfern entlang der Strecke oder im eigenen Zelt.

Die Everest- und Cho-Oyu-Region

**Rongbuk-Kloster**

Das im traditionell tibetischen Stil erbaute **Rongbuk-Gästehaus** ist am Everest Basecamp die einzige Alternative zum Zelten. Das Gästehaus ist ein Gebäudekomplex mit Innenhof. Die Zimmer sind sehr einfach eingerichtet, ohne Heizung und teilweise auch ohne Elektrizität. Es gibt Einzel- und Mehrbettzimmer. In der zentralen Stube mit Ziegendung-Ofen wird gekocht. An Mahlzeiten gibt es frisch gekochten Reis oder Nudelgerichte sowie Instant-Mahlzeiten. An Getränken werden Yasmin-Tee, tibetischer Buttertee oder chinesische Soft-Drinks serviert. Kosten: 15 bis 30 Yuan (Mehrbett- bzw. Einzelzimmer).

## Trekkingtour vom Basecamp zum Camp 3

Vom Rongbuk-Kloster bis zum Everest-Basecamp (5200 Meter) sind es noch einmal acht Kilometer und 220 Höhenmeter. Wer im Basecamp einsame Bergromantik erwartet, wird enttäuscht sein. Das Basecamp ist fast schon eine Siedlung: Es gibt Restaurants, Gästehauszelte und sogar eine Art Postamt. Während der Bergsteige- und Trekkingsaison von Mai bis September ist viel Betrieb im Basecamp, und ein Verbindungsbeamter überwacht das Einhalten der Grenzen der Trekking-Permits. Das Everest-Basecamp kann auch noch mit Fahrzeugen erreicht werden.

Das Basecamp (5200 Meter) ist immer noch etwa 20 Kilometer vom Berg entfernt. Der Wanderweg vom Basecamp zum **Camp 1** (5460 Meter) führt an der östlichen Seite des Rongbuk-Gletschers entlang und ist relativ flach. Der schuttreiche Untergrund macht das Wandern in der Höhe jedoch sehr mühsam. Für Wanderer mit guter Kondition ist dies ein lohnenswerter Abstecher, der bei wolkenlosem Himmel faszinierende Aussichten auf den Everest-Gipfel ermöglicht.

▲ Karte S. 167

Der Weg führt immer oberhalb des Gletschers auf der Seitenmoräne über hügeliges Gelände. In der Nähe des **Zwischenlagers** (5760 Meter) kann man auch die ersten Büßereisformationen sehen. Sogenanntes Büßereis entsteht durch Abschmelzen bei starker Sonneneinstrahlung und geringer Luftfeuchtigkeit, es bilden sich bizarre Schnee- und Eispyramiden, die zu durchqueren einer starken Willensanstrengung bedarf.

Nach etwa zwei Stunden Wanderung vom Zwischenlager kommt man an den Zusammenfluss des Rongbuk-Gletschers mit dem Changtse-Gletscher. Vom **Camp 2** (5970 Meter) hat man eine wunderbare Aussicht auf die Gletscher. Das vorgeschobene Basecamp oder **Camp 3** (6340 Meter) befindet sich auf einer flachen Stelle direkt neben dem Gletscher. Der Gipfel des Everest ist lediglich etwa 2400 Meter entfernt – das Camp 3 ist der für Trekking-Touristen zu erreichende Punkt, der dem Gipfel am nächsten ist.

*Der Mount Everest und der Changtse mit Schneefahnen*

*Je höher, desto teurer*

**Warnung**: Trekkingtouren über das Basecamp (5200 Meter) hinaus sollten nur dann unternommen werden, wenn man gut höhenakklimatisiert ist und eine gute und verläßliche Trekkingausrüstung dabei hat. Die Nächte auf über 5000 Meter Höhe werden auch im Sommer sehr kalt. Wetteränderungen sind jederzeit möglich. Gute Trittsicherheit ist notwendig.

Wer über das Camp 3 hinaus noch höher möchte, muss alpine Ausrüstung mitbringen und entsprechende Erfahrung haben – Spezialanbieter bieten Trekkingtouren zum Nordsattel (7000 Meter) an.

### i Mount Everest

**Permits**: Für den Chomolungma-Nationalpark benötigt man ein Permit, das in Lhasa, Shigatse und Lhatse beim PSB (Public Security Bureau) erworben werden kann und etwa 50 Yuan kostet. Trekkinggebühren können außerdem im Dorf Chay bezahlt werden (65 Yuan), es ist somit nicht unbedingt erforderlich, sich bereits vorher ein Permit zu besorgen, zumal es durchaus vorkommt, dass man zweimal zur Kasse gebeten wird. In Chay sind auch die **Gebühren für Motorfahrzeuge** (500 bis 700 Yuan) zu begleichen. Das **Trekking-Permit** gilt nur bis zu einer Höhe von 5500 Meter (etwa Camp 1), wer höher hinauf will, muss extra zahlen! Offiziell kostet ein Permit für die Regionen über 5500 Meter 100 Dollar pro Tag.

Reiseagenturen in Lhasa oder Kathmandu bieten **Trekking-, Mountainbike- und Jeeptouren** in der Everest-Region an und übernehmen dabei die organisatorischen und bürokratischen Hürden sowie den Transport des Begleitgepäcks.

# Der heilige Berg Kailash

Der Mount Kailash (tibetisch Kang Rinpoche, Schneejuwel) und der See Manasarowar ist das beliebteste und bekannteste Reiseziel in Westtibet. Alle, die zum Kailash reisen, sollten jedoch bedenken: Die Reise zum Kailash ist eine lange und beschwerliche Reise, zumindest solange der Flugplatz bei Ali noch nicht gebaut ist, – eben eine anstrengende ›Pilgerfahrt‹. Selbst die kürzeste Strecke von Lhasa entlang der Südroute dauert mit dem Jeep fünf bis sieben Tage! Welchen Weg man auch wählt, um zum ›Nabel der Welt‹ zu gelangen, keiner ist einfach und schnell zu bewältigen. Einige Pilger schreiten die gesamte Anreise zum Kailash mit ihren Niederwerfungen ab. Vor der Motorisierung Tibets war das jahrhundertelang die übliche Art des Pilgerns, um auf diese beschwerliche Weise die Sündenlast des gesamten Lebens erlassen zu bekommen. Auch heute trifft man diese Pilger noch an, man sollte ihnen mit Respekt und Hochachtung begegnen! Der Kailash ist nicht nur den Buddhisten und den Anhängern der Bön heilig. Er ist auch spiritueller Ort und heiligster Berg der Anhänger des Hinduismus und Jainismus (beides indische Religionen). Die Siedlung **Darchen** ist der Ausgangspunkt für die Wanderungen um den

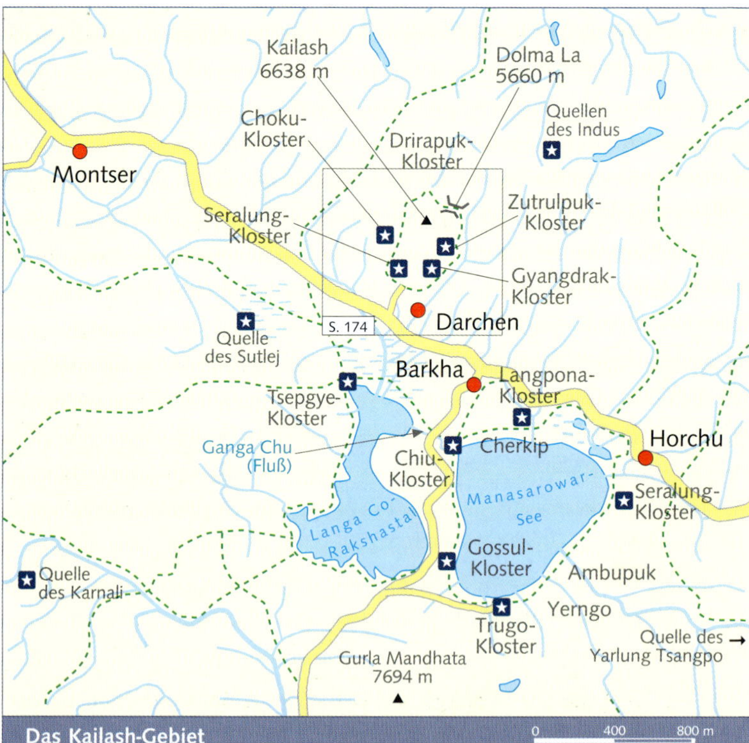


Das Kailash-Gebiet

*Der heiligste aller heiligen Berge Tibets: der Kailash*



Kailash. Die Siedlung ist auch für die unzähligen Pilger die Ausgangsbasis für die Kora (Umrundung), weswegen Übernachtungsmöglichkeiten in Gästehäusern zwar vorhanden, aber oft belegt sind. Man kann dann auf die Zeltplätze ausweichen. Aufgrund der Menge an Menschen, die in und um Darchen lagern, ist das Wasser aus den Flüssen nicht trinkbar, es sind viele streunende Hunde unterwegs, und man sollte seine Sachen im Auge behalten, es wird auch geklaut. In Darchen können Grundnahrungsmittel (Instant-Nudeln, Brot, Kekse) gekauft werden.

## Anreise über die Nordroute

Es gibt im Wesentlichen drei große Routen, die zum Kailash führen: Die Nordroute führt von **Lhasa** über Lhatse, Raka, Coqen, Dong Co, Gertse und Ali zum Kailash (1980 Kilometer). Auch diese Strecke ist einsam und schwierig. Auf dieser Route überquert man den zentralen **Gangdise-Shan-Gebirgszug** (Transhimalaya) zwischen Raka und Dong Co an einigen über 5000 Meter hohen Pässen, so auch den 5575 Meter hohen **Semo La**. Die Distanz zwischen den Siedlungen ist groß, eine gute Höhenakklimatisation ist wichtig. Zwischen Dong Co und Gertse verläuft die Straße entlang der Banggong-Sutur, der tektonischen Störungszone, an der der Gangdise-Shan-Gebirgszug auf die nördlich gelegene Chang-Tang-Platte stößt.

**Öffentliche Busse** verkehren zwischen Lhatse und Gertse und zwischen Gertse und Ali. Entlang der Nordroute sind heiße Quellen und Geysire (nördlich von Raka) und erloschene Vulkane (entlang der Banggong-Sutur) zu sehen. Die Busse halten hier jedoch nicht an. Die Strecke über den Gangdise Shan ist auch reich an Wildtieren: Kiang, Gazellen, saisonabhängig an den Salzseen auch viele Vögel.

## Anreise über die Südroute

Die Südroute führt von **Lhasa** über Lhatse, Raka, Saga und Zhongba zum Kailash (1320 Kilometer). Es ist die

kürzeste Strecke von Lhasa aus. Von **Kathmandu** aus kann man über Zhangmu (Dram) am See **Pelkhu Co** vorbei in Saga auf diese Strecke stoßen. Die Strekke von Lhasa nach Shigatse ist Ende 2006 fertig asphaltiert worden. Der restliche Abschnitt des Friendship Highways bis zur nepalesischen Grenze wird bis 2010 folgen. Dadurch wird man auf dieser Strecke nicht nur am schnellsten von Lhasa aus, sondern auch am bequemsten zum Kailash kommen.
Die Südroute verläuft entlang des Yarlung Tsangpo in der Indus-Tsangpo-Sutur, der großen tektonischen Störzone, entlang der die indische Kontinentalplatte auf Eurasien stößt. Die Straße ist in weiten Bereichen sehr sandig und wird während der Monsunzeit auch häufig überschwemmt. Die Strecke bietet bei gutem Wetter, vor allem im Herbst, Aussichten auf den Himalaya-Hauptkamm, zum Beispiel auf den Annapurna und den Dhaulagiri.

*Auf der Südroute zum Kailash*

## Anreise über den Xinjiang-Tibet-Highway

Der Xinjiang-Tibet-Highway (1640 Kilometer) führt von **Kashgar** aus am Rand der Takla Makan nach **Kargilik** (chinesisch Yecheng), wo die Straße Nr. 219 beginnt. Diese Straße ist nur teilweise, bis etwa 90 Kilometer nach Kargilik, asphaltiert. Von der Wüste geht es dann über die Ausläufer des Karakorum- und des Kunlun-Gebirges auf das **Aksai-Chin-Plateau**. Es sind mehrere hohe Pässe mit über 5000 Meter zu bewältigen. Auf dem Aksai Chin verläuft die Piste für etwa 250 Kilometer auf über 5000 Meter, bevor sie in Richtung der Stadt **Ali** wieder abfällt. Von Rutok bis Ali sind bis Ende 2008 schon 160 Kilometer asphaltiert worden. Von Ali zum Kailash sind es dann noch einmal 350 Kilometer auf teilweise sehr sandiger Piste. Der Xinjiang-Tibet-Highway ist sehr einsam, größtenteils mit extrem schlechter Pistenoberfläche und oft sehr staubig. Versorgungsmöglichkeiten und Übernachtungsmöglichkeiten gibt es in wenigen Siedlungen und Truckstops. **Öffentliche Busse** verkehren zwischen Kargilik und Ali.
Entlang des Xinjiang-Tibet-Highway lassen sich typische Wildtiere des Hochlandes beobachten: Tibetantilopen, Gazellen, Kiang und viele Vögel. Für den geologisch Interessierten bietet diese Strecke viele beeindruckende Landschaften, zum Beispiel mächtige Schotterbänke und bizarr gefaltete Gesteinsformationen.

## Anreise von Nepal

Eine weitere Möglichkeit, zum Kailash zu kommen, ist über die nepalesisch-tibetische Grenze bei **Purang**. Diese Route ist für indische und nepalesische Pilger offen, die zum Kailash möchten, und verläuft auf traditionellen Handelspfaden. Für organisierte Reisegruppen ist dieser Übergang auch möglich, Indi-

▶ Karte S. 170

vidualreisende werden es hier jedoch schwer haben, zumal sich die Situation auch für Gruppentouristen ständig ändert. Dieser Übergang ist viel zu sehr mit bürokratischen Unsicherheiten verbunden, so dass es letztendlich keine empfehlenswerte Route ist. Es sind auch einige Fälle von Leistungsbetrug von Seiten einiger nepalesischer Reiseorganisationen in Zusammenhang mit dieser Route bekannt geworden.

## Die Kora um den Kailash

Die Kora (im Sanskrit Parikrama genannt) ist der etwa 52 Kilometer lange Pilgerweg rund um den Mount Kailash. Anhänger des Buddhismus pilgern im Uhrzeigersinn um diesen heiligen Berg, die der alten Bön-Religion andersrum. Einige tibetische Pilger laufen die Runde innerhalb eines Tages. Die meisten Tibeter wollen den Berg dreimal bei einer Pilgerfahrt umrunden. Es gibt auf der Kora drei Möglichkeiten für eine Übernachtung in einer festen Unterkunft, nämlich in den Klöstern **Choku Gompa**, **Drirapuk Gompa** und **Zutrulpuk Gompa**, ansonsten kann man zelten. Viele Touristen teilen sich die Kora in drei Tagesetappen ein:

### ■ Tag 1: Darchen–Drirapuk Gompa

Am ersten Tag passiert man **Darpoche**, den Ort, an dem jährlich im Mai/Juni das Saka-Dawa-Fest zu Ehren der Geburt, der Erleuchtung und des Todes Buddhas abgehalten wird. Das Fest, bei dem eine lange mit Gebetsfahnen geschmückte Stange dekoriert und aufgestellt wird, eröffnet die Pilgersaison. Das erste Kloster auf der Kora ist **Choku Gompa** aus dem 13. Jahrhundert. Es wurde in den 1980er Jahren restauriert. In einem angeschlossenen Gästehaus kann man in Gemeinschaftsräumen auch übernachten (30 Yuan). Von hier hat man bei guter Sicht eine spektakuläre Sicht auf die Südflanke des Kailash. Zwischen Choku Gompa und Drirapuk Gompa liegt **Tamdrin Dronkhang**, ein Ort, der einem pferdeköpfigem Gott gewidmet ist. Es gibt steinerne Fußabdrücke von Buddha zu sehen. **Drirapuk Gompa** ist das zweite Kloster auf der Kora, das ebenfalls im 13. Jahrhundert gegründet wurde. Die Übernachtung in einem Schlafsaal kostet 35 Yuan.

### ■ Tag 2 und 3: Drirapuk Gompa–Zutrulpuk Gompa–Darchen

An diesem Tag wird der höchste Punkt der Kora, der **Dolma La** (5636 Meter) überquert. Wer nach dem Abstieg vom Pass im Flussbett des Zhong Chu am östlichen Ufer läuft, hat die Möglichkeit, den Kailash zu sehen. Am dritten Kloster, **Zutrulpuk Gompa**, besteht noch einmal die Möglichkeit zur Übernachtung in einem Gästehaus (35 Yuan). Das Kloster wurde um eine Höhle herum gebaut, laut Legende vom großen Dichter Milarepa, der dort meditiert haben soll.

## Die innere Kora

Eine Kora wäscht die Sünden einer ganzen Lebensspanne ab, nach 13 Umrundungen öffnet sich dem Pilger der Zugang in den inneren Bereich des Kang Rinpoche. Die innere Kora darf somit erst nach dreizehn erfolgreichen äußeren Umrundungen begangen werden. Die innere Kora ist ein heiliger Bereich, der nicht für den Tourismus freigegeben ist und entsprechend respektvoll behandelt werden sollte. Die Route der inneren Kora (etwa 30 Kilometer) führt von Darchen aus nach Norden um den Berg **Nandi** (6002 Meter) herum. Die Klöster **Seralung** und **Gyangdrak** liegen auf der inneren Kora.

Nach der 108. Umrundung des Kailash ist dem Pilger die Erleuchtung sicher. Die im Buddhismus heilige Zahl 108 ergibt sich aus der Sammlung von Buddhas eigenen Worten, die nach seinem Tod aufgeschrieben und in 108 Bänden (der Kangyur) zusammengefasst wurden.

Entlang beider Pilgerwege stehen unzählige Chörten (Stupas), Manisteinhaufen (Manimauern) und Lhatos (Geisterhäuschen). Die mit Gebetsfähnchen und Seidenschals (Katas) geschmückten Tara-Steinhaufen (Oovos) auf erhabenen Plätzen und Bergpässen müssen von den Pilgern dreimal im Uhrzeigersinn umrun-

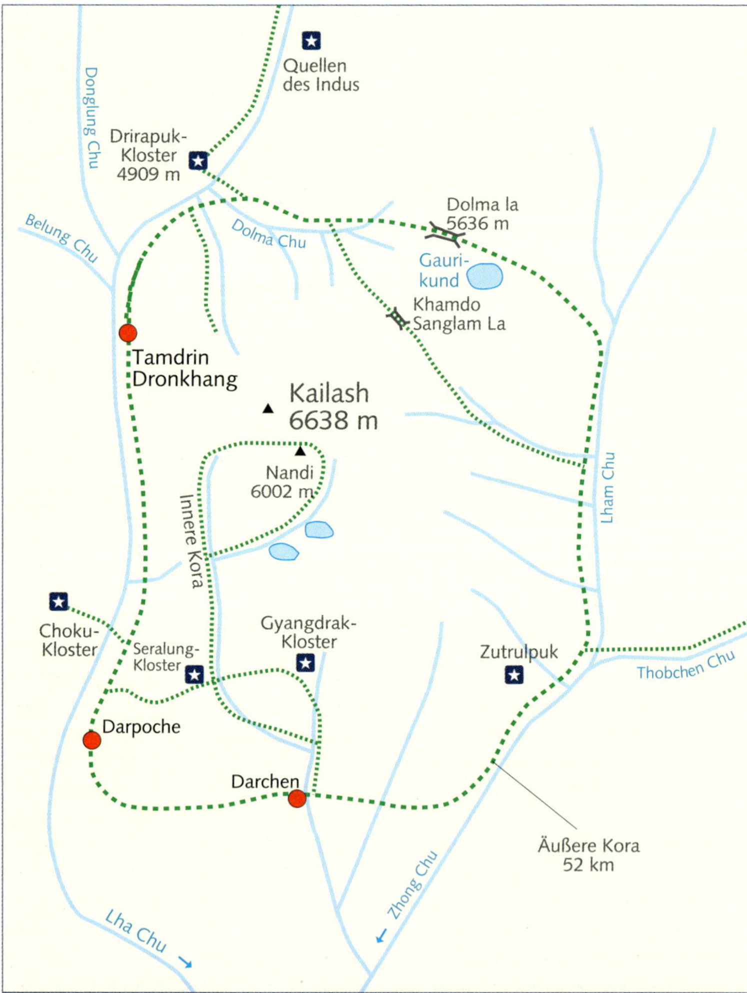

Die Kora um den Kailash

det werden. Vier dieser Plätze entlang der äußeren Kora sind an solchen Stellen angelegt, von denen aus der Kailash besonders gut zu sehen ist. Stirbt ein Pilger während der Umrundung des Kailash, so ist ihm die Wiedergeburt als erleuchtetes Wesen sicher. Die Plätze, wo die Toten luftbestattet werden, können nicht besucht werden. Touristen, die die Kora beschreiten, dürfen sich auch nicht an dem vielen herumliegenden Müll (Schuhe, Bekleidungsgegenstände oder Teeschalen) stören. Das Zurücklassen von solchen persönlichen Gegenständen (auch Zähne, Blutstropfen oder Haarlocken) symbolisiert für die Pilger auch das Zurücklassen des alten Ichs auf dem Weg zur Erleuchtung.

## Der Manasarowar-See

Der Manasarowar-See, für die Tibeter ›die Perle aller Seen‹, ist ein Süßwassersee etwa 30 Kilometer südlich des Kailash. Der See liegt auf 4588 Meter, hat eine Fläche von 412 Quadratkilometern und ist 81 Meter tief. Auch der Manasarowar-See ist eine Pilgerstätte für Buddhisten und Hindus. Mahatma Gandhis Asche wurde teilweise über den Manasarowar-See verstreut.

### Wanderung um den See

Ein Pilgerweg führt um den See herum, die Runde ist etwa 100 Kilometer lang und dauert vier bis fünf Tage, manchmal auch länger, wenn im Frühjahr und Sommer sumpfige Stellen zu Umwegen zwingen. Auf der Pilgerrunde um den See müssen einige Flüsse durchquert werden, je nach Saison kann das auch schwierig sein. Einige hartgesottene Pilger gehen diese Kora im Winter, wenn der direkte Uferweg festgefroren ist. Nur ein kleiner Teil der Kailash-Pilger umrundet auch noch den See. Daher ist diese Kora auch sehr ruhig und einsam. Auf der Strecke verteilt sind fünf Klöster, an denen es auch Gästehäuser mit Schlafsälen (15 bis 35 Yuan pro Nacht) gibt, es ist jedoch trotzdem ratsam, ein eigenes Zelt mitzunehmen.

Ausgangspunkt für die Wanderung um den Manasarowar-See ist das **Kloster Chiu**, das von der Piste gut zu erreichen ist. Übliche Etappen im Uhrzeigersinn um den See sind:

**1. Tag**: Chiu Gompa–Cherkip Gompa (Ruine)–Langpona Gompa.

**2. Tag**: Langpona Gompa–Seralung Gompa

**3. Tag**: Seralung Gompa–Ambupuk Gompa (Ruine)–Yerngo Gompa (Ruine)–Trugo Gompa

**4. Tag**: Trugo Gompa–Gossul Gompa–Chiu Gompa

**Trugo** ist das wichtigste Kloster am Manasarowar-See. Es gehört zur Gelugpa. Auch für die Hindus ist die Stelle beim Trugo-Kloster von Bedeutung: Hier finden rituelle Waschungen statt.

Direkt westlich des Manasarowar-Sees liegt der **Langa Co** (Rakshastal). Beide Seen sind über den kleinen Fluss Ganga Chu verbunden. Während der Manasarowar-See als heilig gilt und seine Ufer einst acht Klöster zierten, wird der Langa Co auch ›Dämonensee‹ genannt, und nur ein Kloster steht an seinem Ufer: **Tsepgye Gompa**.

## Das alte Königreich Guge

Zwischen der westtibetischen Stadt Ali und dem Gebiet des Kailash liegen ungefähr 350 Kilometer staubige und holprige Pistenkilometer, sofern man auf der Hauptverbindungsstrecke unterwegs ist. Die erste größere Siedlung nach Darchen ist **Montser**, in dessen Nähe auch heiße Quellen existieren.

Nach einem Pass mit etwa 4930 Meter Höhe erreicht man das **Tal des Gar Tsangpo**. Schon bald nach diesem Pass, etwa 90 Kilometer nach Darchen, führt eine Piste nach links. Über einen weiteren Pass (über 5000 Meter) gelangt man zur tibetischen Siedlung **Toling** (chinesisch Zanda). Wer von Norden kommt, biegt etwa 30 Kilometer hinter Gar Gunsa rechts ab und muss zwei über 5000 Meter hohe Pässe überqueren.

Toling liegt im **Tal des Sutlej** (tibetisch Langchen Tsangpo), im Zentrum des einstigen westtibetischen Königreiches Guge und des mythischen Bön-Gebietes Tsang Chung. Die Frühzeit des Königreiches Guge ist eng mit den Wirren um die Etablierung des Buddhismus in Tibet verbunden. Zur Zeit des tibetischen Königs Lang Dharma im 9. Jahrhundert wurde die langsam sich verbreitende buddhistische Religion wieder verfolgt, und die frühere Bön-Religion erfuhr eine Renaissance. Doch Lang Dharma wurde von einem buddhistischen Einsiedler ermordet, worauf Tibet für etwa 150 Jahre in viele kleine sich bekämpfende Herrschaftsgebiete zerfiel.

Nachkommen des einstigen Königs Lang Dharma errichteten im westtibetischen Guge ein neues Königreich und verhalfen dem Buddhismus zu einer neuen und diesmal dauerhaften Etablierung in ganz Tibet, der ersten goldenen Epoche buddhistischer Kunst und Lehre.

Neben Guge gab es noch eine Reihe weiterer Täler des westlichen Himalaya, die zu diesem Königreich gehörten, so auch das Tal des Spiti und das obere Indus-Tal der Region um die Stadt Leh (Ladakh). Doch auch dieses Reich zerfiel nach und nach bis zum 13. Jahrhundert wieder in kleinere Teilstaaten. Erst Anfang des 17. Jahrhunderts blühte das Königreich erneut auf, im zweiten goldenen Zeitalter von Guge, und schenkte der Nachwelt die bis heute erhaltenen unvergleichlichen Meisterwerke der westtibetischen Kunst. Durch klimatische Veränderungen und Austrocknung des Weide- und Ackerlandes verlor Guge dann jedoch rasch an Bedeutung und wurde schließlich im Jahr 1650, zur Zeit des V. Dalai Lama, von der starken zentraltibetischen Macht in Lhasa ins gesamttibetische Reich eingegliedert. Trotz der Fruchtbarkeit der Böden können heute nur noch wenige Nomaden und Bauern dem Boden erfolgreich etwas abtrotzen.

Das trockene wüstenartige Klima hat über die Jahrhunderte die Lehmwände und Mauerüberreste, beispielsweise nahe der heutigen Siedlung **Tsaparang**, teilweise recht gut erhalten, so dass man als Besucher einen kleinen Eindruck von der einstigen Ausdehnung der Gebäudekomplexe bekommen kann. Der Untergrund des oberen Sutlej-Tals besteht aus Sand und Löß, der über die Jahrtausende durch Wind und Wasser zu einer Schluchtenlandschaft erodiert wurde. Aus diesem Material wurden auch die Gebäude im Königreich Guge erbaut. Die Gebäude verfielen jedoch seit dem 17. Jahrhundert zunehmend und verschmolzen mit dem Untergrund. Verfall, Tod und Wiedergeburt sind auf dem ewigen Rad des Lebens miteinander verknüpft. Die Verwandlung der alten Gebäude, seien es heilige religiöse oder weltliche Bauten, in ihre ursprünglichen Materialien gehört zum buddhistischen Verständnis der Unbeständigkeit und Vergänglichkeit, dem Kreislauf von Werden und Vergehen. In diesem Sinne berühren einen gläubigen Buddhisten die massiven Zerstörungen der Kunstwerke während der Kulturrevolution in

▲ Karte S. 177

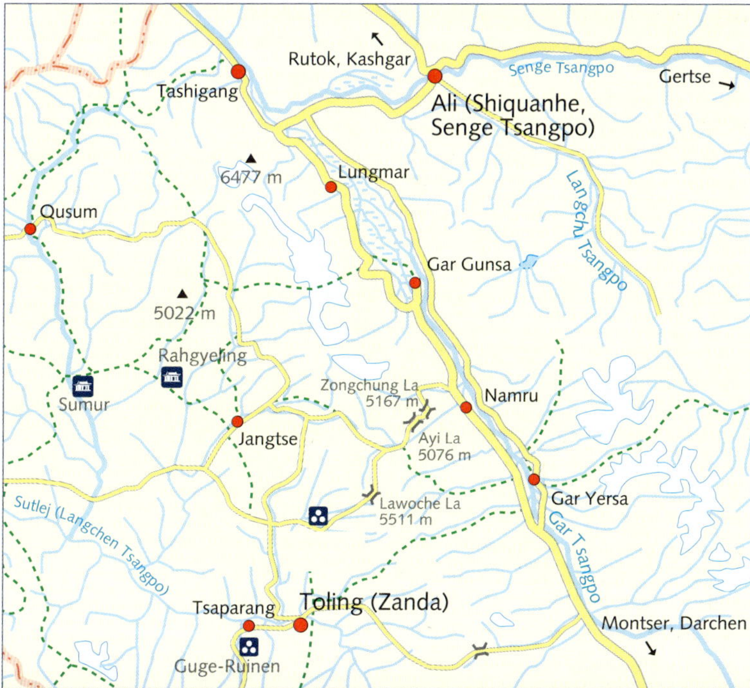

Das einstige Königreich Guge



einer komplett anderen Weise als einen westlichen Besucher, der in den Kunstwerken historische und museale Kunstschätze sieht. Die Rotgardisten hatten auch im abgelegenen Gebiet von Guge jede Skulptur zerstört, fast alle religiösen Einrichtungen verwüstet, und nur sehr wenige Wandgemälde blieben verschont.

Neben den ehemaligen weltlichen (Tsaparang) und religiösen (Toling) Machtzentren des verfallenen Königreiches Guge gibt es in dem weichen Untergrund der Umgebung zahlreiche ausgedehnte **Höhlenanlagen**, in denen viele farbenprächtige buddhistische Wandmalereien und Statuen von Buddhas und Bodhisattvas zu sehen sind, viele davon wurden auch in den letzten beiden Jahrzehnten wieder restauriert. Auch hier hat die trockene Wüstenluft sich als Glück für die Nachwelt erwiesen. Als Individualreisender muss man sich in der Siedlung Toling nach einem ortskundigen Führer durchfragen. Englisch werden jedoch die wenigsten sprechen können. Oder man schließt sich den Pilgern an, die diese Höhlen und die darin verborgenen Heiligtümer besuchen. Bei Wanderungen in den Schluchten des Sutlej sollte man beachten, dass mittags die sommerlichen Temperaturen weit über 40 Grad klettern können und der eigene Wasservorrat im Gepäck an jeder möglichen Quelle aufgefüllt werden muss.

**Westtibet**

**Permits**: In **Ali** (tibetisch Senge Tsangpo, chinesisch Shiquanhe) kann man beim ›Foreign Affairs Branch‹ des PSB (Public Security Bureau) ein **Travel Permit für Westtibet** kaufen. Das Büro des PSB befindet sich westlich des Marktplatzes gegenüber der Bushaltestelle. Permits können in Ali für folgende Regionen ausgestellt werden: Kailash, Manasarowar-See, Tsamda und Guge-Ruinen, Rutok, Gertse, Coqen, Montser und Purang. Der Preis für ein Permit hängt nicht von der Anzahl der zu besuchenden Orte ab. Wer kein Permit hat und vom PSB erwischt wird, muss eine Strafe zahlen, bekommt dafür im Gegenzug aber ein Permit ausgestellt. Die Höhe der zu zahlenden Strafe variiert zwischen 350 und 500 Yuan, ist aber auch abhängig vom Verhandlungsgeschick.

In **Darchen**, direkt am Kailash gelegen, sind von Mai bis Oktober PSB-Beamte stationiert, die streng die Permits der Ausländer kontrollieren. Wer kein Permit hat, sollte sich so bald als möglich bei der PSB-Dienststelle im Gästehaus neben dem ›Ganges Guesthouse‹ melden und vor Ort ein Permit für den Kailash und den Manasarowar-See kaufen (jeweils etwa 50 Yuan).

Die Miete eines **Jeeps** für eine Fahrt von Lhasa zum Kailash, den Manasarowar-See und zum alten Königreich Guge kostet in der Hauptsaison (Mai bis Oktober) etwa 3500 bis 4500 Dollar. Der Preis beinhaltet das Fahrzeug, Benzin, Permits sowie Übernachtungen und Verpflegungen für den Fahrer und den Reiseleiter. Ein Jeep ist für vier Passagiere und deren Gepäck ausgelegt.

*Yaks transportieren die Ausrüstung der Bergsteiger*

Karte S. 177

# Bergsteigen an Achttausendern

Tibet ist mit einigen der höchsten Gipfel der Erde ein Paradies für Bergsteiger. Wer sich zum erstenmal auf einen Achttausender wagen will, braucht neben exzellenter Kondition und Höhenanpassung vor allem die richtige Ausrüstung und einen guten Veranstalter.

Die chinesischen Behörden verlangen Gebühren für die Besteigung jedes Gipfelf über 6000 Meter Höhe, für einige Gipfel ist die Begleitung durch einen Verbindungsbeamten und einen Dolmetscher Pflicht.

Im Folgenden werden zwei der als ›leicht‹ zu besteigenden Achttausender, der Cho Oyu und der Shisha Pangma, vorgestellt, wobei der Begriff ›leicht‹ nicht darüber hinwegtäuschen sollte, dass diese Touren ausschließlich erfahrenen Bergsteigern vorbehalten sind und für Ungeübte lebensgefährlich sein können.

## Cho Oyu

Mit 8201 Meter ist der Cho Oyu der sechsthöchste Berg der Erde. Der Name ›Cho Oyu‹ bedeutet ›Kahler Gott‹, und eine tibetische Legende besagt, dass der glatzköpfige Gott Cho Oyu der Göttermutter (Chomolungma, Everest) den Rücken zukehrt, da sie ihm die Heirat verwehrte. So steht der Cho Oyu etwa 20 Kilometer westlich des Mount Everest (Chomolungma) auf der tibetisch-nepalesischen Grenze.

Westlich des Cho Oyu befindet sich der **Nangpa La**, ein 5500 Meter hoher, oft verschneiter Pass, der eine der wichtigsten Handelsrouten zwischen Tibet und Nepal darstellt. Obwohl der Nangpa La auch berühmt ist für illegale Grenzüberschreitungen, scheinen die Behörden auf beiden Seiten ein Auge zuzudrücken, wenn es um den lukrativen Warenhandel von Nepal nach Tibet geht. Das ganze Jahr über kann man hier Yak-Karawanen sehen.

Einige Bergsteiger behaupten, der Cho Oyu sei der leichteste der 14 Achttausender – falls man überhaupt bei einem Achttausender von ›leicht‹ sprechen kann. In der Tat ist der Cho Oyu technisch nicht anspruchsvoll, er ist leicht zu erreichen und bietet innerhalb einer sechswöchigen Tour die Möglichkeit, den Gipfel zu erreichen. Die besten Jahreszeiten sind die Vormonsunzeit (April/Mai) und die Nachmonsunzeit (September/Oktober).

In letzter Zeit wurde der Cho Oyu auch zunehmend zum Ziel für Snowboarder und Ski-Bergsteiger, da der Berg vor allem im Herbst exzellente Schneeverhältnisse bietet, bei geringem Lawinenrisiko.

Das **Basecamp** des Cho Oyu ist per Jeep zu erreichen, von Lhasa oder Kathmandu aus. Die Fahrt auf der Piste von **Tingri** zum Basecamp bietet phantastische Blicke auf den Everest und den Cho Oyu. Vom Basecamp aus ist es eine leichte Zweitageswanderung bis ins vorgeschobene Basecamp. Aufgrund der leichten Zugänglichkeit ist das Basecamp ebenso wie das vorgeschobene Basecamp regelrecht überfüllt mit Bergtouristen.

Die beliebteste Route zur Besteigung des Cho Oyo ist die über die **Westseite** von Tibet aus. Vom **vorgeschobenen Basecamp** erreicht man das **Höhenlager 1** während einer durchschnittlich schwierigen Wanderung entlang der Gletschermoräne und anschließend einem kurzen, aber steilen Anstieg über eine Geröllflanke.

Das Höhenlager 1 ist auch für Trekking-Touristen zu erreichen, ab dem Höhenlager 1 verläuft die Route dann aber in Schnee und Eis und eine entsprechende Ausrüstung ist notwendig.

Eine Schlüsselstelle ist ein **Eisfall** zwischen Höhenlager 1 und 2, etwa auf 6700 Meter. In der Regel ist die Stelle durch Fixseile gesichert. Die zweite Schlüsselstelle ist ein **Felsband** über Camp 3 auf etwa 7600 Meter. Nicht wenige scheitern hier an der Anstrengung, sich in dieser Höhe über die Felsstufe zu ziehen, zumal dieser Teil oft noch in der Dunkelheit begangen wird.

Auch wenn der Cho Oyo als ›leicht‹ zu besteigender Berg gilt, so ist die Besteigung kein Spaziergang und erfordert ausgezeichnete Höhenakklimatisation. Auch an einem technisch eher einfachen Berg sind die Auswirkungen der Höhe keinesfalls zu unterschätzen. Der Cho Oyo ist ein beliebter Berg für solche, die das erste Mal einen Achttausender besteigen wollen – daher ist die Hauptroute auch oft überlaufen, und nicht wenige Leute überschätzen ihre Fähigkeiten. Es ist und bleibt der sechsthöchste Berg der Erde!

Die Wetterbedingungen am Cho Oyu können sich schnell ändern und sind nicht immer genau vorhersagbar. Starke Winde in den großen Höhen verursachen bei den Bergsteigern oft Erfrierungen, und einige Lawinen in der Nachmonsunzeit sind eine ernstzunehmende Gefahr. Es sind bereits zahlreiche Menschen am Cho Oyu umgekommen.

*Im Hochhimalaya*

▲ Karte S. 167

**Cho Oyu**

Bergsteiger benötigen ein **Permit**, sowohl für die nepalesische Seite als auch für die tibetische Seite. Auf der tibetischen Seite ist es Pflicht, einen **Verbindungsbeamten** (Liaison Officer) dabeizuhaben. Der Verbindungsbeamte und ein Dolmetscher - der Verbindungsbeamte spricht oft nur chinesisch oder tibetisch - wird über die ›Chinese/Tibetan Mountaineering Association‹ der Bergsteigergruppe zugeteilt. Der Verbindungsbeamte und der Dolmetscher bleiben während der Bergtour im Basecamp, währen die Bergsteiger sich vorwiegend im vorgeschobenen Basecamp aufhalten - das Basecamp hat sich daher fast schon zu einer kleinen Siedlung entwickelt.

Auch Trekkingtouristen, die nur das Basecamp oder das vorgeschobene Basecamp besuchen wollen, benötigen ein Permit! Details sind mit der ›Chinese/Tibetan Moun-taineering Association‹ zu besprechen oder mit Veranstaltern, die bei der Organisation solcher Touren helfen.

**China Tibet Mountaineering Association**, No 8 East Linkhor Road, Lhasa, Xizang/Tibet, VR China Tel. 0891/ 6333-687, -720 Fax 633 63 66, ctma@public.ls.xz.cn, http://ctma.tibet.cn.

Eine organisierte Cho-Oyu-Expedition kostet ab 3000 Dollar pro Person, je nachdem, welche Agenturen man fragt, wie groß die Gruppe ist, und welcher Service (Träger, Lasttiere, Koch, Sauerstoff) zusätzlich in Anspruch genommen wird.

## Shisha Pangma

Der Shisha Pangma ist mit 8027 Metern der 13. unter den 14 Achttausendern der Erde. Der Name bedeutet wörtlich übersetzt ›der Berg, der die Grasebene überblickt‹. Der Shisha Pangma ist der höchste Berg des Langtang Himal und liegt in gerader Linie nördlich von Kathmandu ganz auf der tibetischen Seite des Himalaya. Charakteristisch für den Shisha Pangma ist seine lange, steile und schroffe Südflanke, die über 2000 Meter hoch ist. Für alle Bergfreunde ist das ein atemberaubender Anblick.

Auch der Shisha Pangma gilt als ›leicht‹ zu besteigender Achttausender, der innerhalb einer vier- bis sechswöchigen Expedition bestiegen werden kann. Die beste Jahreszeit ist die Vormonsunzeit im April und Mai oder auch noch Anfang Juni, dann erst wieder in der Nachmonsunzeit im Oktober. Im Jahr 2005 wurde der Shisha Pangma erstmals auch im Winter bestiegen.

Die Anreise erfolgt entweder von Lhasa oder Kathmandu per Jeep bis ins sogenannte **Driver's Camp** auf 4900 Meter. Von dort geht es zu Fuß 18 Kilometer (sechs Stunden) bis ins **Basecamp** auf 5700 Meter, das Gepäck wird auf Yaks transportiert.

Die **Normalroute** führt über die Nordwestflanke und den Nordgrat, der größte Teil der Route verläuft auf Eis und Schnee. Es ist eine der einfachsten Routen zum Gipfel eines Achttausenders, und sie ist sogar mit Skiern zu bewältigen. Auf der Normalroute wird auf 6300 Metern das **Höhenlager 1** eingerichtet (sechs Kilometer vom Basecamp, sechs Stunden), auf 7000 Meter das **Höhenlager 2** (ein Kilometer von Camp 1, drei Stunden). Bis zum Höhenlager 2 ist die Route technisch sehr einfach, aufpassen muss man jedoch auf einige große Gletscherspalten. Auf 7400 Meter wird noch einmal ein **Höhenlager 3** (ein Kilometer von Camp 2, drei Stunden) eingerichtet,

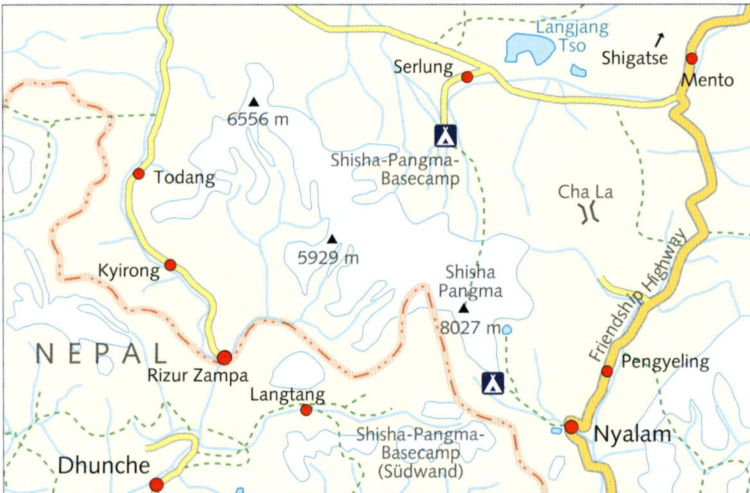


Das Shisha-Pangma-Gebiet

denn zwischen Camp 2 und Camp 3 muss eine steile Flanke überwunden werden. Vom Höhenlager 3 bis zum Zentralgipfel (nicht der höchste Punkt!) bleibt es steil, aber technisch einfach. Vom Camp 3 bis zum Gipfel ist es zwar nur ein Kilometer, aber bei den in großer Höhe zu bewältigenden Höhenmetern braucht man sieben Stunden.

Eine Schlüsselstelle ist der messerscharfe Grat zwischen dem Zentralgipfel und dem Hauptgipfel, dem höchsten Punkt. Die meisten Bergsteiger kehren am 8007 Meter hohen Zentralgipfel um und erreichen nicht den Hauptgipfel. Auch der Shisha Pangma ist ein beliebter Berg für Bergsteiger, die das erste Mal einen Achttausender besteigen wollen. Auch hier gilt: Die Auswirkungen der Höhe sind nicht zu unterschätzen, und eine gute Höhenakklimatisation ist außerordentlich wichtig. Auch namhafte Bergsteiger sind bereits am Shisha Pangma umgekommen, die Wetterverhältnisse können sich schnell ändern. Der starke Wind auf den exponierten Graten verursacht bei den Bergsteigern leicht Erfrierungen.

### i Shisha Pangma

Bergsteiger benötigen ein **Permit**. Auch am Shisha Pangma ist es Pflicht, einen **Verbindungsbeamten** (Liaison Officer) dabei zu haben.

Der Verbindungsbeamte und ein Dolmetscher wird über die ›Chinese-Tibetan Mountaineering Association‹ (Adresse siehe Seite 304) der Bergsteigergruppe zugeteilt. Der Verbindungsbeamte und der Dolmetscher bleiben während der Bergtour im Basecamp.

Der Preis für eine organisierte Shisha-Pangma-Expedition bewegt sich im gleichen Rahmen wie eine Cho-Oyu-Expedition. Man sollte mit 3000 US-Dollar pro Person rechnen, je nach Gruppengröße und Service (Träger, Lasttiere, Koch, Sauerstoff).

# Osttibet

Osttibet umfasst die historischen tibetischen Provinzen **Kham** und **Amdo**, die jedoch zu großen Teilen den chinesischen Provinzen Qinghai, Sichuan und Yunnan eingegliedert wurden. In der heutigen Autonomen Region Tibet sind im Südosten Teile der alten Provinz Kham noch erhalten.

Die Landschaft Osttibets ist sehr vielfältig und steht in deutlichem Kontrast zu den weiten Hochebenen Nord- und Westtibets. Osttibet ist geprägt durch ein zerfurchtes Relief mit hohen Bergrücken und tiefen Schluchten - die tiefste Schlucht der Welt, die Brahmaputraschlucht, liegt in der osttibetischen Provinz Kham. Die großen asiatischen Flüsse Mekong, Salween (Nu) und Yangtse formen diese Landschaft.

Bedingt durch das schwierige Relief und die waldreiche Vegetation sind bis heute viele Regionen Osttibets noch immer nicht mit Straßen erschlossen - ganze Talsysteme werden noch auf traditionellen Handelsrouten per Maultier versorgt. Dadurch blieb in einigen Tälern Osttibets die traditionelle tibetische Kultur nach der chinesischen Invasion lebendig. Dennoch haben auch hier die Jahre der Besatzung Spuren hinterlassen: Zwangsumsiedlungen, Neuansiedlungen von Han-Chinesen entlang der neugebauten Straßen, Vernachlässigung der medizinischen Versorgung und der Ausbildung, Zerstörung von Klöstern.

## Reisen in Osttibet

Für **Individualreisende** sind weite Teile Osttibets immer noch geschlossen, auch wenn man den Eindruck bekommt, dass sich die Region mehr und mehr ›öffnet‹ und Touristen geduldet werden. Wie man mit Bus oder per Anhalter weiterkommt, ist stark davon anhängig, wie flexibel man zeitlich ist und wo genau man hin möchte. Konkrete und vor allem aktuelle Tipps können aus dem Internet geladen werden (siehe Seite 313, ›Individuelles Reisen‹).

Reisebüros in Lhasa, Kunming, Dechen oder Chengdu bieten auch **individuell angepasste Jeeptouren** an. Die Touren sind in der Regel für 14 bis 21 Tage ausgelegt. Eine Rundfahrt durch Teile Osttibets mit Start und Ziel in Lhasa verläuft von Lhasa zunächst bis Nyangtri und über Menling im Tal des Yarlung Tsangpo zurück nach Lhasa. Details zu gewünschten Abstechern und Schwerpunkten der Reise müssen mit dem Veranstalter im Vorfeld arrangiert werden. Touren in Osttibet werden von nur sehr wenigen deutschen Reisebüros angeboten.

Die besten Reisezeiten für Osttibet sind das Frühjahr (April bis Mitte Juni mit der phantastischen Rhododendron-Blüte) und der Herbst (Anfang September bis Ende Oktober mit grandioser Fernsicht).

## Von Lhasa nach Dechen

Die am häufigsten bereisten Strecken sind die Fernstraßen 318 und 214 zwischen Lhasa und Chengdu (Provinz Sichuan) oder zwischen Lhasa und Dechen (Provinz Yunnan). Die nördlicher gelegene Route von Nakchu über Chamdo (Straße 317) wird weniger frequentiert. Eine Reise von Lhasa nach Dechen auf der 318 führt auf der Stecke Lhasa–Meldro Gungkar–Kongpo Gyamda–Bayi–Nyangtri–Bomi–Pasho (Baxoi)–Wamda (Zuogong)–Gartok (Markham)–Dechen durch interessante Landschaften (siehe auch Reisereportage, ab Seite 200).

Im **Tal des Kyi Chu** östlich von Lhasa sind diverse Klöster zu besichtigen, das bekannteste ist Ganden (siehe Seite 153). Auf den alpinen Wiesen vor und hinter dem **Pass Mi La** (5013 Meter) leben auch Nomaden. Im **Tal des Nyang Chu** gibt es einen Rhododendron-Birkenwald im oberen Tal, im unteren Bereich Steineichenwälder und Kiefern. Die Straße führt direkt am Fluss entlang. Etwa 50 Kilometer östlich der Stadt **Kongpo Gyamda** besteht die Möglich-

keit, einen Abstecher (60 Kilometer) zum **See Draksum Lhatso** zu machen. Der See ist zwischen vergletscherten Bergen im Grünen gelegen. Ein Pilgerweg führt um den See, eine Umrundung dauert zwei Tage. Auf einer Insel im See steht ein Kloster, **Tsosum Gompa**, das mit einer Fähre erreicht werden kann.

Direkt südlich von Nyangtri liegt der **Berg Bonri** (4500 Meter), einer der wichtigsten heiligen Berge der Bön-Religion. Ein Pilgerweg (Bön-Religion: gegen den Uhrzeigersinn!) führt um den Berg herum, eine Umrundung dauert drei Tage, es gibt unterwegs keine festen Unterkünfte. Vom **Pass Serkhyim La** (4656 Meter) kann man bei gutem Wetter den Namcha Barwa (7756 Meter) und den Gyala Pelri (7294 Meter) sehen. Die östliche Seite der Passstraße führt durch ein eindrucksvolles Waldgebiet. Man blickt auf ein Meer aus mit Bartflechten behangenen Tannen, Fichten, Hemlocktannen und Wacholder, dazwischen Rhododendren.

Vom Serkhyim La geht es bergab ins **Rong-Chu-Tal** bis auf 2100 Meter. Die Vegetation wird zunehmend subtropisch, man taucht ein in eine tiefe Schlucht. Am Zusammenfluss des Rong Chu mit dem Parlung Tsangpo zum Po Tsangpo ist der tiefste Punkt erreicht, Gebetsfahnen schmücken diese Stelle. Der Po Tsangpo fließt durch eine enge Schlucht in den Brahmaputra.

Die **Parlung-Tsangpo-Schlucht** ist mit einer durchschnittlichen Tiefe von 5382 Metern die dritttiefste Schlucht der Welt. Die Straße ist in diesem Bereich sehr schlecht und während der Regenzeit (Juni bis August) stark durch Erdrutsche gefährdet. Eindrucksvoll schlängelt sich die Piste an der Felswand entlang, es bietet sich eine spektakuläre Sicht auf den türkisfarbenen Parlung Tsangpo.

*Landschaft bei Pasho*

Der **Rawok Co** ist ein Bergsee auf 3900 Meter, umrahmt von Wiesen und Fichtenwald am Fuß des Lhagu-Gletschers, einem der größten Gletscher Tibets.

Über den **Ngajuk La** (4530 Meter) geht es entlang des Ling Chu bis an den Salween. Die Landschaft ist hier wegen der Lage im Regenschatten hoher Berge sehr wüstenhaft und trocken. Landwirtschaft mit Terrassenfeldbau und Dörfer in traditioneller Lehmbauweise sind entlang des Weges zu sehen. Das Tal des Salween ist wüstenhaft trocken, im Sommer sehr heiß (45 Grad Celsius!). Die

*Auf dem Pass Mi La*

*Der Bergsee Rawok Co*

Nakchu-Rampa-Brücke über den großen Fluss wird durch einen Militärposten bewacht. Vom Salween windet sich die Passstraße innerhalb von 40 Kilometer über etwa 180 Spitzkehren bis zur **Passhöhe Gama La** (4618 Meter), eine der eindrucksvollsten Passstraßen Tibets.

Das **Yu-Chu-Tal** ist ein flaches Hochtal, das bis Zuogong reicht. Entlang des Yu Chu wird Landwirtschaft betrieben, an den Berghängen wachsen Tsuga- und Zypressenwälder.

Über zwei weitere Pässe, den **Dungda La** (5008 Meter) und den **Lao Shan La** (4420 Meter) geht es nach **Gartok** (Markham). Das **Tal des Mekong** ist in der Vormonsunzeit staubig und trocken, der Mekong selbst ein brauner Fluss in brauner Landschaft. Im Sommer kann es sehr heiß und windig sein. Landwirtschaft auf Terrassenfeldern, auch etwas Wein- und Obstanbau werden hier betrieben.

Auf einem Pass (3500 Meter) etwa zehn Kilometer vor Dechen hat man einen idealen Aussichtspunkt auf den Kawa Karpo (Meili Xue Shan) und das ihn umgebende Gebirgsmassiv. Der Platz ist durch zahlreiche Stupas gekennzeichnet, einige Restaurants und Gästehäuser bieten Zimmer mit Blick auf den heiligen Berg. In einem Nebental drei Kilometer entfernt befindet sich der **Tempel Feilai Si**.

### i Lhasa–Dechen

Es werden in Lhasa am Fernbusbahnhof möglicherweise an Ausländer keine Bustickets nach **Bayi** verkauft, es fahren jedoch auch Minibusse, die weniger streng kontrolliert werden. Von Bayi gibt es weitere Busverbindungen in Richtung Osten, zum Beispiel nach **Nyangtri** und **Menling**. Es sei hier jedoch angemerkt, dass in der Vergangenheit in Bayi erwischte Ausländer ohne gebuchte Reise bereits Strafen zahlen mussten und wieder zurückgeschickt wurden. Die Provinz Nyangtri ist jedoch seit Mai 2006 nicht mehr auf der Liste der für Individualtouristen geschlossenen tibetischen Gebiete, es kann aber sein, dass das noch nicht jeder Beamte vor Ort zur Kenntnis genommen hat.

In der Stadt **Zhongdian** (›Shangri La‹, südlich von Dechen, in der heutigen Provinz Yunnan) waren in letzter Zeit problemlos Bustickets nach Lhasa für westliche Touristen erhältlich, der Bus fährt auf der Straße 318 nach Lhasa. Allerdings gibt es hier widersprüchliche Angaben, Reiseveranstalter vor

▸ Karte S. 184

Ort geben an, dass die Region nicht komplett offen ist für Touristen und mindestens zehn Tage im voraus ein Permit (ca. 50 US-Dollar) beantragt werden muss. Wie weit Osttibet seit den erneuten Reiserestriktionen im Frühjahr 2008 wieder mit einem Permit legal für westliche Touristen offen ist, muss man vor der Reise im Internet erkunden (www.tibettravel.info).

In **Nyangtri** hat im Jahr 2003 ein **Touristen-Informationsbüro** geöffnet, in dem man Informationen zu Ausflügen rund um Nyangtri bekommt und entsprechende Touren buchen kann. Das Büro vermittelt auch Führer und Fahrservice: Tourist Center of the Nyingchi County, Manager: Nimaciren, Tel./Fax 0894/5828076.

Übernachtungsmöglichkeiten gibt es in allen Städten entlang der Strecke, in der Regel in kleinen Gästehäusern, einfachen Hotels oder Truckstops. Hotels gibt es entlang der 318 nur in den größeren Städten wie Bayi, Nyangtri, Bomi und Baxoi. Die Übernachtungspreise bewegen sich zwischen 15 und 55 Yuan.

## Nach Chamdo und Derge

Die Alternativroute von Lhasa nach Sichuan führt auf einer weniger befahrenen Strecke, der Straße 317, nach Osten (nördliche Trasse des Tibet-Sichuan-Highways) über die Städte Nakchu, Sok Dzong, Chamdo und Derge durch kulturell und historisch bedeutsame Regionen der tibetischen Provinzen Kham und Amdo. Teile dieser beiden tibetischen Provinzen liegen heute in den chinesischen Provinzen Qinghai, Sichuan und Gansu.

Große Abschnitte der Strecke sind nach wie vor nicht asphaltiert und stellen daher eine Herausforderung an Mensch und Transportfahrzeuge dar. Zusätzlich kann in der Regenzeit die Strecke sehr schlammig werden.

Auf der Straße 317 verkehren auch Überlandbusse, zum Beispiel von Lhasa oder Chengdu nach Chamdo, und es ist prinzipiell auch möglich, per Lkw als Anhalter mitzufahren. Wie auch auf der Straße 318 werden die Bustickets in Lhasa und Chengdu offiziell nicht an Ausländer verkauft, in den Städten entlang der 317 wird jedoch weniger streng kontrolliert.

### Nakchu

Entlang des Tibet-Sichuan-Highway sind folgende Punkte von Interesse: Nakchu liegt auf 4500 Meter Höhe und markiert den östlichen Ausläufer des Chang-Tang-Hochlandes, an dem die Hochebene in die zerklüfteten Täler Osttibets übergeht. Die Region um Nakchu ist das Einzugsgebiet des großen osttibetischen Flusses Salween. Nakchu gilt als idealer Ausgangspunkt für Ausflüge auf die tibetische Hochfläche. Jedes Jahr am 10. August veranstalten die Nomaden aus dem Hochland in Nakchu ein **Pferderennen**, das mit traditionellen Feierlichkeiten verbunden ist. Bei dem Rennen wird sowohl die Geschicklichkeit der Reiter bei diversen Übungen als auch die Leistungsfähigkeit der Pferde getestet und beurteilt. Die Stadt selbst ist eine typisch ›chinesische‹ Stadt, geprägt vor allem von ihrer Lage am in Nord-Süd-Richtung verlaufenden Qinghai-Tibet-Highway.

### Kloster Sok Tsanden

**Sok Tzong** befindet sich auf 4100 Meter Höhe am Oberlauf des noch jungen Salween und ist eine trostlose Stadt in ari-

Reiseziele

der, wüstenartiger Umgebung. Auf einem Hügel jenseits des Flusses steht das Kloster Sok Tsanden, das im 17. Jahrhundert durch mongolische Fürsten gegründet wurde. Das Kloster hat zwei auffällige Gebäudekomplexe, den roten Tempel (Lhakang Marpo) und den weißen Tempel (Lhakhang Karpo), die in ihrer Anordnung ein wenig an den Potala-Palast in Lhasa erinnern. Heute leben noch etwa 200 Mönche im Kloster. Achtung: Ein Besuch des Sok-Tsanden-Klosters bedarf eines Permits, das ausdrücklich das Kloster als Besuchspunkt auflistet. Solche Permits sind nur über ein lizenziertes Reisebüro zu bekommen.

*Die Druckerei ›Derge Parkhang‹*

## Chamdo

Chamdo (›Zusammenfluss zweier Flüsse‹) liegt am Zusammenfluss des Ngom Chu und des Dza Chu, die sich zum großen Mekong vereinigen. Der nördliche Tibet-Sichuan-Highway kreuzt hier die Straße 214, die nach Dechen führt. Da Chamdo von Wasser umgeben ist und zudem an einem Kreuzungspunkt zweier wichtiger Handelswege liegt, ist das Stadtbild geprägt von vielen Brükken, die Chamdo zu einer strategisch

*Blick auf Chamdo*

wichtigen Stadt machten. Chamdo wurde bekannt als die tibetische Stadt, die sich 1950 den einmarschierenden chinesischen Truppen ohne Abstimmung mit Lhasa ergab und damit den Einmarsch der Chinesen in Tibet beschleunigte.

Das auf einem Hügel inmitten der Stadt gelegene **Kloster Kalden Jampaling**, es gehört zur Gelugpa, beherbergt heute wieder knapp 1000 Mönche. Es ist das größte Gelugpa-Kloster in der Provinz Kham. Obwohl das 1436 gegründete Kloster zweimal durch chinesische Truppen zerstört wurde – 1912/13 und während der Kulturrevolution –, sind große Teile des Klosters wieder renoviert worden. Fünf Gebäude sind heute wieder nutzbar, der Gonkhang (Tempel der Schutzgottheit), der Jamkhang (Maitreya Tempel), der Labrang (die Residenz des Abtes), der Dukhang (Versammlungs- und Meditationshalle) und der Lhakhang Nyingba (alter Tempel).

## Derge

Die Stadt Derge und die Region gelten als das kulturelle Herz der Provinz Kham. Derge ist überregional bekannt durch

▲ Karte S. 184

die **Druckerei Derge Parkhang**, die als einzige Druckerei Tibets alle politischen und religiösen Wirren überlebte. Neben Druckereien in Lhasa, Narthang, Litang und Chones war Derge die wichtigste Druckerei, die zudem die umfangreichste Sammlung von etwa 22 700 geschnitzten Druckstöcken aufweist. Die Druckerei befindet sich in einem schmukken vierstöckigen Gebäude inmitten der Altstadt. Das Erdgeschoss enthält einen Tempel, die eigentliche Druckerei nimmt das zweite und dritte Stockwerk ein, und eine Kapelle im vierten Stockwerk krönt das Gebäude. Sehenswert sind die Sammlungen an Druckstöcken auf 1600 Quadratmeter Fläche sowie die unterschiedlichen in Derge gedruckten Ausgaben der ›Kangyur‹, der ›Lehre der Welt‹ und anderer Werke. Die Druckerei ist heute immer noch in Betrieb und beliefert die Klöster Tibets mit Werken in traditionellem Blockdruckverfahren. Glücklicherweise blieb die Druckerei in Derge von Zerstörungen in der Kulturrevolution verschont. Der Prozess der Papierherstellung aus den Wurzelfasern der Pflanze Stellera chamaejasme, das Anrühren der Druckfarbe aus Ruß und verbranntem Kiefernholz (schwarz) oder Zinnoberpigment (rot) sowie das Schnitzen der Druckstöcke erfolgt immer noch vor Ort im Derge Parkhang. Die Drukkerei kann besichtigt werden, eine geführte Tour kostet 50 Yuan. Da Derge heute in der chinesischen Provinz Sichuan liegt, bedarf ein Besuch der Stadt keiner gesonderten Genehmigung.

### i Tibet-Sichuan-Highway

Der nördliche Tibet-Sichuan-Highway ist offiziell für individuell reisende Ausländer noch geschlossen, insbesondere da die südlichere Route über die Straße 318 ›offen‹ ist. **Reisebüros in Lhasa und Chengdu** können Permits für individuell gestaltete Touren inklusive der Klosterbesuche organisieren, man wäre dann aber auf jeden Fall mit chinesischen Begleitern (Fahrer, Dolmetscher, Verbindungsbeamter) unterwegs. Alternativ bleibt das individuelle Durchkommen per Anhalter, mit Bussen und Lkw oder mit dem Reiserad.

In **Chamdo**, ähnlich wie in Bayi, gibt es ein **Ausländerbüro des PSB** (Public Security Bureau). Wer in Chamdo in der Vergangenheit ohne ein gültiges Permit erwischt wurde, ist in das ›Chamdo Hotel‹ gebracht worden und je nach Verhandlungsgeschick zu einer Strafe von 100 bis 500 Yuan ›verurteilt‹ worden. Die erwischte Person muss dann noch ein Busticket nach Chengdu kaufen (und man sollte diesen Bus dann eigentlich auch nehmen – ob das jedoch kontrolliert wird, hängt wohl vom Einzelfall ab). Allerdings können erwischte und ›bestrafte‹ Touristen, nachdem sie ihre ›Strafe‹ gezahlt haben, zunächst einmal unbehelligt sich die Stadt und das Kloster ansehen.

**Chamdo**: Bustickets gibt es im 2. Stock des ›Chamdo Transport Co.‹-Gästehauses, das am Fuß des Jampaling-Klosterberges gelegen ist.

**Übernachtungsmöglichkeiten** in Gästehäusern und Truckstops gibt es in allen Städten entlang der Straße 317, Hotels gibt es nur in den größeren Städten wie Sok, Chamdo und Derge. Die Übernachtungspreise bewegen sich zwischen 15 und 55 Yuan.

Reiseziele

## Die Brahmaputraschlucht

Die Brahmaputraschlucht ist die tiefste Schlucht der Welt, ihre durchschnittliche Tiefe beträgt 5382 Meter. Die Brahmaputraschlucht selber ist nicht durchgängig für Wanderer zugänglich, vielmehr führt der Wanderpfad immer wieder über steile Bergflanken, die enge und gefährliche Mäander des Brahmaputra (tibetisch Yarlung Tsangpo) abkürzen. Selbst für Wildwasser-Fahrer blieb die Brahmaputraschlucht bis in das Jahr 2002 unbefahren, ein erster Versuch im Oktober 1998 endete mit dem Tod eines Kajakfahrers. Erst im Januar 2002 gelang es einem internationalen Team um Scott Lindgren, die 44 Kilometer lange obere Tsangposchlucht bei Niedrigwasser in voller Länge bis zu den Wasserfällen mit Kajaks zu befahren, es bleiben aber weitere 100 Kilometer, die noch kein Mensch gesehen hat. Wer eine Trekkingtour in die Brahmaputraschlucht unternehmen möchte, sollte sich unbedingt auf rutschige Felsen, nasse Vegetation, hohe Luftfeuchtigkeit, häufigen Regen und Blutegel einrichten. Gute Trittsicherheit auf schmalen, steilen Pfaden ist unbedingt erforderlich.

*Am Eingang zum Yigong-Nationalpark*

### Anreise

Die Anreise erfolgt von **Nyangtri** (Nyingchi) aus oder von **Menling** entlang der Straße 306 bis **Chemnak**. Eine Piste führt über die teilweise chinesischen Dörfer Luzhar, Tamnyen, Pe, Dozhong und Timpei Kyilkar zum **Basecamp des Namcha Barwa**. Entlang der Strecke sind auch viele chinesische Militärcamps zu sehen.

Von **Bayi** aus verkehrt ein Bus über Nyangtri nach Menling. Zwischen **Menling** und **Pe** gibt es regelmäßig verkehrende Lkw, man sollte sich aber auf lange Wartezeiten einrichten, das Mitfahren kostet etwa 50 Yuan. Alternativ kann man auch versuchen, ein Boot bis Pe zu mieten, das kostet auch etwa 50 Yuan.

Eine zweite Möglichkeit führt von **Bomi** über den **Galung La** (4430 Meter) nach Takmo und weiter nach **Pemako**. Entlang der Strecke gibt es regen Lkw-Verkehr, so dass sich eine Mitfahrgelegenheit finden lässt. Die Strecke von Bomi nach Pemako wird in der Regel in zwei Tagen gefahren, übernachtet wird in einem der Dörfer auf der Südseite des Galung La. Die Straße ist nicht befestigt, zur Regenzeit kann die Straße auch durch Erdrutsche blockiert sein.

### Trekkingtouren

Von **Timpei Kyilkar** aus führt ein Pfad entlang des Brahmaputra bis zu den Überresten des durch das große Erdbeben von 1950 zerstörte **Kloster Pemakochung**. Bei Niedrigwasser im Winter kann man die Wanderung fortsetzen und entlang des Po Tsangpo wieder auf die Straße 318 stoßen. Für diese Tour sind zehn Tage zu veranschlagen, man

▲ Karte S. 191

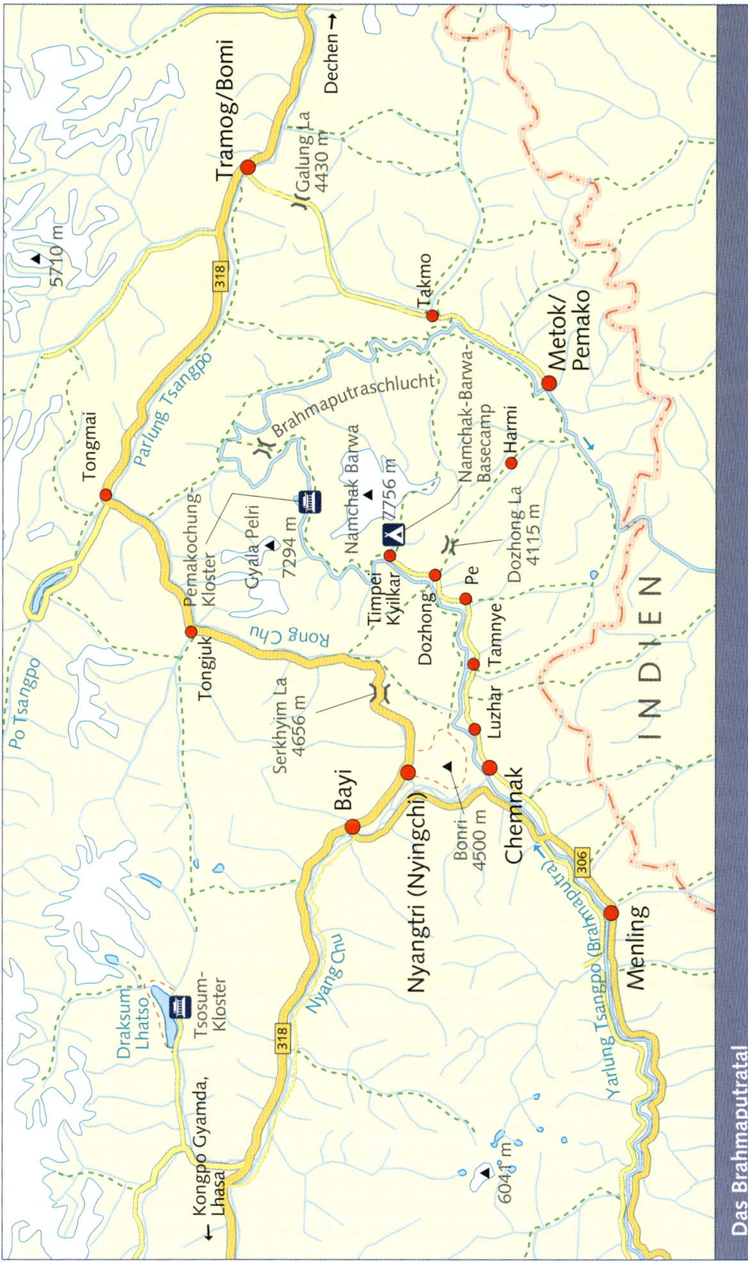
Das Brahmaputratal
Tramog/Bomi
Dechen →
Galung La
4430 m
5710 m
318
Takmo
Metok/
Pemako
Parlung Tsangpo
Tongmai
Brahmaputraschlucht
Namchak-Barwa-
Basecamp
Harmi
Namchak Barwa
7756 m
Pemakochung-
Kloster
Gyala Pelri
7294 m
Dozhong La
4115 m
Timpei
Kyilkar
Pe
Dozhong
Tamnye
Rong Chu
Tongjuk
Po Tsangpo
Serkhyim La
4656 m
Luzhar
INDIEN
Bayi
Bonri
4500 m
Chemnak
Nyangtri (Nyingchi)
306
Menling
Nyang Chu
Yarlung Tsangpo (Brahmaputra)
Draksum
Lhatso
Tsosum-
Kloster
318
← Kongpo Gyamda,
Lhasa
6041 m

trifft unterwegs auf Dörfer, sollte sich aber auf Selbstversorgung einrichten.

Von **Takmo** führen Pfade entlang des Brahmaputra nach Norden. Der Weg verläuft teilweise durch die Brahmaputraschlucht, oft aber auch in großer Höhe durch subtropischen Urwald. Bei Niedrigwasser kann man entlang des Po Tsangpo an die Straße 318 gelangen, eine neue Stahlhängebrücke erleichtert das Überqueren des Canyons. Für diese Tour sind 14 Tage einzurechnen, Selbstversorgung ist unbedingt notwendig.

Von **Pemako** führt eine Handelsroute über den **Dozhong La** (4115 Meter) nach **Dozhong**. Man passiert unterwegs die **Tigermaul-Schlucht** in der Nähe des Dorfes Harmi, die extrem gefährlich ist. Immer wieder stürzen hier Transporttiere ab. Die Tour dauert vier Tage, und es gibt unterwegs keine Versorgungsmöglichkeiten. Der Pfad wird nicht selten in der Regenzeit durch Erdrutsche und Regen zerstört. Die Instandsetzung findet in der Regel nur durch die Tritte der Maultiere statt. Trekkingerfahrungen und ein sicherer Tritt in schwierigem Gelände sind die Voraussetzung für diese Tour.

**i Große Brahmaputraschlucht**

Die Große Brahmaputraschlucht liegt im Schutzgebiet ›Yigong National Geopark‹, auch ›Brahmaputra Grand Canyon Park‹ genannt. Über die Touristenformationen in Nyangtri, Tel./Fax 0894/582806, Menling, Tel. 0894/5453468, Fax 0894/5452644, oder Pemako, Tel./Fax 0894/5887796, kann die nötige Information über Permits erhalten und auch Führer und Transporttiere organisieren.

▶ Karte S. 191

## Pilgerwanderung um den Kawa Karpo

Der Kawa Karpo (Meili Xue Shan) ist ein bedeutsamer heiliger Berg in Osttibet (siehe auch Seite 131). Die grosse Kora, die im Uhrzeigersinn verlaufende Umrundung des Kawa Karpo-Massivs, ist ein besonderes landschaftliches Erlebnis: Man durchwandert die verschiedenen Vegetationszonen von alpinen Wiesen über artenreiche Wälder bis in wüstenartige Flusstäler, und das alles mit der phantastischen Aussicht auf bizarr vergletscherte Bergriesen.

Die Wanderung um das Kawa Karpo-Massiv erfordert eine gute Kondition und Trittfestigkeit. Es ist eine zwölftägige Tour über sechs Pässe mit über 3000 Metern Höhe. Die Übernachtungen erfolgen meistens in Zelten, in den Dörfern ist auch die Übernachtung in privaten Gästehäusern möglich.

Ausgangspunkt für die Wanderung ist der Ort **Dechen** in der Autonomen Präfektur Dechen in der Provinz Yunnan, knapp an der Grenze zur Autonomen Region Tibet. Die Etappen der Tour werden in der Regel wie folgt eingeteilt:

### 1. Tag

Fahrt mit dem Taxi oder Minibus von Dechen aus nach **Yangtsa** entlang des Mekong. Yangtsa ist auch mit öffentlichen Bussen zu erreichen, oder man lässt sich von einer Reiseagentur hier absetzen. Die Fahrt dauert zwei bis drei Stunden. An der Hängebrücke über den Mekong beginnt der Pilgerweg. In der Nähe ist ein kleines Kloster, an dem man auch übernachten kann und bei Bedarf Transporttiere organisieren kann. Vom Kloster geht es in einer etwa sechs-

*Terrassenfeldbau in Osttibet*

stündigen Tagesetappe zunächst bergauf über zum **Koya La** (3219 Meter). Danach erfolgt ein Abstieg durch trokkenen Steineichenwald nach **Quxia** (2850 Meter), einem frischen Bergbac,h in dessen Nähe man zelten kann.

## 2. Tag

Durch dichten Wald, unterbrochen von Gerstenfeldern, geht es zur **Longna-Brücke**, bevor der Pfad wieder ansteigt, bis zu einer sehr schön gelegenen Zeltmöglichkeit auf einer parkartigen Waldweidelandschaft **Yong Shi Tong** (3347 Meter). Wer möchte, kann noch weiter aufsteigen zu einer Bergwiese (**Mu Zhui Tang**, 3400 Meter) oder zur mit Gebetsfähnchen geschmückten Wiese am Talschluss auf 3550 Meter.

*Gebetsfahnen auf einem Pass in Osttibet*

## 3. Tag

Ein weiterer Tag mit acht Stunden Wanderung führt über den **Duokha La** (4470 Meter). Der Duokha La ist die Wasserscheide zwischen Mekong und Salween.

*Kleiner Ofen für Räucheropfer*

▸ Karte S. 191

Auf dem Abstieg vom Pass hat man eine gute Sicht auf vergletscherte Berge im Südosten. Der Tag endet wieder auf einem Zeltplatz in fantastischer Umgebung auf einer Wiese auf 3600 Meter.

## 4. Tag

Die siebenstündige Tagesetappe beginnt mit dem steilen Abstieg bis **Dotsusong** (2870 Meter). In Dotsusong versuchte die tibetische Armee 1950, die chinesische Volksbefreiungsarmee zurückzuschlagen. Über den flachen **Lho Asil La** geht es dann weiter steil bergab bis zur großen **Hängebrücke Chunathang** (2500 Meter).

## 5. Tag

Am Morgen erwartet einen ein sechsstündiger Aufstieg durch den Wald zum **Nogtong La** (3670 Meter). Bei gutem Wetter kann man im Nordosten den Kawa Karpo. Ein dreistündiger Abstieg bis zum Dorf **Aben** (2270 Meter) beendet die Tagesetappe.

### ■ 6. Tag

Im trockenen und im Sommer sehr heißen **Tal des Chunathang-Flusses** erreicht man nach etwa drei Stunden den Salween und mit 1730 Meter den niedrigsten Punkt der Wanderung. Im engen Tal des Chunathang sind alte buddhistische Steingravuren zu betrachten. Einige dieser Bilder sind jedoch während der Kulturrevolution zerstört worden. Am östlichen Ufer des Salween führt der Weg auf einer Fahrpiste flussaufwärts, und man erreicht nach zwei weiteren Stunden den Zeltplatz bei **Chuju** (1830 Meter).

### ■ 7. Tag

Entlang des Salween geht es weiter bis zum Dorf **Tsawarong** (Zhana). Die Wanderung im Tal des Salween kann im Sommer sehr heiß werden, bis über 45 Grad Celsius. Tsawarong (Zhana) ist der Verwaltungssitz der Region. Es gibt es einen kleinen Dorfladen, der Grundnahrungsmittel verkauft, und mehrere Restaurants. Von Tsawarong aus verlässt der Pfad den Salween wieder, und es geht bergauf bis zum **Kloster Zhatong** (2622 Meter). Insgesamt ist man etwa acht Stunden unterwegs.

### ■ 8. Tag

Für sechs Stunden geht es steil bergauf zum **Tondu La** (3340 Meter). Vom Pass hat man einen guten Blick auf das Kawa Karpo-Massiv, bevor der Pfad steil bergab in das trockene Tal des Yu Chu führt. Der Fluss wird an einer Hängebrücke (2250 Meter) überquert. Im Dorf **Gebu** gibt es Übernachtungsmöglichkeiten auf den Flachdächern der Häuser.



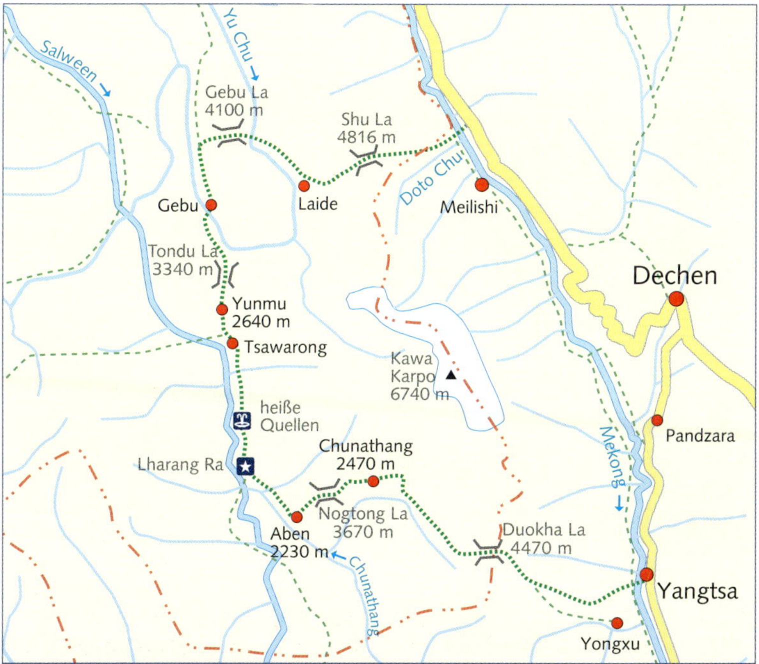


**Die Kora um den Kawa Karpo**

## 9. Tag

Von Gebu steigt der Pfad wieder steil an bis zu einem Zeltplatz (3870 Meter) mit atemberaubenden Panorama über das Tal des Yu Chu mit seinen unglaublichen S-Schleifen.

## 10. Tag

Nur eine Stunde Gehzeit ist es noch bis zum Pass **Gebu La** (4100 Meter), von dem aus man wieder phantastische Blikke auf den Kawa Karpo hat. Vom Pass geht es dann wieder hinab zum Yu Chu, der in diesem Bereich eine charakteristische S-Kurve ausbildet.

Nach dreistündigem Abstieg erreicht man den Yu Chu (2480 Meter) und überquert diesen an der **Ladilazi-Dungkar-Brücke**. Auf der gegenüberliegenden Seite geht es wieder steil bergauf bis in das Dorf **Laide** (3090 Meter).

## 11. Tag

Durch flechtenbehangenen Eichen-Rhododendronwald geht es in engen Serpentinen bergauf zum **Shu La**, dem mit 4816 Metern höchsten Punkt der Tour. Oberhalb der Waldgrenze bewegt man sich auf buntblühenden alpinen Wiesen, immer wieder besteht gute Aussicht auf den nördlichen Teil des Kawa Karpo-Massivs. Der Shu La bildet die Wasserscheide zwischen Salween und Mekong. Vom Pass steigt man noch mal bis auf etwa 4100 Meter ab, wo eine alpine Wiese an einem klaren Bach zum Zelten einlädt. Die Tagesetappe ist in etwa acht Stunden zu bewältigen.

## 12. Tag

Der Abstieg ins Mekongtal ist sehr steil und spektakulär. Durch unberührte Tannen- und Fichtenwälder geht es immer entlang des **Doto Chu** bergab. Ab etwa 3000 Meter Höhe ändert sich die Vegetation, es wird trockener, und dornige Sträucher prägen das Bild. Auf einer Höhe von 2150 Meter erreicht man den Mekong in der Nähe des Dorfes **Meilishi**.

Von Meilishi kann man per Anhalter zurück nach Dechen fahren (etwa 70 Kilometer) oder sich abholen lassen. In Meilishi gibt es ein Hotel (›Mei Li Re-

*Der Kawa Karpo*

▶ Karte S. 195

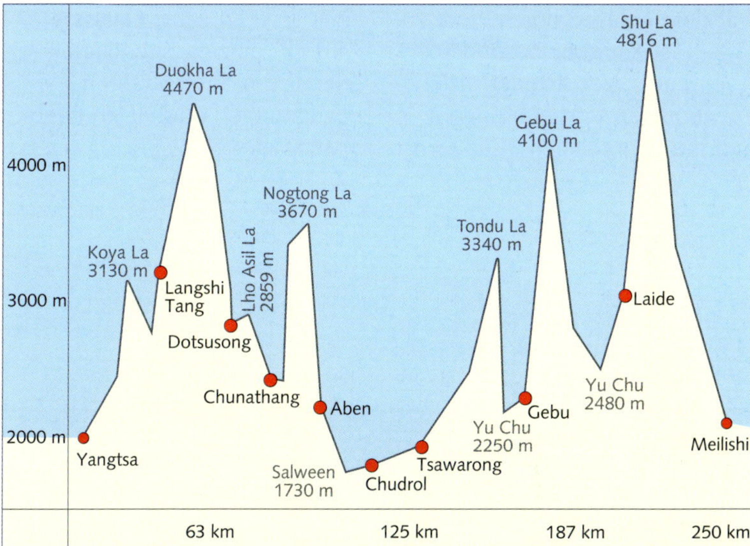

Profil der Kora um den Kawa Karpo



creation Center‹), von dem aus man sich ein Taxi aus Dechen rufen lassen kann. Zudem fährt alle zwei Stunden ein öffentlicher Bus nach Dechen.

## Zum Kawa-Karpo-Gletscher

Neben der großen Pilgerwanderung gibt es die Möglichkeit für eine viertägige Tour zum **Gletscher des Kawa Karpo** und zum Wasserfall am **Gyalwa Rignga**.

### ■ 1. Tag

Fahrt von Dechen nach **Pandzara** mit dem öffentlichen Bus oder einem Minibus. Von Bachok Ne geht es Richtung Südwesten zu den heißen Quellen bei **Shatang Chutsaka**. Hier beginnt die eigentliche Wanderung.

### ■ 2. Tag

In einer sechsstündigen Tagesetappe geht es über den **Nakdzokto La** (3900 Meter) hinab nach **Yibum** (3600 Meter). Von dort führt der Weg zu den Höhlen-Einsiedeleien **Khando Nesar** und **Orgyan Drupuk**. Am späteren Nachmittag erreicht man den Wasserfall. Von hier hat man eine spektakuläre Sicht auf den Gyalwa Rignga mit seinem vergletscherten Gipfel.

### ■ 3. Tag

Auf der gleichen Strecke geht es zurück zu den heißen Quellen, von wo aus man sich dann nach Norden in Richtung des Dorfes Melong wendet. Von **Melong** (auch Myiam) windet sich ein Pfad durch den Wald und über alpine Wiesen zum **Kloster Melong Gompa**, das auf 3030 Meter Höhe direkt am Kawa-Karpo-Gletscher liegt.

### ■ 4. Tag

Wanderung am Gletscher und Rückkehr nach Dechen.

Mit dem Fahrrad durch Tibet zu reisen, ist ein ganz besonderes Abenteuer. Wer sich auf die aufwendigen Vorbereitungen und die körperlichen Strapazen einer solchen Fahrt einlässt, wird mit einzigartigen Naturerlebnissen, interessanten Begegnungen und vielen Erlebnissen belohnt.

# Reisereportagen

# Von Kashgar nach Dechen: Mit dem Mountainbike über das Dach der Welt

*Von Waltraud Schulze und Andreas von Heßberg*

## Der große Basar von Kashgar

Kashgar ist eine laute, staubige Stadt. Sie stinkt nach Hausbrand, Zweitaktmotoren, Dieselruß und Esel. Ein so hektisches Treiben wie auf dem Sonntagsbasar habe ich noch nie erlebt – nicht einmal im großen Basar von Addis Abeba in Äthiopien. Die Händler an den Straßen rund um den Basar können mit den vielen Hupen der Taxis, Motorradfahrer und Dreirad-Fahrräder lärmmäßig locker mithalten. Als Fußgänger muss man ständig aufpassen, nicht angefahren zu werden. Ganz anders im großen Basar: angenehme orientalische Gerüche und bunte Farben, uighurische Musik, Stimmengewirr und Marktschreier, Kinder, die uns verwundert hinterherschauen und Straßenverkäufer, die uns feilschend hinterherlaufen. Zwar sind wir nicht die einzigen westlichen Besucher, die hier im Marktgetümmel herumlaufen, aber das hindert die Händler dennoch nicht daran, uns als wandelnde Geldbörsen zu betrachten und die verschiedensten Waren anzubieten: bunte Wollteppiche, verzierte Lederwaren, feinstes Porzellan, schöne Holzschnitzereien, aufwendige Kupferarbeiten, edle Messer und Dolche, leckeres Gebäck, klebrige Süßigkeiten und vieles mehr. Dabei sind wir hier mehr aus einem praktischen Grund und weniger aus einem touristischen: Wir suchen unseren restlichen Proviant für die nächsten Wochen zusammen.

In unseren Tragetaschen und Rucksäcken verschwinden Nüsse, Trockenfrüchte, Zucker, Salz, Hafer-, Reis- und Maisflocken, Gries, Milchpulver und viele Kleinigkeiten, die unterwegs schwer zu bekommen sind. Wir müssen bis zur tibetischen Hauptstadt Lhasa für etwa 3500 Kilometer und sechs Wochen einen kalorien- und abwechslungsreichen Proviantplan zusammenstellen, der mindestens 4000 Kilokalorien pro Tag und Person beinhaltet. Unterwegs wer-

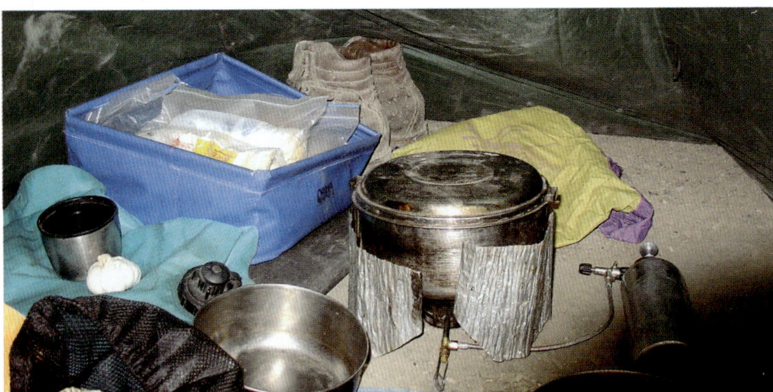

*Ein Blick in die Campingküche*

den wir zusätzlich noch weitere Nudeln und Kekse bekommen können, und die einzige größere Stadt auf dem Weg nach Lhasa wird Gertse sein, dort werden wir dann auch wieder ›richtig‹ einkaufen können. Der richtige Proviantplan ist der wichtigste Schlüssel zum Erfolg einer Expedition, wie wir sie uns vorgenommen haben.

Unser Hotelzimmer in Kashgar ist eine Mischung aus Fahrradladen und Expeditions-Basecamp. Überall türmen sich Proviantpakete und sortierte Stapel mit Klamotten, die Foto- und Filmausrüstung liegt ausgebreitet auf einem Bett, die Fahrradersatzteile und das Werkzeug verstreut auf dem Teppich. Jeder von uns wurstelt an seinem Mountainbike herum, damit es sich von einem für den Flugtransport verschnürten und verklebten Gepäckgegenstand in ein geländegängiges Fahrzeug verwandelt. Die beiden ›IBEX‹-Anhänger stehen mit weitgeöffneten Taschen wie hungrige Tiere am Boden und warten darauf, dass sie gefüttert werden. Insgesamt muss jeder etwa 30 Kilogramm Gepäck auf seinem Fahrrad unterbringen und weitere 15 Kilogramm im Anhänger ziehen. Die Fahrräder selber wiegen um die 15 Kilogramm, die leeren Anhänger 7 Kilogramm.



## Wüstenoasen und freundliche Uiguren

Die Radtour beginnt mit einer Fahrt aus dem Zentrum Kashgars hinaus, auf einer dichtbefahrenen, engen Asphaltstraße in Richtung Südosten. Wenn sich zwei Lkw begegnen, wird es für uns mit den vollbepackten Fahrrädern manchmal schon recht eng. Lärm und Staub begleiten uns die ersten 20 Kilometer ab dem Stadtzentrum, dann wird es allmählich ruhiger. Die Sonne versucht, durch den Morgendunst zu brechen, und die Lichtstrahlen werden von der staubigen Atmosphäre zu einem fahlen Orange gestreut. Die am Straßenrand gepflanzten Pappeln und Weiden bekommen die ersten grünen Ansätze. Die Mandelbäume blühen in zartem Rosa. Der erste Hauch von Frühling liegt in der Landschaft. An vielen Stellen wird das Ackerland von Bewässerungsgräben durchzogen, an denen fleißig gearbeitet wird. Die Bauern nutzen die Frühlingstemperaturen Ende März für die Feldbereitung und Aussaat. Jedoch sind durch das schlechte Bewässerungsmanagement viele der Gräben und Äcker weiß vor Salz. Auf diesen Extremstandorten wächst nichts mehr, was der Mensch anbauen möchte. Einige Ziegen und Schafe weiden die wenigen Halme und Kräuter ab. Zwischen den Oasen von Kashgar, Yengisar und Yarkant liegt eine ausgedehnte, fast vegetationslose Wüste. Immerhin fahren wir am südwestlichen Rand der Takla Makan, der großen Sandwüste im Westen Chinas, und spüren die Sonne ab mittags auf unserer winterbleichen Haut brennen. Bei über 25 Grad mühen wir uns zusätzlich gegen einen kräftigen Ostwind voran und sind immer wieder froh, einen Getränkestand in der nächsten Oasensiedlung erreicht zu haben. Trotz der flachen, asphaltierten und gut zu fahrenden Strecke beherrschen Staub und Durst die ersten Tage unserer Fahrradtour, wir sehen nie einen klaren Horizont. Wir haben uns innerlich auf eine Fahrradtour in den kalten Zonen des tibetischen Hochlandes eingestellt und müssen jetzt erst einmal am Rande einer schon im Frühjahr recht heißen Wüste radeln.

Die Getränkestände und Truckstops für die motorisierten Reisenden sind uns eine willkommene Unterbrechung unseres Kampfes gegen den heißen Wind und die Monotonie der flachen Landschaft. Kaum halten wir am Straßenrand und suchen eine Stelle zum Anlehnen der Fahrräder, umringen uns auch schon neugierige Menschen. Es wird gefachsimpelt, wo der Motor versteckt sei, was man in den Packtaschen habe, aus welchem Material die Packtaschen sind, wie ein Fahrradtacho funktioniert, wieso man eine Federgabel am Fahrrad hat oder wie die Aufhängung der Anhänger konstruiert ist. Schnell werden wir anhand unserer europäischen Flagge am Anhänger als Europäer identifiziert, was hier, in der islamisch geprägten autonomen Provinz Xinjiang, recht angenehm ist. Die Uiguren sind, wie wir schnell herausfinden, auf die US-Amerikaner nicht gut zu sprechen, aber für die chinesischen ›Besatzer‹ haben sie erst recht kein gutes Wort übrig. Xinjiang ist eben eigentlich nicht China, das merken wir ganz deutlich. Da wir jedoch nie sicher sein können, ob unter den Schaulustigen nicht auch chinesische Spione und Denunzianten sind, hängt am Anhänger auch noch eine chinesische Fahne. Auf die Frage, wohin wir fahren wollen, antworten wir auch stets mit Beijing und nicht etwa mit Lhasa. Das freie Reisen ohne chinesischen Begleiter ist Ausländern in Tibet nicht erlaubt.

Hinter der Stadt Yarkant fahren wir einen Feldweg etwa 300 Meter weit rein und bauen unser Zelt unter kleinen Weiden am Rand eines Ackers auf. Es dauert auch hier nicht lange, bis sich etwa 20 Menschen aus einem nahegelegenen kleinen Dorf um das Zelt scharen und uns neugierig beobachten. Einige ältere Männer stellen Fragen, die wir nur mühsam verstehen, geschweige denn beantworten können. Die Neugierde der Uiguren ist jedoch von einer angenehmen, zurückhaltenden Art. Die Kinder fassen nichts an und bleiben bei den Erwachsenen, die einen gewissen respektvollen Abstand vom Zelt und der herumliegenden Ausrüstung einhalten. Nach einer Weile ist die Neugierde gestillt, die Menschen gehen ihrer Arbeit nach, und wir haben wieder unsere Ruhe. Geweckt werden wir am nächsten Morgen vom Dorflautsprecher. Ein Radio können sich sicherlich viele leisten, jedoch ist es den Behörden wichtig, dass auch der richtige Sender mit der entsprechenden Politpropaganda gehört wird. So sind wir früh wieder auf den Rädern und können die Morgenkühle und Windstille ausnutzen.

Die Straße ist gesäumt von einer schattenspendenden Pappelallee, die jedoch Ende März noch fast kahl ist. Die Landschaft zwischen Yarkant und der Stadt Kargilik wird dominiert von intensiver Landwirtschaft. Frischgepflügte Äcker und bepflanzte Folientreibhäuser sichern die Versorgung der Region mit Obst und Gemüse. Wir sehen die Produkte auf den Märkten: Tomaten, Paprika, Lauch, Salate, Radieschen, Rettich sowie einige uns unbekannte Gemüsearten. Auf den Brachefeldern weiden Ziegen und Schafe. Jeder Bauer hat einen oder mehrere Esel und Maultiere für die Transporte von Menschen und Material zu den oft weit von den Siedlungen gelegenen Feldern. Die Feldarbeit wird fast nur von Menschen geleistet, selten sehen wir einen kleinen Traktor. Rinder oder Pferde werden noch seltener für die Feldarbeit eingesetzt, Kamele dagegen schon eher. Die ländlichen Häuser sind aus Lehm mit einem inneren Holzgerüst und winzigen Fenstern. Die Flachdächer werden für die Lagerung von Geräten oder Getreide genutzt.

*Zeltplatz in einer Oase am Westrand der Takla Makan*



Die Großstadt Kargilik (Yecheng) ist ein für uns schrecklicher Kontrast zur beschaulichen Landidylle, durch die wir geradelt sind. Die Stadt ist ein einziges riesiges Gewusel. Mit den schwerbeladenen Fahrrädern ist die Teilnahme am Straßenverkehr anstrengend und nervig. Keiner scheint Rücksicht zu nehmen, jeder fährt so, wie er gerade will, auch mal entgegen der üblichen Fahrtrichtung. Dennoch passieren erstaunlich wenige Unfälle – zumindest scheint jeder auch irgendwie damit zu rechnen, dass ihm andere in die Quere kommen. Die Straßen- und Richtungsschilder können wir nicht entziffern – sowohl die chinesischen Zeichen als auch die arabische Schrift sind uns unbekannt. Nach einigen Fragen bekommen wir den richtigen Hinweis zu unserer Straße, auf die wir hinter Kargilik abbiegen müssen, wenn wir nicht weiter nach Osten in Richtung Beijing wollen. Die Straße Nr. 219 führt genau nach Süden, nach Tibet.

## Es geht bergauf

Mit dem Hahnenkrähen aus dem kleinen Dorf, in dessen Oase wir zelten, wachen wir auf. Die Oase war nicht nur der ideale Schutz vor dem starken Südostwind, der den Staub und Sand beiderseits der Straße aufwirbelte, sondern auch ideal für die nötige Wasserversorgung. Die freundlichen Bewohner füllten uns unsere Wassersäcke, so dass wir ausgiebig trinken und kochen konnten.

Das Gelände steigt stetig an. Kashgar lag noch auf 1250 Metern Höhe, jetzt bewegen wir uns auf die 2000 Meter zu. Die Täler werden immer enger, und die Berge im Süden haben schneebedeckte Gipfel. Im Morgenlicht glänzen die Eisfelder der 4000er-Gipfel orangegelb. Gegen Mittag setzt wieder der starke Südostwind ein, und wir kommen nur noch langsam voran. Wir passieren einige wenige Oasen mit hellgrünen Pappeln und blühenden Mandelbäumchen, dazwischen Lehmhäuser, die mit Lehmmauern umgeben sind. Auf den Dächern liegen Strohballen, und auf den Wegen scharren Hühner. Die Mittagshitze von 30

Grad Celsius macht uns immer noch zu schaffen, obwohl wir schon den vierten Tag unterwegs sind. Wir freuen uns auf den Schnee, dem wir morgen begegnen müssten. 70 Kilometer hinter Yecheng fahren wir durch die letzte größere Siedlung mit Imbissbuden, Getränke- und Grillständen, in der auch die Lkw-Fahrer Rast machen. Danach steigt die Straße stark an und führt hinauf in die Berge. Der abendliche Zeltplatz unseres vierten Tages liegt auf 2300 Metern Höhe.

Am nächsten Morgen bedeckt Rauhreif das Zelt. Aber schon bald schaffen es die ersten Sonnenstrahlen über die Bergkämme und lassen die Schnee- und Eisfelder im Süden aufleuchten. Dann endet der Asphaltbelag: Jetzt müssen die Mountainbikes endlich zeigen, was sie wert sind. Wackersteine und Grobschotter, dazwischen feiner Staub und Sand. Was ohnehin zum Radfahren nicht ideal ist, verwandelt sich bei jedem uns passierenden Lkw zu einer Qual. Das Hochtal, in dem wir fahren, liegt auf 2500 Metern Höhe und ist eine halbwüstenartige Landschaft. Schafe, Ziegen, einige Pferde und Esel weiden das letztjährige Gras ab. Grün ist hier noch nichts, dafür sind die umliegenden kargen Berghänge bis in die höchsten Kammlagen stark überweidet.

Der vor uns liegende Kudi-Pass befindet sich auf 3240 Meter Höhe, eine erste Herausforderung an unsere Kondition und unsere Anpassungsfähigkeit an große Höhen. Endlos erscheinen uns die Rampen und Serpentinen. Wir keuchen mit letzter Kraft nach oben. Die Lunge pfeift, und die intensiv brennende Sonne bringt uns ins Schwitzen. Wir fragen uns, ob wir nicht zu viel Ausrüstung dabei haben – dabei wird dieser erste Pass nur ein kleines Vorspiel dessen, was uns im Laufe der Reise noch bevorsteht.

## Zeltplatz am Fluss

Erschöpft aber glücklich – wie auf jedem Bergpass – stehen wir neben unseren Mountainbikes und genießen die Aussicht auf das Karakorum-Gebirge und die bevorstehende Abfahrt: eine sich scheinbar endlos windende Straße bis hinunter zu einem schimmernden Fluss. Zumindest ist die Wasserknappheit der Wüste beendet. Jetzt können wir vielleicht mit etwas Glück einen schönen Zeltplatz am Flussufer finden. Die rasante Abfahrt von 750 Höhenmetern auf einer Strecke von 15 Kilometern nutzen wir auch, um die Batterien der Digitalkamera über den ›Dynosys Lightspin‹-Dynamo aufzuladen. Die von einem guten Bekannten gebaute Ladeelektronik arbeitet zuverlässig und lädt die Akkus während der Abfahrt ausreichend auf.

Besonders schnell können wir allerdings nicht ins Tal rasen, da die Beschaffenheit der Piste recht schwierig ist. Immer wieder dicke Wackersteine und in den Kurven weicher Grus – falsche Lenkbewegungen können schnell zum Sturz führen. Wir loben unsere Federgabeln, da sie nicht nur ein komfortableres Fahren auf diesen Pisten gewährleisten, sondern auch die in der Lenkertasche verstaute Fotoausrüstung vor den schlimmsten Schlägen schützen.

Aber jede Schußfahrt ist irgendwann beendet, und die Ernüchterung nach dem Geschwindigkeitsrausch kommt schnell genug zurück. Entlang des Flusses Tiznap fahren wir talaufwärts und freuen uns über die menschenleere Region und

*Sublimierter Schnee hinterlässt ein mosaikartiges Muster*



die geringe Verkehrsdichte. Jedoch ist die Pistenoberfläche das Schlimmste, was wir bisher befahren haben: eine Mischung aus großen Wackersteinen, schroffem Hangschutt, gerundeten Flusskieseln, feinem Sand und Staub. Darüber liegt noch ein geordnetes Wellblechmuster. Schnell geben wir uns für diesen Tag geschlagen und suchen eine Sandbank am Fluss auf, wo wir das Zelt aufschlagen. Zwar sind einige Bereiche des Flusses noch mit einer dicken Eisschicht bedeckt, aber die Bachstelzen, die aufgeregt zwischen den Flusskieseln und um unser Zelt herum nach Nahrung suchen, lassen uns glauben, dass es auch hier bald Frühling wird.

## Die Haut verbrennt, der Kopf dröhnt, das Herz pocht

Der Morgen beginnt wolkenlos und kalt, entsprechend langsam kommen wir wieder auf unsere Mountainbikes. Dazu kommt, dass das Frühstück, ein großer Topf voll Müsli, auf sich warten lässt, da der Kocher Schwierigkeiten mit dem Brennstoff (Oktan 93) hat. Eigentlich hat uns der Kocher noch nie im Stich gelassen und bisher stets zuverlässig gearbeitet. Aber allem Anschein nach ist irgendetwas im Benzin, was die Düse ständig verstopfen lässt. Blei kann es nicht sein, denn das ist hier auch schon seit langer Zeit nicht mehr im Benzin. Erst viele Tage später kommen wir auf die Lösung: Der hohe Schwefelgehalt im Benzin setzt sich als schwarze Ablagerung in der Düse und der Zufuhrspindel ab und verstopft so die Zuleitungen.

Immer noch frustriert über den schlecht arbeitenden Kocher kommt plötzlich eine Überraschung: Kaum sind wir 800 Meter geradelt und haben bereits Schimpftiraden über die unmögliche Piste auf den Lippen, befinden wir uns auf einer nagelneuen Asphaltstraße. Die Bauarbeiten können erst im letzten Sommer oder Herbst – kein halbes Jahr vorher – abgeschlossen worden sein, denn ein anderer Tourenradler nannte diesen Streckenabschnitt auf seiner Homepage eine grauenvolle und sehr schwer zu bewältigende Baustelle. So kommen wir schnell voran und befinden uns, obwohl noch immer im Flusstal des Tiznap, am Abend knapp höher als gestern auf unserem ersten Pass. Allerdings ist die schroffe

Gebirgslandschaft auch auf Asphalt nicht einfach zu erradeln: Im Schatten der engen Täler sind es nur plus fünf Grad Celsius, und wir müssen eine Windjacke überziehen, im Sonnenschein wird es jedoch schnell brennend heiß, und wir müssen uns mit Schutzfaktor 30 eincremen. Der Asphalt reflektiert die Hitze, und die abwechselnd heißen und kalten Bereiche führen zur Entstehung von mitunter starken Fallwinden. Unsere winterlich helle Haut ist noch keine Sonne gewöhnt, geschweige denn die intensive Strahlung auf über 3000 Metern Höhe. Die am Nachmittag aufkommende Quellbewölkung bringt zwar eine gewisse Erholung von der Hitze, nicht aber vor der UV-Strahlung. Erst als die Sonne am Nachmittag hinter den bis zu 5000 Meter hohen Bergen verschwindet, fühlen wir uns wieder wohl, bevor es dann schlagartig kalt wird. Das Zelt bauen wir in einem Schneesturm auf, und die folgende Nacht wird mit minus 15 Grad Celsius sehr kalt.

Der Morgen ist wieder wolkenlos und kalt. Der Schnee vom Vorabend schmilzt im Laufe der ersten Morgenstunden wieder weg, treffender ausgedrückt sublimiert er. In dieser Höhe besitzt die Luft ein Wasserdampfdefizit, so dass der Schneekristall zum Zeitpunkt der Verflüssigung sofort verdampft. Die Umgebung bleibt genauso trocken wie vor dem Schneefall. Die wenigen Pflanzen haben nicht viel vom schmelzenden Schnee und warten auf den Monsunregen, der aber erst im Juni und Juli von Süden über das Gebirge kommen wird.

Jetzt weht uns ein eiskalter Wind aus Süden entgegen. Wir überqueren im Laufe des Vormittags die 4000-Meter-Linie und liegen erschöpft am Straßenrand. Die ersten Kopfschmerztabletten werden benötigt. In engen Serpentinen und steilen Rampen geht es weiter bergauf. Der Genuß der neuen Asphaltstraße war nach 80 Kilometern wieder beendet, und die Reifen beißen sich wieder durch Schotter und Staub. Die Durchschnittsgeschwindigkeit beträgt nur noch sechs Stundenkilometer. Auf einer Höhe von 4590 Metern bekommen wir leichte Kreislaufprobleme und müssen die Tagesetappe nach nur 29 Kilometern beenden. Nach einem warmen Tee aus der Thermoskanne sind wir dann auch wieder in der Lage, das Zelt aufzubauen und Schnee zum Schmelzen zu sammeln – flüssiges Wasser gibt es in dieser Höhe Ende März nicht, die Flüsse und Bäche sind dick zugefroren. Die Nacht ist ewig, und der Schlaf will nicht kommen. Wir wälzen uns in unseren Schlafsäcken, wachen ständig auf und sind sehr kurzatmig. Der Ruhepuls, normalerweise bei 45, liegt bei 80 Schlägen pro Minute. Entspannen ist das einzige, was geht. Nachts ist es wieder minus 15 Grad Celsius kalt.

Immerhin sind die Kopfschmerzen am nächsten Morgen weg, und wir haben glücklicherweise nach wie vor einen gesunden Appetit. Dafür kommt nach weiteren drei Kilometern in einem Hochtal die letzte Steigung des Passes in Sicht, die wir nun noch hochmüssen: ein endlos erscheinendes Gewusel von Serpentinen und langen Rampen hinauf in den Schnee. Bald bedeckt Schneematsch und Eis die Piste. Die Rampen sind im wesentlichen gut fahrbar und erfordern nicht unseren gesamten Krafteinsatz. Nur die ausgefahrenen und weichen Kurven bringen uns immer wieder aus dem Tretrhythmus, und die Höhe macht die Körper und jede Bewegung bleischwer. Für die neun Kilometer vom Zeltplatz bis zur Passhöhe auf 4910 Metern benötigen wir dreieinhalb Stunden. Die Mittagspause mit Trockenobst, Pemmikan (Dörrfleisch), Nüssen und einem heißen Energiegetränk zelebrieren wir auf einem Felsen, der aus dem gleißenden Licht des Schnees herausragt. Wenn wir uns langsam bewegen, so spüren wir die Höhe kaum. Versuchen wir aber, die paar Meter zu den Fahrrädern schnell zurückzulegen, so pocht jede Ader im Kopf, und die Muskeln sind energielos und gelähmt.

## Staubstürme

Die Abfahrt gestaltet sich angenehmer als die vom Kudi-Pass. Die Piste ist in einem besseren Zustand, und die 24 Kilometer bis zum Tal des Yarkant sind ein außergewöhnliches Erlebnis: Vorbei an mächtigen Felsformationen und riesigen Schotterhängen, entlang eines gefrorenen Flusses, der sich mit der Zeit durch mächtige Kiesablagerungen gegraben hat, und über unzählige Haarnadelkurven erreichen wir völlig berauscht den Talgrund bei 3800 Meter Höhe. Heute sind wir nur 350 Höhenmeter hochgefahren und 1150 Meter runtergerast. Die Piste im Tal des Yarkant ist wieder sehr schlecht, und der Wind kommt einmal mehr direkt von vorne, er weht talabwärts aus Osten. Die Lkw wirbeln kilometerlange Staubwolken auf, in denen wir kaum mehr weiterradeln können. Am späteren Nachmittag nimmt der Wind so stark zu, dass sich Staub und feiner Sand von den Hängen oberhalb der Piste von selbst lösen und uns in Form von Staublawinen einhüllen. Mit der Zeit bekommen wir eine völlig neue Hautfarbe, besonders an den Stellen, an denen wir uns vorher mit Sonnencreme eingeschmiert haben.

Waltraud kämpft noch mit einer mitgebrachten Erkältung und ich mit einer schmerzenden Schulter. Jeden Tag sind wir am Abend vollkommen fertig, dabei ist gerade einmal die erste Woche vorüber. Ernste Zweifel kommen auf, ob wir den kommenden Strapazen in über 5000 Meter Höhe gewachsen sein werden. Zusätzlich zu unseren körperlichen Anstrengungen stellen wir irgendwann fest, dass unsere Landkarte die Piste, auf der wir uns befinden, um 150 Kilometer kürzer ausweist, was bei diesen Pisten fast drei volle Tagesetappen sind. Das bremst uns auch noch psychologisch, da wir uns für die Strecke zur nächsten größeren Siedlung einen bestimmten Zeitplan vorgenommen hatten – vielleicht sollte man solche Pläne erst gar nicht aufstellen.

## Der Winter ist zurück

Am nächsten Tag erreichen wir auf einer Höhe von 4150 Metern den Beginn einer weiteren Passstraße, die wir jedoch nicht in einem Streich nehmen können. Einsetzender Schneefall bremst uns ab und zwingt uns zu einem Zeltplatz direkt neben der Piste. Zum Glück werden auch die Lkw durch den Schneefall von der Befahrung der Passstraße bei Nacht abgehalten, und so können wir auf 4400 Meter Höhe relativ ruhig schlafen. Die Höhe vertragen wir jetzt schon erheblich besser als in unserer ersten Nacht über 4000 Meter.

Es ist nicht leicht, zwischen den schneebedeckten Wackersteinen eine angenehme Fahrtrille auf der Piste zu finden So vergeht wieder einmal der ganze Vormittag, bis wir endlich oben auf der Passhöhe des Kirgizjangal Daban mit

4930 Meter stehen. Die Temperatur beträgt minus fünf Grad, und im kontinuierlichen Schneetreiben können wir den weiteren Verlauf der Piste nur erahnen. Ein uns entgegenkommender Militärkonvoi mit fast 70 Lkw hat zudem die gefrorene Piste in Schneematsch verwandelt. Und noch etwas lernen wir schon bald: Wenn ein Einheimischer uns sagt, wie weit es noch bis zum Pass oder zu einer bestimmten Ortschaft ist, darf man der Angabe grundsätzlich misstrauen und die Angabe mit drei multiplizieren. Oben angekommen, schmerzen der Rachen vom vielen Keuchen, die Beinmuskulatur vom kraftzehrenden Treten und die Finger in den nassgeschwitzten und unterkühlten Handschuhen. Die Abfahrt ist fast ebenso anstrengend, da Wellblechmuster und Wackersteine sowie einige vereiste Passagen die Oberfläche bilden.

Eine kurze Episode ist die Fortsetzung der Abfahrt auf einem sehr glatt zugefrorenen Fluss, an dem die Piste entlang führt – so versuchen wir dem elenden Wellblechgerüttel zu entkommen. Anfangs geht es ganz gut, und der neue Untergrund macht Spaß, aber als Waltraud nach einem Kilometer zum drittenmal ausrutscht, verlassen wir diese Alternative und mühen uns stattdessen wieder auf steinigem Terrain voran.

## Typische chinesische Truckstops

Der nächste Morgen überrascht uns wieder einmal mit einem dick eingeschneiten Zelt. Der Winter kommt immer weiter hinunter in die Täler. Das Frühjahr, das wir am Rand der Takla Makan schon erleben durften, braucht hier wohl noch ein paar Wochen. Aufgrund des Zeitverlustes durch die miserable Pistenqualität entschließen wir uns, erst einmal nur bis zur Ortschaft Xaidulla zu radeln und dort nach einer Transportmöglichkeit auf einem Lkw zu fragen. Die Ortschaft

*Eine willkommene Abwechslung zur Campingküche*

*Praktisch: Hosenschlitz für Kleinkinder*



auf 3740 Meter Höhe setzt sich aus einem Militärstützpunkt und einer kleinen Siedlung beiderseits der Piste zusammen, bestehend aus Reparaturwerkstätten, mehreren Restaurants und Herbergen sowie einem kleinen Laden und einer Tankstelle. Hier halten alle Lkw, denn sowohl auf dem Weg nach Süden als auch nach Norden ist der nächste Truckstop über hundert Kilometer entfernt. Viele Lkw-Fahrer warten in Xaidulla auf bessere Wetterverhältnisse oder schließen sich zu Konvois zusammen.

Wir quartieren uns in einer kleinen Herberge einer uighurischen Familie ein. Das Essen ist nahrhaft und gut, wenn auch oft recht scharf: Die kulinarischen Genüsse bestehen aus frischem dampfenden Maisbrot, Reismehlbällchen, mit Curry eingestäubten Hefeknödeln, üppigen Nudelsuppen mit frischgemachten Nudeln, Hammelfleisch mit Gemüse, einer Art Schabnudeln, gefüllten Teigtaschen aus Reismehl, und zu allen Gerichten gibt es eine ständig nachgegossene Tasse grünen Tee. Die Leute sind nett und neugierig. Mit einigen Dorfbewohnern oder Lkw-Fahrern, die über bessere Chinesischkenntnisse verfügen als die meisten Uiguren, und mittels unseres kleinen Sprachführers können wir auch etwas kommunizieren. Wir fühlen uns sehr wohl und genießen die zwei Tage nach den anstrengenden Tagen auf der Piste. Die Gastfreundschaft der Familie beruht aber auch auf der blanken Tatsache, mit Durchreisenden und Gestrandeten Geld verdienen zu müssen.

Die etwa dreijährigen Kinder der Familie laufen mit einer praktischen Hosenkonstruktion herum: einem langen Schlitz im Hosenschritt, der sich öffnet, sobald die Kinder in die Hocke gehen. So spart man sich einerseits die Windeln, andererseits aufwendige Knöpfe oder Reißverschlüsse, und die Kinder lernen schneller als mit Windeln, diesbezüglich selbständig zu werden. Für die beiden

Kinder sind unsere Fahrräder eine willkommene Abwechslung. Auf dem Oberrohr sitzend und im Stand gegenseitig um die Wette fahren ist für sie das Höchste. Wir nutzen die Pause auch, um einige Wartungsarbeiten an den Fahrrädern durchzuführen.

Nach zwei Tagen fließt der durch den Wintereinbruch ins Stocken geratene Verkehr wieder an. Adil, Alimo und Ekber, die Mannschaft eines Dreiachsers der Marke ›Dongfeng‹ (Ostwind) werden uns für etwa 400 Kilometer bis kurz vor Domar mitnehmen. Das funktioniert aber nur, wenn einer der drei Fahrer in einem der anderen drei Fahrzeuge des Konvois unterkommt. Bevor es losgeht, muss jedoch das allmorgendliche Problem gelöst werden, den Motor zum Laufen zu bringen. Dazu muss der Treibstofftank vorgeheizt werden. Einige haben einen Benzinbrenner, der mit seiner blauen Flamme zuverlässig und gezielt eingesetzt wird, andere nehmen einfach altes Reifenmaterial und zünden dieses unter dem Tank an. Wieder andere pumpen den Treibstoff aus dem Tank in einen Eimer und stellen diesen auf den Bullerofen in der Herberge. Eine giftig stinkende und dicke schwarze Rauchwolke hüllt das halbe Dorf ein. Nach und nach springen alle Motoren an. Die Fahrräder, Anhänger und das Gepäck werden auf der Ladefläche verschnürt, und die Fahrt kann beginnen. Die Lkw kommen nur mit 30 Stundenkilometern voran, das ist dann doch etwas unerwartet für uns, denn als wir uns radelnd auf der Piste voranquälten, kamen uns die Lkw viel schneller vor. Die Piste ist sehr schlecht, und selbst die großen Fahrzeuge haben enorme Schwierigkeiten mit dem Wellblechmuster. Wir werden heftig durchgeschüttelt. Nach 121 Kilometern erreichen wir in 4260 Meter Höhe die kleine Siedlung Dahongliutan, bestehend aus drei Restaurants mit angeschlossenen Herbergen, einem kleinen Laden, zwei Reparaturwerkstätten und einem Quartier der Straßenbaubehörde. Wie wir erfahren, endet hier vorerst die Fahrt.

Der nächste Pass, der Khitai-Pass, ist stark vereist, und kein Fahrzeug kommt durch, ein Fahrzeug sei auch schon den Hang heruntergerutscht und verunglückt, heißt es. Auch den nächsten Tag bleiben wir noch im Dorf sitzen. Die Fahrer basteln tagsüber an ihren Fahrzeugen und wärmen sich zwischendurch am Kohleofen in der Stube der Herberge auf. Es pfeift ein eiskalter Wind von den Bergen herunter, der in dieser dünnen Höhenluft doppelt so stark auskühlt, aber immerhin schneit es nicht mehr. Das lässt hoffen, dass die intensive Höhensonne den vereisten Pass bald wieder passierbar macht. Wir versuchen, uns mit Brettspielen – unser Backgammonspiel wird für Schach gehalten –, Lesen, Tagebuchschreiben oder kurzen holprigen Unterhaltungen die Zeit zu vertreiben. Weder das ungemütliche Wetter noch die verdreckte Landschaft um das Dorf herum bereiten uns viel Lust zu einem Spaziergang. Hinter der Häuserzeile liegt, wie bei vielen chinesischen Ortschaften, der Müll kreuz und quer. Ob alte Autoreifen, Plastiktüten, Fensterscheiben, kaputte Schuhe oder tote Hunde – alles wird einfach hinter die Häuserzeile geworfen. Dazwischen sucht sich dann jeder sein ›stilles Örtchen‹, denn Toiletten gibt es weder öffentliche noch private. Da das kalte trockene Wetter kaum biologische Abbauprozesse zulässt, liegen auch überall Häufchen, und man findet kaum mehr noch ein freies Plätzchen – immerhin stinkt es nicht in der Kälte.

Abends sitzt die inzwischen auf etwa 20 Personen angewachsene Gruppe der Lkw-Fahrer in der Herberge zusammen. Der Kohleofen glüht, so dass der Raum wenigstens auf 15 Grad geheizt ist. Diverse chinesische oder indische Videos brüllen lautstark aus der einen Ecke des Raumes, während aus der anderen Ecke die Kartenspieler sich halb totlachen. Die Uiguren sind ein unterhaltsames, angenehmes und gegenüber Fremden freundliches und zurückhaltendes Völkchen. Die Lkw-Fahrer im speziellen sind super Kumpel, die alle zusammenhalten, sich gegenseitig die Motoren reparieren und solidarisch miteinander umgehen – zumindest innerhalb der jeweiligen Volksgruppen. Es wird bei den Uiguren kein Alkohol getrunken; dafür rauchen alle.



## Mit dem Lkw im Schnee

Nach der eintägigen Zwangspause brauchen die Fahrer am nächsten Morgen bis zu einer Stunde, bis die Motoren wieder reibungsfrei laufen. Die Treibstoffzuleitungen verstopfen immer wieder, weil die Kälte den Diesel dickflüssiger macht. Nach 30 Kilometern stehen wir am Fuß des eingeschneiten Passes. Drei Reifenspuren sind schon im Schnee zu erkennen. An einigen engen Kurven steigen alle bis auf den Fahrer sicherheitshalber aus. Teilweise müssen wir mit der Schaufel Sand und Steine auf die Spur werfen, damit die Reifen des 12-Tonners nicht durchdrehen. Wir sehen auch den verunglückten Lkw, der 150 Meter unterhalb am Hang zertrümmert liegt. Die gesamte Fracht, Säcke mit Bortrioxid, das für die Verwendung in Feststoffraketen bestimmt ist, zur Atombombenherstellung oder bei anderen Kernspaltungsprozessen Verwendung findet, liegt aufgerissen am Hang verteilt. Sie sollte nach Kashgar und dann per Eisenbahn weiter zur Aufarbeitung gefahren werden, wurde uns erläutert. Wie es der Lkw-Besatzung erging, konnte mir keiner mitteilen. Wir bekommen wieder einen Zwangsstopp, als ein vor uns fahrender Tanklaster einen Motorschaden

*Kein leichter Job: LKW-Fahrer in Tibet*

*Siedlung im Aksai Chin*

hat und die schmale Fahrbahn blockiert. Der Fahrer übergibt sich am Pistenrand, und die Mannschaften von drei anderen Fahrzeugen reparieren inzwischen den defekten Motor. Wir befinden uns inzwischen auf knapp 5000 Metern Höhe, da kann selbst ein erfahrener Uighure mal umkippen. Ich verabreiche ihm 600 Milligramm Aspirin, etwas trockenes Brot, viel Wasser und zwinge ihn, für zehn Minuten flach am Boden liegen zu bleiben. Anschließend wird die deutsche Medizin hoch gelobt, und der gute Mann schläft eine Stunde im Führerhaus unseres Lkws, während die anderen immer noch mit seinem kaputten Fahrzeug beschäftigt sind. Als feststeht, dass selbst mit dem fantastischen Improvisationstalent der Fahrer nichts mehr zu machen ist, wird mit Schaufeln und Spitzhacken ein Teil der Böschung so eingeebnet, dass die wartenden Lkw am defekten Fahrzeug vorbeikommen. Das gelingt haarscharf – wenige Zentimeter daneben geht es 200 Meter in die Tiefe.

Die Lkw quälen sich mit dem ersten Gang weiter den Pass hoch, schlingern im Schneematsch der Mittagssonne mehr recht als schlecht dem höchsten Punkt auf 5360 Meter entgegen, und alle sind erleichtert, dass unser Konvoi es bis hierher geschafft hat. Die 200 Höhenmeter, die es nun wieder nach unten geht, sind ziemlich steil und erfordern nochmals sehr viel Konzentration von den Fahrern.

## Über das Aksai Chin

Den restlichen Tag geht es monoton über das Hochplateau des Aksai Chin. Der tiefste Punkt, den wir in dieser relativ flachen Landschaft aus Sand, Steinen und gefrorenen Seen erreichen, liegt bei 5012 Meter. Eine flache Landschaft in dieser Höhe ist schon sehr ungewöhnlich. Sehnsüchtig blicken wir nach draußen: Wie gerne hätten wir die enormen Distanzen zwischen den wenigen Süßwasserlöchern hier selber mit den Fahrrädern zurückgelegt. Zwar liegt jetzt kein Tiefschnee mehr auf der Piste, aber durch den Wintereinbruch der letzten Tage haben wir viel Zeit verloren, die wir für die kleinen und abwechslungsreichen Pisten in Tibet brauchen werden. Mitten im Nichts, es ist schon 23 Uhr 30, leuchten plötzlich zwei Lampen vor uns im nächtlichen Schneegestöber auf. Ein entgegenkommendes Fahrzeug oder eine kleine Siedlung? Es ist unser Tagesziel, der Truckstop Syrinko (Tielong). Uns verwundert es etwas, dass auf 5200 Meter Höhe dauerhaft Menschen leben können und wollen. Aber die Lkw-Fahrer sind eine begehrte Einnahmequelle für viele. In einem Bretterverschlag gibt es Momos (chinesisch ›Baozi‹), kleine Teigtaschen mit Hammelfleisch und Gewürzen, sowie eine Nudelsuppe und viel heißen Tee. Alle Fahrer liegen auf der großen Gemeinschaftspritsche und hüllen sich in Decken. Der kleine Kohleofen glimmt bald nur noch, und die nächtliche Kälte kriecht durch alle Ritzen. Einige der Fahrer schnarchen lautstark, und wir sehnen uns in unser gemütliches Zelt zurück. Zum Frühstück gibt es wieder Momos und Tee – wir gewöhnen uns ja an vieles auf dieser Reise. Am Morgen wird unsere Dose mit Kopfschmerztabletten von fast allen Fahrern benötigt. Scheinbar ist in dieser Höhe ihre Leistungsgrenze doch schon erreicht, auch wenn sie schon mehrfach hier oben waren. Interessant ist jedoch zu beobachten, dass die Fahrer sich zuerst um die Motoren kümmern und diese zum Laufen bringen, bevor sie an das Frühstück oder die eigenen Kopfschmerzen denken. Es ist jedenfalls ein harter Job, den die Lkw-Fahrer hier verrichten, um im Winter diese wichtige Transportader aufrechtzuerhalten.



## Bis in die Dunkelheit

Der südliche Rand des Aksai-Chin-Plateaus wird ebenfalls von hohen Bergen eingerahmt. Hier liegt wieder tiefer Schnee beiderseits der Piste. Die Fahrspur selbst ist ein einziges Gematsche aus Schnee, Eis, Wasser, Steinen und Dreck. Jetzt sind wir froh, uns hier nicht mit den Mountainbikes durchquälen zu müssen – wir hätten zweifellos geschoben. Es ist einfach noch zu früh im Jahr für eine Befahrung dieser Region mit Fahrrädern, das hatten wir in der Planung unterschätzt. An zwei weiteren Pässen um die 5200 Meter Höhe kommen die Lkw in ernsthafte Probleme. Einer steckt fest und muss mit der Hilfe der anderen Fahrer wieder befreit werden, ein anderes Fahrzeug ist zu leistungsschwach und schafft eine Rampe nicht, was für die nachfolgenden Lkw einen kleinen, aber riskanten Umweg erforderlich macht. Wir sehen immer wieder einzelne Lkw, die entweder ins Eis zugefrorener Flüsse eingebrochen sind oder wegen zu viel Fracht im Schnee und Matsch feststecken. Einer hat sogar eine gebrochene Achse. Der wird wohl erst in einigen Wochen geborgen werden können.
Von früh bis spät werden wir heute wieder durchgerüttelt. Auch die immer wieder abwechselnd abgespielten Musikkassetten der Fahrer kennen wir langsam auswendig. Irgendwann sehnen wir uns nach festem Boden unter den Füßen, den gibt es aber immer nur für fünf Minuten beim Fahrerwechsel oder bei Pinkelpausen. So geht es erneut bis tief in die Nacht. Wir haben schon längst zu hoffen aufgehört, als wir endlich vier Kilometer vor der Ortschaft Domar sind.

Da am Ortsrand ein Polizeiposten steht, müssen wir schon vor der Siedlung aussteigen. Die Fahrer würden große Schwierigkeiten bekommen, denn ihnen ist die Mitnahme von Ausländern verboten. So stehen wir mit Stirnlampen am

Pistenrand und montieren die Fahrräder wieder fahrtauglich, hängen alle Taschen und die Hänger fest und radeln zum nahegelegenen Dorf. Der Posten nimmt gelassen unsere Personalien auf und lässt uns weiterziehen. Wir sind erleichtert, denn die immerwährende Ungewissheit und Angst gegenüber den Behörden, falls doch einmal jemand nach einer Berechtigung für unsere Fahrradtour in Tibet fragen sollte, schwebt stets über uns. Bestenfalls müssen wir lediglich eine Strafe zahlen, schlimmstenfalls werden wir zumindest aus Tibet ausgewiesen. Dies ist ja schon einigen anderen Tibetreisenden passiert.

Hier in Domar haben wir jedoch einen hilfsbereiten Polizisten vor uns. Er folgt uns bis in die Herberge, in der wir übernachten werden – die Lkw-Fahrer sind ja auch schon alle da – und schärft dem Wirt ein, dass die Fahrräder mit dem Gepäck nachts bitteschön im Haus zu stehen haben. Da der Polizist etwas Englisch spricht, konnte er uns noch fragen, ob wir zufrieden sind oder noch irgendetwas brauchen. Uns ist das dann aber doch etwas peinlich, da wir ja wissen, dass die Uiguren und auch die Tibeter nicht besonders gut auf die chinesischen Behörden zu sprechen sind. Den Rest des Abends verbringen wir ungestört mit Nudelsuppe und Informationsbeschaffung über den weiteren Streckenverlauf.

## Endlich wieder auf dem Sattel

Der Morgen ist für uns und fast alle Fahrer heftiger als die vorhergehenden Tage, obwohl wir nur noch auf 4380 Meter Höhe sind. Möglicherweise haben das Gerüttel und die vielen 5000er-Pässe vom Vortag bei einigen massive Kreislaufprobleme hervorgerufen, bei anderen starke Kopfschmerzen. Auch wir sind etwas angeschlagen. Unsere Dose Aspirin wird immer leerer. Die Fahrer sind überglücklich über diese Medizin, so dass ich ihnen die restlichen Tabletten schenke, wir haben für uns noch eine zweite Dose dabei.

Bis zum Mittag sitzen wir in der Sonne und überlegen, ob wir es Kopf und Magen zumuten können, weiterzuradeln – aber wir wollen endlich wieder zelten

*Yaks am Wegesrand*

und die Ruhe der Natur genießen. Die Piste sieht zunächst weniger schlimm als am Vortag aus und das Terrain ist relativ flach, dazu kommt ein kräftiger Rückenwind. Also packen wir zusammen und sitzen wieder auf unseren Fahrrädern.

Hinter der Ortschaft sehen wir die ersten großen Yak-Herden, Schwarzhalskraniche und zwei verschiedene Gänsearten. Die karge Landschaft ergibt mit den schneebedeckten Gipfeln und dem dunkelblauen Himmel eine phantastische Farb- und Lichtmischung. Welch ein Kontrast zum Aksai-Chin-Plateau von gestern.

Am späteren Nachmittag wechseln wir die Fahrtrichtung, so dass der kräftige Wind nun von vorne kommt. Zusätzlich fahren wir eine acht Kilometer lange Rampe hoch auf einen flachen Pass bei 4600 Metern. Wir kommen gerade noch so schnell voran, dass wir nicht umfallen. Einige der Sturmböen zwingen uns immer wieder zum Anhalten. In 4450 Meter Höhe bauen wir dann an einer kleinen Böschung abgeschirmt vom Wind unser Zelt auf. Nach nur 24 Kilometern sind wir mit dem heutigen Tag fertig. Die körperlichen Probleme am Morgen und die Strapazen des Nachmittags scheinen sich potenziert zu haben. Jetzt heißt es nur noch kochen, essen und schlafen – endlich wieder im Zelt!



## Türkisfarbene Salzseen und bunte Gebetsfähnchen

Die nächsten größeren Siedlungen an der Piste Nr. 219 wären Rutok und Ali. Ali ist eine große Stadt, an der wir überhaupt kein Interesse haben. Viel mehr reizt uns der Ausläufer des Chang-Tang-Hochlands, so müssen wir uns also jetzt nach Osten und nicht nach Süden halten. Wir biegen auf eine kleine grau-weiße Lehmpiste ab und freuen uns auf die Einsamkeit und einen türkisblauen Salzsee, den wir schon von weitem gesehen haben. Das Wasser ist nicht trinkbar. Die am Ufer angetriebenen Eisschollen bestehen dagegen aus relativ salzarmem Wasser und wären zur Not genießbar. Der kobaltblaue Himmel, das Türkis des Sees und die weißen Eisschollen faszinieren uns. Im Kontrast dazu stehen die rötlich-schwarzen Felsformationen der umgebenden Berge. Plötzlich entdecken wir am gegenüberliegenden Ufer die ersten Kiang, die hochgewachsenen tibetischen Wildesel. Die kleine Herde trabt gemächlich durch die flimmernde Luft der wüstenhaften Berglandschaft, immer auf der Suche nach einigen Grashalmen.

Wenig später stehen am Wegrand drei kleine Stupas mit einem großen Haufen Manisteine und zwei windangetriebenen Gebetsmühlen. Viele Gebetsfähnchen flattern unablässig im Wind. Wir sind angekommen im Land unserer Träume – in Tibet. Voller Freude genießen wir das Farbenspiel der Seen, Berge und der bunten Fähnchen.

Eine einsame und wohl nur während des Sommers bewohnte Siedlung dient uns als idealer Windschutz für die Mittagspause. Die Piste führt jetzt direkt nach Osten, und der starke Westwind schiebt uns für mehrere Stunden. Glücklicherweise finden wir in der Nähe eines der Salzseen einen Süßwassertümpel. Die Möwen, Enten und Gänse zeigen uns diesen kostbaren Schatz schon von weitem. So können wir etwas sorgenfreier den restlichen Tag weiterfahren. Hinter niedrigen grau-weißen Lehmhügeln bauen wir am Abend das Zelt auf und beobachten mit dem Fernglas die Himalaya-Streifengänse auf dem Salzsee. Die Hochgebirgswüste, durch die wir fahren, ist fast vegetationslos. An geschützten Stellen und in den Talsenken steht das gelbgefärbte letztjährige Gras. Nomadenzelte sind kaum zu finden. Die kleine, einsame Piste haben wir für uns.

Gegen den ab Mittag einsetzenden und von da an unablässig wehenden Westwind, der eigentlich ideal für unsere Tour in Richtung Osten wäre, müssen wir heute ankämpfen. Bis zum Rabang-See bewältigen wir drei Pässe mit jeweils 4600 Meter Höhe. Da wir kein Wasser in der Region finden, sind wir gezwungen, bis in den frühen Abend zu radeln und zu hoffen, wenigstens in der Nähe von Rabang etwas zu finden.

Am Ufer des Rabang-Sees bekommen wir dann auch von einem Nomaden das notwendige Süßwasser zum abendlichen Kochen. Das Seewasser wäre zu salzig. Die Ortschaft Rabang ist eine größere Ansiedlung von Lehmhäusern, einfachen Hütten, einigen gemauerten chinesischen Gebäuden, einer Schule und einem kleinen Krankenhaus, einer Verwaltungszentrale und natürlich einem Militärcamp. Wir versuchen in einem der kleinen Läden Kekse zu bekommen, was aber erfolglos bleibt. Schließlich werden wir von einem Khampa-Tibeter zum Buttertee eingeladen. Wie es sich für einen echten Khampa gehört, hat er ein rotes Tuch in seine pechschwarzen Haare geflochten. Das korrespondiert sehr gut mit seiner roten ›TheNorthFace‹-Jacke, einem chinesischen Plagiat. Im Reich der Mitte wird vieles skrupellos kopiert und zu einem Zehntel des Originalpreises verkauft. Nicht zum erstenmal werden wir nach einem Foto vom Dalai Lama gefragt.

## Endlose Weite

Entlang der Seenkette östlich von Rabang und in den umliegenden Hochtälern treffen wir wieder häufiger auf Nomadenzelte. Ziegen- und Schafherden weiden an den Hängen, Pferde galoppieren wild neben uns her. Die Piste führt eng zwischen Hang und Salzseeufer vorbei, und immer wieder macht von unten hochquellendes Hangsickerwasser den salzigen Lehm der Piste weich und schmierig. Die Reifen sinken oft ein, und wir stecken fest. Zum Glück sind es aber nur jeweils kurze Abschnitte, auf denen wir auf diese Weise ausgebremst werden. Das Wetter hat sich scheinbar auch gegen uns verschworen. Ein eiskalter heftiger Wind bläst von Süden über die Berge. Die eine oder andere Schneewolke entlässt ihre Fracht über der Landschaft, und wir müssen aufpassen, die Fahrspur in diesem Schneegestöber nicht zu verlieren. Abends dreht der Wind zwar wieder und schiebt uns nach Osten, aber die Schneewolken werden noch dicker.

Am Morgen des nächsten Tages ist die Landschaft mit zehn Zentimeter Neuschnee bedeckt. Der Schnee ist jedoch sehr trocken und klebt kaum an den Reifen, so dass wir ihn ohne Probleme durchpflügen können. Allerdings besteht die Oberfläche der Piste bis zur kleinen Nomadensiedlung Dengtse aus Flugsand und grobem Flussschotter. Mühsam holpern wir mit unseren vollgepackten Rädern voran. Bei allen Widrigkeiten des Wetters oder des Untergrundes sind wir fasziniert von der Landschaft: In der grasbewachsenen Ebene sehen wir

*Gebetsfahnen begegnen uns unterwegs immer wieder*



große Kiang-Herden sowie einige Gruppen an Chirus, Tibetantilopen. Diese scheuen Tiere bekommen wir selten näher als 200 Meter vor die Kamera. Aus nächster Nähe können wir jedoch balzende Schwarzhalskraniche, Gänse, Enten, den Himalaya-Rotschwanz, Steinschmätzer und einen riesigen Uhu beobachten. An sonnig exponierten Stellen eines großen Sumpfgebiets finden wir entlang kleiner Hangsickerquellen das erste Grün in dieser kargen Landschaft. Sogar die ersten Mücken fliegen schon.

Wir müssen ständig anhalten und keuchen. Der starke Gegenwind und die anspruchsvolle Pistenoberfläche wollen uns von unserem nächsten Pass abhalten, so scheint es. Wackersteine, bei denen das Vorderrad hüpft und das Hinterrad durchdreht, vermengt mit Sand und Wellblech, während es steil bergan geht – eine echte fahrtechnische Herausforderung. Wir sind inzwischen sehr gut an die Höhen akklimatisiert, aber der vor uns liegende Pass liegt einmal mehr über 5000 Meter, und da sinkt die Leistungsfähigkeit doch gewaltig. Aber schließlich stehen wir atemlos auf 5130 Meter Höhe und genießen das überwältigende Panorama. Auf den grasbewachsenen Flächen weiden Yak- und Kiang-Herden, Schafe sehen wir in der Nähe der wenigen Nomadenzelte, in der Ferne schimmern schnee- und eisbedeckte 6000er Bergriesen, und die Luft ist so klar, dass wir das Gefühl für Raum und Distanzen verlieren.

Neben einer kleinen Hangsickerquelle bauen wir unser Zelt auf. Ein tibetischer Schaf- und Ziegenhirte kommt am Abend mit seiner Herde vorbei. Während die Tiere am Wasserloch trinken, sitzt der jugendliche Tibeter mit seiner rotierenden Gebetsmühle abseits und meidet einen zu nahen Kontakt zu uns. So ganz geheuer sind wir ihm wohl nicht mit unseren ›sonderbaren‹ Fahrzeugen. Im Gegensatz dazu kennen seine Tiere keine Scheu: Die stolpern über die Abspannleinen des Zeltes, und ein junges Zicklein verirrt sich sogar ins Zelt, da muss dann auch der tibetische Hirte lachen. In dieser Höhe sind die Nächte

kalt (minus 15 Grad), und wir freuen uns auf unsere guten Winterschlafsäcke. Aber der Sternenhimmel ist unglaublich schön. Die klare Luft lässt die funkelnden Punkte am Firmament doppelt so groß erscheinen, und man fühlt sich ganz nah an den Sternen. Selbst Sterne knapp über dem Horizont sind zu sehen. Am Morgen sind die Heringe im Boden festgefroren, das ist der Nachteil, wenn man in der Nähe einer Quelle zeltet.

Am nächsten Morgen befinden wir uns endlich auch mal auf einer Piste mit ausgesprochen guten Fahreigenschaften. Wir radeln durch eine große Ebene mit gelbem Gras und roten Steinen. Farblich dazu passen die schwarzen Vulkankegel im Hintergrund und der tiefblaue Himmel mit einzelnen weißen Flöckchenwolken. Besonders auf den ausgetrockneten Seeböden und Schwemmebenen, einem feinrissigen Lehm, schaffen wir auch hohe Geschwindigkeiten und somit Tagesetappen von 85 Kilometern. Normalerweise liegen unsere durchschnittlichen Leistungen auf den kleinen unscheinbaren Pisten bei 50 bis 60 Kilometer, natürlich auch bedingt durch die vielen Foto- und Filmstops, zu denen uns die eindrucksvolle Kulisse immer wieder animiert.

Etwa 25 Kilometer vor der Ortschaft Yanhu, die an der Piste von Ali nach Gertse liegt, kommen wir an eine Straßensperre. Die wiederaufkommende Angst vor den Behörden ist aber nur von kurzer Dauer, denn schnell erkennen wir, dass hier nur die Frachtpapiere der Lkw-Fahrer kontrolliert werden. Wir bekommen an dem von Tibetern betriebenen Posten sogar heißes Wasser in unsere Thermoskannen gefüllt und werden eingeladen, in dem kleinen Lehmhaus die Nacht zu verbringen. Zum Glück kennen wir inzwischen das tibetische Wort für Zelt (gurr) und suchen uns lieber eine Übernachtungsmöglichkeit in der Weite der Landschaft.

Auch in der Ortschaft Yanhu erleben wir neugierige und freundliche Menschen. Diese Siedlung besteht aus mehreren Reparaturwerkstätten, Restaurants und Garküchen, Herbergen, Läden, einer großen Schule, einigen Verwaltungsgebäuden und einer kleinen Klosteranlage mit Stupas. Wir kaufen einige Maisflocken ein und essen in einer chinesischen Garküche eine Nudelsuppe. Um die Fahrräder stehen etwa 20 Leute und wollen alles Mögliche und Unmögliche über unsere bisherige Strecke und die Ausrüstung wissen. Wir fragen im Gegenzug nach den Siedlungen und Regionen im weiteren Verlauf unserer Tour, vor allem interessiert uns, wo es Wasser gibt.

## Ein richtig tibetisches Dorf

Wir verlassen die Hauptpiste nach Gertse wieder und bewegen uns zurück ins Chang-Tang-Hochland. Der Tag ist sonnig und recht warm, da es heute ausnahmsweise einmal windstill ist. Ab dem Ufer des farbenprächtigen Salzsees Tarab Tso fahren wir genau nach Norden. An diesem Salzsee machen wir eine interessante Entdeckung: Das am Ufer liegende Eis des Sees ist Süßwassereis, etwas Ähnliches hatten wir ja bereits an einem Salzsee weiter im Westen beob-

*Stupas und Gebetsfahnen beim Dorf Bugtse*

achtet. Es findet somit eine Entsalzung beim Gefrierprozeß statt. Da wir jedoch noch genug Wasser als Reserve haben und der Tag noch jung ist, schleppen wir von hier kein unnötiges Gewicht in Form von Eisblöcken mit uns herum. Nach weiteren 30 Kilometern erreichen wir die kleine Siedlung Bugtse. Der Großteil der Lehmhäuser hat die Form von Bienenkörben, und wir können beim besten Willen nicht erraten, was diese fensterlosen, etwa vier Meter hohen Gebäude für eine Funktion haben. Etwa 30 dieser Rundbauten stehen hier nebeneinander. Die drei alten Frauen, ein alter Mann und zwei Kinder sind wohl momentan die einzigen Bewohner dieser merkwürdigen Siedlung. Wir werden nach kurzer Konversation zu Buttertee und Tsampa, dem gerösteten Gerstenmehl, eingeladen. Als ich die seltsamen Lehmhäusern filme, zeigt mir der greise Tibeter das Innere des einen oder anderen ›Bienenkorbes‹: Es sind Vorratsräume für Ziegen- und Yakdung, beides Materialien, die in dieser holzfreien Region als Brennmaterial gebraucht werden. Außerdem sind in diesen Gebäuden getrocknetes Fleisch, Käse, Salz vom nahen Seeufer und allerlei Haushaltsgeräte gelagert. Einige dieser Gebäude werden im Winter wohl auch als Wohnraum genutzt, durch die fehlenden Fenster sind sie gut isoliert.

Die Unterhaltung mit diesen Tibetern erweist sich leider als sehr schwierig, da die Nomaden Westtibets einen eigenen Dialekt sprechen und wir mit unserem kleinen Lhasa-Tibetisch-Sprachführer nicht viel ausrichten können. Mit aufgefüllten Thermoskannen setzen wir unsere Reise weiter nach Norden fort.

## Bei den Nomaden im Chang Tang

Nach weiteren 15 Kilometern kommen wir an einem winzigen Lehmhaus vorbei, an dem wir nach Wasser fragen und zum frischgestampften Buttertee eingeladen werden. Es sind nur sehr wenige Worte, die wir mit diesen freundlichen Leuten wechseln können. Aber wir bekommen Wasser, und sie haben ein bisschen exotische Abwechslung in ihrem Alltag. Zwei der anwesenden Nomaden sind auf dem Fußmarsch zu ihren Zelten im Norden und laden uns für den Abend ein, unser Zelt neben den ihren aufzubauen. Das ist leichter gesagt als getan, denn die Nomadenzelte sind in dieser endlosen Weite des Chang Tang schwer zu finden. Eine kleine Bodenmulde reicht schon aus, um dem Zelt den nötigen Windschutz zu bieten, von weitem ist das dann nicht zu sehen. So trödeln wir etwas mit unserem Vorankommen, filmen und fotografieren die weidenden Yaks vor grandioser Kulisse und erkennen so die eingeschlagene Richtung der beiden Wanderer, die auf ein trockenes Flussbett zustreben. Plötzlich entdecken wir die zwei Zelte, die an der Erosionskante des Trockenflusses gut geschützt stehen. Aus der Ferne war nicht einmal das Flusstal zu sehen.

Der Aufbau unseres Zeltes wird von den beiden Nomadenfamilien mit allerhöchstem Interesse verfolgt. Die Beschaffenheit von Ripp-Stopp-Nylon oder die Tatsache, dass ein dünnes Aluminiumrohr ein Zelt stabilisieren kann, all dies erregt ihre Aufmerksamkeit. Über Generationen hinweg haben diese Nomaden ja ihre eigenen Erfahrungen mit dem Zelten in dieser Landschaft gemacht und ein robustes Zelt aus gewebtem Yakhaar entwickelt, das auch den heftigen Stürmen standhält. Nun diskutieren sie darüber, ob diese fremdländischen Gebilde von praktischem oder langanhaltendem Nutzen sein können. Einige Tibeter kommen sogar auf unsere Einladung hin in das Zweipersonenzelt gekrochen, um sich vom Platzangebot im Inneren zu überzeugen. Höchstes Erstaunen rufen die luftgefüllten Isomatten hervor. Auch der Benzinkocher und die Aluminium-Kochkiste ist etwas Neues für sie. Selbst die zurückhaltenden Frauen stehen nun davor und wollen alles genau beobachten. Am Abend kommen die Nomaden nochmals an unser Zelt und schenken uns große Portionen Tsampa und Tschurra (getrockneten Käse). Wir nehmen das dankbar an, da wir inzwischen Geschmack daran gefunden haben, einige Löffel Tsampa ins morgendliche Müsli einzurühren. Der Trockenkäse ist dagegen nicht unser Fall. Das ebenfalls angebotene getrocknete Yakfleisch nehmen wir gar nicht erst an.

### Einsamkeit der Hochwüste

Auf eine Fahrspur nach Norden kommen wir erst wieder am Mittag des folgenden Tages. Am Vormittag fahren wir querfeldein und sind froh über unsere guten topografischen Karten, denen wir bisher noch keine Fehler nachweisen konnten. Ohne gutes Kartenmaterial, Kompass und einen GPS-Empfänger ist die Navigation in dieser fast menschenleeren Landschaft äußerst schwierig. Das Chang Tang besitzt nur selten markante Wegmarkierungen wie hohe, schneebedeckte Berge oder tief in die Ebene eingeschnittene Flüsse. Die Farben und Konturen sind fast überall zum Verwechseln ähnlich, und man verliert vollkommen das Gefühl für die Distanzen.

Das Querfeldeinfahren ist jedoch anstrengender als erwartet. Nicht nur, weil die weite Ebene oft weichen, sandigen Untergrund hat, sondern vor allem wegen der vielen Erosionsrillen, die wir von weitem überhaupt nicht erkennen und die uns immer wieder zu Umwegen zwingen. Auf über 5000 Meter Höhe kosten diese ständigen Entscheidungen nach dem besten Weg viel Kraft. Wir sind dann doch froh, als wir nach ein paar Stunden wieder eine schwache Fahrspur finden. Die Oberfläche ist zwar auch weich und schlecht zu fahren, aber es ist geradezu entspannend, sich um die Wegführung keine Gedanken mehr machen zu müssen.

*In der Hochwüste*

Hinter einem 5360 Meter hohen Pass schauen wir auf ein unendlich erscheinendes Meer aus gelbem Gras. Die kleinen schwarzen Pünktchen darauf sind Yaks. Die Entfernungen sind nicht abzuschätzen. Fern im Norden liegt der Salzsee, den wir bis zum Abend erreichen wollen. Die Tagestemperaturen sind inzwischen auf über 30 Grad gestiegen, und die Landschaft erinnert mich an die zentrale Sahara. Nomadenzelte sehen wir kaum mehr, noch seltener Menschen. Die Piste führt immer weiter hinab in die Senke, deren tiefster Punkt auf etwa 5000 Meter liegt. Vom erwarteten See ist nichts zu sehen, nur eine große rote Lehmpfanne finden wir vor, die sich exzellent befahren lässt. Ein einsamer Wildeselhengst trabt neugierig in 100 Meter Distanz parallel zur Fahrspur, der wir folgen. Fahrräder hat der hier wohl noch nie gesehen. Der abendliche Zeltplatz liegt in der Nähe einer Quelle, der einzigen, die wir heute finden. Anhand der Trittspuren von Wildeseln und einigen Paarhufern am Ufer erkennen wir, dass wir nicht die einzigen Durstigen hier sind. Wir kochen daher das Wasser ab, bevor wir es nutzen. Auf einen Wasserfilter haben wir verzichtet. In den allermeisten Fällen ist der in Tibet auch nicht nötig.

## Der Höhenrekord für die Fahrräder

Am Morgen ist die Landschaft wieder weiß. Etwa zehn Zentimeter Pulverschnee bedecken das Zelt, doch die Sonne setzt sich allmählich durch, und schon gegen zehn Uhr morgens ist nichts mehr von der weißen Pracht zu sehen. Ganz erstaunt bemerken wir, dass die befürchtete Matschpiste nach dem Schneefall ausbleibt und der Boden nicht einmal feucht wird: Der Schnee sublimiert in der intensiven Sonne und schmilzt nicht. Die morgendliche Schneedecke macht es möglich, dass wir heute einen der ansonsten hervorragend getarnten Füchse sehen können. Das braune Fell hebt sich deutlich von der weißen Landschaft ab, als er vor uns davonrennt.

*Höhenrekord!*

In einem Hochtal sehen wir in Höhen von über 5300 Meter plötzlich wieder einige Nomadenzelte. Wir radeln nun aus der weiten Senke von 5000 Meter um den roten Salzsee in das nördlich davon gelegene Bergland. Hier steht noch sehr viel des letztjährigen Grases, das jetzt größere Yak- und Ziegenherden ernährt. Die Nomaden kommen aus ihren Zelten gerannt und winken, als sie uns vorbeifahren sehen. Auch sie haben sicherlich noch nie ein Fahrrad in dieser Gegend zu Gesicht bekommen. Sie haben dann auch genügend Zeit, uns zu beobachten, da es stetig bergauf geht und wir nur sehr langsam vorankommen. Die letzte Rampe zum Pass kommen wir kaum hoch, denn sie ist verdammt steil – zehn Meter fahren, verschnaufen, zehn Meter fahren, wieder Pause … Was gleichmäßige Konditionsleistungen betrifft, so sind unsere Körper zwar mittlerweile an die Höhe angepasst, aber bei kurzzeitigen Kraftanstrengungen wie an kurzen, steilen Rampen werden die Muskeln wieder schwer wie Blei. Neben dem mit Gebetsfähnchen geschmückten Steinhaufen liegen wir in der Sonne und genießen die Aussicht. Der Höhenmeter zeigt 5480 Meter an!

Die nächste Abfahrt ist recht kurz, so dass wir über 5400 Meter bleiben. Es geht nun in einem Hochtal wieder bergauf. Hier wimmelt es von Esel- und Antilopenherden, es ist eine Freude, diese Tiere zu beobachten. Zu dieser Jahreszeit scheinen die Nomaden noch nicht in diese Höhen vorzudringen. Für uns ist es der höchste Zeltplatz dieser Tour: 5470 Meter.

Der Morgen ist weiß – schon wieder. Langsam gewöhnen wir uns daran, und inzwischen stört es uns auch nicht mehr. Das Zelt wird eingerollt, die Fahrräder bepackt, und wieder ist bis zehn Uhr die weiße Pracht einfach verschwunden. Dafür bekommen wir es heute tagsüber mit einigen Schnee- und Hagelstürmen zu tun, glücklicherweise von der Seite und nicht direkt von vorne. Der vor uns liegende Pass ist unspektakulär und flach, es ist der Übergang von einem Hochtal in ein anderes. Kontinuierlich und für das Auge fast unmerklich geht es bergauf, und irgendwann geht es ebenso flach in ein anderes Talsystem hinab. Lediglich unsere schmerzende Beinmuskulatur vermag das Ende des Anstiegs und den Beginn der Abfahrt zu erkennen. Dennoch ist es unser bisheriger Höhenrekord mit den Fahrrädern: Der Höhenmesser zeigt 5672 Meter!

## Die Eisschlucht

Die Abfahrt ist ebenso unspektakulär und flach wie der Anstieg auf der anderen Seite und wird auch immer wieder von Quertälern und Bergrippen unterbrochen. Dafür gibt es genügend Bäche, an denen wir unsere Trinkflaschen auffüllen können. Gegen Mittag verlieren wir die Fahrspur, der wir seit gestern gefolgt sind. Laut unserer Karte sollte eine Piste durch die vor uns liegende Schlucht führen, aber da ist keine Piste. Der kleine Fluss nimmt den gesamten Raum zwischen den beiden Felswänden ein. Bedingt durch den Schatten und die Kälte in der Schlucht ist der Fluss allerdings noch mit einem dicken Eispanzer bedeckt. Kurzentschlossen fahren wir auf dem Eis flussabwärts. Das geht größtenteils sehr gut. Nur selten ist die Oberfläche sulzig und so tief aufgeschmolzen, dass wir schieben müssen. Immerhin kommen wir ganz gut voran, und die Richtung stimmt auch.

*Auch ein gefrorener Fluss eignet sich mal als Radelpiste*

Die dicke Überraschung kommt dann in Form von breiten Eisspalten, über die wir die Fahrräder schieben müssen, und in Form eines gefrorenen Wasserfalls. Die Höhe des ›Eisfalls‹ von zwei Metern ist halb so schlimm, allerdings ist dieser Wasserfall im gefrorenen Zustand keine Stufe, sondern eine schräge Rampe. Auf dem glatten Eis einen festen Halt zu finden, um die 50 Kilogramm rollende und drückende Masse eines Fahrrades samt Anhänger vorsichtig nach unten zu führen, erfordert einiges an Geschicklichkeit und Kraft.

Unbeirrt fahren und schieben wir weiter flussabwärts – aus der Schlucht würden wir jetzt sowieso nicht so ohne weiteres heraus können, die Hänge sind zu steil. Als die Felswände beiderseits des Flusses zurückweichen und mehr Sonne auf das Eis trifft, wird es in der Tat recht ungemütlich unter unseren Sohlen und Reifen, regelmäßig knackt das Eis, und wir brechen leicht ein. Zudem verwandelt sich der oberflächliche Schneematsch immer mehr in Eiswasser. Die Speichen, Schaltung und Bremsen vereisen im Handumdrehen, die Fahrräder bekommen ein komplett neues Design. Wir müssen nun wieder über Land weiter. Nachdem wir in einer großen Kraftaktion die Uferböschung hochgeschoben haben, stehen wir plötzlich vor einem grandiosen Panorama. Eine grasbewachsene Ebene erstreckt sich etwa 100 Meter unter uns bis zum entfernten Horizont, der von einigen 6000ern beherrscht wird. Rechts unterhalb öffnet sich ein weiter Canyon mit fließendem Wasser aus ›unserem‹ Fluss, an dessen Hangkante wir unser Zelt aufbauen.

## Erschöpfung

Zwangsweise ist heute ein Ruhetag – nicht nur weil über Nacht die Landschaft um unser Zelt 20 Zentimeter dick eingeschneit wurde, sondern weil wir beide an starkem Durchfall leiden. In einer Höhe von über 5200 Meter brauchen wir uns keine Gedanken darüber machen, ob wir weiterfahren sollen. Wir sind so geschwächt, dass selbst das Aufstehen und Aus-dem-Zelt-Kriechen zur körperlichen Anstrengung wird. Wir verabreichen uns die nötigen Medikamente sowie ein leckeres Blaubeer-Müsli und verbringen die restliche Tageszeit mit Lesen, Schreiben oder Schlafen. Gegen Mittag, der Schnee ist längst wieder sublimiert, brennt die Sonne derartig stark auf das Zelt, dass wir alle Reißverschlüsse öffnen müssen. Der Westwind bringt etwas Kühlung. Wir erholen uns nur sehr langsam. Die Hitze im Zelt und die kalte Luft vor dem Zelt sind das eine Extrem, die Höhe das andere. Wenn man beispielsweise beim Schlafen versucht, durch die Nase zu atmen, bekommt man nicht genug Sauerstoff in die Lunge, und instinktiv wird der Mund geöffnet. Durch die trockene Luft sind beim Aufwachen der Rachen, der Gaumen und die Zunge eingetrocknet, die Lippen sind spröde, und man braucht erst einmal einen warmen Tee. Das Teewasser kocht allerdings schon bei 70 Grad. Fast genauso schnell dampft die Körperflüssigkeit über die Hautporen ab. In dieser Höhe müssen wir ständig trinken und uns eincremen.



## Ein Brunnen im Treibhaus

Auf unserer Karte ist eine Ortschaft eingezeichnet, die mit Samalxung benannt ist. Wir nähern uns dieser Siedlung mit der gegebenen Vorsicht, weil wir ja nicht wissen, ob hier chinesische Behörden residieren oder Antilopenjäger den Blick von Fremden nicht mögen, denn wir befinden uns ja ohne offizielle Genehmigung in dieser Region Tibets. Aus der Entfernung von zwei Kilometern entdecken wir die Häuser, aus denen auch Rauch aufsteigt. Als wir uns nähern, bemerken wir, dass die Siedlung nur aus drei Gebäuden besteht, aber wir entdecken keine Menschenseele. Etwa 100 Meter abseits der Wohngebäude befindet sich ein Häuschen, das offensichtlich das Brunnenhäuschen ist. Das nutzen wir, um unsere Wassersäcke mit klarem, eiskaltem Grundwasser zu füllen. Damit der Brunnen nicht einfriert, ist um ihn eine Konstruktion mit doppelter Glasfront nach Süden gebaut, was wie ein Treibhaus aussieht. Eine kleine Herde Yaks ist

*Vor Kälte gut geschützt ist dieser Brunnen*

sofort zur Stelle, als wir das Brunnenhäuschen betreten. Die Tiere wissen sehr wohl, was wir vorhaben und hoffen auf eine Befüllung der Viehtränke. Diese ist aber undicht, so dass sich nur an einer kleinen Stelle eine Pfütze bildet. Sofort entsteht ein Gerangel unter den großen Tieren, während wir sie aus nächster Nähe beobachten können.

Noch immer lässt sich niemand der sonst so neugierigen Tibeter blicken. Vor einem der drei Gebäude steht auch ein Kleinlaster und – wir staunen nicht schlecht – ein chinesisches Fahrrad. Welchen Nutzen dieses Fahrzeug in dieser Einsamkeit besitzen soll, wird uns nicht klar. Das kleinwüchsige tibetische Reitpferd ist in dieser Höhe noch sehr gut einsetzbar und sicherlich unempfindlicher gegenüber Pannen als ein Fahrrad.

## Der ›Höhepunkt‹ unserer Tour

Direkt neben unserer Route steht ein etwas über 6000 Meter hoher Berg, der nach unserer russischen Generalstabskarte relativ einfach zu besteigen ist. Jetzt sind wir nicht mehr zu halten. Die Fahrräder werden in einer Bodensenke abgestellt, jeder schnallt sich eine kleine Tasche um die Hüfte, dann geht es los. Wir kommen durch alpine Wiesen mit kriechenden Zwergsträuchern. Einige Arten können wir auch identifizieren: Artemisia, Androsace, Leontopodium, Campanula, Pedicularis, Antenaria oder Dianthus. Selbst in 5500 Meter Höhe finden wir diese Pflanzen noch vereinzelt. Je höher wir kommen, desto häufiger durchqueren wir Felder mit Altschnee. In einem dieser Felder entdecken wir die Spur eines Schneeleoparden. Der einsame Jäger sucht lieber in der Höhe nach Bergziegen oder Steinböcken, als unten in der Ebene nach Antilopen und Gazellen Ausschau zu halten. Im goldgelben Gras wäre er auch kaum getarnt.

Der Aufstieg ist so, wie es die Landkarte versprach: Ein gemütlicher Spaziergang, lediglich der letzte Teil erforderte ein bisschen Klettergeschick. Nach etwas über drei Stunden stehen wir auf einem Felsbuckel in 6030 Metern Höhe und genießen den Rundblick auf die Grasebene im Westen, auf zwei Salzseen im Süden und auf eine sanfte Hügellandschaft im Norden. Der Blick nach Westen wird durch das Bergmassiv, auf dem wir stehen, eingeschränkt. Ein Steinadler kreist über uns. Mit dem Fernglas versuchen wir in der Ebene unter uns den weiteren Verlauf unserer Route zu bestimmen. In der klaren Gebirgsluft ist jedoch das Abschätzen von Entfernungen äußerst schwierig. Zusätzlich lassen die vielfältigen Braun- und Gelbtöne des Chang Tang es aus dieser Höhe einfach nicht zu, nähere Details zu entdecken. Nachts kühlt es stark ab. Die kalten Fallwinde vom schneebedeckten 6000er kriechen in jede Ritze. Vom Berg heult ein Wolf herab.

## Technisches Desaster und Improvisation

Alles fing heute so gut an. Es ist fast windstill, die spärliche Bewölkung hängt nur im Norden an den Bergen, die Fahrspur, der wir seit gestern folgen, macht richtig Spaß, und wir kommen sehr gut voran. Doch plötzlich höre ich ein unangenehmes Knacksen von meinem Hinterrad, und sofort blockieren die

Bremsen. Verwundert steige ich ab und suche nach dem vermuteten Speichenriss. Dann entdecke ich aber die Katastrophe: Die Felge des Hinterrades ist auf 30 Zentimetern der Länge nach aufgerissen, und das Felgenhorn, das den Reifen festhält, hat sich um einige Millimeter nach außen verbogen. An eine Weiterfahrt ist so nicht zu denken. Wir packen erst einmal mein Fahrrad komplett ab und grübeln über die möglichen Reparaturmaßnahmen. In die Beratungen mischt sich immer wieder Wut über den Felgenhersteller, der gerade diese Felge für den Extremeinsatz konzipiert hat, sich jedoch von den Leichtgewichtsfans in der Mountainbikeszene dazu verleiten ließ, am Material zu sparen. Der Felgenriss geht eindeutig auf einen Materialfehler zurück und nicht auf den Verschleiß beim Bremsen. Nach vier Wochen und 2000 Kilometern darf das mit einer neuen Felge noch nicht passieren. Glücklicherweise besitzen wir nicht nur ein gewisses Improvisationstalent und Erfahrungen von früheren Touren, sondern auch eine Rolle eines stabilen Textilklebebandes. Damit können wir die gerissene Stelle quer zur Laufrichtung bandagieren und den Reifen wieder fest in sein Felgenbett setzen. Zur weiteren Sicherheit wechseln wir mein repariertes Hinterrad mit dem von Waltrauds Fahrrad, da dort 20 bis 30 Kilogramm (je nach Befüllung des Wassersacks) weniger Auflast existiert. Nach fast zwei Stunden können wir weiterfahren, wissen aber noch nicht, was wir der reparierten Felge noch zumuten können.



## Neugierige Pfeifhasen

Auf einem Pass in 5350 Meter Höhe stoßen wir auf die von Norden kommende Piste von der Siedlung Lugu. Nun ist es wieder vorbei mit dem Fahrspaß, da hier wieder die Regel gilt, je mehr Lkw fahren, desto schlechter ist die Piste. Nach und von Lugu scheint also einiges an Lkw unterwegs zu sein. Wir quälen uns Kilometer für Kilometer auf Wellblech voran. Zudem geht es auch noch kräftig einen langgezogenen Hang bergauf, und das bei starkem Wind von vorne. Später, als wir auf der anderen Seite eines weiteren Passes durch eine grasbedeckte sanfte Hügellandschaft fahren, drückt der Wind immer stärker aus Südosten. Er zwingt uns zu einem frühzeitigen Zeltlager in einem ausgetrockneten Bachbett – dem einzigen einigermaßen windgeschützten Ort dieser Gegend. Wenn wir bei schönstem Sonnenwetter wegen des Windes nicht vorankommen und die angestrebte Kilometerleistung nicht schaffen, sind wir stets etwas frustriert. Der Felgenschaden heute tut ein übriges dazu. Immerhin hat sich der Riss im Laufe der letzten 50 Kilometer nicht vergrößert.

Ein kleiner Lichtblick sind die zahllosen Pfeifhasen (Pikas), die rings um unser Zelt ihre unterirdischen Wohnbauten und Gänge gegraben haben. Sie sind zwar scheu und besitzen in dieser deckungslosen Landschaft viele Feinde – Adler, Falken, Füchse, Wölfe und Bären –, können aber nach einer kurzen Gewöhnung ihre Neugierde nicht unterdrücken und beobachten uns bei allen Aktivitäten am Zelt und den abgestellten Fahrrädern. Selbst das Aufstellen des Stativs mit der Filmkamera wird beäugt. So gelingen uns auch mal einige Nahaufnahmen der einheimischen Fauna.

## Zurück in der Zivilisation

Heute verlassen wir das zentrale Chang-Tang-Hochland und beenden unseren zehntägigen Aufenthalt in über 5000 Meter Höhe. Die Fahrt von einem 5230 Meter hohen Pass geht rasant hinab in die große Grabenbruchzone nördlich des Transhimalaya und zur Stadt Gertse, die auf 4750 Meter liegt. Je näher wir dieser chinesischen Garnisonsstadt kommen, desto unbefahrbarer wird die Pistenoberfläche. Streckenweise müssen wir neben die Piste ausweichen, weil das Lkw-Wellblechmuster mit Fahrrädern nicht mehr zu bewältigen ist. Aber irgendwie freuen wir uns auch darauf, nach über drei Wochen wieder in eine größere Siedlung zu kommen. Unser Vorrat an Nudeln und Reis hätte nur noch für drei Tage gereicht. Der Zucker ging schon vor ein paar Tagen aus. Wir lechzen nach Keksen und anderen Süßigkeiten und machen den ersten Stop vor einem Lebensmittelladen.

Kaum haben wir eingekauft, stehen auch schon zwei Polizisten hinter uns und bitten darum, ihnen aufs Revier zu folgen. Dort sitzen sechs blau Uniformierte, von denen aber keiner Englisch spricht. Telefonisch werden wir mit einer Person verbunden, der wir erklären sollen, was wir in Gertse zu suchen haben, und wohin wir weiter reisen wollen. Mit einer vorher abgesprochenen Ausrede entschärfen wir die eventuell für unsere Reise gefährliche Situation und werden noch nicht einmal nach unseren Pässen oder Visa gefragt. Die Polizisten sitzen gelangweilt hinter ihren Schreibtischen und spielen am Computer Autorennen oder Karten. Ist das die gefürchtete Besatzungsmacht? Sicherlich sind die Polizisten, die in diese einsame Stadt versetzt wurden, nicht unbedingt daran interessiert, zu viel Staub wegen zwei Fahrradtouristen aufzuwirbeln. Dienst nach Vorschrift ist der bequemste Weg. Das eigene Einkassieren einer Strafzahlung ist eine weitere Möglichkeit, die uns jedoch erspart bleibt. Nach kurzer Suche finden wir ein Gasthaus mit angeschlossener Herberge, das von einer uighurischen Familie betrieben wird. Eine Nudelsuppe und ein heißer Tee wecken wieder unsere

*In Gertse*

Lebensgeister. Wir quartieren uns für zwei Tage ein und hoffen darauf, hier die kaputte Felge reparieren zu können. Aber niemand kann Aluminium schweißen, und das Improvisationstalent der Einheimischen lässt uns mit unserem Problem ebenfalls im Stich. Keiner ist in der Lage, eine passende Bandage aus einem Stück Blech zu schneiden und an der Felge zu befestigen, und eine passende Ersatzfelge gibt es natürlich auch nicht. Der Riss in der Felge hat sich um einen halben Zentimeter verlängert. Wir bandagieren die Felge nochmals mit dem Textilklebeband, trauen dem Hinterrad die extrem rauhe Piste nach Süden über den Transhimalaya jedoch nicht mehr zu.

## Ausruhen und zermürbendes Warten

Die vor der Herberge geparkten Fahrräder ziehen innerhalb weniger Minuten große Trauben an neugierigen Menschen an, die sich jede Einzelheit der bepackten Boliden anschauen wollen. Hin und wieder versuchen wir auch technische Details zu erklären, scheitern aber immer an der sprachlichen Barriere. Dafür sind die Menschen sehr freundlich und auch nicht besonders aufdringlich. So verbringen wir zwei Tage damit, einige Ausrüstungsgegenstände zu reparieren, Tagebucheinträge nachzuholen und die Stadt etwas genauer zu erkunden. Dabei stellen wir auch fest, dass die einzige Bank in der Stadt keine Dollar- oder Euroscheine umtauscht! Wir müssen also mit den letzten chinesischen Scheinen gut haushalten. Glücklicherweise ist das Essen und die Unterkunft bei den Uiguren recht billig. Es gibt Hefeklöße, frisches Maisbrot, verschiedene Arten von Nudelgerichten und Omelett mit Schaffleisch.



Lkw kommen einige durch Gertse, aber die meisten fahren nach Westen in Richtung Ali oder sie nehmen uns nicht mit, weil ihnen westliche Touristen als Beifahrer bei den Straßenkontrollen zu gefährlich sind. Die Lkw-Fahrer können ihre Transportlizenz und somit ihren Beruf verlieren, wenn sie uns mitnehmen. Was wir jedoch auch wissen, ist, dass die Straßenkontrollen alles andere als streng sind und die erfahrenen Lkw-Fahrer genügend Tricks besitzen, um sich mit dem Transport von Touristen ein paar Dollar extra zu verdienen.

Das Warten auf eine günstige Transportgelegenheit hat am Mittag des dritten Tages endlich ein Ende: Ein Lkw-Konvoi aus drei Fahrzeugen hält vor unserer Unterkunft, wobei einer davon ein uralter zweiachsiger ›Isuzu‹ ist, der von einem Khampa-Tibeter gefahren wird. Schnell sind wir uns über den Fahrpreis einig und verladen die Fahrräder und Ausrüstung auf der Ladefläche. Der Beifahrer des Isuzu nimmt in einem der beiden kleinen ›Dongfeng‹-Lkw Platz, so dass wir beide nebeneinander im Führerhaus des Isuzu sitzen können.

## Ohne Servolenkung und Bremskraftverstärker

Der Isuzu fährt zwar recht schnell und ist auch gut gefedert, was bei den rauhen Pisten ein erheblicher Komfort ist, aber er ist schon alt und quält sich an den steilen Rampen mitunter ganz heftig. Da es hinter der Siedlung Dong Co genau nach Süden über den Gebirgskamm des Transhimalaya geht, hat das alte Fahr-

*Unterwegs im Transhimalaya*

zeug kräftig zu tun. Er ist mit mehreren Tonnen Borium beladen, da spielt unsere Ausrüstung keine Rolle mehr. Gefahren wird bis spät in die Nacht, obwohl es inzwischen stark zu schneien begonnen hat. Unser tibetischer Fahrer ist ja seines Beifahrers beraubt worden und kommt nun in ernsthafte Schwierigkeiten: Ständig fallen ihm die Augen zu, und so fordert er uns auf, ihn zu beobachten und gegebenenfalls wachzurütteln. Das geht etwa zwei Stunden gut, bis es uns zu gefährlich wird. Die Piste führt ja nicht nur durch flaches Terrain. So kommt es, dass ich nach einiger Überredungskunst am Lenkrad sitze und mit einem alten Lkw durch Tibet fahre, während unser Fahrer neben mir sitzt und schläft. Jeder Schlag von der Piste kommt am Lenkrad an, jedes Loch und jeder Wackerstein wird direkt in die Schulter übertragen. Die Bremsen sind ohne Bremskraftverstärker, was jedoch nicht so bedeutsam ist, da wir ja nicht schneller als 30 Stundenkilometer vorankriechen. An einer kleinen Herberge in einer Bretterbude am Pistenrand, irgendwo in den Bergen, machen wir Halt. Es gibt eine heiße Nudelsuppe für uns, während die tibetischen Fahrer ihre Tsampa-Beutel und ihr Trockenfleisch herausholen. Heißer Buttertee wird von den Wirten herumgereicht. Geschlafen wird dort, wo man zuvor gegessen hat.

Die gleißende Morgensonne verjagt rasch den Schnee der letzen Nacht. Die beiden Dongfeng-Lkw haben erhebliche Startschwierigkeiten, während der alte Isuzu mit einem kleinen Feuer aus Yakdung unter dem Tank problemlos anspringt. Die Landschaft ist atemberaubend schön. Weite Täler wechseln sich mit engen Schluchten ab. Über 5000 Meter Höhe liegt eine geschlossene Schneedecke, und die Pässe sind steil und matschig. Wir kommen an einigen Salzseen vorbei und genießen die Vielfalt an Blau- und Türkistönen. Große Yak- und Schafherden grasen an den Hängen, und dort, wo kleine Bäche und Flüsse fließen, stehen vereinzelt Lehmhäuser oder ausladende Nomadenzelte aus schwarzer Yakwolle.

In Coqen legen die Fahrer eine Mittagsrast ein. Die Stadt ist eine typische aus dem Nichts gestampfte Garnisonsstadt mit drei Betonstraßen, einem großen Verwaltungsgebäude, einem Krankenhaus, einer Schule, einer Kaserne und zahllosen kleinen zweistöckigen Betonkästen mit Wohnungen oder Geschäften. Nichts ist älter als 20 Jahre, trotzdem herrscht die Farbe grau eindeutig vor, und viele Gebäude machen einen verfallenen Eindruck. Kurz hinter der Stadt befindet sich eine Straßenkontrolle, an der die Lkw-Fahrer ihre Frachtpapiere vorzeigen müssen. Auf Geheiß unseres Fahrers ziehen wir uns einen tibetischen Strohhut und eine Baseballmütze über die Köpfe, die Augen sind durch unsere Gletscherbrillen verdeckt und wir simulieren tiefen Schlaf, während wir vor Aufregung kaum stillsitzen können. Die Polizisten sind nicht außerhalb ihres Häuschens und können uns dadurch nicht deutlich genug erkennen, um den Schwindel zu entlarven. Wenig später darf ich wieder für zwei Stunden ans Steuer. Inzwischen hat unser Fahrer soviel Vertrauen in meine Fahrkünste gewonnen, dass er richtig tief und lange schlafen kann. Die anderen Lkw-Fahrer aus dem Konvoi wissen noch gar nicht, dass ich fahre und wundern sich darüber, wie unser Tibeter so lange die Spur halten kann. Erst am nächsten Tag werden sie über den Fahrerwechsel aufgeklärt, als ich auf der Fahrerseite aussteige.



## Frühling im Tal des Yarlung Tsangpo

Wir freuen uns einerseits, dass die strapaziöse Piste über den Transhimalaya hinter uns liegt und wir uns diese Strecke mit unserer kaputten Felge erspart haben, sind aber dadurch mit einem Schlag im Süden Tibets angekommen.
Die Landschaft ab Lhatse, wo wir vom Lkw gesprungen sind und wieder per Rad weitergefahren sind, ist erheblich anders als die des Chang-Tang-Hochlandes oder des Transhimalaya-Gebirges. Wir radeln entlang dem Brahmaputra, der hier Yarlung Tsangpo heißt, auf einer Höhe von 3900 Metern. Entlang des Flussufers sehen wir Pappeln, Erlen und Weiden, bei denen die Knospen gerade aufplatzen und das erste Grün zum Vorschein kommt. Pflanzliches Grün haben wir in den letzten fünf Wochen sicherlich am meisten vermisst. Die Felder und Äcker sind noch braun. Die Bauern pflügen gerade und bereiten die Aussaat vor. Die Landwirtschaft, in erster Linie der Anbau von Gerste und Kartoffeln, ist die Haupterwerbsquelle, Nomaden gibt es hier kaum. Die Dörfer sind groß, gepflegt und strahlen Harmonie aus. Die Häuser sind mit vielen bunten Fahnen geschmückt, und in fast jedem Dorf gibt es kleine Klöster, intakte, zerstörte oder im Wiederaufbau befindliche. Mit Freude bemerken wir, dass in den Dörfern öffentliche Brunnen stehen, die wir für unsere Wasserversorgung reichlich nutzen. Und nach vielen Tagen können wir erstmals wieder frisches Brot kaufen. Die Region lädt richtiggehend zum Radeln ein, auch wenn die Piste einmal wieder alles andere als angenehm ist. Wellblech wechselt sich mit Schlamm ab. Dazu gesellen sich noch Gegenwind und ein für uns ungewohnt dichter Autoverkehr. Die Hauptpiste nach Shigatse ist in Bau und gesperrt, so dass der gesamte Verkehr die kleine Piste am Fluss entlanggeleitet wird.

Nachts höre ich zum erstenmal während dieser Tour Regentropfen auf der Zelthaut. Der Morgen begrüßt uns mit Nieselregen, der allerdings gegen neun Uhr der Sonne weicht. Die Bergriesen der Umgebung sind alle mit einem frischen weißen Überzug versehen. Die Piste ist durch den Regen besonders stark aufgeweicht. Die Fahrräder verschlammen sofort, und es dauert auch nicht lange, bis wir selber die Farbe der Piste angenommen haben. Die schlammige Piste ist wohl auch einem Lkw zum Verhängnis geworden, an dem wir vorbeikommen. Der Zweiachser liegt auf dem Kopf, und seine Fracht, bestehend aus Brettern, ist über die ganze Breite der Fahrspur verstreut. Die Tibeter, die damit beschäftigt sind, alles auf einen anderen Lkw umzuladen, halten kurz inne, um unsere zwei Fahrräder zu betrachten. Die Aufforderung mitzuhelfen, lehnen wir dann jedoch dankend ab – das ist uns etwas zu heikel: Der Benzintank tropft, aber das hält die Arbeiter nicht vom Rauchen ab.
Das türkisblaue Flusswasser, die steilen Felswände mit den schneebedeckten Bergriesen, der blaue Himmel, das zarte Grün der jungen Pappelblätter und die bunten Gebetsfähnchen – das fügt sich alles farblich harmonisch in die Landschaft. Welch eine Farbenpracht nach den Braun- und Gelbtönen des Hochlandes. Wir sind endlich im Frühling angekommen. Die Temperaturen verhalten sich ebenso. Wir können in T-Shirts und kurzen Hosen fahren, müssen uns aber immer noch intensiv eincremen, da die Sonne in 4000 Meter Höhe noch stark genug ist, unsere Haut zu verbrennen. Die ersten Blüten finden wir wenig später: In einem der zahlreichen Dörfer blüht ein rosa-weißer Aprikosenbaum.

## Soziale Unterschiede zwischen Hochland und Tal

Die Bauern sind eifrig damit beschäftigt, ihre Terrassenfelder zu pflügen und die Gerste auszusäen. Die Yaks, die hier vor den Pflug gespannt werden, sind nicht mit den großen und halbwilden Herdentieren des Hochlandes zu vergleichen. Mit der traditionellen roten Wollschleife, die zwischen den Hörnern ins Fell geflochten wird, sehen diese Tiere friedlicher aus. Auch sind viele der Tiere kleiner und besitzen ein geschecktes weiß-schwarzes Fell, das von der Einkreuzung von Hausrindern herrührt.

Die Menschen sind freundlich und neugierig, jedoch nicht mehr so zurückhaltend wie im Hochland. Einige rufen uns ›Hello!‹ hinterher. Touristen ist man hier gewohnt, sogar solche, die auf Fahrrädern vorbeikommen. Wir fahren ja jetzt auf dem Friendship Highway, der Lhasa mit Katmandu verbindet und jährlich von einer Vielzahl an Radtouristen befahren wird. Da verwundert es auch nicht, dass die Kinder in den Siedlungen unseren Fahrrädern hinterherrennen. Leider betteln auch einige der Kinder – etwas, was wir bei den weitaus ärmeren Nomadenkindern nie beobachtet haben. Eigentlich müßten die Kinder tagsüber in der Schule sein, aber scheinbar sind die zuständigen Behörden mit anderen Dingen als der Durchsetzung der Schulpflicht beschäftigt, oder sind gerade Ferien? In den landwirtschaftlich geprägten Siedlungsbereichen des Yarlung-Tsangpo-Tals, wo in jedem größeren Dorf ein Schulgebäude steht, fragen wir uns schon nach den Gründen für die Abwesenheit der Kinder vom Unterricht.

Die Folgen bekommen wir zu spüren. Die Kinder versuchen beim Rennen hinter unseren Fahrrädern die Packtaschen zu greifen, und lose Dinge sind schnell verloren. Einige gehen dabei äußerst rabiat und frech vor, so dass wir die eine oder andere Backpfeife verteilen müssen. Unsere bisherige Vorstellung und Meinung von den friedvollen und zurückhaltenden Tibetern gerät ins Wanken. Die soziale Entwurzelung der Tibeter von ihrer jahrhundertealten Tradition und ihrer nachhaltigen Landbewirtschaftung bereitet die Basis für solches Verhalten. Die vielen Touristen auf dem Friendship Highway, die billige Geschenke oder Essen an die Kinder verteilen, tun ein übriges.

Am gesamten Friendship Highway wird gebaut.

## Durch die Schlucht des Yarlung Tsangpo

Je weiter wir nach Osten kommen, desto tiefer kommen wir ins Tsangpo-Tal. Hier haben die Bäume schon ausgeschlagen, das Gras sprießt, und die ersten Blumen blühen am Wegrand. Der einzige Vorteil, den wir für uns sehen, ist die bequemere Fahrweise auf den schon fertigen Asphaltstrecken. Noch besser wird es für uns, als wir auf einen Teilabschnitt der Mammutbaustelle kommen, auf der gerade einseitig asphaltiert wird und der gesamte Verkehr daher weiträumig umgeleitet wird – unsere ursprüngliche Überlegung, die sogenannte ›Nordroute‹ nach Lhasa zu nehmen, verwerfen wir schnell wieder, als wir erfahren, dass nun der gesamte Verkehr über diese Route geleitet wird. Dann doch lieber durch die Baustelle … Die freundlichen Straßenpolizisten, von denen wir sogar noch unsere Thermoskannen mit heißem Wasser befüllt bekommen, lassen uns Radfahrer ohne Probleme passieren. So kommt es, dass wir nicht nur interessante Einblicke in die chinesischen Straßenbaumethoden bekommen, sondern auf weiten Strecken einsam und alleine auf brandneuem Asphalt dahingleiten können, selten gestört durch ein Baustellenfahrzeug oder einen kleinen Trupp an Bauarbeitern, die am Straßenrand und an der Böschungsverbauung arbeiten.

Wir begeistern uns hinter jeder Talkurve erneut über die phantastische Landschaft. Bergdörfer schmiegen sich an die steilen Hänge, während auf den Schwemmfächern der Zuflüsse terrassierte Gersten-, Weizen- und Kartoffelfelder angelegt sind. Dazwischen gibt es das eine oder andere leuchtend gelbe Rapsfeld. Die Frauen lachen und winken uns von ihrer Feldarbeit zu, während die Männer mit den rotgeschmückten Yaks die Felder pflügen und dabei lauthals singen. Eine angenehm harmonische Landschaft, solange noch kein Autoverkehr über die breite Fernstraße donnert.

Die Ortschaften sind allesamt noch im traditionellen Baustil mit Flachdächern, auf denen das Getreide getrocknet und gedroschen wird, auf denen das Stroh gelagert wird und die Hühner herumlaufen. An den meisten Fenstern und Türen wehen bunte Vorhänge, und die Eingangstüren zum Hof sind reichlich verziert und bemalt. Die Pappeln und Obstbäume sind schon voll belaubt, und die Vögel singen. An den Hängen finden wir eine Vielzahl blühender Sträucher: weiße Rosen, blauen Hauhechel, gelben Ginster und Jasmin – ein richtiger Frühlingsrausch für uns.

## Straßenbau auf chinesisch

Während unserer Radtour durch Tibet amüsierten wir uns immer wieder über die Methoden des chinesischen Straßenbaus, und nicht selten waren wir schockiert darüber, wie es auf den Baustellen zugeht.

Mit Hochdruck wird von früh bis spät an den Straßen gearbeitet. Wenn die nötigen Maschinen fehlen, wird die Menschenkraft zur Grundlage aller Tätigkeiten. Da werden zur Hangstabilisierung riesige Gerüste an die Felsen geschraubt, kilometerlange Natursteinmauern werden von hunderten von Arbeitern und Arbeiterinnen, oft auch von Kindern, aufgeschichtet und mit Zement fixiert. Die Steine für die Mauern werden mit Vorschlaghammer und Meißel mühsam aus dem Felsgestein der Umgebung oder gar aus großen Flusskieseln geklopft. Da haben klimatische Verwitterung und Flussdynamik tausende Jahre gebraucht, um schöne runde Flusssteine zu schaffen, und nun werden diese unter unzähligen Hammerschlägen wieder in kantige Formen gebracht. Der Zement wird mit der Schaufel auf dem Boden angerührt. Nur selten sieht man eine der prähistorisch anmutenden Betonmischmaschinen. Schotter für das Straßenbett wird direkt in der Umgebung von den Erosionsfächern der Hänge abgetragen oder mit kleinen Traktoren aus dem nahen Flussbett herangeschafft. Wenn große Felsen im Weg sind, wird entweder der Presslufthammer eingesetzt – sofern einer zur Verfügung steht – oder es wird mit dem Vorschlaghammer geschuftet.

Dort, wo hohe Brückenbauwerke über die tiefe Yarlung-Tsangpo-Schlucht entstehen, sind ganze Wohnstädte der Arbeiter entstanden. Die vielen Wanderarbeiter wohnen in Zelten, die oft nur aus einer dünnen Plastikfolie bestehen. Nicht selten hausen darunter ganze Familien samt Hühnern und Schweinen. Allerdings sahen wir nur selten Han-chinesische Familien auf den Baustellen arbeiten. Die einfachen Hilfsarbeiter bei diesen Bauprojekten rekrutieren sich hier wohl vor allem aus den anderen Minderheiten Chinas, besonders aus südostchinesischen Volksgruppen. Was in China ohne Ende zur Verfügung steht, sind billige Arbeitskräfte.

Die großen Baukräne und Bagger auf diesen Brückenbaustellen täuschen oft über die rustikalen Baumethoden hinweg. So werden die riesigen Spannbetonteile der Brückensegmente nicht etwa vom Betonwerk angeliefert: Der Baustahl wird vor Ort gebogen und verdrahtet, die Verschalungsformen werden auf eine vorher eingeebnete Fläche aus Holz gebaut, und der Beton wird mit kleinen benzingetriebenen Mischern oder mit der Schaufel in Wannen angerührt und eimerweise in die Gußform geschüttet. Dass dabei der Beton auf der einen Seite der Form schon fest ist, während er auf der anderen Seite gerade erst eingegossen wird, stört scheinbar ebenso wenig wie die Tatsache, dass keine Mischungsmenge der anderen gleicht. Die inneren Spannungen in so einem Betonsegment würden jedem deutschen Ingenieur die Haare zu Berge stehen lassen.

Aber im momentanen Wirtschaftsboom Chinas ist alles nur auf ›schnell und einfach‹ konzipiert. Eine Bauingenieurin aus Deutschland, die für ein Jahr in China arbeitet, sagte uns, dass alle Bauwerke, selbst die Wolkenkratzer in Beijing, nur für 20 Jahre konzipiert sind – nichts als ›provisorischer Schrott‹. Dazu sollte man natürlich auch bedenken, dass das Tal des Yarlung Tsangpo, über das die Brücken gebaut werden, in einer hochaktiven Erdbebenzone liegt.

## Lhasa ist erreicht

Die kaputte Felge, an die wir schon seit Tagen keine Gedanken mehr verschwendeten, weil sie mit der Bandage gut gelaufen war, reißt plötzlich auf der gegenüberliegenden Seite ebenfalls der Länge nach auf. Jetzt wird es langsam kritisch für die Stabilität des Laufrades und den Halt des Reifens. Noch haben wir genug Textilklebeband dabei. Aber es wird Zeit, dass wir nach Lhasa kommen und uns um eine Ersatzfelge kümmern. In der Nähe des Flughafens von Lhasa, wo die breite Straße über den Yarlung Tsangpo führt, erreichen wir den bisher tiefsten Punkt unserer Reise in Tibet: 3520 Meter. Ab hier rollt auch wieder der gesamte Verkehr auf der Straße. Besonders die Jeepfahrer – in der Regel Beamte oder Neureiche – legen eine rücksichtslose Fahrweise an den Tag. Wenn wir bei Gegenverkehr von zwei nebeneinanderfahrenden Autos überholt werden, kann es schon kritisch eng für unsere bepackten Fahrräder werden.

Je näher wir der Hauptstadt kommen, desto stärker wandelt sich das Landschaftsbild. Im weiten Talgrund beherrschen keine Terrassenfelder mehr die Region, sondern von Traktoren bearbeitete Weizenäcker oder feldergroße Folientreibhäuser. Die Siedlungen sind dicht bebaut mit Industrieanlagen oder neuen zweigeschossigen chinesischen Wohnblocks. Die Vorstädte von Lhasa sehen nicht anders aus als jene in anderen chinesischen Städten. Wir mogeln uns mit dem Fahrrad durch, indem wir einfach den vielen anderen Radfahrern folgen, die hier auf der Straße unterwegs sind. Unser Tagesziel ist klar definiert, und gespannt erwarten wir den ersten Blick auf den Potala-Palast. Sofort werden wir und unsere Fahrräder von einer Menschenmenge umringt. Teilweise einheimische Händler, die allerlei Souvenirs verkaufen wollen, teilweise einfache Passanten oder in- und ausländische Touristen, alle wollen einen Blick auf die beiden Fahrräder und uns werfen. Braungebrannt, abgemagert und gezeichnet von den Strapazen des Chang Tang und der letzten sechs Wochen, mögen wir für unsere

*Auf den tibetischen Baustellen wird viel Handarbeit geleistet*

*Blick auf den Potala-Palast*

Beobachter sicherlich nicht gerade wie die typischen Vertreter der europäischen Rasse aussehen, die sie hier vor allem in Form von geführten Pauschaltouristen kennen. Aber für uns ist das alles nebensächlich. Wir sind mit unseren Fahrrädern am wohl wichtigsten Etappenziel, wenn auch lange noch nicht am Ende unserer Reise, angekommen: dem Potala-Palast. Die obligatorischen Fotos und Filmaufnahmen manifestieren für uns die Bedeutung dieses inneren und äußeren Etappenziels. An diesem Punkt der Reise stellt sich auch eine große innere Zufriedenheit und Gelassenheit ein. Die Freude ist groß – die kaputte Felge hat gehalten, und wir haben erfolgreich die Widrigkeiten von Wetter und Piste gemeistert. Leider werden wir an diesem schönen Platz schnell wieder in die urbane Realität zurückversetzt: Bettelnde Pilger, kettchenverkaufende Tibeterinnen und chinesische Touristen beginnen zu nerven.

## Biskuitrollen und Sahnetörtchen

Nach dem dringend notwendigen Geldumtausch quartieren wir uns für die nächsten Tage in einem soliden und preisgünstigen Hotel ein. Die Fahrräder werden aneinandergeschlossen auf der Veranda vor unserem Zimmer deponiert, und wir genießen die erste Dusche und intensive Körperpflege nach sechs Wochen. Was uns dabei am meisten schockiert, ist unser eigenes Spiegelbild. Klar haben wir an uns gegenseitig bemerkt, dass die Strapazen des Hochlandes nicht spurlos an uns vorübergingen und wir Substanz verloren haben. Aber derartig abgemagert zu sein, hat uns doch äußerst erschreckt. Die verbrannte Haut, die Staub- und Dreckkruste und der Bartwuchs verändern die Gesichtszüge zusätzlich. Obwohl wir jeden Abend satt in die Schlafsäcke gekrochen waren, haben wir an Gewicht verloren. In einer Höhe von über 5000 Metern baut der Körper unweigerlich ab. Der Sauerstoffmangel und die körperlichen Strapazen lassen den Körper nicht dazu kommen, aus dem täglichen Energie- und Stoffwechsel heraus Reserven aufbauen. Alles, was nicht gebraucht wird, ob Muskelpartien oder Fettpölsterchen, wird in körperliche Leistung umgewandelt. Übrig bleiben nur diejenigen Muskeln, die für die Radtour benötigt werden. Darunter sind jedoch nicht die Gesichtsmuskeln, der Hintern oder die Brustmuskulatur, die jetzt entsprechend abgenommen haben. Der Berg an Wäsche, den wir in der Reinigung des Hotels abgeben, ist enorm. Für umgerechnet sieben Euro wird der Schmutz und Schweiß des Chang Tang herausgewaschen.

Der wichtigste Gang ist der zum Telefonladen, wo wir einen Hilferuf nach Deutschland absetzen, um eine neue Felge anzufordern. Felgen für 32 Speichen gibt es normalerweise nicht in China – nur für 36. Uns wird die Ankunft eines DHL-Expresspaketes in vier bis sechs Tagen versprochen. Der nächste Gang führt in die gegenüber dem Hotel gelegene Bäckerei. Jetzt kennen wir kein Halten mehr: Wir vertilgen im Laufe des Nachmittags und Abends größere Mengen Biskuitrollen, Waffeln, Nußkekse und Sahnetörtchen.



## Kontakte mit der Heimat

Einmal gut und üppig essen gehen, kostet umgerechnet zwei Euro für uns gemeinsam. Amüsant finden wir die Situation, dass wir in ›unserem‹ kleinen chinesischen Restaurant um Hilfe gebeten werden, die Speisekarte ins Englische zu übertragen. Die Chefin des Hauses leiht sich unser Wörterbuch und versucht die Rezepte und Zutaten alleine zu übersetzen, und wir dürfen anschließend die schriftliche Version korrigieren. Bei jedem neuen Wort, das sie in ihr Büchlein notieren kann, freut sie sich mächtig. Wir sind gespannt, in wie vielen Monaten sie die komplette Karte übersetzt hat.

Der Aufenthalt im Hotel bringt auch die Möglichkeit, einige Ausrüstungsgegenstände zu reparieren und alle benötigten Batterien wieder aufzuladen, besonders die fünf Akkus der Filmkamera. Des weiteren sortieren wir unsere Ausrüstung und stecken alles nicht mehr Benötigte in einen Karton, den wir per Post nach Hause schicken. Allen Sponsoren und Freunden schreiben wir Postkarten über den aktuellen Stand unserer Expedition. Im Hotel gibt es auch ein Internetcafé. So können wir auch nachvollziehen, wo sich das DHL-Paket mit der Ersatzfelge momentan befindet.

## Am Jokhang-Tempel

Die touristische Seite von Lhasa ist relativ konzentriert im Bereich der Altstadt oder zumindest dort, wo die Chinesen ein paar der alten Häuser stehen gelassen haben. Mit frischgewaschenen Klamotten und der Fotoausrüstung machen wir uns mehrmals während unseres Aufenthaltes auf den Weg zum Barkor, dem zentralen Marktplatz und Pilgerziel vor dem Jokhang-Tempel.

Tausende Pilger weilen an jedem Tag in Lhasa und absolvieren ihr Pflichtprogramm: dreimal den Jokang-Tempel im Uhrzeigersinn umrunden, unzählige Sutren dabei aufsagen, die vielen Gebetsmühlen zum Rotieren bringen, Butterlampen anzünden, vor dem Haupteingang zum Jokang-Tempel die üblichen Niederwerfungen absolvieren, den Potala-Palast besuchen, diesen ebenfalls im Uhrzeigersinn umrunden und bettelnden Mönchen Geld spenden. Der Jokhang-Tempel ist der bedeutendste sakrale Bau des tibetischen Buddhismus. Mit welcher Hingabe und Versunkenheit die Pilger ihren spirituellen Gedanken und Ideen nachgehen, tage- oder wochenlang meditierend an einer Straßenecke sitzen, hunderte oder tausende Kilometer längs der Straßen und Pisten mit Niederwerfungen die Strecke nach Lhasa abschreiten und dafür ihr Leben an den Bettelstab hängen und auf die Almosen der anderen frommen Pilger hoffen, können wir als aufgeklärte Europäer kaum begreifen.

## In den Marktgassen von Lhasa

Die Formen, Gerüche, Farben und Klänge der vielen hier aufeinandertreffenden Kulturen Asiens erzeugen ein phantastisches und quirliges Lebensgefühl. Überall sehen wir die bunten Gebetsfähnchen im Wind wehen, die Fassaden und die schwarzummalten Fenster der alten Häuser sind mit bestickten Baldachinen geschmückt. Viele der alten Häuser Lhasas sind in den letzten Jahrzehnten der Abrissbirne zum Opfer gefallen. Die stattdessen hochgezogenen Beton-Glas-Aluminium-Fassaden der chinesischen Unternehmen und Behörden sind wahrlich kein Ersatz für das historische Stadtbild. Nur langsam setzt sich auch bei den Chinesen die Erkenntnis durch, dass hier die Touristen die Haupteinnahmequelle für begehrte Devisen sind und diese eben die Altstadt und den tibetischen Lebensstil erleben möchten. Was aber inzwischen zerstört wurde, ist unwiederbringlich verloren.

Wir schlendern durch die Marktgassen, in denen uighurische Teppichhändler lautstark ihre Waren anpreisen. Buntgeschmückte Tibeterinnen stehen hinter Verkaufsständen mit riesigen Bergen gelber Yakbutter. Die Stände mit frischem Gemüse und Obst sind reichlich beladen, es riecht nach Jasmintee und Gewürzen. Dazwischen mischen sich die chinesischen und westlichen Touristen. Die sind vor allem das zahlungskräftige Klientel der vielen Souvenirhändler, die von Edelsteinarmbändern über Gebetsmühlen bis zu bedruckten T-Shirts alles feilbieten, was zwischen Antik, Nachgemacht und Kitsch liegt. Im Gegensatz zu vielen Basaren in anderen Ländern muss man hier kaum Angst vor Dieben oder Trickhändlern haben – das massive Polizei- und Sicherheitspersonal an jeder Ecke der Stadt unterdrückt fast jede Kleinkriminalität.

Es ist leicht bewölkt bei 32 Grad, während die pfingstlichen Temperaturen in Deutschland gerade mal bei 15 Grad liegen. Ach ja, Deutschland ... das erinnert uns an unsere Felge, die per DHL unterwegs ist. Ein Blick auf die Internetseite zeigt uns, dass das Paket inzwischen von Hongkong nach Beijing gebracht wurde. Da die Flüge nach Lhasa über Chengdu kommen, denken wir uns noch nichts Schlimmes. Erst als wir am nächsten Tag feststellen, dass das Paket inzwischen nach Guangzhou (nordwestlich von Hongkong) gebracht wurde, werden wir stutzig. Wir informieren unseren Absender in Deutschland über diese Irrfahrt.

*Im Tal des Lhasa-Flusses*



In der Zwischenzeit besuchen wir den hoch auf einem Felsen über Lhasa thronenden Potala-Palast, die einstige Residenz des Dalai Lama. Die weißen Mauern, dunkelroten und braunen mit Schilf bedeckten Lehmwände, die bunten Fensterbaldachine und die geschmückten Eingangsportale zu den Tempeln zeigen den einstigen Glanz des Zentrums eines vormals riesigen weltlichen und religiösen Reiches.

## Endlich wieder unterwegs

›Adresse ungültig – bitte setzen Sie sich mit DHL in Verbindung‹ heißt es plötzlich auf der Webseite. Ein weltweit operierender Konzern bringt es nicht fertig, ein Paket mit der richtigen Anschrift in die Hauptstadt einer offiziellen chinesischen Provinz zu liefern. Aber wir haben auch Glück im Unglück: Ein tibetischer Mountainbiker – nach seinen Angaben der einzige in der Stadt – wird auf uns und unsere Expeditionsräder aufmerksam. Der einheimische Mountainbiker hat in seiner kleinen Kellerwerkstatt, mit der er auch seinen Lebensunterhalt bestreitet, einen kleinen Vorrat an Ersatzteilen westlichen Standards. Darunter finden wir auch zwei amerikanische 32-Loch-Felgen. Wir können weiterfahren und müssen nicht mehr auf das DHL-Paket warten.

Ein kanadisches Tourenradlerpärchen, das im gleichen Hotel abgestiegen ist, informiert uns über die aktuelle Situation bezüglich Straßenkontrollen, Oberflächenbeschaffenheiten und die Wasserversorgung auf der nun vor uns liegenden Fahrt nach Osten. Die beiden Radler kamen auf fast der gleichen Strecke von Südosten nach Lhasa, auf der wir nun in Richtung Yunnan unterwegs sein werden.

Die Region im Osten von Lhasa ist zunächst wieder geprägt von Folientreibhäusern und Gemüsefeldern. Kleine Dörfer mit viel Ackerland liegen im breiten Tal des Lhasa He, an den Hängen ist jedoch kaum ein grüner Bewuchs zu erkennen. Nur einige braune Dornenbüsche zeigen uns, dass die Berghänge einem starken Beweidungsdruck durch Ziegen und Schafe unterliegen. In den Dörfern oder Kleinstädten gibt es auch immer einen kleinen Laden, in dem wir uns mit den Grundnahrungsmitteln Nudeln, Reis, Zucker und Brot versorgen können. Den restlichen Proviant, beispielsweise alle Müslizutaten, Milchpulver, Nüsse und geräuchertes Fleisch, haben wir bereits in Lhasa in unsere Taschen und die Anhänger verstaut. Der Kalorienbedarf bleibt auch auf der Etappe durch Osttibet hoch. Die zu bewältigenden Höhendifferenzen im Osten Tibets sind erheblich heftiger als während der ersten sechs Wochen der Tour.

Glücklicherweise ist die Straße die ersten 500 Kilometer hinter Lhasa asphaltiert, und wir kommen trotz der vielen Foto- und Filmstops mit etwa 100 Kilometern pro Tag rasch voran. Schon am Abend des ersten Tages nach dem Verlassen der Hauptstadt zelten wir wieder auf über 4000 Meter Höhe. Am nächsten Morgen ist alles eingeschneit – und wir dachten schon, der Frühling bleibt uns treu. Die Straße windet sich zum Mi La, dem ersten Pass hinter Lhasa, hinauf. Zwischen den Sträuchern und Büschen finden wir blaue und rosa Primeln. Auf den Wiesen, deren erstes Grün durch den Schnee schimmert, weiden kleine Gruppen von Yaks und Pferde. Je weiter wir nach Osten kommen, desto höher sind die Büsche, bis die ersten Bäume an den Hängen stehen: Papierbirken, benannt nach ihrer papierartig abblätternden äußeren Borkenschicht. Sie sind allerdings weiter kahl – das Frühjahr lässt noch auf sich warten.

## Bunte Fahnen im Wind

Wir nähern uns der 4500-Meter-Marke. Die Landschaft ist schon längst wieder baum- und strauchlos. Einige Polsterpflanzen und Gräser dominieren in der Vegetationszusammensetzung. Braun- und Gelbtöne beherrschen wieder die Landschaft, so wie wir es schon vom Chang-Tang-Hochland gewohnt waren. Ab 4700 Meter liegt noch eine geschlossene Schneedecke, und es wird kalt. Der starke Westwind verstärkt die Auskühlung, die sich besonders an den Fingern bemerkbar macht. An den Füßen tragen wir robuste Filzstiefel, die wir nach eigenem Muster bei einem Schuster zu Hause herstellen ließen und die wir bereits auf dem ersten Teil der Reise liebgewonnen haben. An den Händen schwitzt man von allen Körperstellen am meisten. Dadurch sind die Finger immer klamm und kalt. Gute Handschuhe zum Radfahren bei Minusgraden sind nicht leicht zu finden, besonders schwierig wird es, wenn es feucht und kalt wird.

Auf dem 5000 Meter hohen Mi La steht ein Tor aus einem breiten Stahlgerüst. Allerdings sehen wir nicht viel von dem Schild auf dem Tor, denn tausende von aneinandergebundenen bunten Gebetsfähnchen schmücken die gesamte Passhöhe. Jeder vorüberziehende Pilger hinterlässt eine weitere Schnur mit vielen solcher Fähnchen an der Passhöhe.

An unseren Anhänger-Fahnenstangen hängen ja ebenfalls kleine bunte Gebetsfähnchen – wenn auch eher als landestypisches Souvenir und weniger, um dem Fahrtwind Bittstellungen zu übergeben. Die tibetische Flagge, die zu hissen in Tibet strengstens verboten ist, hatten wir im menschenleeren Hochland ebenfalls am Anhänger befestigt. Im chinesisch dominierten Osten Tibets haben wir sie allerdings wieder tief in unseren Packtaschen verstaut.

## Grün im Überfluss

Frühmorgens ist es minus zwölf Grad im Zelt. Wir hatten gestern Abend das Zelt in einer Höhe von 4790 Meter in einem eisigen Schneesturm aufstellen müssen, obwohl wir keinen wirklich waagrechten Platz finden konnten. Die Abfahrt wurde so kalt, dass wir die Finger kaum mehr bewegen konnten. Eine weitere Schußfahrt im eisigen Fahrtwind war nicht sinnvoll, zumal es sowieso schon dämmrig wurde. Nach dem Schneesturm verschwanden die Wolken, und die Temperaturen sanken unter den Gefrierpunkt ab.

An den mit zartem Grün bedeckten Hängen weiden Yaks, Schafe, Ziegen und Pferde. Hier oben in der alpinen Zone leben auch wieder Nomaden, deren Zelte sind allerdings doppelt so groß wie die im Westen Tibets. Möglicherweise sind es auch nur saisonale ›Nomaden‹, also Familien, die ihren Tieren im Frühjahr und Sommer zusätzliche Weidemöglichkeiten erschließen. Weiter unten in den dichtbewaldeten Tälern leben wieder Bauern.

Bald kommen wir so tief ins Tal des Nyang Chu, dass wieder Sträucher und kleine Bäume an den Hängen wachsen. Zuerst sind es nur der robuste Wacholder an den Nordhängen und die Birken an den Südhängen. Dann gesellen sich Kiefern, Tannen, Pappeln, Kirschen und rosa-weiß blühende Rhododendren dazu. Wenige Stunden, nachdem wir unser Zelt noch in eisiger Höhe abbauten, fahren wir durch belaubte und blühende Wälder. Wir erleiden einen regelrechten ›Grün-Schock‹. So viel üppige Vegetation haben wir während der gesamten

*Am Pass Mi La*

*Im Tal des Nyang Chu*

Reise noch nicht gesehen. Hoffentlich hat es nun ein Ende mit kalten Fingern und verschneitem Zelt. Unter 4000 Meter Höhe dominieren hartlaubige Eichen die Wälder – wir fühlen uns plötzlich in eine mediterrane Zone versetzt. Es blühen gelbe Berberitzen und blaue Iris, weiße Rosen und Clematis sowie viele Pflanzenarten, die wir bisher noch nicht gesehen haben: Enzian, Primeln, Erdbeeren, Goldregen, Astern und Azaleen. Das zarte Hellgrün der Birken und Pappeln wirkt jedoch am intensivsten auf uns. Fast zwei Monate haben wir diese Farbe vermisst. Grüne Birkenwälder mit rosa- und blaublühenden Rhododendren im Unterwuchs ergeben ein für uns recht exotisches Waldbild.

*Auffahrt zum Pass Serkhyim La*

## Immer bergab

Wir folgen dem Fluss Nyang Chu über 250 Kilometer und etwa 1900 Höhenmeter talabwärts bis kurz vor die Stadt Bayi. Zwei Tage fahren wir fast nur bergab, und das auch noch mit Rückenwind! Die Straße verläuft dicht entlang dem türkisblauen Wasserlauf. Vom wilden Bergbach bis zum langsam dahinfließenden Strom verändert sich sein Charakter genauso, wie sich die Landschaft zunehmend verändert, je weiter wir nach Osten und in tiefere Lagen kommen. Die Birken und Pappeln sind jetzt nur noch an wenigen Stellen der Südhänge zu finden. Dafür dominieren nun beeindruckende Tannen- und Fichtenarten. Die Waldgrenze zieht sich bis hoch an die Schneefelder auf knapp über 4000 Meter Höhe, in der Ferne thronen gletscherbedeckte Bergriesen mit fast 6000 Meter.

Selbst die Architektur und Baustile in den Dörfern verändern sich zunehmend nach Osten: Die Häuser haben keine Flachdächer mehr, sondern Giebeldächer. Die Dächer sind mit Holzschindeln bedeckt, die mit Flusskieseln beschwert sind. Die Siedlungen liegen stets in der Nähe von Zuflüssen aus den Bergen. Auf den Feldern sprießen die ersten Halme der Gerste und des Weizens, woanders blüht der Raps, Kühe grasen auf den Wiesen. Manchmal fühlen wir uns in den Alpenraum versetzt, wie dieser vielleicht vor 100 Jahren einmal aussah. Jedoch erinnern uns die unzähligen unbekannten Vogelstimmen daran, dass wir weit entfernt von Europa sind.

## Heimlich fährt es sich besser

Die Straße ist an einigen Stellen sehr neu und der Asphalt von guter Qualität. Die Sonne verjagt alle Wolken, und wir kommen mit dem Westwind so gut voran, dass wir an einem der Tage sogar 130 Kilometer schaffen. Kaum sind wir nach der langen Etappe zufrieden eingeschlafen, klingelt auch schon wieder der Wecker. Heute bleiben uns nur vier Stunden Schlaf. Um ein Uhr nachts packen wir das Zelt zusammen und bepacken im Schein der Stirnlampen die Fahrräder. Ausgerechnet jetzt muss es auch noch anfangen zu regnen. Aber vielleicht ist das unser Glück. Das Plätschern mag unsere Fahrgeräusche überdecken. Wir sind gut informiert über das, was uns von Seiten der chinesischen Bürokraten bei unserer illegalen Fahrt durch Osttibet im wahrsten Sinn in den Weg gestellt wird. Direkt nach unserem Zeltplatz befindet sich ein Militärposten, ein weiterer sieben Kilometer hinter Bayi, der nächsten Stadt. Der Soldat schläft in seinem hellerleuchteten Häuschen vor dem lauten Fernseher, und die Schranke ist oben. Der Wachhabende konzentriert sich nur auf Motorengeräusche, denn die Kontrollposten sind in erster Linie für die Prüfung der Lkw-Ladepapiere zuständig, mit Radfahrern rechnen sie nicht.

Laut Stadtplan von Bayi müssen wir nur eine Umgehungsstraße durch ein Wohngebiet benutzen und dürfen auf keinen Fall durch das Stadtzentrum fahren. Hinter Bayi ist dann noch einmal ein Kontrollposten, aber auch dort passieren wir unbemerkt die offene Schranke. Bei Kilometer 34 seit unserem nächtlichen Aufbruch kommen wir zur Stadt Nyangtri. Hier führt die Straße direkt an der großen Polizeistation vorbei – das lässt sich nicht umgehen. Aber wer von den Beamten rechnet um vier Uhr früh damit, dass zwei unbeleuchtete Radfahrer vorbeihuschen? Zum Glück niemand. Direkt hinter Nyangtri beginnt der Anstieg zum nächsten Pass, dem Serkhyim La. Stark übermüdet erreichen wir in der Morgendämmerung nach vier Stunden Fahrt einen Fichtenwald, in dem wir das Zelt aufbauen und erst einmal bis zum späten Vormittag ausschlafen.

## Rasante Abfahrt

Stimmengewirr und Gelächter wecken uns. Wo sind wir im Dämmerlicht gelandet? Die Sonne steht schon hoch am Himmel, und irgendwo hinter unserem Zelt müssen mehrere Menschen sehr miteinander beschäftigt sein, denn die Unterhaltungen beziehen sich ganz offensichtlich nicht auf uns. Nachdem wir verschlafen aus dem Zelt gekrochen sind, sehen wir kleine und große Gruppen von Pilgern, die von einem nahen Hügel herabeilen und sich dabei lachend unterhalten. Eine andere Gruppe Tibeterinnen arbeitet an der Straße und macht gerade lautstark Frühstückspause. Die Tatsache, dass da zwei Europäer aus dem Zelt gekrochen kommen, scheint niemanden wirklich zu interessieren. Scheinbar sind wir nichts Besonderes für die hiesigen Menschen. So haben wir wenigstens unsere Ruhe vor neugierigen Passanten, können in Ruhe unsere Ausrüstung zusammenpacken und losradeln. Es geht weiter bergauf durch Fichten-Tannen-Wälder und an gelb-blühenden Rhododendren vorbei. Von Nyangtri, noch auf 3100 Meter gelegen, geht es in nur 35 Kilometern streckenweise sehr steil hoch zum 4656 Meter hohen Serkhyim La.

In der Nacht wurde die Berglandschaft einmal wieder mit einer dicken Schicht klebrigen Neuschnees bedeckt. Auf der Passhöhe ist es kurz vor der Mittagszeit unter minus fünf Grad, es schneit leicht. Während der Abfahrt geht der leichte Schneefall dann langsam in Nieselregen über. Irgendwie scheint uns unsere Glückssträhne in Sachen Wetter verlassen zu haben. Entschädigt werden wir jedoch von der phantastischen Abfahrt. Es geht durch einen dichten Wald aus tibetischer Thuja mit einzelnen rosablühenden Rhododendren im Unterwuchs. Von den Aussichtspunkten an den Kehren blicken wir auf ein wogendes Meer aus Bartflechten, die in den Bäumen hängen. Vereinzelt klebt noch Schnee auf den Nadeln, und Nebelschwaden steigen aus den Tälern empor, eine gespenstische Atmosphäre. Die Asphaltstraße fällt in so steilen Rampen und engen Kurven nach unten, dass wir zwischenzeitlich anhalten müssen, um die Felgen abkühlen zu lassen. Selbst die Bremsgummis müssen wir wechseln. Wenn wir die schwerbeladenen Mountainbikes die geraden Rampen hinunterjagen lassen, erreichen wir bis zu 70 Stundenkilometer. In den engen Kurven müssen wir auf 20 bis 25 Stundenkilometer herunterbremsen. Dieser Herausforderung sind die seit Beginn der Reise benutzten Bremsklötzchen nicht mehr gewachsen. Bei diesen Geschwindigkeiten muss man sein Fahrrad nicht nur sehr gut beherrschen und gute Nerven haben, sondern auch die beiden Vorderradtaschen gut austariert haben. Ein einziger Fahrfehler oder eine Unebenheit im Straßenbelag, und die Reise ist beendet …

*Talwärts mit 70 Stundenkilometern*



## Hinab in den tropischen Wald

Alle Vegetationszonen, von der Nadelwald- über die Laubwald- zur Hartlaubzone der Eichen, bilden an den hohen Bergen Osttibets gesonderte Höhenstufen, durch die wir im Eiltempo nach unten schießen. Die mächtigen Tannen sind mit meterlangen Bartflechten behangen. Die Wipfel der hohen Fichten kämmen die dichten Nebelschwaden aus. Am Waldboden leuchten violette Primeln oder blaue Veilchen. Wenig später fahren wir im Tal an kleinen Dörfern vorbei. Die weißen Steinhäuser oder dunkelbraunen Holzhäuser haben mit Steinen beschwerte schindelgedeckte Dächer, und hinter den Holzzäunen weiden Kühe. Sind wir hier nicht aus Versehen in Österreich oder Tirol gelandet? Von 4515 Meter geht es heute hinab auf nur 2315 Meter Höhe. So viele Höhenmeter sind wir während der gesamten Tour noch nicht in einem Stück nach unten gerast. Etwa 35 Kilometer hinter dem Pass endet der Asphalt. Die Oberflächenqualität der Piste ist relativ gut, da es hier schon lange nicht mehr geregnet hat, die Piste lediglich eine Schlaglochpiste und keine Wellblechpiste ist – ja, man setzt die Ansprüche nach einiger Zeit herunter! Wir lassen uns Zeit für die Beobachtung der uns neuartigen Vegetation.

Mit der Ruhe ist es aber bald wieder vorbei, denn auf dem folgenden 120 Kilometer langen Pistenabschnitt befinden sich unzählige Baustellen, und nur selten gibt es mal einen längeren ungestörten Abschnitt. Die Baustellen zeichnen sich dadurch aus, dass wir mit unseren Fahrrädern zwischen großen Haufen Steinschutt, Baufahrzeugen und Brückengerüsten einen Weg finden und immer wieder durch tiefe Schlammpfützen fahren müssen. Kaum entdecken wir eine interessante Pflanze am Wegesrand und halten an, sind auch schon mindestens fünf neugierige Bauarbeiter zur Stelle, um uns und unsere Ausrüstung zu betrachten. Alleine ist man leider selten.

*Tibet oder Tirol?*

Je weiter wir talabwärts fahren, desto tiefer tauchen wir in subtropische Zonen ein. Exotisch klingende Vogelstimmen, lärmende Zikaden im Gebüsch und totgefahrene Schlangen auf der Piste sind ebenso ein untrügliches Zeichen dafür wie die Moskitos, die uns nun auch umschwirren. Wir sehen viele Baum- und Blumenarten, die wir nicht in uns bekannte Pflanzenfamilien einordnen können. Die Sonne brennt auf der Haut, und die hohe Luftfeuchtigkeit macht uns ordentlich zu schaffen. Das sind wir eben nicht mehr gewohnt nach dem ersten Teil der Tour auf dem tibetischen Hochland – und heute früh waren wir ja auch noch im Schnee! Leider sind die umliegenden Bergriesen, insbesondere der 7756 Meter hohe Namche Barwa und der 7150 Meter hohe Gyala Pelri, hinter dichten Gewitterwolken versteckt. Die Monsunzeit kündigt sich an. Wir befinden uns in einer der tiefsten Schluchten der Welt: Der Blick vom subtropischen Talgrund bei 2100 Meter am Zusammenfluss von Parlung Tsangpo und Rong Chu bis zum vergletscherten Gipfel in über 7000 Meter Höhe muss beeindruckend sein. Immerhin haben wir am Nachmittag ein paar freie Blicke auf die riesigen Gletscher an den Flanken der Berge und einige niedrigere Bergspitzen.

Am späteren Nachmittag finden wir eine abseits der Piste liegende Wiese mit vielen Blumen und wilden (weißen) Erdbeeren, ideal als Zeltplatz. Nun bemerken wir auch, dass die Wiese vor Blutegeln wimmelt: An den Socken und am Fahrradreifen sind sie schnell emporgeklettert. Wie sie aber auch auf die Packtaschen kommen, bleibt uns ein Rätsel. So kontrollieren wir ständig unsere Schuhe und Socken und passen gut auf, dass keiner der Blutegel abends mit ins Zelt kommt.

## Die Orchideenhändler

Nach dem nächtlichen Regen hängen die Wolkenfetzen und der Nebel noch tief zwischen den Baumkronen, als wir wieder auf der Piste sind. Kurze Zeit später kommen wir durch ein kleines Dorf, bestehend aus fünf Holzhäusern und schätzungsweise 30 Bewohnern. Die Kinder spielen im Matsch vor den Hütten. Eine Schule oder andere Dorfstrukturen können wir nicht erkennen. Die Bewohner sind scheinbar Flüchtlinge aus anderen Teilen des Landes. Hier finden wir auch die Antwort auf unsere Verwunderung, warum wir im subtropischen Wald keine Orchideen finden konnten: In Kartons nach Arten sortiert, werden diese auf den Gartenmauern und Fenstersimsen den vorbeikommenden Zwischenhändlern angeboten. Der chinesische Markt fragt nach allem, was sich schnell zu Geld machen lässt, insbesondere wenn irgendein Aberglaube oder eine (oft dubiose) medizinische Anwendung dahintersteckt. Etwas später begegnet uns ein Tibeter, der einem Kollegen stolz seine Tagesausbeute, drei Knollen einer Bodenorchidee, zeigt. Uns erzählen sie, die Chinesen würden die Orchideenknollen essen …



## Auf schlammigen Pisten durch die Tangme-Schlucht

Wir erreichen auf einer Höhe von nur 2100 Meter unseren niedrigsten Punkt auf der Reise durch Tibet. Ab dem Zusammenfluss von Parlung Tsangpo und Rong Chu müssen wir wieder talaufwärts strampeln. Ein Lkw-Konvoi des chinesischen Militärs hat die Piste in eine einzige Schlammspur verwandelt, was unser Vorankommen reichlich abbremst. Die Piste schlängelt sich in der steilen Felswand des linken Steilhangs am Parlung Tsangpo entlang und erfordert unseren kompletten Körpereinsatz: Ständig geht es in kleinen Rampen hoch und ebenso in kleinen Rampen steil wieder runter. Die großen Wackersteine und der Schlamm auf der Piste zwingen uns in die niedrigsten Gänge und das eine oder andere Mal zum Schieben. Links von der steilen Felswand rauschen immer wieder Seitenbäche hinab, und auf der rechten Seite blicken wir direkt auf den 300 Meter tiefer fließenden Parlung Tsangpo. Wir kommen mit langsamen sechs bis sieben Stundenkilometern voran, hinzu kommt die für uns ungewohnte tropische Feuchte. Gegen Mittag erreichen wir die Siedlung Tangme, in der so etwas wie Zivilisation zu erkennen ist, zumindest können wir frisches Brot und eine Tüte voll Kekse kaufen. Das Dorf wimmelt von Militär. Etwa 200 Lkw warten auf die Weiterfahrt in die Richtung, aus der wir kommen. Zum Glück können wir in Tangme an ihnen vorbeifahren und müssen nicht auf der Piste den Konvoi abwarten. Am Rande der Ortschaft liegen Felder mit Gerste, Kartoffeln und Raps, die auf den mächtigen Schotterterrassen des Parlung Tsangpo angelegt sind. Kühe weiden auf Brachflächen, Hunde rennen herum und wühlen im Müll am Pistenrand. Der einsetzende Regen erhöht die Attraktivität dieses Dorfes nicht unbedingt.

Der weitere Pistenverlauf ist kurz mit zwei Schlagwörtern beschrieben: Schlamm und Baustellen. Wackersteine und Schlaglöcher wechseln sich mit regengefüllten Schlammpfützen und tiefen Spurrillen ab. An den dazwischenliegenden Baustellen versucht man, die Piste in Ordnung zu bringen, es entsteht aber nur noch mehr Chaos. Hier wird versucht, mit gigantischen Steinmauern und Betonwänden die stetige Gefahr von Hangrutschungen und Verschüttungen der Piste einzudämmen. Hunderte von Bauarbeitern arbeiten mit bloßer Hand an den Bauwerken. Die Bagger und Lkw wühlen am Hang und schieben die herausgesprengten Felsbrocken ins Flussbett. Schon nach wenigen Kilometern sind unsere Mountainbikes und die Packtaschen von oben bis unten verschlammt.

## Tägliche Militärkonvois

Unter riesigen Steineichen bauen wir unser Zelt auf. Alles ist durch den Regen durchnäßt, und der Tag war anstrengend. Wir sind den ganzen Tag am Parlung Tsangpo talaufwärts gefahren und nun aus dem subtropischen Bereich in die etwas trockenere, durch Steineichen und Kiefern gekennzeichnete Vegetationszone gekommen. Wir hoffen, nun auch dem Regenwetter zu entfliehen.

Der nächste Morgen lässt jedoch noch nicht viel Optimismus zu. Dazu kommt uns bald nach dem Weiterfahren wieder eine Militärkolonne entgegen und macht die Piste erneut zu einer schlammigen Rutschpartie. Gestern kam uns auch schon so eine Kolonne entgegen. Was wir noch nicht ahnen: Die nächsten Tage wird uns jeden Tag eine oder mehrere dieser Kolonnen entgegenkommen oder überholen … So ein Lkw-Konvoi aus etwa 100 Fahrzeugen kostet uns immer etwa 20 Minuten Wartezeit am Pistenrand, da die Fahrbahn nicht breit genug ist, um gefahrlos den vielen Fahrzeugen entgegenzufahren. Die Fahrer, von denen kaum einer älter als 20 aussieht, rasen über die schlechte Piste und nerven mit ihrem ewigen Gehupe, wenn sie uns erblicken. Wir beschließen daher, die Fahrräder am Pistenrand stehenzulassen, und gehen so lange im Wald spazieren. Glücklicherweise hört im Laufe des Vormittags der Regen auf, und schon bald fängt auch wieder die Asphaltstraße an.

Ungewöhnlich finden wir die drei chinesischen Tourenradler auf dem Weg nach Lhasa, die uns entgegenkommen. Mit dieser Ausrüstung würden wir uns

*Am Zusammenfluss von Parlung Tsangpo und Rong Chu*

nicht auf solche Pisten wagen. Aber sie sind voller Tatendrang und kennen vielleicht gar keine besseren Mountainbikes und Gepäcksysteme – entsprechend werden unsere Räder bestaunt. Die Tourenradler-Szene in China ist gerade erst am Entstehen – Individualtourismus ist für die Einwohner im Land der Mitte etwas sehr Außergewöhnliches, aber dennoch gibt es immer wieder einige ›Verrückte‹, die ihre eigenen Ideen und Lebensweisen entwickeln und durchsetzen.

## Trockentäler und Blütenpracht

In der Stadt Bomi können wir mal wieder richtig einkaufen. So verschwinden frische Weißbrotfladen, Nudeln, Zucker, Kekse und einige andere süße Gebäckstücke in unseren Packtaschen. Die Polizei des Ortes interessiert sich glücklicherweise nicht für uns. So setzen wir unsere Tour im Tal des Parlung Tsangpo fort – es geht immer noch talaufwärts. Die Steigungen halten sich aber in Grenzen, und die Asphaltoberfläche ist sehr gut. Die Landschaft wird von Kiefernwäldern geprägt, die auch forstlich genutzt werden. Jedoch wird hier kein Kahlschlag betrieben, sondern stärker auf die Naturverjüngung durch stehengelassene Altbäume gesetzt. Dadurch bekommt die Landschaft etwas Parkähnliches und lässt weite Blicke von der Straße aus zu.

Die etwa 6000 Meter hohen und gletscherbedeckten Bergriesen an beiden Flanken des Tals werden leider immer noch von Wolken bedeckt. Nur selten können wir einen freien Blick auf dieses großartige Panorama erhaschen. Das ändert sich jedoch schon in der darauffolgenden Nacht, als es plötzlich aufklart und die Schneefelder im Sternenlicht leuchten. Bei strahlendblauem Himmel radeln wir in den kühlen Morgen und freuen uns über die beeindruckende Naturkulisse. An den oberen Berghängen wachsen Tannen, Fichten, Birken, Pappeln und Ahornarten, während unten im Tal die Kiefern und Eichen dominieren. Je weiter wir talaufwärts radeln, desto stärker kommen wir in den Regenschatten der hohen Bergketten und somit in trockenere Regionen. Schon gegen Mittag

*Aussicht auf 6000er vom Parlung-Tsangpo-Tal*

sehen wir kaum mehr einen Baum an den Bergflanken, dafür sind die Hänge mit dornenbewehrten Sträuchern und buschartigen Steineichen bewachsen. In den Tälern werden die wenigen ebenen Flächen für die Landwirtschaft genutzt, während die trockenen Hänge von Schaf- und Ziegenherden beweidet sind, was die Vegetation weiter zurückdrängt und das Wachstum der Dornenbüsche fördert.

Immerhin gibt es zahlreiche Blütenpflanzen, die das Herz des Naturfotografen erfreuen: gelb-orange Paeonien, gelbe Berberitzen, weiß-rote Cotoneaster, gelbblaue Caragana, rosa Enziane oder hellgelbe Aristolochiaceen.

## Steinschlag und Schneelawinen

Die Tagestemperaturen steigen bis auf 40 Grad, glücklicherweise ist die Luftfeuchtigkeit nicht mehr so hoch wie in den letzten Tagen, und wir haben wieder einmal Rückenwind. Wir radeln immer noch talaufwärts am Parlung Tsangpo und erreichen am Abend schon wieder eine Höhe von 3810 Metern. Allerdings ist diese Höhe hart erarbeitet. Nach jeder Rampe, die uns 50 Meter hochbringt, geht es wieder 30 Meter runter. So ist jeder Höhenmeter fast zweimal erkämpft. Außerdem haben wir den Asphalt einmal mehr gegen eine staubige Pistenoberfläche tauschen müssen. Das enge Tal ist vom raschfließenden Parlung Tsangpo komplett ausgefüllt. Für eine Piste ist nur am steilen Hang Platz. Von den steilen Flanken rauschen permanent Staub- und Steinlawinen herab. An einigen Stellen müssen wir abwarten, bis die Gefahr vorüber ist. Die Piste ist übersät mit Felsbrocken und lässt uns ins Grübeln kommen, als wir am keine 50 Meter entfernten Gegenhang beobachten, wie Schnee- und Eislawinen herabkommen.

Mehr als skurril finden wir die Bemühungen von einigen Soldaten, mit Schaufeln die unebenen Stellen der Pistenoberfläche wieder zu glätten, während von oben das Material nachrutscht.

## Wie in der Schweiz

Nach der Nacht in der engen Schlucht müssen wir am Morgen mit kalten Fingern weiterradeln, denn es dauert noch lange, bis die Sonne den Boden der Schlucht erreichen wird. In steilen Rampen und Serpentinen geht es jetzt hoch zum Rawok-See. Bald kommen wir auch aus der engen Schlucht heraus und sind beeindruckt von der Aussicht. Still und klar liegt der Rawok-See auf 3920 Meter Höhe im Morgenlicht vor uns. Die schneebedeckten Bergriesen spiegeln sich in seiner Oberfläche. Die Ufer sind mit kleinen Fichten bewachsen, aber auch hier ist die Überweidung durch die Ziegen der Dorfbewohner deutlich zu erkennen. Wir radeln durch kleine Bergdörfer mit Blockhäusern und grünen Gerstenfeldern. Wie in der Schweiz, denken wir, wenn nur nicht überall bunte Gebetsfähnchen im Wind flattern würden. Die steilen schindelbedeckten Dächer zeigen uns auch, dass hier im Winter allem Anschein nach mit großen Schneemengen zu rechnen ist. Die Menschen begrüßen uns beim Vorbeifahren, und die Kinder sind weniger frech als in den hinter uns liegenden Siedlungen. In der Siedlung Rawok kehren wir auf eine Nudelsuppe in ein Gasthaus ein – vor allem, um den Akku des

*Am Rawok Co*



Datenspeichers für die Digitalfotos aufzuladen. In der Ortschaft bekommen wir alles, was wir benötigen: Brot, Nudeln, Kekse, Bonbons. Allerdings überholt uns im Ort auch wieder ein Militärkonvoi. Allmählich fragen wir uns, wo die alle hinwollen.

## Begegnungen an der Straße

Hinter Rawok geht es steil bergauf. Die Rampen führen durch eine enge Felsschlucht, in der die Straße in einem kastenförmigen Betonkorsett am Hang untergebracht ist, da in der Schlucht selber kein Platz dafür wäre. Eis- und Felsbrocken liegen überall herum. Obwohl wir auf der Passstraße kräftig in die Pedale treten, müssen wir zu unseren dicken Jacken greifen. Die Temperaturen liegen in der schattigen Schlucht unter null Grad. Nach fünf Kilometern kommen wir in einem sonnigen Hochtal wieder ans Tageslicht. An den Berghängen wachsen Azaleen und Polsterpflanzen, deren weiße Blütenpracht im Vorfrühling auf über 4000 Meter Höhe leuchtet. Nur noch wenige Tannen und Fichten stehen an den Nordhängen. In dem weiten Tal grasen Yakherden, und wir sehen auch wieder einige Nomaden, die mit ihren schwarzen Yakwollzelten entlang des Flusses siedeln. In der Mittagssonne liegen wir auf einer Enzianwiese und genießen die Landschaft mit den schneebedeckten Bergspitzen, eine Landschaft wie in den Alpen oder Skandinavien. Statt Adler kreisen hier allerdings mächtige Geier über den Bergen.

*Gepäckanhänger in europäischer und in tibetischer Ausführung*

Auf der Straße kommt uns eine kleine Gruppe Pilger entgegen. Diese schreiten die vor ihnen liegende Strecke nach Lhasa mit ihrer Körperlänge in Form von Niederwerfungen ab. Sie sind schon seit Wochen unterwegs und werden wohl noch Monate bis zu ihrem Ziel brauchen. Dafür sind sie jedoch auch ausgerüstet, sie führen einen Ziehwagen mit Zelt, Ofen, Kleidung und Proviant mit sich.

Auf der Passhöhe auf 4430 Meter kommen uns fünf chinesische Tourenradler entgegen. Sie sind von Shanghai nach Lhasa unterwegs und fahren geradewegs in die Regenwolken, die sich hinter uns aufbauen. Wir wünschen uns gegenseitig alles Gute – immerhin haben wir jetzt mal wieder eine rasante Abfahrt vor uns. Nicht vergessen darf man natürlich, dass uns auch heute die ›tägliche‹ Militärkolonne überholt hat. Diesmal waren es 110 Fahrzeuge.

## Im Trockental

Die Abfahrt wird dann doch zunächst nicht so rasant, denn die Regenwolken entladen sich mit aller Heftigkeit auch über unseren Köpfen. Ausgerechnet in einer der trockensten Landschaften, die wir bisher in Tibet durchradeln, werden wir nass. Das Tal liegt im Monsunregenschatten der Berge, und die Landschaft ändert sich schlagartig. Die Hänge sind nur spärlich mit kleinen Sträuchern bewachsen, auf den flachen Stellen entlang des Flusses sind Terrassenfelder angelegt. Bewässerungskanäle leiten das kostbare Nass, das auf der anderen Seite des Passes noch in großer Fülle vorhanden war, in die Gerstenfelder. Die Häuser besitzen keine Giebeldächer mehr und sind aus gestampftem Lehm statt aus Holz. Auf den Flachdächern lagern Strohballen. Statt Yaks sehen wir Pferde, Schafe und Esel. Wir fühlen uns an den Anfang unserer Reise in der Provinz Xinjiang zurückversetzt. Bald kommt die Sonne wieder durch und trocknet alles. Die

Schußfahrt wird erst am Abend gestoppt, als wir eine Fläche abseits der Straße finden, die nicht landwirtschaftlich genutzt wird. Entsprechend schwierig ist es, die schon auf der Reise verbogenen Heringe in den verkrusteten und steinigen Boden zu bekommen. Der weiterhin wehende Westwind räumt am Abend alle Wolken weg und hinterlässt eine sternenklare und kalte Nacht.

Schon am frühen Morgen sitzen wir auf unseren Sätteln. Da es sicherlich noch wüstenhafter und heißer wird, je weiter wir talabwärts kommen, ist ein früher Start ratsam. Nur noch an den höchsten Bergflanken, knapp unter der Schneegrenze, wachsen vereinzelt Bäume. Ansonsten wird die Landschaft dominiert von nacktem Fels und Lehm in verschiedenen Farben, die sich auch in den jeweiligen Ortschaften in den Farben der Lehmhäuser widerspiegeln. Die grünen Terrassenfelder wirken wie Oasen in einer Wüste. Das Wasser wird in unzähligen Kanälen und Rinnen von den Bergen herab zu den Feldern geleitet. Zwischen diesen grünen Oasen funkeln dann einzelne gelbe Edelsteine: in voller Blüte stehende Rapsfelder. Abseits der bewässerten Terrassen besteht die Vegetation aus angepassten und trockenheitsresistenten Pflanzen.

Die Abfahrt nach Baxoi ist schnell und zum Teil sehr steil, aber wie immer geht so eine rasante Abfahrt viel zu schnell zu Ende. In der Stadt – wer hätte es gedacht – kommt mal wieder ein langer Militärkonvoi von hinten. Nachdem die Lkw jedoch in ein großes Depot abbiegen, hoffen wir auf einen ruhigen Nachmittag. Nach dem Kauf von Lebensmitteln rasen wir weiter talabwärts, jetzt leider wieder ohne Asphalt unter den Reifen. Glücklicherweise haben wir Federgabeln an den Mountainbikes – die in der Lenkertasche verstaute Foto- und Filmausrüstung hätte spätestens hier ihren Geist aufgegeben. Natürlich könnten wir auf der miserablen Piste auch langsamer fahren, aber wenn es schon mal bergab geht, erlauben wir uns auch höhere Geschwindigkeiten.

*Kleine Anbauflächen werden der kargen Natur abgetrotzt*

## In 180 Spitzkehren nach oben

Bald ist der tiefste Punkt des wüstenhaften Tals erreicht. Der Fluss fließt in den großen ostasiatischen Strom Salween. Ein Militärposten an der Brücke über den Salween winkt uns durch. Wir erreichen den tiefsten Punkt bei 2850 Meter Höhe. Ab hier geht es wieder nach oben, bis auf 4618 Meter zum Gama La, und das bei voller Sonneneinstrahlung am Südhang einer wüstenhaften Landschaft. In unendlichen Windungen klettern wir mit unseren Fahrrädern Meter für Meter nach oben, bis wir in ein kleines und schattiges Seitental einbiegen. Ausgerechnet auf diesem staubigen und heißen Abschnitt überholen uns zwei Lkw-Konvois mit zusammen etwa 150 Fahrzeugen. Der Wasserverbrauch steigt mit der Hitze am Hang. Unser Thermometer misst 47 Grad. Allerdings müssen wir Wasser von unten mitnehmen – am Hang gibt es keine Quellen oder Bäche.

Erst am späten Nachmittag kommen wir durch zwei kleine Siedlungen im schattigen Seitental, wo wir unsere Trinkflaschen auffüllen können. Die gesamte Passstraße soll angeblich 180 Spitzkehren haben, unsere Versuche, mitzuzählen, scheitern jedoch – es sind einfach zu viele. Besonders in den Kehren ist die Piste sehr zerfahren und besteht nur noch aus einer dicken Schicht feinem Staub, der uns immer wieder von heftigen Windböen ins Gesicht getrieben wird. Schon bald müssen wir feststellen, dass wir mit durchschnittlich fünf bis sechs Stundenkilometern nicht vor der Dunkelheit oben sein werden. Einen geeigneten Rastplatz an einer Passstraße zu finden, ist fast unmöglich, denn die flachen Stellen werden alle von Gerstenfeldern der kleinen Siedlungen ausgefüllt. So nützen wir die jetzt kühlen abendlichen Temperaturen und fahren bis fast in die Dunkelheit. Irgendwo im Feinstaub des Pistenrandes bauen wir dann unser Zelt auf und schlafen unruhig. Einerseits ist der Boden unkomfortabel schräg, andererseits fahren einige Lkw-Fahrer auch nachts dicht an unserem Zelt vorbei und reißen uns immer wieder aus dem Schlaf.

Die Piste ist eine echte Herausforderung für unsere Fahrradreifen. Zwischen dem Feinstaub liegen scharfkantige Steine. Entweder man verliert die Traktion in dem losen Material oder man knallt gegen Steine, die man vorher nicht gesehen hat. Wir fahren zwar langsam genug, um diesen Hindernissen auszuweichen, aber das kostet auf Dauer ordentlich Kraft, Oberschenkel und Schultern müssen viel leisten. Die Sonne knallt schon ab zehn Uhr erbarmungslos auf den Hang, als wir von unten ein sich näherndes Hupkonzert hören. Auch heute gibt es wieder Militärkolonnen. Bei 300 Fahrzeugen höre ich auf zu zählen. Über eine Stunde sitzen wir am Pistenrand mit Blick auf das unter uns liegende ›Straßengedärm‹. Wie bisher sind auch diese Militär-Lkw leer und immer nur mit zwei Personen besetzt.

Zwei Kilometer vor der Passhöhe in 4610 Meter Höhe radeln wir wieder auf Asphalt. Die ersten 20 Kilometer des Tages haben wir in fünf Stunden geschafft (eine davon wartend am Pistenrand). Wir gönnen uns einen Mittagsschlaf auf einer Bergwiese und freuen uns auf die Abfahrt – diesmal auf Asphalt.

*Auffahrt zum Gama La*

## Talabwärts am Yu Chu

Weit und breit steht kein Baum in dieser Landschaft, nur einzelne Azaleen mit ganz dunklen Blättern wachsen an den Nordhängen. Selbst die Wiesen sind noch nicht so grün, wie wir es in den Tagen zuvor schon gesehen hatten. Gerstenfelder gibt es hier keine, die wenigen Menschen leben von ihren Weidetieren auf den Bergalmen. In der Ortschaft Bangda halten wir noch nicht einmal an. Das Dorf ist tatsächlich so, wie es ein anderer Tourenradler beschrieben hat: Ein richtiges Drecksloch, bestehend aus baufälligen Hütten und Häusern, einigen Truckstops, Gasthäusern sowie Werkstätten. Wer nicht gerade ein Problem mit seinem Lkw hat, hält hier besser nicht an. Je weiter wir talabwärts nach Südosten radeln, desto häufiger sehen wir auch vereinzelte hohe Fichten und Kiefern an den Hängen. Auf den Wiesen grasen auch wieder Kühe, und Murmeltiere huschen von einem Loch ins nächste. Um die kleinen Siedlungen sind jetzt auch Gerstenfelder angelegt, die allerdings noch nicht bestellt sind. Das Frühjahr lässt hier besonders lange auf sich warten.

Heute beginnt der dritte Monat seit unserem Aufbruch in Kashgar, und wir sind noch nicht reisemüde. Allerdings stellen wir auch fest, dass die Anstrengung in Westtibet und die heftigen Bergpässe der letzten Wochen in Osttibet stark an unserer Körpersubstanz gezehrt haben. Schon am Nachmittag stoßen wir hin und wieder an unsere Leistungsgrenze.

In der Nähe der kleinen Ortschaften, durch die wir kommen, sind die Bauern jetzt dabei, ihre Felder zu pflügen und die Saat auszubringen. Die Hörner der Yaks, die vor die Pflüge gespannt werden, sind auch hier mit roten Seidenschals geschmückt. Die Bauern singen bei der Arbeit, und die Frauen lesen die Steine hinter dem Pflug auf. Die Menschen sind freundlich und grüßen uns schon von

*Im oberen Tal des Yu Chu*

weitem. Touristen kommen hier selten vorbei, geschweige denn, dass sie aus ihren Jeeps oder Bussen aussteigen. Die wenigen Tourenradler sind die Exoten unter den Fremden.

Am frühen Nachmittag erreichen wir die Stadt Zuogong. Das Thermometer zeigt 35 Grad, und die Garküchen verströmen leckere Mittagsgerüche. Da der Hunger sowieso unser ständiger Reisebegleiter ist, kehren wir gleich in einem der Gasthäuser im tibetischen Teil der Stadt ein. Im Zentrum des chinesischen Teils der Stadt, einer etwa einen Kilometer langen Prachtstraße mit Geschäften und Bürohäusern auf beiden Seiten, sollte man sich nach Angaben anderer Tourenradler nicht zu lange aufhalten. Die örtliche Polizei sammelt gerne Individualtouristen ein und droht mit Strafgeldern wegen fehlender Tibetgenehmigungen. Auf fremde Tourenradler wird die Polizei spätestens dann aufmerksam, wenn sich größere Menschentrauben um die Fahrräder ansammeln. Wie praktisch, dass neben dem Lokal, in dem wir essen, eine Garage ist, in die wir die Fahrräder schieben können. Die Lebensmitteleinkäufe erledigen wir schnell bei einem kleinen Händler gegenüber unserem Lokal. An der Tankstelle – gleich neben der Polizeistation – kaufen wir noch zwei Liter Treibstoff für den Kocher. Dann sind wir schon wieder raus aus dem Dorf.



## Unsere schönste Piste

Die Berghänge sind nun wieder dicht mit Tannen, Fichten, Tsuga (Hemlocktannen), Lärchen, Eichen und Pappeln bewaldet. Je weiter wir nach Süden und in tiefere Regionen kommen, desto dichter werden diese Wälder. Obwohl wir die mühelose Fahrt auf der guten Teerstraße genießen, können wir es kaum erwarten, sie wieder zu verlassen. Auf einer kleinen Piste, deren Verlauf nur ungenau auf unserer Karte verzeichnet ist, wollen wir dem Yu Chu weiter folgen, anstatt die übliche Route über Markham zu nehmen. Die Abenteuerlust siegt doch über die Bequemlichkeit … ›Der Mensch ist nicht zur Bequemlichkeit gemacht‹, lautet ja auch ein tibetisches Sprichwort!

An einer weißen Stupa biegen wir von der asphaltierten Straße ab, die weiter über einen 5000er Pass nach Markham führt, und radeln nun auf einer kleinen Bergpiste ins Ungewisse – jetzt sind wir wieder in der Einsamkeit! Verkehr ist hier kaum noch, dafür ist die einspurige Piste auch gar nicht angelegt. Das Tal ist eng und steil, die Piste schmiegt sich an den Osthang und führt in oft schwindel-erregender Höhe über dem Fluss entlang. Leitplanken gibt es hier selbstverständlich keine. Eine falsche Lenkbewegung, und man ist im freien Fall. Glücklicherweise geht es größtenteils talabwärts, und die Pistenoberfläche ist zunächst noch gut befahrbar. Wir werden belohnt mit einer grandiosen Landschaft und der einsamen Piste – keine vorbeidonnernden Lkw, keine nervigen Stadtbewohner.

Die wenigen Dörfer, die wir in den beiden Tagen bis zur Siedlung Bitu durchfahren, bestehen aus Lehm- und Holzhäusern. Kleine Läden führen das Notwendigste: Zucker, Nudeln und Kekse. Die Gerstenfelder auf den Flussterrassen rings um die Siedlungen werden über Kanäle bewässert. In den Dörfern führen diese

Kanäle direkt auf die Piste, was die Fahrräder und wir nicht besonders angenehm finden. So haben die Dorfbewohner Zugang zu fließendem Wasser und wir bei jeder Dorfdurchfahrt Schwierigkeiten, uns durch den Schotter und die Dämme auf der Dorfstraße zu arbeiten. Der Holzeinschlag in den umliegenden Wäldern und einige kleine Wasserkraftwerke am Yu Chu sichern die Energieversorgung. Die Yaks und Pferde werden zur Weide in den Wald getrieben.

## Jenseits der Landkarte

Die Piste wird schon bald zu einer anspruchsvollen Mountainbike-Strecke: steile Rampen rauf und runter, über schroffen Fels und streckenweise über runde faustgroße Flusskiesel, mal sandig direkt am Fluss entlang, mal als Höhenweg in den Hang gefräst. An einigen Stellen ist die Piste von Hangrutschungen zerstört und zeigt uns an, dass wohl schon lange kein Fahrzeug mehr vorbeigekommen ist. Manchmal geht es nur auf notdürftigen Fußpfaden weiter, und zwei kleine Baustellen werden wir auch passieren müssen. Leere Dynamit-Hülsen auf der Piste erzählen uns von den jüngsten Tätigkeiten an diesem Abschnitt, und wir sehen Frauen und Männer mit Dynamitkisten auf dem Rücken, in Schubkarren oder auf Maultieren an uns vorbeikommen.

An Wasser mangelt es uns zum Glück nicht – immer wieder strömen Bäche quer über die Piste und versorgen uns mit frischem Bergwasser. An einigen Abschnitten müssen wir auch durch reißende hüfttiefe Bergflüsse schieben – Brücken gibt es noch nicht. Zum Glück haben wir wasserdichte Packtaschen an den Mountainbikes. Außerhalb des schattigen Waldes ist es über 40 Grad heiß, da sind wir froh um jeden Bergbach, der von den Seitentälern kommt und von einem schattigen Laubwald begleitet ist. Diese kleinen Täler mit Wald und Wasser sind wie Inseln in einer zunehmend trockenen und heißen Landschaft.

Je weiter wir nach Süden dem Yu Chu auf der einsamen Piste folgen, desto weniger haben die Menschen in den kleinen Dörfern Kontakt zur Außenwelt. Dies ist einerseits bedingt durch die kaputte Piste und die Tatsache, dass das Tal tatsächlich eine Sackgasse für Fahrzeuge ist. Die Kinder stehen mit großen Augen staunend am Pistenrand und beobachten uns ängstlich, einige rennen davon und verstecken sich. Die erwachsenen Menschen grüßen freundlich, aber zurückhaltend und schütteln den Kopf. Sie wissen schon, was wir noch nicht wissen können: Das Talende sieht anders aus, als es unsere Landkarte vorgibt.

## Schlaglöcher und Wackersteine

Unsere Reisegeschwindigkeit verlangsamt sich zunehmend. Die Pistenoberfläche wird grobschottriger oder besteht einfach nur aus dem losen Schuttmaterial des Hangs, und die Rampen werden immer steiler, so dass jeder Meter hart erarbeitet werden muss. Selbst die kurzen Abfahrten sind technisch anspruchsvoll. Dafür wird die Landschaft umso grandioser. Eine unberührte Bergwelt mit schneebedeckten Gipfeln und dichtbewaldeten Hängen zeigt sich hinter jeder Talkurve. Die wenigen Siedlungen mit den umliegenden Gerstenfeldern in ihrem zarten

*Eine der wenigen Siedlungen am Yu Chu*

Frühlingsgrün liegen wie kleine Oasen auf den Flussterrassen. In der Tiefe des engen Tals gurgelt und rauscht der schnellfließende Fluss. Es ist schon erstaunlich, dass sich in diesem einsamen Tal überhaupt Menschen angesiedelt haben, um der steinigen Erde eine Ernte abzuringen. Noch erstaunlicher finden wir es jedoch, dass man allem Anschein nach gewillt ist, eine breite Piste bis zur Siedlung Bitu zu bauen.

An mehreren dieser Baustellen können wir einmal anschaulich Unterricht in Sachen Straßenbauarbeiten erhalten. Was wir sehen, ist haarsträubend: Da wird Grobschotter auf die Fahrbahn geworfen, anschließend mit feinem Erdaushub aus der Nachbarschaft zugedeckt und leicht angewalzt. Der nächste Monsunregen macht aus der Piste eine Schlammspur, und anschließend hinterlassen die erodierenden Wassermassen eine grobschottrige, unbefestigte Pistenauflage. Eine andere Möglichkeit der Schaffung von zusätzlichen Hindernissen für die Pistenbenutzer stellt das Ausheben eines Seitengrabens für den Regenwasserabfluss dar, wobei der Aushub einfach wahllos auf die Piste getürmt wird. Die Jeep-Fahrer werden es schon irgendwie glätten …

Der tiefe Abgrund der Schlucht gähnt zu unserer Rechten, die nackte Felswand engt uns von der linken Seite ein. Die Piste ist hier gerade mal etwas breiter als einen Meter. Zur Erinnerung: Ein bepacktes Tourenrad ist etwa 60 Zentimeter breit! Die Pistenoberfläche besteht aus losen Schieferplatten, die erst kürzlich aus der Hangwand herausgesprengt worden sein müssen – die leeren Hülsen der Dynamitstangen liegen noch überall herum. Die Schieferplatten geben bei jedem Schritt nach, nur wissen wir vorher nie, in welche Richtung sie rutschen werden. Die Packtaschen und Anhänger werden getrennt von den Fahrrädern über die gefährlichsten Passagen getragen. Es ist eine kräftezehrende Prozedur, die fast immer im schattenlosen Südwesthang bei über 40 Grad stattfindet. Am Nachmittag steht die schwüle Hitze im Tal, kein Lüftchen regt sich.

## Sackgasse Bitu

Irgendwann hört das, was wir als Piste definieren, auf und geht über in einen hangparallelen Maultierpfad, der größtenteils sehr schön zu fahren ist. Nach zwei Kilometern auf diesem Pfad inklusive einiger Schiebepassagen erreichen wir die Siedlung Bitu. Die hier eingeholten Informationen zu unserem weiteren Weg sind keineswegs ermutigend … Aber zunächst lassen wir den Tag geruhsam ausklingen. Die beiden Dorflehrer laden uns zu kühlen Getränken und Nudelsuppe in ihr luftiges und angenehm schattiges Baumwollzelt ein. Damit die Temperaturen im Zelt in der Nachmittagssonne erträglich bleiben, wird der Stoff hin und wieder mit Wasser begossen. Wir liegen oder sitzen auf Matten und Decken und unterhalten uns über die Probleme der Dorfbevölkerung, das Schulsystem, die Landschaft, unsere bisherige Radtour und über Digitalkameras. Glücklicherweise kommt noch der Manager der kleinen Herberge dazu, der uns ein paar Sätze vom Englischen ins Chinesische übersetzt. Über 300 Kinder seien in der kleinen Dorfschule untergebracht. Nach der sechsten Klasse ist die Grundschule beendet. Wer dann noch weiter die Bildungsleiter hinaufmöchte, muss in die Stadt Zuogong, aber das können sich die wenigsten Eltern leisten. Unterrichtsfächer sind Chinesisch, Tibetisch, Mathematik, Heimatkunde und Sport.

Schnell erfahren wir auch, was im weiteren Pistenverlauf auf uns wartet: Es sei unmöglich, mit dem Fahrrad weiterzukommen, es gäbe lediglich einen Maultierpfad, der über den Shu La ins Mekongtal führt, eine befahrbare Straße gibt es nur nach Norden, von wo wir kommen. Die äußerst nette Dorfbevölkerung sieht zum erstenmal bepackte Tourenräder und kann sich nicht vorstellen, was mit einem Mountainbike noch ›befahrbar‹ ist. Dennoch sind wir inzwischen

*Dorf am Yu Chu*

vorsichtig mit unserer zeitlichen Kalkulation geworden und kaufen lieber im Dorfladen noch einige Vorräte ein. Eine Rückkehr nach Norden steht für uns jedoch nicht zur Diskussion. Am Abend bauen wir auf dem Dorfplatz unser Zelt auf – gleich neben drei Jeeps, die hier schon seit vielen Monaten unbewegt stehen und darauf warten, dass die Piste nach Norden wieder befahrbar ist. Die gesamte Versorgung der Ortschaft mit ihren etwa 750 Einwohnern wird momentan nur mit Maultieren gewährleistet.

Unser Ziel, die kühle Frische der Morgenstunden auszunützen, wird schon ab neun Uhr von der Sonne zunichte gemacht. Seit Tagen ist dies stets gleich: Die Nächte sind sternenklar, und früh klettert die Sonne am klaren Himmel empor. Erst am Nachmittag bilden sich dann dicke Quellwolken, aus denen auch mal ein leichter Schauer fallen kann.

Der Verlauf des Pfades nach Süden wird immer akrobatischer: Häufig müssen wir jetzt auch zu zweit die steilen Rampen hinaufschieben, da für Alleingänge die Kraft fehlt und zum Fahren der Pfad einfach zu schmal ist. Die Distanz, die wir mit der schweren und klobigen Ausrüstung schaffen, liegt bei etwa 18 Kilometern in sieben Stunden.



Die kleine, aus acht Häusern bestehende Siedlung Chalang, die wir im Laufe des Mittags passieren, ist so einsam gelegen, dass die auf dem Pfad spielenden Kinder schreiend vor uns wegrennen. Der kleinste Spielkamerad, ein vielleicht zweijähriges Kleinkind, wird einfach zurückgelassen. Kaum bemerkt auch der Kleine uns hochgewachsene Figuren mit dunklen Sonnenbrillen auf seltsamen Fahrrädern, fängt er so laut an zu schreien und zu weinen, dass die Mutter ganz entsetzt aus dem Haus gerannt kommt. Erst nachdem sie ihn in die Arme genommen hat, können wir uns trauen weiterzufahren.

## Ein schmales Bett unter den Sternen

Die Schiebepassagen werden zur Normalität und zur Erholung von den Tragepassagen. Jede Strecke, die wir über ein großes Hindernis, etwa einen Felsen oder einen steilen und engen Serpentinenabschnitt hinübertragen müssen, geht jeder von uns viermal: Einmal mit dem Anhänger, einmal mit dem Fahrrad und zweimal mit jeweils zwei Taschen. Im Extremfall können das auch mal 300 Höhenmeter sein, was für den einmaligen Weg mit Gepäck nach oben und leer wieder zurück etwa eine Stunde kostet, vier Stunden ist die volle Nachmittagsleistung. Wir begegnen glücklicherweise keinem Menschen und sind so nicht mit der doch etwas peinlichen Situation konfrontiert, dass wir entgegen dem Rat der Dorfbewohner und der beiden Lehrer weiter nach Süden ins Tal des Yu Chu vordringen.

Allmählich kommen wir jetzt in eine Region im Regenschatten hoher Bergriesen. Die Vegetation wird hier dominiert von hartlaubigen Steineichenbeständen oder dornigen Berberitzen. Einzelne Yasminbüsche blühen in gelb oder weiß-rot, eine Buddleja-Art leuchtet in hellviolett. Kleine Erdorchideen funkeln wie rötliche Kristalle an moosbedeckten Stellen unter den Eichen. Nur Wasser gibt es hier nicht für uns. Die letzte Quelle liegt gut 45 Gehminuten zurück, als

*Schieben, …*

wir uns nach zeitraubender Überwindung einer Stufe von 300 Höhenmetern zu einem Nachtlager mitten auf dem einen Meter breiten Pfad entschließen. So muss mühsam in einem langen Abendmarsch das notwendige Nass geholt werden. Jeder von uns trinkt sofort zwei Liter, mit Mineral- und Vitaminpulver angereichert. Zum Abendessen und in der folgenden Nacht verschwinden nochmals drei Liter pro Person in unseren ausgedörrten Körpern. Heute sind wir laut den Angaben unseres Höhenmessgerätes 580 Meter nach oben und 630 Meter nach unten gefahren, geschoben oder geklettert. Die Nacht ist angenehm mit wolkenlosem Sternenhimmel. Irgendwo in den Steineichen ruft eine Eule, ansonsten ist es ruhig, und wir schlafen erschöpft ein.

## Nicht mehr nachdenken – nur noch weiter!

Wenn wir diese unglaublich schöne und unberührte Landschaft nicht um uns herum hätten, würden wir sicherlich schon lange auf dem Zahnfleisch gehen. Die körperlichen Strapazen werden am nächsten Tag sogar noch um einiges heftiger. Die Vegetation mit den hohen schattenspendenden Bäumen weicht immer stärker einer dornenreichen Buschlandschaft mit einzelnen Baumgruppen aus Stein-eichen. Nur in den Talkerben an den kleinen Bachläufen wächst eine üppige Vegetation aus hohen Bäumen, dichten Büschen und bunten Blumen. Die kühle Feuchte dieser kleinen Täler möchten wir am liebsten nicht mehr verlassen. Aber unser Tagespensum ist noch lange nicht erfüllt. Die Sonne brennt erbarmungslos auf uns herab – obwohl wir inzwischen schon gut an die hohe Einstrahlung angepasst sind, müssen wir uns trotzdem mehrmals täglich eincremen. Die vier Kilometer, die wir gleich nach dem Frühstück sogar radeln können, lässt uns auf eine nicht allzu schwierige Tagesetappe hoffen. Doch die nächste Herausforderung kommt in Form einer steilen Felswand mit einem engen Pfad, der sich in

*... tragen ...*

Serpentinen hinunterwindet. Hier tragen wir einmal mehr die gesamte Ausrüstung in Etappen für mindestens 100 Höhenmeter. Die schlimmsten Momente sind an den Stellen, an denen wir ohne ein Hindernis oder Buschwerk etwa 400 Meter tief zum Fluss hinabsehen können und unser Pfad nur wenige Zentimeter Bewegungsfreiheit zulässt. Wenn wir mit den zu schiebenden Fahrrädern samt Anhängern nicht genau die Mittellinie treffen, beginnt einer der Reifen an der Hangkante des Pfads ins Leere zu greifen. Das Zurückwuchten auf den Pfad kostet doppelt viel Kraft.

Unser Tagesziel kommt am späten Nachmittag ins Blickfeld: Der auf nur 2735 Meter Höhe gelegene Talgrund des Yu Chu, wo ein Pilgerweg um den heiligen Berg Kawa Korpo (Berg des Schneegottes) den Fluss überquert. An dieser Hängebrücke steht auch eine kleine weiße Stupa, die in der halbwüstenhaften Landschaft schon von weitem leuchtet. Unsere geplante Route wird in den nächsten Tagen vom Ufer des Yu Chu über den Pass Shu La (4815 Meter) hinab ins Mekongtal führen. Spätestens jetzt verstehen wir die skeptischen Blicke der Einwohner von Bitu, als sie uns zu verstehen gaben, dass man hier nicht radeln kann. Ab hier ist es mit dem Fahren endgültig aus.

## Mit dem Fahrrad am Berg

Ein alter Tibeter, der das Heiligtum tagsüber bewacht und sich um die Pilger kümmert – sie also um Spenden erleichtert –, lädt uns ein, auf dem kleinen Vorplatz der Anlage zu nächtigen. Da unsere nächste Etappe, die in 3240 Meter Höhe gelegene Ortschaft Laide, für uns heute sowieso nicht mehr erreichbar ist, lassen wir den Tag am Fluss ausklingen. Nun haben wir auch wieder genug Wasser zum Trinken. Ein Maultiertreiber, der kurz nach uns ebenfalls von Norden, also aus Bitu, kommt, weist uns den Weg, den wir morgen zu gehen haben:

für 500 Höhenmeter eine steile Bergflanke hinauf ins Dorf. Wir verabreden, dass er morgen Abend dort oben auf uns warten und uns mit seinen Tieren über den Shu La weiterhelfen wird. Bis Laide müssen wir noch alleine zurechtkommen, da er die Fracht auf seinen beiden Tieren erst ins Dorf bringen muss.

Vom Flussufer bis Laide sind es, wie erwähnt, 500 Höhenmeter – wie können wir es vermeiden, diese Strecke und Höhendifferenz wieder viermal gehen zu müssen? Lange diskutieren wir darüber noch am Abend vor dem Schlafen. Am nächsten Morgen packen wir unser Gepäck neu: Die Anhänger werden mit ihrer großen Tasche wie Rucksäcke getragen und die restlichen Packtaschen werden stark komprimiert, so dass es nicht mehr acht, sondern nur noch vier Taschen sind. Dieses System funktioniert auch halbwegs gut, so dass wir die beiden Fahrräder, beide Anhänger sowie die Packtaschen im Laufe des Tages mit drei Aufstiegen nach oben geschafft haben. Angefangen um 9 Uhr früh, sind wir um 17 Uhr fertig mit der Tagesarbeit und am absoluten Ende unserer Kraftreserven. Zum Vergleich: Die Tibeter laufen die Strecke von Bitu nach Laide mit ihren Maultierkarawanen in einem langen Tag. Für uns wurden es kraftzehrende drei Tage, die wir auf diesem schmalen Bergpfad kämpften, bevor wir mit der ganzen Ausrüstung in Laide waren.

## Osttibetische Gastfreundschaft

Die Siedlung Laide besteht aus vier Wohnhäusern, wobei wir uns scheinbar beim wohlhabendsten Bewohner mit unserem Maultiertreiber verabredet haben. Wir sehen mit Freude, dass noch zwei weitere Maultiere geholt wurden, um unsere Ausrüstung aufnehmen zu können. Wir müssen nun unsere gesamte Ausrüstung möglichst gleichmäßig auf die vier Tiere und auch beiderseits eines jeden Tieres verteilen. Während wir also damit beschäftigt sind, die Packtaschen so zu füllen und zu bündeln, dass die Anforderungen des Maultiertreibers erfüllt sind, spielen die beiden etwa sechsjährigen Kinder mit den Laufrädern und der zerrissenen Felge, die wir seit Wochen immer noch mit uns schleppen. Die beiden Kinder haben noch nie ein Fahrrad zu Gesicht bekommen, außer wahrscheinlich im chinesischen Fernsehen.

Das Abendessen ist reichhaltig: eine große Schüssel dampfender Kartoffelsuppe mit Speckwürfeln, zu der frischgebackene Gerstenbrötchen gereicht werden. Dazu gibt es natürlich Buttertee. Die Menschen sind nett und gastfreundlich, zuvorkommend und nicht aufdringlich. Wir halten uns etwas zurück mit unseren Berichten von den Erlebnissen der letzten zehn Wochen. Schon der Erwähnung der Tatsache, dass wir in Kashgar losgeradelt sind, folgen fragende Gesichter und ungläubige Blicke. Entweder wissen die Menschen hier nicht, wo diese Stadt liegt oder sie glauben uns nicht. Jedenfalls sind wir wohl keine unterhaltsame Bereicherung des Abends, denn nach dem Essen wird der Fernseher an eine über ein Solarpaneel aufgeladene Autobatterie angeschlossen. Kurz wird auch auf einem englischsprachigen Sender verweilt; gespannt betrachtet man unsere Gesichter, als wir versuchen, etwas von den chinesischen Lokalnachrichten mitzubekommen. Als dann in einem Werbespot ein Tandem vorkommt, lachen alle und zeigen auf uns. Zu gerne würden wir wissen, was die Bewohner des Hauses mit den dort gezeigten Szenen, Nachrichten, Werbesendungen oder der modernen chinesischen Lebensweise überhaupt anzufangen wissen.

Das Gebäude besteht im unteren Teil aus gemauertem Stein, im oberen Teil aus massiven Holzbalken. Das gesamte Haus umschließt einen kleinen Innenhof von etwa fünf mal fünf Metern, der nach oben mit einer Plane schließbar ist. Alle Räumlichkeiten, das Wohn- und Eßzimmer sowie die Schlafzimmer, sind an den Außenwänden des Obergeschosses untergebracht. Die Küche ist zum kleinen Innenhof gelegen. Von oben flutet das Sonnenlicht in die Küche und den Hof. Im Erdgeschoss und Innenhof, von dem man auf einer Treppe nach oben kommt, tummeln sich die Kühe, Maultiere, Schweine, Ziegen, Schafe, der Hund und die Hühner, die auch hoch auf das Balkongeländer des Oberstocks fliegen und in der Küche nach Essbarem suchen. Im Haus huscht eine Katze mit ihren Jungen herum. Die Menschen leben hier mit ihren Tieren und nicht nur von ihnen. Inwieweit unseren Vorstellungen von Hygiene dabei nachgekommen wird, wollen wir lieber nicht diskutieren. Dennoch beobachten wir immer wieder, dass die Dorfbewohner sehr wohl darauf achten, dass es getrennte Trinkwasserentnahmestellen gibt und schmutziges Waschwasser nur an ganz bestimmten Stellen entsorgt wird.



## Der Pfad nach oben

Das Frühstück besteht aus dicken Gerstenmehlpfannkuchen mit Rührei und einer Kräutersoße. Dann werden die Tragtiere gesattelt und bepackt. Die beiden Fahrräder ohne die Laufräder hängen beiderseits an einem der Tiere, die Räder mit vier kleinen Packtaschen an einem anderen. Am Holzsattel des dritten Maultiers werden die beiden Anhänger befestigt, und das vierte Tier schultert die übrigen Packtaschen. Die Trinkflaschen werden noch aufgefüllt, und dann geht es schon los. Im Gänsemarsch folgen wir dem weiteren Verlauf des Pfades, laufen an den Gerstenfeldern der Siedlung vorbei und tauchen in den Steineichenwald ein. Die

*... oder tragen lassen: Nicht überall geht es mit dem Fahrrad weiter*

an allen Ästen hängenden meterlangen Bartflechten werden durch die leichten Windböen sanft bewegt. Die Szenerie erscheint uns wie in einem Märchenwald. Zwischen den Bartflechten leuchten die rosa Blüten riesiger Rhododendron-Büsche. Über uns lässt sich der blaue Himmel nur erahnen, da wir aus dem dichten und umwobenen Astwerk nur selten einen Blick nach draußen erhaschen können. Wir befinden uns immer noch auf dem Pilgerweg rund um den Kawa Karpo. Entsprechend ausgelatscht ist dieser Pfad: Tiefe Rillen und enge Serpentinen sind selbst für die Maultiere nicht leicht zu bewältigen. Dazu kommen die zunehmende Höhe und die Last unserer Ausrüstung, die die Tiere sichtlich ins Schwitzen bringt. Sehr häufig müssen wir die Tiere mit einem dünnen Stecken zum Weitergehen antreiben.

Etwa 1000 Höhenmeter über dem Dorf (in 4400 Meter Höhe) werden aus den Eichen niedrige Büsche, die dann auch keinen dichtgeschlossenen Wald mehr bilden. Dazu gesellen sich jetzt auch einige Thuja und Fichten. Nun können wir über die Baumwipfel nach Süden blicken und den majestätisch in der Landschaft liegenden 6780 Meter hohen Kawa Karpo mit seinen großen Gletschern sehen. Dieser Bergriese ist den tibetischen Buddhisten heilig. Viele Pilger umwandern den Berg in einer langwierigen und strapaziösen Tour.

## Über die tibetische Grenze

Oberhalb der Baumgrenze, in der Gebirgstundra, finden wir unzählige farbenprächtige Blumen. Wir sehen blaue Azaleen, rosa und weiße Rhododendren, gelbe Berberitzen, Goldruten, Primel- oder Enzianarten.

Das kleinräumige Mosaik an alpinen Wiesen und alpinen Zwergstrauchgesellschaften erinnert uns schon sehr stark an den Alpenraum. Je höher wir kommen, desto weniger Vegetation bedeckt die rötlichen und braungrauen Felsen und Schutthänge. Auf einer Endmoräne eines ehemaligen Gletschervorstoßes machen wir Mittagsrast und beobachten die Veränderung am Himmel: Frühmorgens war es noch sonnig und warm – inzwischen zieht dichte Bewölkung auf. Der Wind wird stärker, und aufgrund der Höhe wird es auch kälter. Das Ende unseres Bergpfades gipfelt in einer steilen Rampe über einem Schuttkegel. In 4815 Meter Höhe stehen wir am Pass und zugleich auf der Grenze zwischen dem heutigen Tibet und der Provinz Yunnan. Nun werden die Maultiere abgesattelt und der freundliche, aber sehr zurückhaltende Tibeter ausbezahlt. Für den Maultiertreiber war das ein willkommenes Geschäft, das er mit dem Transport von Zuckersäcken oder anderen Handelswaren nicht vergleichen kann. Weiter als bis zum Pass wollte er uns jedoch grundsätzlich nicht führen – angeblich weil im weiteren Verlauf der Pfad zu stark verschlammt und zugeschneit sein soll, was für seine Tiere ein zu hohes Risiko gewesen wäre. In der Tat sehen wir während des Abstiegs auch keine Maultierspuren.

Zwischen unzähligen Gebetsfähnchen und Manisteinen montieren wir unsere Fahrräder und Anhänger wieder zusammen. Der Untergrund der ersten Meter, die wir anschließend den Steilhang hinabmüssen, ist so locker strukturiert, dass wir es unmöglich mit den Anhängern schaffen. So müssen wir die erste Etappe

*Mit Maultieren unterwegs*



wieder zweimal gehen. Anschließend kommen wir mal schiebend, mal auf dem Sattel sitzend und den Hang hinabrollend bis zur 400 Meter tiefer liegenden Baumgrenze. Auf einer blütenreichen Almwiese, durch die ein klarer Bergbach seinen Weg nach unten sucht, stellen wir unser Zelt auf und genießen das grandiose Panorama hinab zum Tal des Mekong. Die Nacht ist wieder wolkenlos, und die Temperaturen fallen unter null Grad.

## Psychische Zermürbung

Die Sonne scheint ins Zelt, und Kuhglocken klingen rings um uns auf der Alm. Eine heimatliche Idylle? Allerdings sind wir nicht in den Alpen, sondern auf über 4400 Meter Höhe, und hier in Osttibet tragen die Maultiere Glocken. Bald darauf kommen einige Tibeter den Pfad hoch, den wir weiter bergab müssen und schütteln verwundert ihre Köpfe über das, was sie da auf der Wiese stehen sehen: Fahrräder hat hier sicher noch nie jemand erblickt. Das müssen gar sonderbare Fahrzeuge sein, die es bis hierher geschafft haben. Von dem Transport mit Maultieren wissen sie noch nichts. Die Gerüchteküche wird in den nächsten Tagen sicherlich gut beliefert sein, bis die Menschen auf beiden Seiten des Berges zusammengestellt haben, wie die beiden Mountainbikes über den Berg ins nächste Tal gekommen sind.

Unser Problem sieht jedoch sehr viel handfester aus: Grobe Wackersteine und scharfkantige Felsen stehen uns im Weg, besser gesagt, sie sind der Weg. Einen felsigen Wandersteig mit beladenen Fahrrädern zu befahren ist unmöglich, aber glücklicherweise ist es uns größtenteils möglich, einigermaßen zu schieben, da die Schwerkraft hilft. An einigen Passagen ist nicht einmal mehr Schieben möglich, dann ist wieder Tragen angesagt. Bergab geht es etwas besser: Mit dem Anhänger auf dem Rücken lässt sich das Rad dann noch nebenher schieben. In den beeindruckenden Nadelwäldern, durch die wir immer tiefer in die grüne

Bergwelt eintauchen, werden zusätzlich noch große Wurzeln und tiefe Rillen im Pfad zum Hindernis. Beulen und tiefe Kratzer am Anhänger oder an der Fahrradkurbel und viele Verwünschungen gegenüber dem einen oder anderen groben Hindernis sind da inbegriffen.

Bevor wir uns jedoch innerlich aufreiben an den Problemen auf dem Pfad und durch unsere körperliche Belastung, gehen wir die Situation von der lockeren Seite an: Es geht voran – wenn auch langsamer als erhofft.

## Die reichhaltige Bergflora in Nordwest-Yunnan

Tannenstämme so mächtig, dass wir sie nicht zu zweit umfassen können, Tannen, die in unseren deutschen Wäldern so selten geworden sind, dass man derartig große und mächtige Bäume sofort unter strengsten Schutz stellen würde: Das gesamte Tal, durch das wir immer weiter abwärts schieben oder rollen, wäre in Deutschland in der höchsten Naturschutzkategorie. Hier ist eine mächtige Tanne nur eine von tausenden, und das Tal ist einfach nur eines von vielen Gebirgstälern, die durch ihre Abgeschiedenheit und mangelnde menschliche Erschließung in ihrem natürlichen Zustand bleiben können. Jeder gefällte Stamm müßte ja einzeln und mit kräftigen Yaks den holprigen Pfad nach unten zu den Dörfern transportiert werden. Daher sind die mächtigen Bäume uninteressant für die einheimische Bevölkerung. Neben den Tannen stehen auch uralte Fichten, Birken, Kirschen, Ahorne und Ulmen im Wald. Von den moosbewachsenen Ästen, die selbst schon die Mächtigkeit von Baumstämmen erreicht haben, hängen lange Bartflechten herab. Zwischen den Baumriesen wächst ein dichtes Gestrüpp aus verschiedenen Rhododendren, von denen einige ebenfalls einen Stammdurchmesser von fast 25 Zentimeter erreichen. Die kleinen Sonnenflecken auf dem Waldboden sind stets bunt mit Blumen übersät. Viele davon für uns bisher unbekannt. Direkt neben dem Weg, wir können es kaum fassen, finden wir rostrot blühende Frauenschuh-Orchideen. Zusätzlich entdecken wir gelb-grüne Schachbrettblumen, orangefarbene Türkenbundlilien, hellblaue Iris, gelbe Sumpfdotterblumen, rosafarbene Primeln und hellrote Nelken.

## Am rauschenden Bach

Das gurgelnde und aufschäumende Wildwasser übertönt die gesamte Waldidylle und singt uns sogar in unseren wohlverdienten Schlaf. Auch hören wir die vielfältigen uns unbekannten Vogelstimmen am frühen Morgen nicht, da der Bach alle Nebengeräusche verschluckt. Der steinige Pfad folgt fast direkt der Falllinie des Bachs nach unten. Die Berghänge zu beiden Seiten des Tals werden immer steiler. Immer schneller schießt der Bach talabwärts, und immer problematischer wird das Schieben der Fahrräder auf den Steintreppen und den engen Serpentinen, die sich zwischen und über die großen Flusskiesel winden. Ungefähr acht Kilometer haben wir gestern geschafft – heute wird es nicht schneller gehen, vielmehr bedarf es mitunter einiger Kraft und Geschicklichkeit, das Rad ohne gröbere Schäden da durchzumanövrieren. Allmählich wechseln wir von der Nadelwaldzone wieder in den subtropischen Bereich. Dieses macht sich vor allem durch eine Veränderung in der Vegetation bemerkbar: Es wird wieder trocken, die Bäume sind nicht mehr so hoch oder mächtig, und die einen oder anderen Dornengebüsche erinnern uns an Landschaftstypen, die wir schon auf dem Weg von Lhasa nach Osten gesehen hatten.

Wir befinden uns immer noch 1000 Höhenmeter über dem Talgrund des Mekong, unserem Ziel. Der letzte Proviant wird heute angebrochen – wir müssen also bis zum Abend die nächste Siedlung erreichen, sonst gibt es nur ein sehr karges Abendessen und Frühstück. Diesen Schreckensgedanken im Hinterkopf, fordern wir alles von unseren Fahrrädern. Mit den Bremsen werden die Geschwindigkeit und Balance geregelt. Ständig müssen wir darauf achten, eine der beiden Bremsen nicht unbedacht zu lockern, so dass das fast 30 Kilogramm schwere Gefährt nicht davon schießt und gegen den nächsten Felsen knallt. Die Handballen schmerzen durch das stundenlange Betätigen der Bremshebel und das kraftvolle Ausbalancieren des Rades. Die Folge sind Blasen und Schwielen.



## Im Mekongtal

Die Schufterei nimmt kein Ende, der Mekong will nicht näherkommen, immer steiler und tiefer geht es hinab. Verlaufen haben wir uns nicht – das ist glücklicherweise kaum möglich in diesem Gelände. Für uns gibt es nur ein ›nach unten‹, sonst nichts. Zu Hause würde ich diesen Versuch, auf einem derartig schwierigen Bergpfad mit dem Mountainbike voranzukommen, als reine Idiotie ansehen. Hier haben wir keine andere Wahl. Es gibt keine Alternativen. Inzwischen sind wir außerhalb des Waldes und schieben durch eine fast wüstenhafte Landschaft, eingerahmt von steilen Bergflanken und Felsriesen. Berberitzenbüsche stehen allerorts – bloß jetzt keinen Plattfuß, denken wir. Die heiße Luft steht im Tal und flimmert am Horizont, das Thermometer zeigt über 45 Grad an. Die Zikaden beginnen schon ihr übliches Mittagskonzert, als wir endlich im Talgrund die Betonbrücke der Piste und dahinter die erdbraunen Wellen des Mekong sehen. Es ist geschafft! Nach fünfeinhalb Tagen seit unserem Aufbruch in Bitu und nach zermürbenden 2300 Höhenmetern bergab sind wir wieder auf einer anständig zu fahrenden Piste, wenn auch auf einer mit ausgesprochen schlechter Oberflächenstruktur. Aber nach unserer Erfahrung der letzten Tage ist das Radeln auf Wellblechpiste immer noch höher zu bewerten als Schieben oder gar Tragen. Wer hätte es gedacht, dass man sich sogar über eine staubige Wellblechpiste freuen kann? Die Bergstiefel werden wieder gegen Sandalen getauscht und die Trinkflaschen noch einmal an ›unserem‹ Wildbach befüllt, bevor wir uns wieder auf die staubige Piste begeben.

Jetzt könne nichts mehr schief gehen, sollte man meinen. Aber ein dunkler Schatten hat sich doch in den letzten Tagen unser bemächtigt, trotz des sonnigheißen Wetters: Die letzten Tage unserer Tour sind gezählt. Das Abenteuer, auf der kleinen Piste einen Weg vom Yu-Chu-Tal hinüber ins Mekongtal zu finden, hat uns mehr Zeit gekostet als ursprünglich geplant war. So werden wir die letzten Tage in China nicht auf dem Fahrradsattel, sondern im Überlandbus verbringen.

## Der letzte Radeltag

Zunächst steht uns noch eine letzte körperliche Prüfung bevor: die Bergstraße vom Mekongtal in 2380 Meter Höhe hinauf zum Pass in 3580 Meter Höhe. An einer Imbissbude kaufen wir vier Tüten chinesische Instant-Nudelsuppe. Die ist mit heißem Wasser einfach zuzubereiten und kostet kaum etwas. Die Passstraße sollte eigentlich kein größeres Problem für uns darstellen, auch wenn wir nur noch den Nachmittag dafür zur Verfügung haben. Aber wir besitzen keine Kraft mehr. Ohne eine Nacht auf halber Strecke und einen Napf voll Nudeleintopf geht es keinen weiteren Meter nach oben. Am Ende einer dreimonatigen Fahrradtour sind wir zwar zäher geworden, aber durch die Anstrengung der letzten Tage abgemagert und geschwächt.

Am nächsten Morgen erreichen wir nach kurzer Strecke auf staubigem Wellblechmuster und mit Wackersteinen durchsetzter Pistenoberfläche auf halber Strecke zum Pass die Asphaltstraße. Von der Straße aus genießen wir die Blicke hinab zum Mekong und auf das Kawa-Karpo-Massiv auf der gegenüberliegenden Talseite und radeln entspannt unseren letzten Pass.

Wir nähern uns nun unausweichlich der Zivilisation, und das heißt warme Duschen, Bäckereien und viele Restaurants. Auf der Passhöhe mit vielen besonders geschmückten Stupas tummeln sich einige Touristen- und Pilgergruppen. Hier oben hat man einen beeindruckend schönen Panoramablick auf die Bergkette des Kawa Karpo und seiner Nachbargipfel, von denen auch einige über 6000 Meter hoch sind. Leider sind die Gipfel der Berge mittags in den Wolken, und auch nach einer Stunde des Wartens wird uns kein freier Blick auf die Bergkette gegönnt.

Nun sind es bis zur Stadt Dechen nur noch wenige Kilometer. Die Reise mit dem Fahrrad durch Tibet ist geschafft. Mit wehmütigen Blicken schauen wir auf die letzten drei Monate einer häufig körperlich stark anspruchsvollen Radtour und auf ein einzigartig erlebnisreiches Abenteuer. Uns beiden ist eines ganz klar: wir werden sobald wie möglich wieder nach Tibet zurückkommen und eine weitere Mountainbiketour unternehmen.

*Ein letzter Blick vom Pass auf die Bergkette des Kawa Karpo*

# Mit dem Fahrrad zum Mount-Everest-Basecamp

*Von Oliver Schmidt*

Aufmerksame chinesische PSB-Polizisten vereitelten im Frühjahr 2001 meinen ersten Versuch, mit dem Fahrrad nach Tibet und zum höchsten Berg der Erde zu gelangen. Zwei Jahre später starte ich einen erneuten Versuch – diesmal erfolgreich. Einige Monate verbringe ich noch mit meiner Freundin Lena im Pamir- und Karakorum-Gebirge in Kirgisistan und in Xinjiang, ehe ich allein die höchsten Pisten der Welt in Angriff nehme.

Von Kashgar, an der Seidenstraße gelegen, streift meine Route den südöstlichen Teil der Takla-Makan-Wüste, quert das Karakorum-Gebirge und folgt schließlich dem Himalaya-Hauptkamm unweit der pakistanischen, indischen und tibetischen Grenze nach Osten. In kleinen Siedlungen und bei nomadisch lebenden Tibetern versorge ich mich mit Lebensmitteln. Nachts schleiche ich um die Checkpoints des chinesischen Militärs und des PSB herum, um nicht wegen der illegalen Einreise nach Tibet ausgewiesen zu werden. Über einen Monat fahre ich in Höhen zwischen 4000 und 5000 Metern und überquere dabei vierzehn Pässe mit über 5400 Meter. Dennoch war der Höhepunkt der Reise für mich die gemeinsame Wanderung mit tibetischen Mönchen um den heiligen Berg Kailash.

Nach vielen Wochen relativer Einsamkeit in Westtibet erreiche ich die Piste, die zwei Hauptstädte verbindet: den Friendship Highway zwischen Lhasa und Kathmandu. Diese gutausgebaute Schotterpiste wird jährlich von zahlreichen Touristengruppen aus aller Welt frequentiert. Dementsprechend verbessert sich schlagartig die Infrastruktur für mich als hungrigen und verdreckten Radfahrer. Es ist nun kein Problem mehr, an Reiseproviant oder warmes Wasser zum Waschen zu gelangen, es zeigen sich aber auch die Schattenseiten des Tourismus. Tibetische Kinder fordern lautstark Wegezoll in Form von Bonbons, Luftballons, Kugelschreibern oder einfach ›money, money‹. Eine alte Frau zerrt und rüttelt an meinem Gepäck, nachdem ich nicht gewillt war, ihr selbiges zu überlassen. Oft werde ich mit einem Steinhagel traktiert, als ich fluchtartig die Dörfer entlang des Highways passiere. Wut packt mich, als ich ausländische Touristen beobachte, die aus ihren fahrenden Jeeps Süßigkeiten in ausgestreckte Kinderhände streuen. Solcher Unverstand erschwert das Reisen für alle nachkommenden Touristen, besonders für die individuell Reisenden.

Zwei Möglichkeiten gibt es, mit dem Fahrrad zum Mount-Everest-Basecamp zu gelangen: Zum einen die Hauptroute über den 5150 Meter hohen Pang La oder die wenig befahrene Strecke über den 5120 Meter hohen Lamma La. Beide Pisten vereinigen sich nördlich der Siedlung Paksum wieder und führen am Rongbuk-Kloster vorbei zum Fuß des Mount Everest. Um nicht eine der beiden Strecken zweimal fahren zu müssen, entschließe ich mich, über den Lamma La zum Everest zu fahren und über den anderen Pass zurückzukommen. In der Siedlung Tingri, am Friendship Highway gelegen, fülle ich meine Vorräte mit Tsampa, Trockenfleisch, Instant-Nudeln, Reis und Tee auf, um die nächsten zehn Tage unabhängig zu sein. Am Ortsausgang von Tingri markiert eine kleine Stupa, verziert mit Yakschädeln und Gebetsfahnen, die Piste zum Lamma La. Nach wenigen sanft ansteigenden Kilometern passiere ich das Dorf Lungchang und gerate in ein kleines Handgemenge mit zwei jungen Tibetern, als ich den lokalen Tempel besichtige. Sie verlangen Geld, ich bin nicht bereit zu zahlen, das halbe Dorf amüsiert sich, und mir bleibt nur der Sprung auf das Rad und die holprige Flucht auf der schlechten Piste. Die Piste, oft nur aus zwei Reifenspuren bestehend, windet sich durch Geröllfelder, und die zahlreichen kalten Gebirgsbäche sind ohne Brücken zu durchqueren. Zwischen den Geröllfeldern sind kleine Gerstenäcker angelegt – Oasen der Fruchtbarkeit. Mitte Oktober wird hier gerade die Getreideernte eingebracht, eine mehrtägige Arbeit für die ganze Familie. Autoverkehr gibt es auf dieser Piste kaum, die Pistenoberfläche zeigt es deutlich. Die einheimische Bevölkerung erledigt alle Transporte mit Yaks und Pferden. Die Szenerie ist überwältigend, führt die Piste doch direkt an der Nordwand des kleinsten Achttausender, Cho Oyu, vorbei. Der Aufstieg zum Lamma La stellt wegen seiner größtenteils gemäßigten Steigungen keine weitere Schwierigkeit für mich dar. Der Blick von der Passhöhe ist unspektakulär, da namenlose Hügel die Sicht auf die wirklichen Bergriesen versperren. Die Abfahrt ist rauh, aber ein Genuß. Das Bild der kargen Landschaft wechselt in das eines fruchtbaren grünen Tals, von dessen Hängen eiskalte Wässerfälle stürzen. Drei Tage nach der Abfahrt aus Tingri erreiche ich die Hauptroute zum Basislager. Der Pistenzustand verbessert sich schlagartig, ist es doch sogar möglich, mit einem Lkw bis in das Basecamp zu fahren. Zwar sind momentan nur wenige Fahrzeuge unterwegs, jedoch hüllen mich diese wenigen in ein Wolkengemisch aus Staub und schwarzen Dieselruß. Das Atmen in der dünnen Luft wird so zusätzlich erschwert. Die Nächte verbringe ich meistens geschützt vor den eisigen Winden hinter Geröllhalden. Nach zwei weiteren Tagen durch das Rongbuk-Tal erreiche ich das Rongbuk-Kloster, das höchstgelegene der Welt. Trotz all der Touristen haben sich die hier lebenden Mönche ihre Bescheidenheit bewahrt. Der Blick von hier ist wohl beeindruckend, doch tiefhängende Wolken trüben heute die Aussicht. Vom Kloster aus sind es nochmals knapp zwei Stunden steile Anfahrt bis zu einem relativ ebenen Geröllfeld, auf dem einige Expeditionszelte und provisorisch errichtete Teestuben aus Brettern und Planen stehen. Ein Betonschild verkündet: ›Qomolangma Base Camp 5200 m‹. Ich bin am Ziel angekommen.

Am nächsten Tag reißt die Wolkendecke auf, und ich kann mich die nächsten drei Tage vom vor mir liegenden Anblick nicht lösen. Die Szenerie ist überwältigend: ein enges Tal, an dessen Ende eine eisige Pyramide weitere 3500 Meter senkrecht emporragt. Grund genug, sich klein zu fühlen. Der Everest dominiert das Bild, da er das Rongbuk-Tal mit seiner gewaltigen Größe fast vollständig ausfüllt und die umliegenden Berge zu Schutthügeln degradiert.

Das Basecamp gleicht Mitte Oktober einem Ameisenhaufen, obwohl die Bergsteigersaison schon vorbei ist. Geschäftstüchtige Chinesen bieten für lokale Verhältnisse überteuerte Packungen mit Instant-Nudeln und Bier an. Einige Italiener, gerade von der Besteigung des Everest zurück, feierten sich selbst als

*Serpentinen auf den Pang La*

Helden. Ein Bergsteigergruppe mit vier US-Amerikanern reist mit fünf Lkws an. Ein paar Chinesen aus Beijing sind völlig aufgedreht, und ich sehe sie Tag und Nacht mit ihren Fotoapparaten am Aussichtspunkt. Drei Briten unternehmen geologische Studien, und drei schwerreiche Russen runden diesen bunten Ameisenhaufen ab. Als einziger Radfahrer genieße ich es außerordentlich häufig, in die verschiedenen Küchenzelte der Bergsteiger eingeladen zu werden.

Die Abfahrt auf der Hauptroute zurück zum Friendship Highway stellt für mich und mein Fahrrad keinerlei Schwierigkeit dar, hält aber noch einen besonderen Höhenrausch bereit: Die etwa zehn Kilometer lange Fahrt hinauf zum 5150 Meter hohen Pang La ist ein spektakuläres Erlebnis. In unzähligen Spitzkehren zieht sich die Piste von der Südseite des Berges zur Passhöhe hinauf. Der Ausblick überwältigt mich: Fünf der vierzehn Achttausender sind von hier zu sehen. Der Makalu, Everest, Lhotse, Cho Oyu und Shisha Pangma sind zum Greifen nah. Allein dieser Anblick ist es wert, die weite Reise hierher auf sich zu nehmen.

Für eine Reise nach Tibet kann es die unterschiedlichsten Beweggründe geben. Gerade wer individuell unterwegs ist, sei es zu Fuß oder mit dem Fahrrad, sollte sich gut vorbereiten und seine Ausrüstung den Reiseplänen anpassen.

# Reiseinformationen

# Outdoor-Ausrüstung

Je sorgfältiger man die Ausrüstung plant, desto mehr kann man sich auf die Schönheit der Landschaft konzentrieren. Dieser Grundsatz steht über der gesamten Planung einer Wildnistour, egal in welcher Region unseres Planeten. Kritiker des modernen Ausrüstungswahns mögen vielleicht argumentieren, dass ja vor einigen Jahrhunderten die vielen erfolgreichen Pioniere, Forscher und Abenteurer wie Bonvalot, Bower, Hedin oder Kingdon-Ward ebenfalls ohne die heutigen technischen Hilfsmittel durch Wüsten und Urwälder gereist sind. Das stimmt oft nur teilweise, denn auch diese großen Forschungsreisenden haben sich viele Gedanken über die richtige Ausrüstung gemacht, die dem damaligen Stand der Technik entsprach. Man sollte darüber hinaus auch bedenken, dass die damalige Ausrüstung den Reisenden zumeist ständig Sorgen bereitete, selten großen Komfort bot oder oft genug auch Gefahren oder Krankheiten verursachte. Oftmals musste ein Tross an Helfern und Packtieren das voluminöse Gepäck schleppen. Diese Helfer waren meist sehr schlecht ausgerüstet und blieben nicht selten auf der Strecke. Wer damals durch menschenleere Wildnis zog, war bereit, körperlich weit mehr wegzustecken, als man es in der Regel heute im Zeitalter von atmungsaktiven Membranen und GPS-Empfängern wäre.

Ein wichtiges Thema ist die Anpassung der Bekleidung und Ausrüstung an die örtlichen Gepflogenheiten. Die einheimische Bevölkerung Tibets hat über Generationen hinweg die besten ihnen zur Verfügung stehenden Ausrüstungsgegenstände und Bekleidungen entwickelt und ständig im Alltag getestet. Nur bleiben die meisten Tibeter im Alltag entweder auf ihrem Pferd sitzen oder laufen nur kurz mit schweren Lasten auf dem Rücken. Sportliche Ambitionen sind ihnen unbekannt – es sei denn die Reit- und Schießkunst. In Fell-, Leder- oder Wollbekleidung ins Schwitzen zu kommen, wird von den Einheimischen tunlichst vermieden.

Wer also möglichst sorgenfrei die Natur Tibets genießen möchte und noch nicht so viele eigene Erfahrungen besitzt, dem sind die folgenden Tipps und notwendigen Ausrüstungsgegenstände als ein Leitfaden bei der Auswahl und dem Einkauf nahegelegt. Das eine oder andere Fachgeschäft mag vielleicht nicht alle der erwähnten Artikel führen, aber nach einer guten Beratung beim Fachhändler ergeben sich meistens auch Alternativen.

*Für Tibeter ein ungewohnter Anblick: der gutausgerüstete Europäer auf Reisen*

Qualität hat auch hier seinen Preis. Ein Fleecepulli oder eine Regenjacke vom Discounter wird im extremen Wildniseinsatz nicht die funktionalen Eigenschaften oder die Haltbarkeit haben wie ähnliches Material eines Markenherstellers aus dem Fachhandel. Nicht empfehlen können wir die Bekleidungsartikel westlicher Firmen, die in China und Lhasa sehr günstig angeboten werden. Das sind Plagiate! Selbst die Logos der Markenhersteller werden kopiert, nur mit der Funktionalität wird man nicht viel Freude haben. Bei schönem Wetter mag das alles kein Problem sein. Wir sprechen hier jedoch ausschließlich über die Tage, an denen der Regen quer kommt, die sommerlichen Temperaturen sich dem Nullpunkt nähern oder der Sturm ein normales Gehen unmöglich macht. Diese Situationen sind gerade im Chang-Tang-Hochland jederzeit möglich und müssen daher in der Ausrüstung ihre Berücksichtigung finden.

*Waschtag unterwegs*

## Bekleidung

Hier geht es nicht nur darum, optimal für jede Wetterlage ausgerüstet zu sein, sondern auch möglichst wenig Gewicht und Volumen schleppen zu müssen. Bei der Outdoor-Bekleidung gilt vor allem das Zwiebelschalenprinzip: Je mehr einzelne Schichten, desto besser kann kombiniert werden und sich an viele Situationen angepasst werden.

### ■ Trocken bleiben: die Unterwäsche

Es gibt eine Reihe von Textilien, die direkt auf der Haut getragen dafür sorgen, dass man möglichst trocken und damit auch warm bleibt. Der Vorteil dieser Materialien ist, dass sie nur zu einem ganz geringen Anteil des Eigengewichts Feuchtigkeit aufnehmen können – sie geben den Rest nach außen ab oder trocknen an der Wäscheleine sehr schnell. Je höher die Schweißproduktion, desto eher wird auch ein Hightech-Textil an seine Feuchtigkeitstransportkapazität kommen. Baumwolle schafft das zwar auch, aber erst nach mehreren Stunden. Das beste Material für die Unterwäsche ist 100 Prozent Polypropylen (zum Beispiel ›Helly Hansen‹) oder Merinowolle (wie ›Icebreaker‹). Einige Hersteller bieten Mischgewebe aus Polypropylen und Baumwolle (zum Beispiel ›Termoswed‹) sowie Polypropylen und Wolle (›Craft of Sweden‹) an. Meine Empfehlung für die Packliste: eine lange Unterhose, ein langes und ein kurzes Unterhemd (eines davon am besten mit Rollkragen). Man kann aus hygienischen Gründen zwei normale Baumwoll-Unterhosen mitnehmen, es gibt aber auch angenehm zu tragende kurze Unterhosen aus Polypropylen oder Polartech-Material.

*Gerade im Hochland ist Schutz vor dem kalten Wind wichtig*

Besonders zu empfehlen ist das ›Silkweight Shirt‹ von ›Patagonia‹, da es sehr schnell trocknet. Dieses Hemd haben wir bei allen Radtouren, Radrennen und Wildniswanderungen der letzten Jahre direkt auf der Haut getragen. Trotz der Feuchtigkeit in diesem Hemd beim mehrstündigen Tragen des Rucksacks wird es nicht kalt auf der Haut. Nach Absetzen des Rucksacks ist dieses Hemd schon nach 10 bis 15 Minuten wieder vollkommen trocken. Anzumerken ist auch, dass selbst nach sechs Wochen permanenten Tragens dieses Hemd nur unwesentlich nach Schweiß riecht. Eine einfache Kaltwasserreinigung im Fluss reicht dafür schon aus.

Von den meisten Herstellern gibt es verschiedene Kategorien (Dicken) an Funktional-Unterwäsche. Mit zunehmender Stoffdicke verringert sich die Verdunstungsleistung, dafür erhält man eine zusätzliche Wärmeisolation. Die Unterwäsche der oben genannten Hersteller ist wegen der guten Verarbeitung auch langlebig, so dass man über viele Jahre seine Freude am Komfort hat.

## Warm bleiben: die Fleece- und Wollschicht

Über die oben erwähnte Unterwäsche muss nun eine Schicht, die sowohl in der Lage ist, den Dampf weiterzuleiten als auch angenehm warm hält. Hier ist Wolle gegenüber Polartech (Fleece) im Nachteil, weil Wolle größere Anteile des Eigengewichts an Feuchtigkeit aufnehmen kann. Je mehr Schichten man trägt, desto flexibler ist man bei den verschiedenen Situationen (Rucksack und Schwitzen, Radfahren im Wind, Nieselregen oder Kälte). Da es in Tibet zur Reisezeit von Mai bis September tagsüber in vielen Regionen (zum Beispiel im Gebirge) nicht viel kälter als plus 15 Grad Celsius wird, braucht man über einem 100er-Fleece-pulli oder einem dickeren langärmligen Unterhemd keine weitere Schicht zur Wärmeisolation. Für die Pausen oder abends, wenn es kühl wird oder die feuchte Bekleidung trocknet, will man sich etwas Warmes und Behagliches anziehen. Hierfür ist ein dicker Wollpullover zwar geeignet, Fleece hat aber ein besseres Verhältnis von Volumen, Gewicht und Isolation. Wir empfehlen daher einen 300er-Fleece-Pulli oder eine Fleece- Jacke.

Über die lange Unterhose zieht man entweder eine 100er-Fleecehose, eine Polyamid-Hose oder eine Nylon-Mischgewebe-Hose an. Meine Empfehlung für die Packliste: die Polyamidhose ›Crinkle Crag Pants‹ von ›Jack Wolfskin‹, weil diese sehr robust ist, ein gutes Preis-Leistungs-Verhältnis besitzt und sehr schnell am Körper wieder trocknet (20 Minuten). Die gleiche Hose gibt es auch als warme Wintervariante (›Thermo Crag Pants‹) mit einer wattierten Schicht zusätzlich. Es gibt aber auch ähnliche Polyamidhosen von ›Patagonia‹ oder ›TheNorthFace‹. Die Wanderhosen von ›Fjäll Räven‹ sind für ihre Robustheit bekannt. Eine helle Hose mag vielleicht ungeeignet für die Wildnis erscheinen, aber dafür versammeln sich auf ihr weniger Mücken.

### Gegen Wind und Regen: die Außenschicht

Der kalte Wind ist in Tibet allgegenwärtig. Obwohl die Temperaturen in der üblichen Reisezeit von Mai bis September in der Regel selbst im Bergland tagsüber nicht unter zehn Grad Celsius liegen, ist man im Hochland einem ständigen Wind ausgesetzt. Eine dünne, leichte Windjacke reicht oft aus, um den Körper vor Auskühlung zu schützen, solange man in Bewegung bleibt, wie beim Radfahren. Bergsteiger, die vergletscherte Gipfel besteigen wollen oder sich in Höhen über 5000 Meter begeben, sind jedoch auf eine robuste winddichte Jacke mit großer Kapuze angewiesen, ebenso wie auf eine winddichte Überhose.

In Tibet regnet es vor allem in den Sommermonaten, längeranhaltende Regenschauer gibt es vor allem in den Tälern Osttibets. Gegen Regen hat man während einer Trekking- oder Radtour zwei Möglichkeiten, sich zu schützen: zum einen mit einer dünnen, aber sehr leichten Windjacke – mit dem Risiko, nass zu werden und eventuell etwas zu frieren, wenn man sich nicht bewegt; zum anderen durch dichte und schwere Regenbekleidung. Je nach Reisezeit und vor allem je nach Reiseziel und Aktivität kann die eine oder andere Strategie vorteilhaft sein. Das Wichtigste bei beiden Philosophien ist, tagsüber während des Wanderns oder Radfahrens möglichst warm zu bleiben, egal ob durchnäßt oder trocken. Daher ist auf den Windschutz am Oberkörper, dem Kopf,

*Auch für eine Nacht im Schnee sollte man in Tibet ausgerüstet sein*

den Beinen und eventuell an den Händen besonders hoher Wert zu legen. Abends verschwindet man im Zelt und zieht seine Ersatzwäsche an, zum Beispiel dicke Thermo-Unterwäsche. Hat es aufgehört zu regnen, so sind die dünnen Windjacken sehr viel schneller trocken als die dickeren Regenjacken.

Die atmungsaktive ›Goretex‹-Kleidung bietet neben dem Windschutz auch Regenschutz. Letzteres gilt aber nur eingeschränkt: Bei Temperaturen zwischen null und plus zehn Grad Celsius ist das Wasserdampfgefälle zwischen innen und außen so niedrig, dass nur sehr wenig Feuchtigkeit nach außen transportiert werden kann, also funktioniert die ›Atmungsaktivität‹ nicht. Nach mehrstündigen Regenereignissen ist durch das Hineinziehen von Wasser über die offenen Ärmel, die Kapuze und Hosenbeine auch in den unterliegenden Schichten alles nass. Nach mehrstündigen Wanderungen auch bei trockenem Wetter bleibt am Rücken, wo der Rucksack aufliegt, genug Feuchtigkeit innerhalb der Jacke und durchnäßt einen auch so. ›Goretex‹-Jacken und -Hosen haben neben dem hohen Preis auch noch einen weiteren Nachteil: Nach etwa zehn Jahren, unabhängig von der Benutzungsintensität, ist die Gore-Membran brüchig und undicht geworden, die Jacke verliert ihre Funktionalität. Einige Hersteller (›Patagonia‹) arbeiten mit völlig anderen Prinzipien für die ›Atmungsaktivität‹ und umgehen so einige der genannten Nachteile.

## Zusätzliches: Kopf, Füße und Finger

Direkt auf die Füße kommen natürlich auch nur dünne Polypropylen-Untersokken. Von denen braucht man für vier Wochen zwei Paar. Beim Tragen von dünnen Untersocken und beim Bergwandern und Bergsteigen sowieso ist es wichtig, seine Fußnägel stets sehr kurz zu halten. Über die Polypropylensocken kommen dicke Wollmischsocken oder reine Wollsocken, am besten aus gewalkter Schurwolle oder Merinowolle.

*Mit dem eigenen Zelt kann man sich die schönsten Übernachtungsplätze suchen*

Von denen sollte man auch ein zweites Paar dabeihaben. Wer wasserdichte Socken hat, sollte sie mitnehmen. Zu empfehlen sind hier die ›Merinosocks‹ von ›Sealskinz‹, die durch eine neuartige Kombination von Materialien zum einen warm halten (Merinowolle innen) und zum anderen wasserdicht bleiben (neoprenartiges Gewebe außen). Die wasserdichten Socken halten den Fuß warm, auch wenn der Schuh innen nass ist.

Die Wanderstiefel sollten gut eingelaufen sein! Auf ›Goretex‹-Stiefel sollten alle verzichten, die noch vor einem Kauf stehen. Eine atmungsaktive Membran unter einer fast nicht wasserdurchlässigen Lederschicht ist schlicht unsinnig. Gute Lederstiefel mit möglichst wenig Nähten (am besten zwiegenähte) sind das Beste zum Wandern oder Bergsteigen. Wer vergletscherte Gipfel besteigen möchte, sollte Stiefel verwenden, die steigeisenfest sind. Ein Paar Sandalen sind für die Flussdurchquerungen und am Zeltplatz empfehlenswert. Wer in Tibet radeln wird, braucht die Sandalen auch tagsüber, da nur in Ausnahmefällen das Radfahren mit Stiefeln nötig ist.

Lange Fingerhandschuhe sind für Tibet essentiell, da es wegen des immer-währenden Windes manchmal unangenehm kalt werden kann, besonders in der Nähe von Schneefeldern und in Höhen über 4000 Meter. Darüber hinaus sollte man die Auskühlung des Körpers über die Handflächen auch bei Regenwetter nicht unterschätzen. Am besten sind Handschuhe aus schnelltrocknendem Fleece oder dünnem Polypropylen. Für Wanderungen oder Radtouren im zentraltibetischen Hochland sind zusätzlich wind- und wasserdichte Überhandschuhe (Fäustlinge) über den Fingerhandschuhen empfehlenswert, da diese bei kaltem Wind die Hände noch besser warm halten. Mit ›Windstopper‹-Handschuhen (von der Firma ›Gore‹) haben wir bisher nur schlechte Erfahrungen gemacht (trocknen langsam, Finger werden kalt durch nicht abtransportierten Schweiß).

Auf dem Kopf trägt man am besten eine Schirmmütze oder einen Hut mit Krempe, da diese das Gesicht gegen die intensive Sonne schützt. Die Mütze ist auch unter der Regenjacke praktisch, weil die Kapuze so nicht ins Gesicht hängt. Für kalte und windige Tage und für Touren im Hochland ist eine Sturmhaube aus Polypropylen oder Fleece sehr angenehm. Sehr wichtig ist außerdem eine qualitativ hochwertige UV-absorbierende Sonnenbrille, besonders in der Nähe der Schneefelder und in großen Höhen.

## Zelt

Ein Zelt sollte bei einer Tour durch Tibet immer dabei sein, da die Chancen für eine Hüttenübernachtung oder für eine Liegefläche in einem der Truckstops oft gering sind. Ein Zwei-Personen-Zelt ist das Sinnvollste, da die meisten noch genügend Abstellflächen für Rucksäcke oder Packtaschen besitzen. Ein gutes Zwei-Personen-Zelt wiegt etwa 3,5 Kilogramm, die modernsten Zelte wiegen sogar nur knapp über 3 Kilogramm. Der Wind kann in Tibet, besonders im Hochland, jederzeit zum Orkan auswachsen. Daher sollte die äußere Zelthaut aus reißfestem Rippstopp-Nylon bestehen. Ein geodätisches Zelt oder ein Kuppelzelt besitzt bei wechselnden Windrichtungen Vorteile gegenüber dem Tunnelzelt. Das Tunnelzelt ist windstabiler, sofern der Wind nicht von der Seite kommt. Wichtig ist auch eine gute Durchlüftung des Zwischenraums von Innen- und Außenzelt.

## Tibetexpedition 1891

### Instrumente

Ein Maximum-Minimum-Thermometer, ein Theodolit, drei normale Thermometer zum Messen tiefer Temperaturen, mehrere Ersatzthermometer, ein Hypsometer (ein Gerät zur Bestimmung der Höhe basierend auf dem Kochpunkt des Wassers) eine Petroleumlaterne, drei Prismenkompasse, eine Taschenuhr, ein Mikrometer, mehrere Taschenkompasse und drei Barometer.

### Medizinische Ausrüstung

Die medizinische Ausrüstung bestand aus dem ›Army Railway Medical Companion‹, das durch Medikamente gegen Augenentzündungen, Iodtinktur, Vaseline ergänzt wurde. Vaseline ist essentiell wegen der trockenen Luft und den starken Winden, um schmerzhafte Risse in der Haut von Gesicht und Händen zu vermeiden. Zukünftigen Reisenden empfehle ich, unbedingt Medikamente gegen Erkältung und Husten mitzunehmen.

### Kleidung

Wir kleideten uns in dicken handgewebten Tweed (Puttoo) mit warmer wollener Unterwäsche. Darüber zogen wir Mäntel aus Schafsfellen. Die Stiefel waren normale Infanteriestiefel, die jedoch ein paar Größen zu groß gewählt wurden, damit wir mehrere Lagen an dicken Wollsocken anziehen konnten. Die Socken waren an Ferse und an den Zehen verstärkt. Ein paar Dutzend Gamsleder wurden als Reparaturflicken mitgenommen.

### Bettzeug

Wir hatten Filzmatten und Schafsfell-Unterlagen sowie Wolldecken. Wolldecken allein sind unnütz gegen die Kälte, egal wie viel wollene Unterwäsche man anhat. Es ist daher wichtig, auch Felldecken mitzunehmen.

### Zelt

Das Zelt war ein Giebelzelt, zehn Fuß lang und sechs Fuß hoch. Die Zelte waren aus Baumwolle, und bis auf die Küchenzelte waren die Zeltstoffe mit Schicht aus handgewebtem Tweed versehen. Ich denke jedoch, dass eine zusätzliche Schicht Baumwolle viel besser gewesen wäre, um den Wind besser abzuhalten.

### Gewehre und Munition

Wir nahmen zwei Doppellauf-Schnellfeuergewehre mit, eine Schrotflinte, zwei Kavallerie-Karabiner und drei Revolver. Wir hatten etwa 300 Schuß für die Schnellfeuergewehre, 200 für die Schrotflinte, 200 für die Karabiner und ein oder zwei Packungen an Revolvermunition.

### Sonstiges

Es ist absolut notwendig, auf solche Expeditionen ein bisschen Literatur mitzunehmen, da sich die Gedanken sonst nur um das Essen drehen. Da Bücher schwer und sperrig sind, sollen nur solche Bücher mitgenommen werden, die in der Gruppe mehrfach gelesen werden. Wir nahmen Werke von Shakespeare, ›Penninsular War‹ von George Napier und ›Sartor Resartus‹ von Thomas Carlyle mit.

Die Ausrüstung wurde in lederüberzogene Kisten verpackt, die lang genug waren, um einem Gewehrlauf Platz zu bieten. Zwei Kisten wurden aneinandergestellt als Bett verwendet.

*Auszüge aus dem Buch ›Diary of a Journey across Tibet‹ von Hamilton Bower, 1894*

## Rucksack

Der Rucksack für Trekkingtouren muss perfekt an den jeweiligen Rücken angepasst sein. Die Rückenlänge und die Tragekraft entscheiden letztlich darüber, wie viel Rucksackvolumen man sich selber zutrauen kann. Eventuell muss man seine Ausrüstung zusammenstellen und damit in den Ausrüstungsladen zum Probepacken gehen. Für eine ein- bis zweiwöchige komplett selbstversorgte Trekkingtour sollte schon mit mindestens 65 Litern Rucksackvolumen gerechnet werden. Wer an der Ausrüstung spart, riskiert Komforteinbußen oder Probleme bei Schlechtwettersituationen. Gewicht und Volumen kann man außer bei der Ausrüstung noch beim mitzuführenden Proviant einsparen.

Wir haben noch keine Regenüberhülle für Rucksäcke gesehen, die ihren Namen auch verdient – es sein denn, ein über den Rucksack reichender Poncho. Kein Rucksack besitzt ab Werk abgedichtete Nähte, also müssen nach dem Kauf die Nähte selbst mit Nahtdichter regendicht gemacht werden. Wichtige und empfindliche Dinge (Proviant, Bekleidung, Papiere, Kamera) immer zusätzlich noch in stabile Tüten oder Beutel verpacken.

## Schlafsack

In Hinblick auf Packvolumen und Komfort empfehlen wir für die trockenen Reisemonate (vor und nach der Monsunzeit) und das zentraltibetische Hochland einen Daunenschlafsack (Komfortbereich minus 15 beziehungsweise plus 10 Grad Celsius für Osttibet). Ein Kunstfaserschlafsack ist während der regnerischen Jahreszeit anzuraten, da dieser weniger Probleme mit der hohen Luftfeuchtigkeit macht. Für den Winter gelten besonders bei Hochlandaufenthalten andere Komfortbereiche (bis minus 40 Grad). Die Isomatte kann aufblasbar sein, muss aber nicht, bei luftgefüllten Isomatten sollte man das Flickzeug nicht vergessen. Besonders in den trockenen Gebieten Süd- und Osttibets gibt es auch dornige Gewächse, zum Beispiel Rosen und Berberitzen.

## Sonstiges

Für selbstorganisierte Touren abseits der ausgetretenen Pfade benötigt jeder einen eigenen Kompass, ein Taschenmesser, eine Taschen- oder Stirnlampe, und für jede Gruppe ist ein GPS-Empfänger empfehlenswert.

Die Fotoausrüstung sollte staub- und regendicht verpackt sein. Die meisten Pisten Tibets sind extrem staubig, der ständige Wind verwirbelt den Staub. Wer selbst bei regnerischem Wetter einen schnellen Zugriff auf die Kamera haben möchte, schnallt sich eine regendichte Kameratasche (zum Beispiel von ›Ortlieb‹) am Bauch an die Rucksackgurte und hat so beim Wandern auch in schwierigem Gelände beide Hände frei. Wer mit einer Digitalkamera fotografieren will, sollte bedenken, dass die Batterieleistungen in den kühlen Nächten sehr stark abfallen können und am darauffolgenden Tag keine hohen Spannungen mehr bringen. Außerdem hat man bei einem vollen digitalen Chip das Problem der Datenspeicherung. Hierfür gibt es zwar Zusatzgeräte (mobile Datenspeicher oder Festplatten), die allerdings zusätzliche Batterieleistungen benötigen. In Tibet ist es in der Regel möglich, an Truckstops oder Restaurants die Akkus wieder aufzuladen, oft wird der Stromgenerator aber erst am Abend eingeschaltet.

Auf der Ausrüstungsliste sollten auch diverse dicht verschließbare Tüten stehen, in denen man seine Papiere (Pass,

Bargeld, Schreibpapier, Stifte) vor der Feuchtigkeit und Staub schützt. In den größeren Siedlungen können Kleinigkeiten wie Feuerzeug, Streichhölzer, Kerzen und Toilettenpapier eingekauft werden.

## Die Wildnisküche

Die Küche ist wohl die elementarste Sache. Für je drei Personen rechnen wir mit einem Benzin- oder Kerosinkocher und drei ineinanderpassenden Töpfen. Gaskocher kommen für eine Tibettour nicht in Frage, da geeignete Kartuschen selbst in Lhasa nur sehr schwer zu bekommen sind. Die Empfehlungen für die Packliste beschränken sich auf solche Kocher, die auch das qualitativ schlechte chinesische Benzin (Octan 94 oder 93) verarbeiten können: Firma ›MSR‹ (USA), Modell ›XGK‹ oder ›Dragonfly‹; Firma ›Primus‹ (Schweden), Modell ›VarioFuel‹, ›OmniFuel‹ oder ›Etha-Power‹. Gereinigtes Benzin (white fuel, white gas) ist auch in Lhasa nicht zu bekommen.

Die Menge an notwendigem Treibstoff errechnet sich nach der Dauer der Kochprozedur. Der sparsamste Brenner ist der ›Primus OmniFuel‹ mit einem Verbrauch von 130 Millilitern pro Stunde, selbst in Höhen über 5000 Meter verbrauchte er nur 140 Milliliter pro Stunde. Daraus errechnet sich dann auch die Größe der benötigten Benzinflasche. Für heißes Wasser zum Frühstück (Müsli und Tee) und das abendliche Kochen (Nudeln mit Soße, Suppe und Tee) rechnen wir etwa 60 Minuten täglicher Brennzeit. Für eine Wildnistour sollte man seinen Kocher und den Umgang mit ihm sehr gut kennen, auch unter dem Aspekt, dass das schwefelhaltige Benzin in China eine sorgfältige Reinigung des Kochers häufig notwendig macht.

*Kochen in der Wildnisküche*

Topfgriff, Topflappen, Teesieb, Eßbesteck, Becher und Schüssel nicht vergessen. Die üblichen Küchenutensilien sollten ebenfalls nicht fehlen (Quirl, Holzlöffel, Pfannenheber, Abwaschschwamm, Stahlschrubber und Baumwolltuch). Viele der Utensilien kann man auch in Lhasa sehr günstig erwerben, manchmal sogar die aufgelisteten Benzinkocher (keine Plagiate).

### ■ Proviantplan

›Wer genug zu futtern hat, streitet sich nicht!‹ Dieser Grundsatz gilt fast immer, wenn man zu mehreren in der Wildnis oder in extremen Klimazonen unterwegs ist. Je extremer die physischen und psychischen Belastungen bei einer körperlich anspruchsvollen Tour, desto stärker kreist der gesamte Tagesablauf rund ums Essen. Je länger die Tour mit den üblichen Entbehrungen (frisches Obst und Gemüse, frische Milchprodukte, frisches Brot), je länger die körperlichen Anstrengungen über Tage und Wochen reichen, desto stärker wird der Appetit und die Gier auf alles Eßbare. Der eine fängt an, nach Süßigkeiten zu gieren, der andere freut sich auf ein großes Stück Speck.

Allen gemeinsam ist die Tatsache, dass der Stoffumsatz des Körpers durch die permanenten Belastungen allmählich steigt und dass die Psyche das Leeren des vollen Eßnapfes als beruhigende Ersatzhandlung für die innere Spannung braucht. Bei der unten berechneten täglichen Menge des Proviants sollte man sich also nicht wundern, wenn man in den ersten Tagen nicht so viel schafft. Die aufgeführten Mengen beziehen sich auf den durchschnittlichen Verbrauch bei einer zweiwöchigen Wanderung. Wenn der Körper zum Durchlauferhitzer wird, muss man sich und seinen Proviantvorrat ständig kontrollieren!

Unsere Empfehlungen für einen normalen arbeitsreichen Tag in der Wildnis:

**Frühstück**

Müsli bestehend aus Getreideschrot, Gries, Haferflocken, Mais- und Reisflocken, Sesamsamen, Leinsaat, eingeweichtem Trockenobst, Nüssen, Vollmilchpulver und etwas Zucker. Dazu Tee (optional mit Zucker). Die Zutaten richten sich vor allem danach, was auf lokalen Märkten zu bekommen ist.

**Mittagessen**

Brot (wenn in einer der Siedlungen oder Truckstops zu bekommen), Salami, geräucherter Schinken, Trockenobst, Kekse, Schokolade, Nüsse.

**Zwischendurch**

Energieriegel oder Trinkfrühstück ›Ultra Starter‹ (der Firma ›UltraSports‹), Schokolade, Marzipan, Vitamintabletten, Fruchtleder (getrocknete Früchte).

**Abendessen**

Nudeln, Reis oder Kartoffelbrei oder sonstige kohlenhydratreiche Kost. Dazu eine Gemüse-Sahnesoße aus eingeweichtem Trockengemüse mit etwas Milchpulver angedickt, mit Gewürzen, Kräutern und Knoblauch. Salz, Sonnenblumenöl und Brühwürfel sind für das Kochwasser. Hin und wieder gibt es einen (Trink-)Pudding mit eingeweichtem Trockenobst. Tee (optional mit Zucker).

*Butter und getrockneter Käse auf dem Markt in Lhasa*

Was man aus Deutschland schon mitbringen sollte: getrocknete Gemüsemischungen, Puddingpulver, ›Ultrasports‹-Energieriegel und ›Starter‹, Trockenhefe, Tee.

Was man in Lhasa, Kashgar oder Kunming ohne Probleme auf dem Markt oder in den Geschäften bekommt: getrocknetes Obst, verschiedene Nüsse, Haferflocken, Getreideschrot, Weizengries, Mais- und Reisflocken, Vollmilchpulver, Zucker, Schokolade, Kekse, Brot, Mehl, Käse, Salami, Nudeln, Reis, Kartoffelbreipulver, Brühwürfel, Knoblauch, Gewürze, Salz, Sonnenblumenöl, Tee. Es gibt auch chinesische Instant-Nudelgerichte in breiter Auswahl.

## Einkaufen in Tibet

Einkaufen in Tibet war für uns immer wieder schwierig. Nicht nur die sprachlichen Barrieren machten es uns nicht einfach, sondern auch die Odyssee, erst einmal den richtigen Laden zu finden. Im allgemeinen war die Versorgungslage mit Grundnahrungsmitteln (Reis, Weizennudeln, Instant-Nudeln, Instant-Soßen, Milchpulver, Kekse, Zucker) in allen Regionen Tibets sehr gut, lediglich die Distanzen zwischen den Orten, die überhaupt eine Einkaufsmöglichkeiten boten, waren in Westtibet sehr groß.

### Brot kaufen – ein Abenteuer

Längst wissen wir, dass Brot in normalen Lebensmittelläden nicht zu bekommen ist – dort versteht man unter ›Brot‹ lediglich abgepackte Kekse. Brot gibt es nur dort, wo es gebakken wird, in Bäckereien oder in Konditoreien als süße Varianten und manchmal auch in Restaurants. Wir wurden von einem Laden zum nächsten geschickt. Manchmal klappte es, manchmal war es einfach unmöglich, auch in größeren Dörfern Brot zu finden.

Ortsdurchfahrt Baxoi, wir suchen die Häuserzeilen nach einer Bäckerei ab. Unser Brotvorrat ist erschöpft, und größere Ortschaften gibt es nur wenige entlang der Straße 380 durch Osttibet. Wir entdecken einen kleinen Laden mit Fladenbroten in der Auslage. Die Frau hinter der kleinen Holztheke zeigt keinerlei Reaktion, als wir vor der Theke mit den Curry-Fladenbroten stehen und durch Zeigen auf die Brote zu verstehen geben, dass wir sie kaufen möchten. »Wie viel kostet das?« fragen wir. Keine Reaktion. Wir deuten mit der Hand ein Fladenbrot an, zeigen noch einmal auf die Ware. Die Frau schüttelt den Kopf und wehrt ab. Wir lassen uns erst einmal abwimmeln und radeln weiter durch den Ort, in der Hoffnung, noch eine andere Bäckerei zu finden. Am Ortsende angekommen, fragen wir schließlich einen Passanten. »Brot – wo?« Wir unterstützen unsere Frage mit Gesten. Der Mann versteht, und zeigt zurück in die Richtung, aus der wir kamen. Dann war dieser seltsame Brotladen wohl doch die einzige Möglichkeit.

Wieder stehen wir vor der Theke, vor uns die kleinen Fladenbrote. Wieder fragen wir: »Was kostet das?« und zeigen auf die Brote. Wieder winkt die Frau ab. Schließlich packen wir zehn Yuan aus, der Preis für zehn kleine Fladenbrote – zumindest war es bisher so. Immer noch keine Reaktion. Wir legen das Geld auf die Theke und nehmen uns zehn Brote von der Auslage und packen sie ein. Die Frau nimmt das Geld und schimpft uns noch irgendwas hinterher, wir verlassen kopfschüttelnd den Laden.

### Einkauf auf tibetisch

Auf der Abfahrt vom Mi La in das Tal des Nying Chu erreichen wir zur Mittagszeit eine tibetische Siedlung. Entlang der Straße sind mehrere der typischen Lebensmittelläden erkennbar. Wir möchten Reis kaufen, und der Zucker ist auch so gut wie alle.

An einem kleinen Laden halten wir an. Das halbe Dorf folgt uns in den engen und dunklen Verkaufsraum. Die chinesischen Worte für ›Reis‹ und ›Zucker‹ haben wir schon in unserem Sprachführer nachgesehen, zur Sicherheit zeigen wir auch noch mal auf die entsprechende chinesische Schreibweise. Alle starren uns an und diskutieren wild durcheinander. Schließlich sagt einer: »China no, this Tibet«. Also kramen wir den Tibetisch-Sprachführer hervor und suchen erneut nach den Worten für ›Reis‹ und ›Zucker‹. Die Aussprache glückt nicht, keiner versteht. Wir zeigen einem der Männer die Schriftzüge in unserem Wörterbuch, und schließlich versteht jemand. Der Verkäufer hinter der Theke lacht. Zucker, kein Problem, ein Kilo wird auf der Waage abgewogen, der Preis notiert. Aber Reis – »haben wir nicht«. Wir zeigen auf einen der 25-Kilogramm-Reissäcke die im Laden stehen. Ja, aber die werden nur im Ganzen verkauft. Gibt es auch kleine Säcke? Auf der Waage zeigen wir auf die Ein-Kilogramm-Marke. Erstaunen in der Runde, dann Diskussion. Schließlich geht ein Mann nach hinten und bringt einen Fünf-Kilogramm-Sack mit Reis. Wir zeigen auf den Sack, dann auf die Waage, dann wieder auf die Ein-Kilogramm-Marke. Wieder Erstaunen, dann erneute Diskussion. Schließlich füllt der Verkäufer ein Kilo Reis in eine neue Plastiktüte. Und was kostet das? Wir kramen einen Geldschein hervor, aber der Verkäufer winkt ab. Noch lange überlegen wir, ob das Kilo Reis einen so geringen Gegenwert besitzt, dass es nicht bezahlt werden musste, oder ob der Verkäufer keine Lust hatte, den Preis pro Kilo auszurechnen.

### Einmal Nudeln, bitte!

Das Dorf Bitu ist die letzte Einkaufsmöglichkeit für die nächsten fünf Tage. Im Dorfladen gibt es das Nötigste: chinesische Fertiggerichte, Mehl, Zucker, Konservendosen und ein paar Haushaltswaren. Nicht zu vergessen natürlich das obligatorische Sortiment chinesischer Bonbons, die im Verkaufsraum den meisten Platz einnehmen.

Wir möchten noch einen Vorrat an Nudeln kaufen. Bisher haben wir immer die spaghettiartigen Nudeln verwendet, die in Papierrollen zu 400-Gramm-Einheiten verkauft werden. Diese Nudeln lassen sich platzsparend verpacken, sind billig und kochen schnell. Hinter der Theke haben wir die ›Spaghetti‹ schon entdeckt. Wir zeigen auf die ›Spaghetti‹, die im Regal auf der linken Seite unten liegen und sprechen die chinesischen Worte ›mian tiao‹ für ›Nudeln‹. Die Verkäuferin schaut entgeistert. Noch einmal zeigen wir auf die ›Spaghetti‹ und wiederholen die Worte. Die Verkäuferin nickt und dreht sich zu Regal um. Zielstrebig nimmt sie aus der rechten oberen Ecke eine Packung Instant-Nudeln. Wir winken ab und zeigen noch einmal auf die linke untere Seite des Regals. Die Verkäuferin schaut dorthin und will diesmal eine andere Packung Instant-Nudeln hervorziehen. Wieder winken wir ab und zeigen auf die linke Seite des Regals. Zum Glück springt uns nun ein weiterer Kunde helfend zur Seite und erklärt der Verkäuferin, dass wir keinesfalls die Instant-Nudeln möchten, sondern die normalen, in Papier verpacken Nudeln. Sie versteht das dann schließlich auch und bringt uns zwei Packungen ›Spaghetti‹. Anscheinend wird diese Art von Nudeln nur von Einheimischen gekauft, die selber kochen. Reisende (Touristen oder auch Lkw-Fahrer) machen sich die Mühe nicht und nehmen mit der Instantware vorlieb.

*Einmal Nudeln, bitte!*

## Reiseapotheke

Abgesehen von den persönlichen Medikamenten, die man stets in ausreichender Menge mit sich führen sollte, gibt es hier einige Tipps für die mögliche Zusammensetzung einer umfassenden Reiseapotheke für Touren abseits der Zivilisation. Wer keine sprachliche Barriere sieht, kann viele der nötigen Medikamente oder Wirkstoffe auch in Lhasa erhalten. Die folgenden Ratschläge zu Medikamenten und Anwendungen sind nur Anregungen, die aus eigenen Erfahrungen stammen und mit erfahrenen Ärzten abgesprochen sind.

Grundsätzlich sollte jeder, der medizinisch nicht vorgebildet ist, die Reiseapotheke mit seinem Arzt vor der Reise absprechen. Eine Gewähr für die untenstehenden Tipps gibt es an dieser Stelle ebenso wenig wie die juristische Haftung der Autoren für den Inhalt der Ratschläge. Prinzipiell sollte in Ermangelung eines Arztes beispielsweise Antibiotikum nur als Versuch einer Selbstmedikation angewendet werden. Selbstverständlich muss dann ärztlicher Rat so schnell wie möglich eingeholt werden. Die Länge dieser Liste ist auch davon abhängig, wie weit und wie lange man sich abseits der Versorgungsmöglichkeiten bewegt und wie schnell ärztliche Hilfe erreicht werden kann. Grundsätzlich sollten auch die Beipackzettel vor der Anwendung sorgfältig durchgelesen werden. Besonders bei der Injektion von Carbostesin zur lokalen Betäubung von Gewebe – zum Beispiel im Fall einer zu nähenden Wunde – sei hier dringend darauf hingewiesen, dieses subkutan zu spritzen und keinesfalls in eine Vene!

In vielen osttibetischen Bergdörfern oder bei den Nomaden des Hochlandes wird man eventuell körperliche Probleme oder Krankheiten der Einheimischen zu sehen bekommen, die sich mit der mitgeführten Apotheke lindern oder beheben lassen. Auch hier ist eine Indikation von medizinisch unerfahrenen Personen stets mit einem hohen Risiko verbunden, auch wenn Einheimische von westlichen Reisenden dieses Wissen häufig erwarten mögen. Das medizinische Wissen der sicheren und richtigen Behandlung in solchen Situationen kann daher in diesen Zeilen selbstverständlich nicht widergegeben werden.

Eine entsprechende Beratung und kurze Schulung bei seinem Hausarzt hilft einem somit nicht nur selbst oder auch seinen Reisekollegen, sondern kann in solchen Regionen auch von unschätzbarem Wert sein. Empfehlung: an alle Medikamente den jeweiligen Beipackzettel heften und ohne die Schachteln in wasserdichten PE-Behältern verstauen.

### ■ Reiseapotheke (in Klammern der relevante Wirkstoff)

**Megacillin** (Penicillin), Schwaches Antibiotikum: Hals-, Mandelentzündung, Wundrose, Blutvergiftung

**Amoxypen** (Amoxicillin), Mittleres Antibiotikum: eitrige Bronchitis, Blasen-, Nierenentzündung

**Globocef** (Cephalosporin), sehr starkes Antibiotikum: Lungenentzündung

**Cotrim** (Cotrimoxazol), Einfaches und billiges Antibiotikum: Blasenentzündung

**Rulid** (Roxithromycin), starkes Antibiotikum

**Traumanase Forte** (Bromelain): schwere Infekte an Atemwegen und Lunge, Entzündungen aller Art

**Tarivid 200** (Ofloxacin): innere Entzündung (Bauch, Weichteile, Haut, verschleppte Keime)

**Tramadolor** (Tramadol), starkes Schmerzmittel: kombinierbar zu Tarivid
**Aspirin 300** (Acetylsalicylsäure): Schmerzen aller Art und entzündungshemmend
**Terfenadin 60** (Terfenadin): allergische Schockreaktionen (davor nehmen)
**Celestan Solubile** (Betamethason), schnellwirksames Cortison (zum Spritzen in Vene oder Muskel)
**Lopedium** (Lopedium): Durchfall, nur für akute Beschwerden: lähmt den Darm – Toxine bleiben, oder
**Omniflora akut** (Saccharomyces Hefekapseln: wirken wie ein Schwamm, binden Keime)
**Metronidazol** (Metronidazol), Antibiotikum gegen starken schleimigen Durchfall bei Giardia-lamblia-Infektion
**Betaisodona** (Salbe) oder **Kodan-Tinktur** (Jod, flüssig): Desinfektion
**Yxin** (Tertryzolin), Augentropfen: Bindehautentzündung, flüssig, zieht die Gefäße der Augenbindehaut zusammen, nur kurz anwenden bei Reizung zum Beispiel durch Staub, nicht bei Vereiterung!
**Nebacetin** (lokales Antibiotikum), besser noch ist **Kanamytrex** (Kanamycin): Augensalbe
**Dolo Dobendan** (Cetylpyridiniumchlorid, Benzocain), Halstabletten, **Fishermen Friends**, **Kräuter- und Salbeibonbons**
**Soventol Hydrocortison** (Salbe) (Bamipin und Cortison): Mückenstiche, Sonnenbrand
**Bepanthen-Roche** (hitzeempfindlich, Pa nthenol=Hautschutzvitamin): Wund- und Heilsalbe
**Finalgon-Salbe** (Nonivamid, Nicoboxil): Muskel- und Gelenkschmerzen, Erfrierungen
**abc-Salbe** (Salicylat, Nicotinat): Muskelverspannungen und zum Aufheizen
**abc-Pflaster** (Salicylat, Nicotinat): Muskelverspannungen und zum Aufheizen
**Micropur** (Tabletten und flüssig): Wasserentkeimung, Desinfektion
**Diamox** (Acetazolamid): prophylaktische Höhenanpassung
**Dexamethason**: akute Höhenkrankheit mit Lungenödem
**Zusätzlich**:
Blasenpflaster (Compeed), Knöchelschiene, zwei sterile Verbandspäckchen, Baumwoll-Mullbinden (120er und 80er), kurze und lange Pflaster, digitales Fieberthermometer, Klammerpflaster, kleines scharfes Skalpell und spitze Pinzette (zum Beispiel für Splitter), Wattestäbchen, Tütchen mit Watte, Nagelschere. Für die medizinisch Erfahrenen oder auch für große Gruppen empfehlen wir noch folgende Ausrüstung: viermal Carbostesin 0,5 Prozent (Lokalanästhetikum nur (!) zur subkutanen Injektion), zweimal 5-ml-Einwegspritzen (steril) und acht Nadeln (0,90 x 38 mm (20 G x 11/2"), Nähnadeln für große Wunden mit Faden (DSM18, 1,5er (4/0) & DS30, 2er (3/0)), Sezierbesteck, zwei Paar sterile Laborhandschuhe. Darüber hinaus ein Zahnreparaturset, bestehend aus einem kleinen Spiegel, dem Werkzeug zum Zahnlücken-Auskratzen, einem kleinen Zahnspatel und zwei kleinen Tuben mit Zweikomponenten-Zahnzement.

## Das reisetaugliche Mountainbike

Für eine Fahrradtour in oder durch Tibet muss jeder ambitionierte Tourenradler sein Reiserad sehr sorgfältig aussuchen. Viele Hinweise und Tipps zur Ausstattung und zu den Komponenten erhält man auch unter Gleichgesinnten in den Radreise-Foren im Internet und auf diversen gut informierenden privaten Web-

*Im Mittelpunkt des Interesses: das reisetaugliche Mountainbike*

pages (Stichwörter: Radreise, Tibet, Abenteuer). Das Fahrrad – wie ja schon die übrige Ausrüstung – sollte sehr robust und haltbar sein, um mit den Widrigkeiten von Pistenoberflächen und Klima zurechtzukommen. Was man in Lhasa und in ganz Tibet fast nicht bekommt, sind Bau- oder Ersatzteile für moderne westliche Mountainbikes. Die muss man sich eventuell aus China oder Europa schicken lassen, was jedoch auch nicht immer so einfach ist. Die nötigsten Verschleißteile (Bremsgummis, Schalt- und Bremszüge, Speichen und Nippel, Schrauben und Muttern) sollte jeder Tourenradler sowieso dabei haben. Gleiches gilt für Spezialwerkzeuge für Arbeiten an allen Lagern oder der Kette.

Die Frage, ob man das Mehrgewicht einer Federgabel durch den Komfortgewinn kompensieren kann, kann man eindeutig positiv beantworten. Ohne die Federgabel würden bei den rauhen Pistenverhältnissen in Tibet der Inhalt der Lenkertasche (Kamera oder Fotoapparat) und die Schulterblätter und Handgelenke stark in Mitleidenschaft gezogen werden. Der Vorderradgepäckträger (›Lowrider‹) sollte jedoch auch zu der Federgabel passen, also mit einer passenden Aufhängung an der nichtgefederten Masse der Gabel versehen sein (zum Beispiel Firma ›faiv‹). Der Sattel sollte fest und bequem sein, die Sattelstütze kann zum Komfortgewinn gefedert sein (zum Beispiel Firma ›Airwings‹ oder ›Cane Creek‹). Das Reifenmaterial muss kompromisslos gut sein, was beispielsweise auf die ›Schwalbe MarathonXR‹-Reifen zutrifft. Da eine Kettenschaltung im harten Gelände und bei schlammigen Pisten (Osttibet) einer Getriebenabe bezüglich Komfort, Robustheit und Schaltgenauigkeit stets unterlegen ist, benutzen wir schon seit Jahren das 14-Gang-Getriebe von ›Rohloff‹.

Als Fahrradtaschen sind die regen- und staubdichten Systeme der Firma ›Ortlieb‹ zu empfehlen, ebenso für die Packsäcke und die Fotoausrüstung. Für Tourenradler, die mehrere Wochen abseits der Zivilisation unterwegs sein wollen und entsprechend Proviant und Wasser (gilt für das tibetische Hochland) mitnehmen müssen: wir haben sehr gute Erfahrungen mit den beiden Einrad-Anhänger der Firma ›BOB‹ (Model ›IBEX‹) und der Firma ›extrawheel‹ gemacht. In den dazupassenden dichten ›Ortlieb‹-Packtaschen bekommt man alles Sperrige (Schlafsäcke, Isomatten, Zelt, Bergstiefel, Wassersack) unter und kann dadurch auf einen hohen Aufbau auf dem Hinterradgepäckträger verzichten. So verringert sich der gesamte Schwerpunkt des Fahrrades und man bleibt selbst im harten Geländeeinsatz in einer stabilen Position.

## Die Tibetbahn

Am 1. Juli 2006 wurde auf der höchstgelegenen Bahnlinie der Welt der Personenzugverkehr aufgenommen. Die ›Qinghai-Tibet-Railway‹, benannt nach den beiden Provinzen, die die Bahn durchquert, und von den Chinesen in ›Himmelsbahn‹ umgetauft, hat einige Weltrekorde aufzuweisen. Auf der Strecke befindet sich die höchste Bahnstation der Welt, Tanggula auf 5068 Metern, sowie der höchste Punkt der Erde, auf dem Züge verkehren: 5072 Meter. Auch die mit 11,7 Kilometern längste Eisenbahnbrücke auf Permafrostboden wird auf der Strecke befahren, die Passagiere fahren zudem durch den höchstgelegenen Tunnel im Permafrostbereich auf 4905 Metern Höhe. Spektakulär ist auch die Durchquerung des tibetischen Hochlandes, die Überquerung des Yangtse und die Fahrt am Koko-Nor-See entlang. Auf der Hochebene fahren die Züge etwa 100 Kilometer pro Stunde, an den Steigungen erheblich langsamer, zumal auch der Wirkungsgrad von Dieselmotoren in dieser Höhe stark abfällt.

Mit den Vorbereitungen zum Bau der Bahnstrecke nach Tibet begannen Geologen bereits 1971, und 1984 wurde der 814 Kilometer lange Abschnitt zwischen Xining und Golmud eröffnet. Der Bau der 1142 Kilometer langen Strecke zwischen Golmud und Lhasa begann im Jahr 2001. Dieser Abschnitt war wegen der Höhe und extremer klimatischer Bedingungen der schwierigste (siehe auch Seite 105). Bis zum Jahr 2017

Die Strecke der Tibetbahn

*Mit dem Zug durch Tibet*

soll die tibetische Stadt Shigatse per Bahn erreicht werden können, geplant ist auch ein Weiterbau bis zur nepalesischen Grenze.

Wegen der extremen Höhe kann in jedem Abteil und in den Fluren an speziellen Ventilen zusätzlich sauerstoffreiche Atemluft zugeleitet werden (Sauerstoffanteil 23 Prozent). Zusätzlich können in diese Ventile Sauerstoffmasken gesteckt werden.

Von Xining aus fahren täglich drei bis vier Züge nach Lhasa. Jeder Zug hat etwa 15 bis 18 Waggons an den zwei Diesel-Lokomotiven hängen. Etwa 500 Fahrgäste werden pro Zug transportiert: in 4-Bett-Abteils der 1. Klasse (in der Regel gibt es nur einen Waggon der ersten Klasse), in acht bis zehn Waggons mit 6-Bett-Abteils der 2. Klasse und in vier bis sechs Großraum-Sitzwaggons. Die Schlafwagen verfügen über kleine Video-Bildschirme an jedem Bett, auf denen Eigenwerbung für die Bahn, aber auch Werbung anderer Art flimmert. Bei Abfahrt von Lhasa sitzt man in Gegenfahrtrichtung, bei der Reise nach Lhasa in Fahrtrichtung. Jeder Waggon verfügt über einen großzügig angelegten Waschraum und zwei Toiletten. Der Speisewagen bietet zwar nur 42 Personen Platz, ist aber selten voll belegt, da die chinesischen und tibetischen Fahrgäste es offenbar vorziehen, im Abteil zu essen. Eine Hauptmahlzeit mit reichlich Reis und Gemüse und wenig Fleisch oder Fisch ist für 20 Yuan erhältlich, auch Getränke und Snacks sind im Angebot. Tee wird von den Schaffnern auch im Abteil serviert. Zwischen Lhasa und Golmud ist das Rauchen im Zug verboten, auf der restlichen Strecke darf am Waggonende geraucht werden. Das Zugpersonal ist freundlich-bestimmt, und es findet sich immer jemand, der etwas englisch spricht.

Leider haben die Züge häufig Verspätung, sogar der Eröffnungszug, vollbesetzt mit Staatsgästen und Journalisten, fuhr mit gut drei Stunden Verspätung in Lhasa ein. Schade ist, dass man selbst bei pünktlicher Ankunft zwischen 20.30 und 22.30 Uhr weder die beeindruckende Bogenbrücke kurz vor Lhasa noch den schönen Bahnhof von Lhasa im tibetischen Palaststil bewundern kann. Wer dagegen morgens den Zug in Lhasa besteigt, kann selbst bei erheblicher Verspätung die Aussicht auf das tibetische Hochplateau genießen.

Im September 2008 gab es durchgehende Züge zu folgenden Städten, die ab Lhasa mindestens jeden zweiten Tag verkehrten, ebenso in umgekehrter Richtung: Beijing, Chengdu, Chongqing, Xining, Lanzhou, Shanghai und Guangzhou. Eine ungewöhnliche Anreise zur ›Tibetbahn‹ bietet der Berliner Veranstalter ›Lernidee-Erlebnisreisen‹: Per Bahn ab Almaty in Kasachstan über die Seidenstraße (Urumqi, Lanzhou, Xining) nach Lhasa (siehe Seite 296).

Die Züge sind häufig lange im voraus ausgebucht, die Nachfrage kommt vor allem aus China und Tibet selbst. Die Preise werden von der hohen Nachfrage geregelt, weil fast alle Tickets mehrfach durch die Hand von Zwischenhändlern gehen und der Verkaufspreis nichts mit dem zu tun hat, der auf dem Ticket steht. Wer spontan vor Ort (etwa in Lanzhou, Xining oder Lhasa) ein Zugticket kaufen möchte, wendet sich an ein lokales Reisebüro, das auf die Tibetbahn spezialisiert ist. Ein One-way-Ticket von Xining nach Lhasa kostet momentan für den Sommer und Herbst bei einer Buchung in einem deutschen Reisebüro etwa 240 Euro (in Gegenrichtung etwa 185 Euro). Wenn man es vor Ort versucht, kann man vielleicht auch ein Ticket für 40 Euro oder 50 Euro bekommen, wartet eventuell aber auch einmal vier Tage darauf. Die genannten Preise betreffen Schlafplätze in der ersten oder zweiten Klasse.

Wer wenig Touristenrummel bevorzugt, sollte im Winter reisen. Nachts sinken die Temperaturen in der Region um Lhasa zwar auf minus 15 Grad, am Tag steigen sie aber auf 15 bis 20 Grad plus. Sonne und klare Sicht sind ein weiterer Bonus für eine Winterreise mit der ›Tibetbahn‹.

| Die Strecke Lhasa–Golmud | | | |
|---|---|---|---|
| **Kilometer** | **Stadt** | **Kilometer** | **Stadt** |
| 0 | Lhasa | 587 | Buqiangge |
| 51 | Maxiang | 633 | Yanshiping |
| 84 | Yangbajain | 685 | Tougtianhe |
| 120 | Deqiongguo | 727 | Tuotuohe |
| 156 | Dangxiong | 771 | Riachiqu |
| 190 | Wumatang | 793 | Jiangkedong |
| 229 | Gulu | 829 | Xiushuihe |
| 274 | Tuoru | 867 | Wudaoliang |
| 315 | Nakchu | 911 | Qumar |
| 333 | Gangxiu | 958 | Budongquan |
| 371 | Diwuma | 994 | Wangkun |
| 412 | Conag | 1030 | Xiaonanchuan |
| 441 | Amdo | 1053 | Naijtal |
| 467 | Tuoju | 1086 | Ganlong |
| 506 | Zajiazangbu | 1100 | Nanshankou |
| 546 | Tanggula | 1142 | Golmud |

## Reiseveranstalter

### ■ In Deutschland

**a&e Reiseteam**
Hans-Henny-Jahnn-Weg 19
22085 Hamburg
Tel. 040/271 43 47-0, Fax -14
www.ae-reiseteam.de
Reisen von Nepal nach Tibet, in Tibets ›wilden Osten‹, zum Kailash und Manasarowar sowie zu den Kulturzentren Zentraltibets.

**Auf und Davon Reisen**
Lebrechtstr. 35
51643 Gummersbach
Tel. 022 61/501 99-0, Fax -16
www.auf-und-davon-reisen.de
Asienspezialist, verschiedene Tibetreisen, auch Kailash und Osttibet.

**biss-Reisen**
Fichtestr. 30
10967 Berlin
Tel. 030/695 68 76-7
Fax 030/694 18 51
www.biss-reisen.de.
Trekkingreise in Osttibet (Gepäcktransport mit Maultieren) um den heiligen Berg Kawa Karpo, organisiert und geführt vom Autor dieses Buches.

**Chili Reisen**
Hünenburg 5
29303 Bergen
Tel. 050 51/75 64
www.chili-reisen.de
Gruppen- und Individualreisen in Tibet und Nepal.

**China by bike**
Karlsgartenstr. 19
12049 Berlin
Tel. 030/622 56 45
Fax 030/62 72 05 90
www.china-by-bike.de
Die Radtour ›Südlich der Wolken‹ führt durch die heutige chinesische Provinz Yunnan, in das historische tibetische Gebiet Kham, besucht wird auf der dreiwöchigen Tour unter anderem Dechen (Zhongdian) und das Shangri-La-Gebiet.

**China Germany Special Tours**
Maximilian-Wetzger Str. 5
80636 München
Tel. 089/12 70 91-0, Fax -199
www.china-reisen.de
Tibetreise von Beijing über Lhasa nach Shigatse, zum Everest-Basecamp, nach Gyantse und zurück nach Lhasa und Beijing. Zusammenstellung individueller Reisewünsche.

**China Tours Hamburg**
Wandsbeker Allee 72
22041 Hamburg
Tel. 040/81 97 38-0, Fax -88
www.china-tours.de
Überlandreise von Kathmandu nach Lhasa und Peking.

**China Travel & Sports**
Karlstr. 44
80333 München
Tel. 089/550 28 80-4, Fax -6
www.china-travel-sports.com
Von Shanghai über Zhongdian (Shangri-La) nach Lhasa, Tibetbahn.

*Jeeptouren erfreuen sich großer Beliebtheit*

*Im Kloster Sera*

**DAV Summit Club**
Am Perlacher Forst 186
81454 München
Tel. 089/642 40-0, Fax -100
www.dav-summit-club.de
Tibet-Rundreise, Bergsteige-Expeditionen zum Everest, Kailash und Shisha Pangma.

**Diamir Reisen Berlin**
Schloßstr. 78–82
12165 Berlin
Tel. 030/7978 96 81
berlin@diamir-reisen.de
www.diamir-reisen.de
Diamir Reisen Dresden
Loschwitzer Str. 58
01309 Dresden
Tel. 03 51/312 07-7, Fax -6
dresden@diamir-reisen.de
www.diamir-reisen.de
Trekking von Nepal zum Kailash, Kailash-Umrundung, per Jeep nach Lhasa, Peking–Lhasa per Bahn; Kulturreise von Lhasa aus auf dem Friendship Highway, unter anderem mit Besuchen der Klöster Samye, Sera, Ganden, Drepung.

**Dertour**
Emil-von-Behring-Str. 6
60439 Frankfurt/M.
Tel. 069/95 88-00, Fax -1010, Kunden-Service Tel. 018 05/33 76-66, Fax -05,
www.dertour.de
Neuntägige Rundreise durch Yunnan.

**E/T/C Edutainment Travel Company**
Neureutherstr. 27
80799 München
Tel. 089/273 06 80
Fax 273 08 82
www.etc-reisen.de
21tägige Kulturreisen durch Tibet, buddhistische Kulturzentren, tibetische Tradition und Religiosität.

**Gebeco**
Holzkoppelweg 19
24118 Kiel
Tel. 04 31/54 46-0, Fax -111
www.gebeco.de
Im Programm sind 8- bis 20tägige Studien- und Erlebnisreisen durch Tibet mit allen kulturellen Höhepunkten Zentraltibets: Lhasa, Gyantse, Shigatse, bis zum Everest-Basecamp und nach Kathmandu.

**German Travel Network**
Bahnhofstr. 22
91126 Schwabach
Tel. 091 22/634 52-5, Fax -6
Zusammenstellung individueller Reisen.

**Hauser Exkursionen**
Spiegelstr. 9
81241 München
Tel. 089/23 50 06-0, Fax -99
www.hauser-exkursionen.de
Ausführliche Tibetrundreise von Lhasa über Gyantse, Shigatse, Tingri, Saga, Kailash-Gebiet mit Umrundung (Kora), zum Everest-Basecamp und zurück nach Lhasa, Rundreise Kham und Amdo, Trekkingtouren und Bergsteige-Expeditionen an 7000er und 8000ern.

**Ikarus Tours**
Am Kaltenborn 49–51
61462 Königstein/Taunus

Tel. 061 74/290 20, Fax 229 52
www.ikarus.com
Verschiedene Touren in Osttibet und über Gertse zum Kailash, außerdem Tibetbahn und Fahrten entlang der Seidenstraße.

**Knop Reisen**
Hollerlander Weg 77
28355 Bremen
Tel. 04 21/988 50 30
Fax 350 96 28
www.knop-reisen.de
Individual- und Gruppenreisen.

**Lernidee Erlebnisreisen**
Eisenacher Str. 11
10777 Berlin
Tel. 030/786 00 00
Fax 786 55 96
www.lernidee.de
Im Rahmen einer 18- bzw. 25tägigen Chinareise-Rundreise wird auch für fünf Tage Station in Tibet gemacht, wobei u.a. die Kulturstädte Lhasa, Gyantse und Shigatse besucht werden. Tibetbahn, außerdem: Reise mit der Bahn von Kathmandu über Bhutan nach Tibet. Mekong-Flusskreuzfahrt, Zongdiang (Shangri-La) und Reisen auf der Seidenstraße.

**Marco Polo Reisen**
Riesstr. 25
80992 München
Tel. 089/15 00 19 - 0, Fax -18
www.marco-polo-reisen.com
20-tägige Reise von Yunnan nach Lhasa.

**Olympia Reisen**
Siegburger Str. 49
53229 Bonn
Tel. 02 28/40 00 30
Fax 400 03 33
www.olympia-reisen.com
14tägige Tibet-Reise mit Lhasa, Gyantse und Shigatse, Rundreise Yunnan.

**One World**
Reisen mit Sinnen
Roseggerstr. 59
44137 Dortmund
Tel. 02 31/589 79 20
Fax 164470
www.reisenmitsinnen.de
Pilgerreise zum Kailash (mit Kora) und zum See Manasarowar, tiefe Einblicke in die tibetische Kultur, Wander- und Erlebnisreise. 14-tägige Zentraltibet-Reise ab Kathmandu, mit Everest-Basecamp. von Shangri-La nach Lhasa per Jeep, Fahrrad und Bahn.

**Reisedienst Wunderlich**
Oldesloer Str. 17
23795 Gladebrügge
Tel. 045 51/960 91-0, Fax -1
www.rdw-reisen.de
Im Programm: eine Tour von Yunnan nach Tibet und eine 16-tägige Tibetrundreise von Amdo nach Lhasa, Tibetbahn.

**Sagarmatha Trekking**
Kuseler Str. 19
55774 Baumholder
Tel. 067 83/21 11, 2401
www.sagarmatha-trekking.de
Unter anderem im Programm: Lhasa, Rongbuk, Kailash. Eine Überlandtour führt von Kathmandu nach Lhasa; in Kathmandu gibt es eine Agentur von Sagarmatha Trekking.

**Studiosus Reisen**
Riesstr. 25
80992 München
Tel. 089/500 60-0, Fax -100
www.studiosus.de
22-tägige Expeditions-Studienreise nach Osttibet, bei der auch die Klassiker Tsetang, Gyantse und Shigatse besucht werden. Tibetbahn, Überlandreise von Lhasa nach Nepal.

**TSA Travel Service Asia**
Nelkenweg 5
91093 Hessdorf-Niederlindach
Tel. 091 35/73 60 78-0, Fax -11

*Das Kloster Ganden fehlt in kaum einem Besuchsprogramm*

www.tsa-reisen.de
Aus dem Programm: Klösterreise, Tibetbahn, Yunnan, Überlandreise von Lhasa nach Nepal.

**Ventus Reisen**
Krefelder Str. 8
10555 Berlin
Tel. 030/39 10 03-32/-33
Fax 399 55 87
www.ventus.com
Sehr ausführliche Chinareisen im Programm, speziell mit viel Kulturgeschichte. Ebenfalls im Programm: Reisen mit der Tibetbahn.

**Windrose Fernreisen**
Fasanenstr. 33
10719 Berlin
Tel. 030/20 17 21-0, Fax -17
www.windrose.de
Eine 15tägige Tibetreise von Lhasa nach Samye, Zetang, Gyantse, Shigatse, Tingri nach Kathmandu; Tibetbahn.

## ■ In Großbritannien

**High Asia Exploratory Mountain Travel Co**
33 Thornton St, Hamden
CT 06517, UK
Tel./Fax 00 44/20 32 48 30 03
www.highasia.com
Der Spezialanbieter aus England hilft bei der Logistik und Durchführung von Bergexpeditionen auch in Regionen abseits der üblichen Reiseziele (West- und Osttibet). Wer logistische Unterstützung für Expeditionen außerhalb des ›Standardprogramms‹ braucht, ist hier richtig. Im Programm sind auch Reisen von Lhasa nach Kathmandu, zum Kailash und den Ruinen des Königreich Guge sowie Kulturreisen.

## ■ In Tibet

**Shigatse Travels**
›Yak Hotel‹, 100 Beijing Dong Lu
Lhasa, Xizang (Tibet), VR China
Tel. 08 91/63 30 48-9, -3, Fax -2
www.shigatsetravels.com
Ein holländisch-chinesisch-tibetisches Joint-Venture mit Basis in Lhasa und Partnern auch in Kathmandu. Die Mitarbeiter sind sehr kompetent und bieten das ganze Spektrum an Tibetreisen, auch individuell zusammengestellte Touren sind im Programm. Das Unternehmen bietet logistische Hilfe bei individuell gestalteten Berg- und Trekkingtouren abseits der Hauptrouten an. Auch für Hochgebirgstouren der richtige Ansprechpartner.

# Sprachführer

## Das tibetische Alphabet

Die tibetische Sprache gehört zu den tibeto-burmesischen Sprachen. Tibetisch wird heute in sechs Staaten gesprochen, über die sich der tibetische Kulturraum erstreckt: China, Myanmar, Indien, Bhutan, Nepal und Pakistan. Die tibetische Schrift entstand Anfang des 7. Jahrhunderts. Es ist eine alphabetische Schrift mit vier Vokalen und 30 Konsonanten. Die Schrift wird in allen Regionen Tibets verwendet, während die gesprochene Sprache verschiedene Dialekte aufweist. Man unterscheidet heute drei große Dialekte, den Dialekt in der Provinz Amdo im Nordosten, den Dialekt der Khampa im Osten und den in Zentraltibet gesprochenen Dialekt. Die Dialekte stellen selbst für die Tibeter oft eine Kommunikationsbarriere dar, so dass heute viele Tibeter in den Städten in chinesischer Sprache kommunizieren. Die tibetische Schriftsprache hat jedoch nach wie vor einen hohen Stellenwert innerhalb Tibets.

Das tibetische Alphabet ist in Anlehnung an das alte indische Sanskrit im 7. Jahrhundert entwickelt worden. Zur einheitlichen Transkription des tibetischen Alphabets in lateinische Buchstaben ist die Wylie-Transkription entwickelt worden, die jedoch nicht unbedingt die Aussprache widerspiegelt. Die Wylie-Transkription ist an einen bestimmten tibetischen Dialekt angelehnt, leider jedoch nicht an den meist gesprochenen Lhasa-Dialekt.

**Die Konsonanten**

| | |
|---|---|
| ཀ | ka |
| ཁ | kha |
| ག | ga |
| ང | nga |
| ཅ | ca |
| ཆ | cha' |
| ད | ja |
| ཉ | nya |
| ཏ | ta |
| ཐ | tha |
| ད | da |
| ན | na |
| པ | pa |
| ཕ | pha |
| བ | ba |
| མ | ma |

| | |
|---|---|
| ཙ | tsa |
| ཚ | tsha |
| ཛ | dza |
| ཝ | wa |
| ཞ | zha |
| ཟ | za |
| འ | a |
| ཡ | ya |
| ར | ra |
| ལ | la |
| ཤ | sha |
| ས | sa |
| ཧ | ha |
| ཨ | a |

**Die Vokale**

Die Vokale, die an einen Konsonanten angehängt werden, werden durch Zeichen über oder unter den Konsonanten vermerkt. Wenn nichts vermerkt ist, so ist ›a‹ der Vokal, der mit den Konsonanten gesprochen wird.

| | |
|---|---|
| ཀི | i |
| ཀུ | u |
| ཀེ | e |
| ཀོ | o |

**Die Zahlen**

| | |
|---|---|
| བ | 0 |
| མ | 1 |
| ཙ | 2 |
| ཚ | 3 |
| ཛ | 4 |
| ཝ | 5 |
| ཞ | 6 |
| ཟ | 7 |
| འ | 8 |
| ཡ | 9 |

## Etwas zur Aussprache

Die Aussprache im Tibetischen ist für Europäer eher kompliziert. Je nachdem, welche Buchstaben aufeinander folgen, ist die Aussprache unterschiedlich. Die unten dargestellten Ausführungen zur Aussprache beziehen sich auf den heutigen Lhasa-Dialekt und sind nur als allgemeine Richtlinien zu betrachten.

Tibetisch ist zudem eine tonale Sprache, das heißt die Betonung ist wichtig für die Bedeutung. Vokale können in hoher, tiefer oder mittlerer (neutraler) Tonlage gesprochen werden. Die mittlere Tonhöhe ist typisch für Zweitsilben und angehängte Partikel.

## Satzbau

Für den Satzbau gilt die Wortstellung ›Subjekt-Objekt-Verb‹. In der klassischen Schriftsprache verfügen die Substantive über neun Fälle.

Die Verben haben bis zu vier verschiedene Stammformen, die von tibetischen Grammatikern Gegenwart, Vergangenheit, Zukunft und Imperativ genannt werden.

## Stilebenen

Tibetisch verfügt über drei Stilebenen: Die Umgangssprache Phal-skad, die höfliche gesprochene Sprache She-sa, die vor allem in Lhasa benutzt wird, und die religiöse Sprache Chos-skad, in der die religiösen Schriften verfasst sind.

## Substantive

Wie im Chinesischen werden abstrakte Substantive gerne durch Zusammenstellung von gegensätzlichen Adjektiven gebildet, zum Beispiel heißt Temperatur tsha-trang, ›heiß-kalt‹, Größe ›Groß-Klein‹, Länge heißt ›lang-kurz‹. Im Gegensatz zu den meisten anderen Sprachen der Region werden Adjektive den Substantiven nachgestellt, auch Zahlen werden dem gezählten Substantiv nachgestellt.

## Redewendungen

| | | |
|---|---|---|
| ཨཧམ་ཎི་པ་དམེ་ཧཱུྃ | Om Mani Padme Hum! | Gebetsmantra, wörtl.: ›Du Kleinod der Lotosblüte‹ |
| བཀྲ་ཤིས་བདེ་ལེགས། | Tashi deleh! | Guten Tag! |
| ཁྱེད་རང་ཀུ་གཟུགས་བདེ་པོ་ཡིན་པས། | Khe rahng ku su de bo yin peh? | Wie geht es Dir? |
| ལགས་ཡིན། ང་གཟུགས་པོ་བདེ་པོ་ཡིན། | La yin. Ngah sug po debo yin! | Mir geht es gut! |
| བཞུགས་རོགས་གནང་། | Shu ro nahng! | Bitte setze dich! |
| ཁྱེད་རང་ག་པར་ཕེབས་ཀས། | Khe rahng kah bah phe geh! | Wohin gehst du! (wird auch häufig zur Begrüßung gesagt, deshalb mit ›!‹) |
| ག་ལེར་ཕེབས། | Kah leh phe! | Auf Wiedersehen! (wenn beide gehen) |
| ག་ལེར་བཞུགས། | Kah leh shu! | Auf Wiedersehen! (wird zur bleibenden Person gesagt) |

| | | |
|---|---|---|
| མདལ་ཡོང་། | Jeh yong! | Bis später! |
| ཐུ་ཅི་ཆེ། | Thu ci che! | Danke! |
| ལྷ་རྒྱལ་ལོ། | Lha Gyal-lo! | Die Götter mögen siegen! |
| བོད་རང་བཙན། | Bo rahng tsen! | Unabhängigkeit für Tibet! |

Von Vorteil für den Tibetreisenden bei Einkäufen, Preisverhandlungen oder anderen Verständigungen ist die Beherrschung der chinesischen Handzeichen für die Grundzahlen eins bis zehn, die auch von vielen Tibetern benutzt werden. Einige dieser chinesischen Handzeichen unterscheiden sich erheblich von den in der westlichen Welt üblichen, weswegen die folgende Übersicht bei der Verständigung helfen soll.

## Chinesische Handzeichen für Zahlen

1

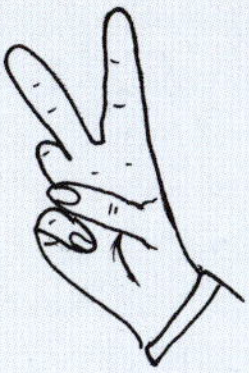
2

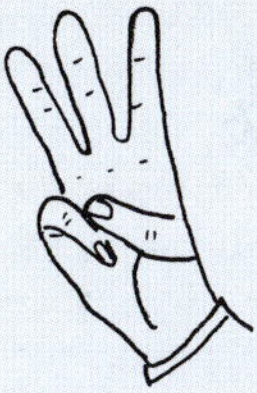
3

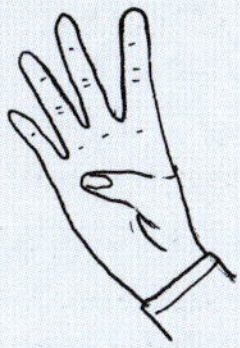
4

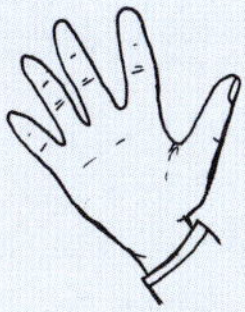
5

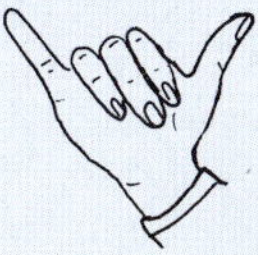
6

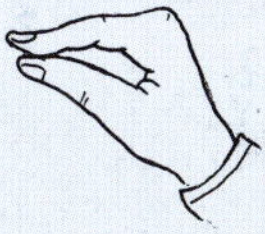
7

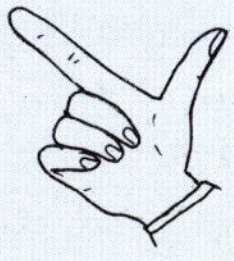
8

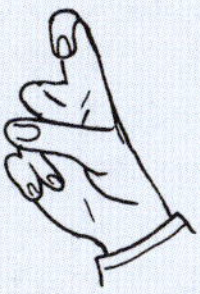
9

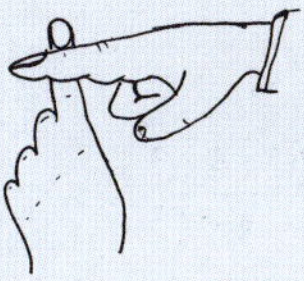
10

100

# Reisetipps von A bis Z

## Anreise

Dem Besucher stehen theoretisch drei Verkehrswege nach Tibet zur Verfügung: der Luftweg über den Flugplatz Lhasa, der Weg auf einer der vier Hauptzufahrtsstraßen und die ab 2007 für den Personenverkehr freigegebene Bahnverbindung.

**Fluglinien**, die den etwa 40 Kilometer südlich von Lhasa gelegenen Flugplatz anfliegen, kommen in der Regel von einem der chinesischen Flugplätze Lanzhou (Provinz Gansu), Xining (Qinghai), Chengdu (Sichuan) oder Kunming und Gyeltang (Yunnan). Von Beijing aus gibt es auch Linienflüge, die allerdings in Chengdu einen Zwischenstop einlegen. Von Kathmandu nach Lhasa gibt es nur von April bis November Flüge. Über die momentanen Bestrebungen, in Ali (Westtibet) einen großen Flugplatz zu bauen, ist noch wenig bekannt.

Vom **Gongka-Flughafen nach Lhasa** gibt es einen regelmäßigen Transfer mit öffentlichen Bussen. Taxis und private Minibusse stehen auch in ausreichender Anzahl bereit. Die alte Strecke ist etwa 100 Kilometer lang und führt über die Siedlungen Daga, Chushul, Nyecang nach Lhasa. Seit 2005 gibt es eine neue Strecke vom Flugplatz nach Norden und am östlichen Talrand des Lhasa He. Diese Strecke führt direkt nach Nyecang und über eine riesige Stahlbrücke nach Lhasa und ist 65 Kilometer lang. Die neue Strecke ist autobahnartig ausgebaut und stark frequentiert. Radfahrern wird daher die alte Strecke empfohlen.

*Mit dem Jeep geht es fast überall weiter*

Auf dem **Landweg** stehen Linien- und Pilgerbusse von den vier Nachbarprovinzen und von Nepal zu Verfügung. Inwieweit diese Busse westliche Touristen nach Tibet mitnehmen dürfen, muss man vor Ort erfragen, aushandeln oder eventuell zusätzlich honorieren. Bezüglich der Einreise per Anhalter auf einem der vielen Lkw siehe ›Trampen‹, S. 318.

## Autofahren

Ein **Mietwagen** oder ein Lkw ist in Tibet nur mit Fahrer zu bekommen, da Ausländern nur in Sonderfällen das Fahren mit chinesischen Fahrzeugen gestattet ist. Da die Preise für ein Fahrzeug samt Fahrer sehr stark schwanken und nicht nur vom Fahrzeugtyp, sondern auch der Anzahl an Tagen beziehungsweise Übernachtungen unterwegs sowie der Kilometerleistung abhängen, sind genaue Angaben über die Kosten zwecklos. Man erkundigt sich am besten bei der Hotelrezeption, den überall in der Innenstadt von Lhasa eingerichteten Reisebüros für westliche Touristen oder bei der Fremdenverkehrsbehörde. Eine eintägige Jeep-Tour mit englischsprachigem Fahrer zum Nam Co kostet etwa 1000 Yuan, die Tour ist für vier Personen ausgelegt, kostet pro Person also 250 Yuan.

## Banken und Geldwechsel

Die Währung der Volksrepublik China ist der **Renminbi** (RMB, ›Geld des Volkes‹), meist aber **Yuan** oder Kuai genannt. Ein Yuan entspricht 10 Jiao, welcher wiederum aus 10 Fen besteht, einer Einheit, die kaum mehr gebräuchlich ist. Es gibt Banknoten zu 1, 2, 5, 10, 50 und 100 Yuan.

Die **Ein- und Ausfuhr** von Yuan ist pro Person bis zu einer Höhe von 6000 Yuan gestattet. Bei der Ausreise kann man die Yuan in ausländische Devisen zurücktauschen. Dafür sollte man die ursprünglichen Wechselbelege aufheben. 1 Euro entspricht etwa 10 Yuan. In ganz China gilt der gleiche, täglich amtlich festgesetzte Kurs. Schwarztausch auf der Straße ist verboten, lohnt sich aber auch kaum.

In aller Regel kommt man über Beijing nach Tibet und hat am Flughafen einige Zeit Aufenthalt. Man kann sich so schon gleich mit Yuan versorgen. Beim **Geldumtausch** muss in der Regel auch der Reisepass vorgelegt werden. Euroscheine werden genauso angenommen wie Dollar. Wer mit Dollar reist, sollte darauf achten, dass die Scheine nicht zu stark abgenutzt und nicht älter als zehn Jahre sind. Ansonsten muss man mit Kursabschlägen rechnen, und bei Barzahlung mit Dollar kann es sein, dass die älteren Scheine nicht angenommen werden.

In Tibet tauscht nur die **Bank of China** Fremddevisen in Yuan um. Diese Banken gibt es in Lhasa, Shigatse und Ali. Die Öffnungszeiten der ›Bank of China‹ sind Montag bis Freitag von 9 bis 12 Uhr und von 14 bis 17 Uhr. **Reiseschecks** in Euro oder Dollar werden von der ›Bank of China‹ auch akzeptiert. In vielen Hotels und Geschäften in Lhasa ist die Bezahlung mit **Kreditkarte** schon möglich.

## Bergsteigen

Die tibetischen Berge lassen fast jedes Bergsteigerherz höher schlagen. Wer sich in die Hände von Spezialveranstaltern begibt, wird sicherlich ein phantastisches Erlebnis haben, egal ob es ein schwieriger 6000er, ein 7000er oder gar einer der 8000er Berge Tibets sein wird. Es muss ja auch nicht immer der Hauptgipfel sein, sondern kann auch weit schöner und billiger werden, wenn man sich mit Nebengipfeln, Bergkämmen oder Gletschern zufriedengibt.

**Agenturen und Veranstalter** für Hochgebirgstouren findet man im Internet oder in entsprechenden Katalogen, empfehlenswert sind beispielsweise ›High Asia‹ in England und ›Shigatse Travels‹ in Tibet (Adressen siehe Seite 297). In Lhasa findet man ebenfalls einige Veranstalter für Bergtouren und hochalpine Unternehmungen. Bei einigen kann man auch die nötige Ausrüstung mieten.

Individualisten unter den Bergsteigern und Bergwanderern seien darauf hingewiesen, dass die chinesischen Behörden für die Besteigung von Bergen über

*Gipfelstürmer haben in Tibet gut lachen*

6000 Meter Höhe **Gebühren** verlangen. Die aktuellen Gebühren richten sich nach der Höhe des Berges und Anzahl der Personen in einer Expedition. Unbestiegene Gipfel sind teurer, und Vorsicht ist geboten, da einige Agenturen unbekanntere Gipfel gerne auch als unbestiegen verkaufen!

Weitere Informationen gibt es bei der **Tibetan Mountaineering Association**, East Lingkor Road 8, Lhasa, Tel./Fax 0891/36366, ctma@public.ls.xz.cn, die auch bei der Zusammenstellung des Expeditionsteams (Transport, Verbindungsbeamte, Logistik) behilflich ist.

**Beliebte Berge** sind die ›leichten‹ 8000er, der Shisha Pangma (8027 Meter) und der Cho Oyo (8201 Meter). Der Mount Everest (8850 Meter) ist ein beliebtes Ziel auch bei Trekkingtouristen, die das Basecamp oder eines der Höhenlager besuchen. Der Nyainqentanglha Feng (7162 Meter) und der Qungmoganze (7048 Meter) ebenso wie der Noijin Kangsang (7192 Meter) sind anspruchsvollere Berge, die von Lhasa aus leicht zu erreichen sind.

Weitere Berge in Westtibet, im Chang Tang oder in Osttibet stellen auch heute noch große Herausforderungen an die Bergsteiger dar und sind nur mit beträchtlichem logistischem Aufwand zu erreichen.

## Bahn

Die seit 2007 freigegebene Bahnlinie der chinesischen Staatsbahn eröffnet eine weitere Reiseoption nach oder aus Tibet. Die vom kanadischen Hersteller ›Bombardier‹ gebauten Waggons sind erheblich komfortabler und moderner ausgestattet als die üblichen chinesischen Reisezüge. Normalerweise kennt man in chinesischen Bahnen vier Klassen (Hartsitzer, Weichsitzer, Hartlieger, Weichlieger), in der Tibetbahn gibt es drei Klassen (siehe Seite 292). Im Bahnhof in Lhasa und Xining gibt es spezielle Schalter mit englischsprachigem Personal. In Lhasa befindet sich der Bahnhof im neuen Stadtteil südlich des Lhasa-He, etwa 6 Kilometer vom Zentrum entfernt.

## Bus

Die Überlandbusse Tibets sind häufig überfüllt und an manchen Tagen schnell ausgebucht. Diese Busse sind nicht bequem, aber oft die einzige Möglichkeit, schnell an einen der abgelegenen Orte Tibets zu kommen.

Auf einigen Überlandstrecken werden **Liegebusse** eingesetzt. Diese Busse ermöglichen einen relativ bequemen Transport zeitsparend über Nacht. In drei Reihen (an den Seitenwänden und in der Mitte) und auf zwei Etagen sind etwa sieben Liegeflächen längs hintereinander angeordnet. Man fühlt sich zwischen den anderen Reisenden zwar wie ein Fisch in der Konservendose und wird auf den rauhen Pisten ordentlich durchgeschüttelt, aber es ist immer

*Das Gepäck kommt aufs Dach*

noch besser als auf zu kleinen und engen Sitzen. Das Gepäck wird bei Überlandbussen aufs Dach geschnallt oder unten in den Frachtraum gesteckt. Bei viel Gepäck wird der Busfahrer einen Zusatzpreis verlangen. Eine 24-Stunden-Fahrt kostet etwa 300 bis 350 Yuan. Wann und wo die Busse halten, erfährt man in den Städten, an der Hotelrezeption, auf dem Land in einem der Truckstops und an den Busstationen. In Westtibet fahren die Busse oft unregelmäßig, da schlechte Pistenverhältnisse oft zu Verspätungen führen.

## Camping

Das Zelten außerhalb von Siedlungen, Privatgrund, bebauten Feldern und militärischen Anlagen wird in der Regel toleriert – sofern man sich nicht in einem **Naturschutzgebiet** oder an einem **heiligen Platz** befindet. An letzteren Stellen ist es ratsam, die Erlaubnis des zuständigen Klosters einzuholen oder die Menschen vor Ort zu fragen. Oft gibt es auch die Möglichkeit, im Hof eines Klosters sein Zelt aufzubauen. In Naturschutzgebieten benötigt man offiziell eine amtliche Erlaubnis.

In den meisten Fällen ist das **Zelten in der Nähe der Siedlungen** nicht zu empfehlen, da oft die Kinder nicht nur frech und neugierig sind, sondern auch wenig Respekt vor dem persönlichen Besitz anderer haben. Das **Zelten in der Nähe der Nomadenzelte** im Hochland ist dagegen absolut angenehm, sofern die Hunde einen in die Nähe der Zelte lassen. Zwar bekommt man am Zelt auch Besuch durch die Nomadenfamilien, die Nomadenkinder halten jedoch in der Regel respektvollen Abstand. Die Erwachsenen sind stets am Zelt, den Materialien, der Methode des Auf- und Abbaus und dem Gewicht interessiert.

*Neugierige Blicke am Zelt*

Wer sein Zelt in der Nähe eines Nomadenzeltes aufbauen möchte, auch weil er sich dort eine Wasserversorgung erhofft, der sollte zuerst das Familienoberhaupt begrüßen und anschließend nach dem besten Platz und dem Wasser fragen. Die Nomaden sind es gewohnt, sich für alles im Alltag mehr Zeit zu nehmen als die Europäer.

## Checkpoints

siehe ›Polizei und Kontrollen‹, Seite 316.

## Dalai Lama

Die Mehrzahl der Tibeter verehrt den Dalai Lama sehr tief, und viele fragen Touristen nach Fotos seiner Heiligkeit. Die Fotos des Dalai Lama sind jedoch von der chinesischen Administration verboten. Es ist dringend davon abzuraten, Fotos des Dalai Lama an Tibeter zu verteilen. Man kann sich nie sicher sein, ob der Empfänger nicht ein chinesischer Spitzel ist oder von anderen verraten wird. Tibetern, bei denen Fotos des Dalai Lama gefunden werden, drohen harte Strafen, Repressalien oder gar Folter.

## Diplomatische Vertretungen

■ **In Deutschland:**

**Botschaft der VR China**
Märkisches Ufer 54
10179 Berlin
Konsularabteilung
Brückenstr. 10
10179 Berlin
Tel. 030/275 88-0, Fax -221,
Konsularabteilung -572, Fax -519
chinesischebotschaft@debitel.net
www.china-botschaft.de

**Generalkonsulat der VR China**
Mainzer Landstr. 175
60326 Frankfurt am Main
Tel. 069/750 85-521,
Visaabteilung:
-548 (Pass), -534 (Visa), -549 (Beglaubigung), -545 (Konsularischer Schutz),
Fax -520
Mo–Fr 9–12 Uhr

**Generalkonsulat der VR China**
Elbchaussee 268
22605 Hamburg
Tel. 040/82 27 60-0, Fax -21,
Visaabteilung -18, Fax -22
Mo–Fr 9–12 Uhr, nachmittags nach Vereinbarung

**Generalkonsulat der VR China**
Romanstr.107
80639 München
Tel. 089/17 30 16 11, Fax -19, -23
Mo–Fr 9–12 Uhr (Visaabteilung)

■ **In Österreich:**

**Botschaft der VR China**
Metternichgasse 4
1030 Wien
Tel. 01/71 43 14 90
www.chinaembassy.at

■ **In der Schweiz:**

**Botschaft der VR China**
Kalcheggweg 10
3000 Bern
Tel. 031/44 73 33
www.china-un.ch

■ **Deutsche Vertretungen in China:**

**Botschaft der Bundesrepublik Deutschland**
Dongzhimenwai Dajie 17
Sanlitun
Beijing, 100600
People's Republic of China
Tel. 00 86 10/65 32 21 61,
Fax 00 86 10/65 32 53 36
www.peking.diplo.de
www.deutschebotschaft-china.org

**Deutsches Generalkonsulat in Shanghai**
New Century Plaza, 188 Wujiang
Yong Fu Lu No. 151 & 181
Shanghai, VR China
Tel. 00 86 21/64 33 69 51,
Fax 00 86 21/64 71 44 48

**Deutsches Generalkonsulat in Hongkong**
United Centre
95 Queensway, Central, Hongkong
Tel. 008 52/21 05 87 88

**Deutsches Generalkonsulat in Chengdu**
25th Floor Western Tower
No. 19, 4th Section Renmin Nan Road
Chengdu 610041
Tel. 00 86 28/85 28 08 00

■ **Österreichische Vertretungen in China:**

**Botschaft Österreichs**
Ecke Dongwu Jie/Shui Nan Jie
100600 Beijing, VR China
Tel. 00 86 10/65 32 20 61,
Fax 00 86 10/65 32 15 05

**Handelsabteilung der Österreichischen Botschaft in Peking**
Beijing Sunflower Tower, No. 37 Maizidian Street
100026 Beijing
Tel. 00 86 10/85 27 50 50,
Fax 00 86 10/85 27 50 49
peking@wko.at
www.bmaa.gv.at/peking

**Österreichisches Konsulat in Hongkong**
Wang Kee Building
34 Connaught Road
Central, Hongkong
Tel. 00852/25228086

■ **Schweizer Vertretungen in China:**
**Botschaft der Schweiz**
Dongwu Jie No. 3, Sanlitun,
100600 Beijing, VR China
Tel. Mo–Fr 14–16 Uhr:
008610/65320943, Fax
008610/65326210
Tel. 008610/65322736 (keine Visafragen), Fax 008610/65324353
bei.vertretung@eda.admin.ch
http://www.eda.admin.ch/beijing
Mo–Fr 9–12, Visaabteilung 9–11 Uhr

**Generalkonsulat der Schweiz in Shanghai**
22F, Building A
Far East International Plaza
no. 319, Xianxia Road
200051 Shanghai
Tel. Mo–Do 14–16.30 Uhr:
021/52574111 (Visaabteilung)
Tel. 021/627005-19 (keine Visaangelegenheiten), Fax -22
sha.vertretung@eda.admin.ch
Mo–Fr 9–12 Uhr

**Generalkonsulat der Schweiz in Hongkong**
Suite 6206-07
Central Plaza
18 Harbour Road
Wanchai, Hong Kong
Tel. 00852/25227147
hon.vertretung@eda.admin.ch

■ **Vertretung des Chinesischen Aussenministeriums in Hong Kong**
Ministry of Foreign Affairs of the P.R. China
Visa Office in Hongkong
5. Fl., Lower Block
China Resources Building 26
Harbour Road, Wanchai, Hongkong
Tel. 00852/2827-9569, -1881

## Elektrizität

Die Stromspannung beträgt 220 Volt. In ganz Tibet, selbst in den meisten Hotels in Lhasa, bestehen die Steckdosen nur aus zwei Stecklöchern – von einer Dose ist nicht die Rede. Üblich sind zweipolige, runde Steckdosen/Stecker, man sieht aber auch dreipolige, eckige Steckdosen/Stecker. Ein handelsüblicher **Steckadapter**, den man auch in fast jedem Kaufhaus in Lhasa für 50 Yuan bekommt, ist empfehlenswert.

Man kann in Restaurants oder in Truckstops auf Anfrage die Steckdose des allgegenwärtigen Fernsehers nutzen, um Akkus aufzuladen. Zu beachten ist, dass in abgelegenen Regionen oft erst bei Dunkelheit der Generator eingeschaltet wird und somit nur für ein paar Stunden abends und morgens Strom zur Verfügung steht.

## Einkaufen

Staatliche Kaufhäuser sind meist täglich, inklusive Wochenende, von 10 bis 19 Uhr geöffnet. Private Geschäfte, vor allem in den Städten, schließen oft erst gegen 21 Uhr. Die Preise der staatlichen Betriebe sind festgelegt. Auf Märkten oder in privaten Läden ist der Preis jedoch Verhandlungssache, mangelnde Chinesisch- oder Tibetischkenntnisse sollten einen nicht davon abhalten! Es ist unbedingt zu empfehlen, die chinesischen Zahlen als Wort und Handzeichen zu beherrschen, siehe Seite 301. Viele Tibeter zeigen dem interessierten westlichen Kunden auch den Preis auf dem Taschenrechner, hier kann man dann seine eigene Preisvorstellung eintippen und das Feilschen beginnen.

*Straßenimbiss*

## Essen und Trinken

Selbst in den kleinsten Lebensmittelläden findet man stets Weizenmehl, Tsampa, Reis, Instantnudeln, Zucker, Kekse oder Bonbons. Weizenbrot (bale) ist fast überall eine Seltenheit und wird entweder nur in Bäckereien verkauft oder in den kleinen Restaurants. In den kleineren Städten gibt es eigentlich immer eine **Bäckerei**, die im Übrigen auch ein gutes Sortiment an süßen Gebäcklekkereien hat. Getränke (Wasser, Limonade, Cola) bekommt man auch an vielen der **Truckstops**. Tee wird grundsätzlich immer zum Essen serviert.

Sowohl Chinesen als auch die meisten Tibeter oder Uiguren benötigen beim Essen kein Ambiente, zumindest nicht so, wie wir es in der westlichen Welt gewohnt sind. Kleinere, private (chinesische oder uighurische) Restaurants wirken meist gemütlicher, bedienen sehr freundlich und bieten eine äußerst schmackhafte, wenn auch oft recht scharfe Küche.

In den größeren Städten Tibets gibt es eine Fülle von unterschiedlichen Restaurants, von der einfachen Imbiss-Absteige mit Instant-Nudelsuppe bis zu Restaurants mit mehrgängigem Menü. Stets gibt es zum Essen auch einen (kostenlosen) Becher mit grünen Teeblättern, die immer wieder neu aufgegossen werden.

**Alkohol** ist in Tibet zum Essen unüblich, auch wenn in Lhasa ein angenehm gutes Bier gebraut wird (Lhasa Beer mit 3,8 Prozent). Seit einigen Jahren sind auch die chinesischen Weine von guter Qualität, für etwa 50 Yuan pro Flasche bekommt man schon rote Spitzenweine aus China.

Zu empfehlen sind neben den traditionellen **Nudelsuppen** oder Nudel-Gemüse-Eintöpfen auch alle Arten von **Teigtaschen** (tibetisch momo, chinesisch Baozi). **Fleischeinlagen** im Essen stammen in den meisten Gebieten Tibets vom Schaf, Ziege oder Huhn. Im Osten und Südosten muss in chinesischen Restaurants auch damit gerechnet werden, Hund und andere für den Europäer ungewohnte Tiere auf der Speisekarte zu finden. Da die Fleischstücke für den Eintopf oft mit dem Beil zerhackt werden, findet man manchmal kleine Knochensplitter im Essen.

In den tibetischen **Truckstops** bietet der Wirt neben Päckchen mit Instant-Nudeln (für etwa zehn Yuan) nur einen Buttertee oder heißes Wasser an. Tibetische Reisende haben ihr Beutelchen mit Tsampa (geröstetes Gerstenmehl), getrocknetem Hartkäse (aus Yakmilch) und ihr Eßschälchen selber dabei. Dazu verspeisen die Tibeter noch abgeschnittene Fetzen vom luftgetrockneten Ziegen- oder Yakfleisch aus ihrem Reiseproviant.

In fast allen größeren Siedlungen Tibets gibt es von Uiguren oder Hui-Chinesen geführte Restaurants, die sehr gepflegt sind, eine gute Speisekarte haben und auch viele reichhaltige vegetarische Mahlzeiten anbieten.

Je touristischer das Hotel oder Restaurant, desto eher wird **Trinkgeld** erwartet. Auf dem Land ist diese Praxis jedoch absolut unüblich und erzeugt höchstens Befremden.

Wer sich gerne von den freundlichen Tibetern auf dem Land zum Essen und Buttertee einladen lässt, sollte sich etwas mit den **Verhaltensregeln und Eßmanieren** beschäftigt haben. So ist es üblich, dargebotene Speisen, Trinkschalen oder ähnliches, immer mit beiden Händen entgegenzunehmen. Gäste sind bei den Tibetern gerne willkommen, nur sollte man bedenken, dass man als westlicher Tourist auch der Repräsentant eines gesamten Kontinents ist!

## Fahrrad

Tibet ist ein besonderes Ziel für **erfahrene Tourenradler**. Das Fahrrad ist insofern ein ideales Fortbewegungsmittel, als dass man sich unabhängig macht von Reiseagenturen und komplizierten Busfahrplänen. Anders als Tramper können die Radreisenden leichter unbemerkt an Checkpoints vorbeischlüpfen. Ein empfehlenswertes Buch für das Radfahren in Tibet ist **Tibet Overland** von Kym McConnell (siehe Seite 324, 329), das detaillierte Beschreibungen und Höhenprofile unterschiedlicher Strecken in Tibet enthält. Lediglich auf dem **Friendship Highway**, einem der beliebtesten Ziele für Mountainbiker und Tourenradler, bieten Reiseagenturen organisierte Touren auch mit Gepäcktransport an. Radfahren in anderen Regionen fällt unter ›Individuelles Reisen‹ und sollte entsprechend sorgfältig vorbereitet werden.

*Mit dem Fahrrad lassen sich die schönsten Plätze finden*

Das **Ausleihen** von chinesischen Fahrrädern ist in Lhasa für selbständige Besichtigungstouren durch die Stadt und die nähere Umgebung völlig unproblematisch. Die angebotenen Mountainbikes sind in der Regel in einem guten Zustand. Neben den an der englischsprachigen Werbung deutlich sichtbaren Verleihern bieten auch einige Hotels Fahrräder an. Zu bedenken ist, dass Fahrradklau in Lhasa nichts Ungewöhnliches ist und dass die chinesischen Standard-Fahrräder keine Rücktrittbremse besitzen.

## Feiertage

In Tibet richten sich zahlreiche nationale und regionale Feiertage nach dem traditionellen Mondkalender und finden daher von Jahr zu Jahr an unterschiedlichen Terminen statt. Von offizieller Seite werden in Tibet nur noch wenige traditionelle tibetische Feiertage gefeiert. Einige Feierlichkeiten können auch nur auf eine Region oder Stadt bezogen sein. Die meisten Feiertage betreffen jedoch selten die Öffnungszeiten der Geschäfte. Einen buddhistischen Feiertag sucht man im chinesischen Kalender vergebens. Ob Ämter an diesen Tagen geschlossen haben, erfährt man manchmal erst vor Ort. Die wichtigsten Han-chinesischen Feste und Feiertage sind:

**Neujahrsfest**, 1. Januar

**Frühlingsfest**, jährlich wechselnder Termin zwischen dem 21. Januar und dem 20. Februar, drei arbeitsfreie Tage

**Laternenfest**, am 15. Tag des 1. Monats des Mondkalenders, Mitte bis Ende Februar

**Tag der Frau**, 8. März

**Qingming-Fest**, zum Gedenken an die Toten, am 12. Tag des dritten Monats des Mondkalenders, meist im April

**Tag der Arbeit**, 1. Mai

**Tag der Jugend**, 4. Mai

**Tag des Kindes**, 1. Juni

**Drachenbootfest**, am 5. Tag des 5. Monats nach dem Mondkalender, meist im Juni

**Gründungstag der Kommunistischen Partei**, 1. Juli

**Tag der Armee**, 1. August

**Mondfest**, am 15. Tag des 8. Monats nach dem Mondkalender, im September

**Chinesischer Nationalfeiertag**, 1. Oktober

## Fotografieren und Filmen

Negativfilme bekommt man in Lhasa und in den kleineren Städten Tibets problemlos. Auf der Suche nach **Dia- oder Spezialfilmen** (zum Beispiel mit hohen Empfindlichkeiten) wird man außerhalb Lhasas kein Glück haben. Stets auf das Verfallsdatum achten!

**Kamerabatterien** (Silberionen- oder Nikkel-Lithium-Knopfbatterien) gibt es oft nur in Lhasa in den Fachgeschäften, weswegen man diese sicherheitshalber aus Europa in ausreichender Anzahl mitbringen sollte.

Neben einem Normalobjektiv (50 mm) ist für die vielen Natureindrücke und Landschaftsaufnahmen ein kleines Weitwinkelobjektiv (24 oder 28 mm) empfehlenswert. Für Nahaufnahmen ist ein Macroobjektiv oder ein Umkehrring für das 50-mm-Objektiv sinnvoll. Unterhalb des Potala-Palastes gibt es in einem der Läden einen Kodak-Entwicklungsservice.

**Militärische Einrichtungen, strategische Objekte** (auch Brücken) oder **Uniformierte** (Soldaten und Polizisten) zu fotografieren ist offiziell verboten! Wer es trotzdem macht, geht das Risiko ein, angehalten und beschimpft zu werden sowie den Film aus der Kamera zu verlieren. Im Herbst 2008 erlebte ich es auch, dass Soldaten in der Altstadt von Lhasa meine digitale Kamera nahmen und die Bilder nach Aufnahmen von Soldaten durchsuchten, um diese dann gezielt zu löschen.

In **Tempeln**, **Klöstern** und **Museen** ist das Fotografieren nur gegen Gebühr erlaubt, so auch im Potala-Palast. Wenn man mit solch einer ›Fotospende‹ zum Wiederaufbau eines Klosters beitragen kann, ist das nur fair.

Zum korrekten Verhalten eines Touristen gehört es auch, dass man vorher um ein Einverständnis fragt, wenn man **Leute auf der Straße** oder bei der Arbeit fotografieren möchte. Auf den Märkten in Lhasa sind die Menschen es schon gewohnt und schauen demonstrativ weg.

Die **Digitalfotografie** wird zunehmend beliebter, hat allerdings abseits der Zivilisation und ohne Kontakt zum Stromnetz den klaren Nachteil der begrenzten Batterieleistung. Eventuell sollte man seine Digitalkamera vor der Reise auf Mignons (AA) Batterien oder leistungsstarke Akkus umrüsten. Ein weiterer Nachteil ist die begrenzte Speicherkapazität der Chips. Entweder man nimmt genügend große **Speicherchips** mit oder eine mobile Festplatte, sogenannte **flash drives**. Digitalkameras sind in der Regel auch empfindlicher gegen Feuchtigkeit. Die Batterien und Akkus müssen möglichst immer warm gehalten werden, damit die Leistung nicht absinkt, in kühlen Regionen am besten nachts mit in den Schlafsack nehmen.

Offiziell sind **Filmkameras** über 16-mm-Format bei der Ein- und Ausreise beim Zoll zu genehmigen. Im Zeitalter von digitalen Camcordern und Videokameras wird dieses jedoch nach eigenen Beobachtungen und Einschätzungen nicht mehr so stark kontrolliert.

*Beim Trinkwasser sollte man besondere Vorsicht walten lassen*

## Gesundheit

Für Europäer sind bei der direkten Einreise nach China **keine Impfungen** vorgeschrieben. Reisende, die direkt aus Gebieten mit Gelbfiebergefahr (zum Beispiel Afrika) einreisen, müssen bei der Einreise ein Impfzeugnis mit der Gelbfieberimpfung vorweisen.

Falls der Impfschutz gegen **Hepatitis A, Tetanus, Polio und Diphtherie** abgelaufen ist, empfiehlt es sich, diesen aufzufrischen. Fast alle in Europa gängigen Medikamente sind in Tibet erhältlich, allerdings nur in Lhasa. Im medizinischen Notfall kann man über die Botschaften die Adressen deutsch- oder englischsprechender Ärzte in Lhasa erhalten. **Außerhalb Lhasas** ist die medizinische Versorgung unter Umständen sehr schlecht oder teilweise überhaupt nicht vorhanden. Wer sich abseits der Zivilisation bewegt, sollte seine Reiseapotheke entsprechend aufrüsten und sich im Fall von Erster Hilfe selbst versorgen können (siehe Seite 288).

Im subtropischen Südosten Tibets kann es nach dem Genuss von ungewaschenen oder ungekochten Nahrungsmitteln schnell zu **Magen-Darm-Beschwerden** kommen. Ebenso besteht das Risiko einer Infektion mit **Giardia** (durch Parasiten verursachte Durchfallerkrankung) auch aus vermeintlich sauberen Wasserquellen, selbst im Hochland von Tibet. Man sollte Wasser möglichst von nur solchen Bergbächen entnehmen, bei denen man sich sicher ist, dass nicht von Menschen oder Tieren am Oberlauf Fäkalien oder Unrat eingeleitet wurde. Empfindliche Naturen sollten **Entkeimungstabletten** (z.B. ›Micropur‹) zur Behandlung des Wassers benutzen. In den Hotels und Truckstops stehen immer mehrere Thermoskannen mit kochendheißem Wasser für die Gäste zur Verfügung.

Gerade wer zu Fuß oder per Rad unterwegs ist oder viel Kontakt mit Hunden hat, sollte berücksichtigen, dass in China **Tollwut** unter Hunden weitverbreitet ist. Dennoch ist das Risiko, gebissen zu werden, als eher gering anzusehen, angemessenes Verhalten vorausgesetzt:

Fremde Tiere nie berühren oder streicheln! Bei Bissverletzungen oder bei Blut- oder Speichelkontakt durch streunende Tiere ist umgehend ein Arzt beziehungsweise medizinische Hilfe aufzusuchen, die in Tibet nur in Lhasa, Shigatse und Ali zu bekommen ist. Der Reisende kann sich auch durch eine aktive Schutzimpfung gegen Tollwut schützen, empfohlen wird das jedoch eher für Reisen in die tropischen und subtropischen Regionen Asiens (Laos, Kambodscha oder Thailand), Tibet gehört nicht unmittelbar zum Risikogebiet.

## Höhenanpassung

Die Höhe ist das größte gesundheitliche Problem und eventuell auch Risiko für Besucher aus dem ›Flachland‹. Selbst Lhasa liegt bereits 3650 Meter über dem Meeresspiegel. Wer mit dem Flugzeug anreist, wird sich daher die ersten zwei bis drei Tage eventuell matt und lustlos fühlen, bei jedem Treppenaufstieg keuchen und für längere Wanderungen nicht kräftig genug sein.

Die Anpassung des menschlichen Organismus an die Höhe, also an den geringeren Sauerstoffgehalt in der Atmosphäre und damit an den geringeren Sauerstoffpartialdruck im arteriellen Blut, findet bei jedem Menschen unterschiedlich schnell statt. Eine allgemeine Aussage, wer besonders empfindlich gegenüber der Höhe ist, gibt es nicht: Sportlich durchtrainierte, alte und junge Menschen können gleichermaßen betroffen sein!

Besonders angepasst muss man sein, wenn man eine Tour ins Hochland **über 5000 Meter** machen möchte. Hier beträgt der Sauerstoffpartialdruck in der Luft nur noch 50 Prozent dessen vom Meereshöhe. Bis der Körper genug rote Blutkörperchen gebildet hat, versucht er den Mangel mit stärkerer Atem- und Herzfrequenz auszugleichen. Eine vollständige Akklimatisation kann eventuell auch bis zu zwei Wochen dauern.

Typische Symptome der milden **Höhenkrankheit** (acute mountain sickness) sind Kopfschmerzen, Magenprobleme und Übelkeit, Erbrechen, Schwindel, Appetitlosigkeit, Schlaflosigkeit und rasender Puls. Die körperlichen Alarmsignale sollten jeden veranlassen, langsamer aufzusteigen, kleinere Pausen einzulegen und nachts in tieferen Lagen zu schlafen (›climb high, sleep low‹). Wer nicht angepasst ist, zu schnell in Höhen über 4000 Meter kommt und nicht auf die Symptome achtet, riskiert Bewußtlosigkeit, Halluzinationen, blutigen Auswurf, blaue Lippen und Finger und im schlimmsten Fall ein Lungen- oder Gehirnödem. Die Ödeme sind akut lebensbedrohlich, einzige Hilfe ist dann der schnelle Transport in tiefere Lagen. Es ist akzeptabel, die milden Symptome der Höhenkrankheit zu entwickeln, aber es ist dumm und leichtsinnig, an Höhenkrankheit zu sterben!

Kopfschmerzen, geringe Kreislauf- oder Atemprobleme und Übelkeit kann man mit Aspirin bekämpfen. Es ist jedoch zu beachten, dass man erst dann weiter aufsteigen darf, wenn man ohne Schmerzmittel symptomfrei ist. Eine beliebte Prophylaxe gegen Höhenkrankheit bietet das **Medikament Diamox** (Wirkstoff Acetazolamid), das den Gasaustausch des Blutes verbessert und den Gehirndruck senkt. Nur wer unter ›Diamox‹ symptomfrei ist, darf weiter aufsteigen! Bekommt man unter prophylaktischer ›Diamox‹-Anwendung Höhenkrankheitssymptome und steigt trotzdem weiter, so können schlimmere Auswirkungen bis hin zu Ödemen durch ›Diamox‹ nicht verhindert werden!

Goldene Regeln zum Aufenthalt in großer Höhe von der Himalayan Rescue Association:

- Jeder kann höhenkrank werden, aber niemand muss daran sterben.
- Jede Gesundheitsstörung in der Höhe muss als Höhenkrankheit gelten, solange nicht das Gegenteil bewiesen ist.
- Bei Symptomen der Höhenkrankheit ist jeder weitere Aufstieg zu vermeiden.
- Wenn die Symptome zunehmen, muss sofort abgestiegen werden.
- Personen mit akuter Bergkrankheit dürfen niemals alleine gelassen werden.

## Hygiene

Die hygienischen Bedingungen in den Hotels sind relativ gut. Auf den Straßen und Gehwegen liegt dagegen oft viel Müll herum, auf dem Land wird der Müll einfach hinter die Gebäude gekippt. An gleicher Stelle gehen die Dorfbewohner auf die Toilette.

**Öffentliche Toiletten** auf dem Land sind, falls überhaupt vorhanden, extrem verdreckt und unhygienisch. Als westlicher Tourist wird man sich daran gewöhnen müssen, zwischen dem Müll und den Hinterlassenschaften anderer ein noch freies Plätzchen zu suchen. Sichtschutz ist ebenfalls nicht vorhanden, da die einheimische Bevölkerung diesbezüglich kein Schamgefühl kennt.

## Individuelles Reisen

Erfahrungsgemäß legen der chinesische Beamtenapparat und die Besatzungsbehörden in Tibet eine gewisse Überwachungsneurose gegenüber Ausländern an den Tag – zumal Individualismus in der chinesischen Tradition eine geringere Bedeutung als im westlichen Europa besitzt. Die Tourismusindustrie in Tibet ist größtenteils auf organisierte und geführte Reisegruppen ausgerichtet, weniger auf individuell Reisende. Wer sich also frei im Land bewegen möchte, wird auf gewisse Hindernisse stoßen, die mehr oder weniger leicht zu umgehen sind.

Das erste Hindernis wird wahrscheinlich die fremde **Sprache** sein. Selbst wenn man diese Hürde meistert, hat man immer noch das Problem, dass die größten Gebiete Tibets für individuell reisende Ausländer **offiziell gesperrt** sind, zum ›Schutz‹ des Reisenden, wie es offiziell heißt. Offen sind: Die Asphaltstraße von Golmud im Norden nach Lhasa (Qinghai-Tibet-Highway), die Straße 318 von Lhasa nach Dechen, die Straße von Lhasa zur nepalesischen Grenze (Friendship Highway) und Lhasa selbst. Für die Regionen um das Everest-Basecamp (südlich des Rongbuk-Klosters) und um den heiligen Berg Kailash samt Anfahrtsweg sind **Permits** nötig, die jedoch ohne Probleme bei der regionalen PSB-Polizei gewährt werden. Für die Strecke vom

*Chinesische Individualreisende sind ein eher seltener Anblick*

Kailash nach Ali und weiter nach Norden über das Aksai-Chin-Plateau nach Xinjiang benötigt man ebenfalls ein Permit, das man in Ali beim PSB bekommen kann (50–100 Yuan).

Im Chang Tang, also auch auf der Strekke Ali–Gertse–Amdo, ist das individuelle Reisen offiziell nicht erlaubt. Ebenso sind alle Strecken zwischen Gertse und Amdo und der ›Südtrasse‹ (Lhasa–Kailash) für ausländische Einzelreisende geschlossen. Nicht viel anders sieht es im Osten von Lhasa aus, wo die beiden Straßen nach Yunnan und Sichuan für individuell Reisende offiziell gesperrt sind (siehe hier auch Stichwort ›Permits‹).

Besonders die Reiseradler unter den Touristen, die ja Tibet selten in organisierten Gruppen bereisen, aber auch diejenigen, die per Anhalter unterwegs sind, sind davon betroffen. Wenn eine Region oder Strecke offiziell geschlossen ist, so heißt das noch lange nicht, dass es kein Durchkommen gibt, in der Vergangenheit wurde das meist toleriert. Seit den März-Unruhen 2008 ist das individuelle Reisen in Tibet noch weiter eingeschränkt worden bis faktisch unmöglich geworden. Momentan sind nur gebuchte Reisen mit chinesischer/tibetischer Reisebegleitung in Tibet durchführbar, das Reiseprogramm kann allerdings individuell ausgearbeitet sein.

Wer also als Individualist durch die **›geschlossenen‹ Regionen** reisen möchte, der sollte sich auf den entsprechenden Internetseiten vorinformieren (www.tibettravel.info). Die Situation kann sich jedoch auch schlagartig ändern.

Wer selbständig und jenseits der ›offiziellen‹ Regeln in Tibet unterwegs ist, sollte sich bewußt sein, dass sein Handeln eventuell nicht nur persönliche Konsequenzen in Form von Bußgeld oder Landesverweis haben kann. Wer erwischt wird, gefährdet möglicherweise die (legalen) Aktivitäten anderer Reisender. So geschehen beispielsweise im Jahr 2004, als illegale Bergsteiger erwischt wurden und daraufhin alle Bergsteierteams von allen Bergen abziehen mussten, auch die, die offizielle Genehmigungen hatten!

## Internet

In Lhasa gibt es in den meisten Hotels auch kleine Internetcafes. Darüber hinaus gibt es einige Anbieter für den Kontakt nach draußen. Die Rechner und Programme sind oft veraltet, die Übertragungsraten sehr variabel. Dafür kostet eine Stunde im Internet nur etwa 15 Yuan. Einige Internetseiten sind aus politischen Gründen innerhalb Chinas nicht aufrufbar.

## Landkarten

Vernünftige Landkarten zu Tibet muss man sich schon aus der Heimat mitbringen, da es in Lhasa keine oder nur einfache Touristenkarten gibt. Die momentan besten Landkarten sind von den Verlagen **Gecko-Maps** (1:1 600 000, Schweiz; www.gecko-maps.com), **Gizi-Map** (1:2 000 000, aus Ungarn) und ›Reise Know-How‹ (1:1 500 000, Deutschland). ›Gecko-Maps‹ bietet auch einen sehr guten und informativen Stadtplan von Lhasa an.

Für Wanderungen und Radtouren abseits der Hauptverbindungsstraßen sind die **russischen Generalstabskarten** (1:200 000, dreifarbig, kyrillisch) zu empfehlen. An diese Karten kommt man eventuell über den **Internetladen Mapstor** (mapstor.com). Zur Einsichtnahme in diese Karten kann man auch in die Staatsbibliothek in Berlin gehen.

**Detaillierte physikalische Karten** gibt es auch vom ›Tibet Map Institute‹, (www.

tibetmap.com). Diese als frei zugängliche Bilddateien zur Verfügung stehenden Karten basieren auf Satellitenfotos und enthalten einiges an Detailinformationen. Es werden jedoch in diesen Luftbildkarten ausschließlich tibetische Namen für Siedlungen, Berge und Flüsse verwendet (unabhängig davon, ob die Namen noch in Benutzung sind), daher ist ein Vergleich mit anderen Karten manchmal etwas schwierig.

Vom Verlag **Starmap** aus Beijing gibt es Straßenkarten zu jeder der chinesischen Provinzen, allerdings ausschließlich mit chinesischen Schriftzeichen und ohne jegliche physikalische Information. Für Individualreisende ist diese Karte jedoch sehr zu empfehlen, da sie wichtige Details enthält und von der lokalen Bevölkerung gelesen werden kann.

Gemeinsam ist allen Landkarten, dass die einsamen und selten befahrenen Pisten und Pfade im Chang Tang-Hochland völlig falsch eingezeichnet sind und einige Pistenverläufe und sogar Ortschaften nicht existieren.

## Maße und Gewichte

In China und auf den Märkten Tibets wird wie in Europa mit Metern (mǐ) und Kilo (gòngjīn) gemessen. Daneben gibt es noch die selten benutzten traditionellen Einheiten Chi (0,33 Meter), Li (0,5 Kilometer) und Jin (500 Gramm). Bei fahrenden Händlern oder in den Verkaufsständen am Straßenrand wird manchmal noch mit Liang (50 Gramm) gerechnet. Von großem Vorteil beim Einkaufen in ländlichen Regionen ist die Beherrschung der Handzeichen für die Zahlen 1 bis 10 (siehe Seite 301).

## Militär

Das chinesische Militär ist in Tibet überall präsent. Es interessiert sich jedoch nicht in besonderem Maße für Touristen und achtet höchstens darauf, dass die militärischen Einrichtungen, Fahrzeuge oder Personen nicht fotografiert werden und man sich auch nicht in entsprechenden Sperrgebieten bewegt.

Die einfachen Soldaten sind sehr junge Burschen, die in Tibet fern der Heimat und oft voller Frust ihren Dienst ableisten müssen. Sie sind in der Regel gegenüber Touristen freundlich und kontaktfreudig. Die Offiziere sprechen manchmal auch etwas Englisch und sind an Gesprächen mit individuell Reisenden interessiert. Kommt man als Individualtourist an eine Militärkontrolle, so wird oft nur überprüft, ob sich ein gültiges Visum im Reisepass befindet.

Das chinesische Militär besitzt grüne Uniformen und hat die rote Flagge mit den gelben Sternen im Ährenkranz als Symbol am Oberarm oder der Mütze. Einheiten des Militärs werden oft auch im Straßenbau und bei Ausbesserungsarbeiten an Straßen eingesetzt.

## Permits

Jeder Reisende nach Tibet braucht ein sogenanntes **Tibet-Entry-Permit**. Dieses wird vom Tibet Tourism Bureau ausgestellt und ist oft Voraussetzung für die Möglichkeit, ein Flugticket oder ein Bahnticket nach Lhasa zu kaufen. In der Praxis bekommt man dieses Permit vom beauftragten Reisebüro nicht persönlich ausgehändigt, sondern der chinesische Reisebegleiter bewahrt während des gesamten Tibetaufenthaltes dieses Permit für den Touristen auf.

Viele Regionen Tibets sind für individuell reisende Ausländer nach wie vor Sperrgebiete und nur mit einem **Alien Travel Permit** (ATP) oder teilweise auch nur in Begleitung eines sogenannten Verbindungsbeamten (liaison officer) bereisbar. Dazu gehören die Regionen um Tsetang (Samye Kloster, Tal der Könige, Yumbulakhang), Shigatse Region (Sakya Kloster, Everest Base Camp), Gyantse, Westtibet (z.B. Kailash), Chamdo Region, und der Basumtso See in der Nyangtri Region. Eine offizielle Genehmigung für diese Gebiete muss man sich beim **PSB-Büro in Lhasa** oder über ein lizenziertes Reisebüro in der zuständigen Stadt ausstellen lassen. Für Besucher des **Kailash** gibt es Permits in Ali und Darchen, und Besucher des **Everest-Basecamp** können Permits in Shigatse und Tingri erwerben.

Wer in einer organisierten Gruppe unterwegs ist, muss sich nicht um die Permits kümmern, das erledigt die Agentur. Für Individualtouristen ist es ungleich schwieriger, überhaupt Permits zu bekommen, Ausnahmen sind der Kailash, das Everest Basecamp und der Friendship Highway.

Seit 2006 ist die Straße 318 von Lhasa über Bayi, Nyangtri, Bomi und Baxoi nach Yunnan oder Sichuan für Touristen offen. Im Weiteren sind folgende Städte in Tibet auch für Individualreisende ohne ATP bereisbar: Lhasa, Shigatse, Tsetang, Nyalam, Zhangmu, Purang, Nakchu sowie die Region des Nam Co. In der Regel wird die direkte Reise zwischen ›offenen‹ Städten toleriert. Wegen der illegalen Wilderei auf die Tiere im Chang Tang Nature Reserve und in den angrenzenden Regionen patroullieren Inspektoren in diesem Schutzgebiet und setzen jeden nichtgenehmigten Besucher sofort fest.

Wer Westtibet, die Namche-Barwa-Region, Pemako oder Nakchu besuchen möchte, braucht offiziell zusätzlich eine **Militärgenehmigung**, da diese Regionen als militärisch sensibel gelten. Die Permits werden durch das Militärbüro in Lhasa ausgegeben. Man kann aber nur dann ein Militär-Permit bekommen, wenn man bereits eine Tibet-Reisegenehmigung vom PSB hat. Die Bearbeitungszeit beträgt ein bis zwei Wochen. Reisebüros in Lhasa werden sich um ein Permit bemühen, wenn man entsprechende Touren bucht. In der Praxis hat dieses Permit jedoch gerade für Individualreisende keine Bedeutung, denn es wird auf den Hauptverbindungsrouten selten kontrolliert.

Mehr Informationen zu Permits unter www.tibettravel.info.

## Politik

Auch wenn es uns Europäer manchmal brennend interessiert, wie Tibeter oder in Tibet lebende Chinesen die politische Situation in Tibet empfinden, so sollte man bei Gesprächen über die chinesische Tibetpolitik äußerste Vorsicht walten lassen. Man weiß nie, ob der Gesprächspartner nicht ein Spitzel für die chinesischen Behörden ist oder welche Repressalien ein zu offener und ehrlicher Mensch im Nachhinein erfahren wird.

## Polizei und Kontrollen

In Tibet gibt es verschiedene Polizeikräfte, die selbst von einem Nicht-Chinesen schnell an den unterschiedlichen Uniformen erkannt werden können. Der in Tibet reisende Individualtourist sollte diese Unterscheidung beherzigen, da seine Weiterreise davon abhängen kann.

Die dunkelgrün bekleideten Polizisten besitzen die Funktion der Kontrolle des Straßenverkehrs und der Steuerung des Verkehrsflusses bei Umleitungen oder Baustellen. Ihre Uniform ist am Symbol der staatlichen Straßenbaubehörde (ein Lenkrad in Form eines umgedrehten ›Mercedes‹-Sterns) in den Emblemen am Oberarm, Jackenkragen und Mütze zu erkennen. Gegenüber Ausländern sind diese Beamten oft sehr freundlich und hilfsbereit.

Eine andere Einheit, die des **Public Security Bureaus** (PSB), ist mit blauen Uniformen ausgestattet. Diese Polizeieinheiten sind so etwas wie die Land- und Staatspolizei, also die eigentliche zivile Exekutivgewalt. Ein Reisender wird von diesen Polizeikräften höchstens dann angehalten und kontrolliert, wenn er sich in Gebieten Tibets befindet, die für Individualreisende nicht geöffnet sind. Nur wenige dieser Polizisten sprechen Englisch.

Eine Abteilung des PSB ist für die **Belange der Ausländer** zuständig (foreign affairs branch), die offiziell die Aufgabe hat, sich um Ausländer und Touristen zu kümmern und diese zu ›beschützen‹. Bei Problemen kann man sich an diese Abteilung des PSB wenden, bei der einem in der Regel freundlich geholfen wird. Die Auslandsabteilung des PSB übernimmt auch die Visaverlängerungen und gibt die sogenannten ›Alien Travel Permits‹ aus. Die Beamten sprechen oft gut Englisch.

Über Tibet und China verteilt ist ein Netz an **Polizeikontrollstationen**. Die meisten dieser Checkpoints dienen der Kontrolle der Einheimischen und des Warenverkehrs, zum Beispiel werden die Frachtpapiere der Lkw überprüft. Problematisch für Individualtouristen können diese ›Checkpoints‹ dann werden, wenn man sich in Gebieten aufhält, die man offiziell nicht ohne Permit hätte betreten dürfen. Wird man unter diesen Umständen von PSB-Polizisten gefasst, so muss man entweder eine Geldstrafe zahlen (im Bereich von 500 Yuan) oder man wird in eine Stadt oder Region gebracht, von der aus das freie Reisen wieder erlaubt ist. Eventuell wird man auch zwangsweise in einen Bus oder Lkw gesteckt, der in diese Richtung fährt. Radtouristen werden angewiesen, dorthin zurückzufahren, woher sie gekommen sind.

Diverse Schauergeschichten oder Halbwahrheiten über das PSB in der Literatur und im Internet beruhen auch darauf, dass es allem Anschein nach keinen einheitlichen Leitfaden dieser Polizeibehörde für das Verhalten gegenüber ›Illegalen‹ in Tibet gibt und wie mit aufgegriffenen Ausländern in gesperrten Regionen zu verfahren ist. Viel hängt hier sicher auch vom Verhandlungsgeschick des Erwischten ab oder von der Laune der Beamten. Das führt einerseits zu Unsicherheiten bei den Individualtouristen, andererseits eröffnet es aber auch die Möglichkeit, die PSB-Kräfte auszutricksen. Im Internet gibt es auch genaue Listen der geschlossenen Regionen Tibets und wie man die jeweiligen bekannten Kontrollstationen oder problematischen Ortschaften mit PSB-Einheiten umgehen oder umfahren kann (siehe ›Individuelles Reisen‹, S. 313).

## Post

Chinesische Postämter gibt es in jeder Stadt Tibets (dunkelgrüne Farbe mit gelber Schrift). Briefmarken kann man manchmal auch an den Hotelrezeptionen erwerben, die auch Postkarten und Briefe bei der Post aufgeben.

**Pakete ins Ausland** müssen gut verpackt und verschnürt werden. Ein Paket nach Deutschland kann mit drei verschiedenen Dringlichkeiten verschickt werden. Der günstigste Weg ist über Land nach Beijing und anschließend via Luftfracht nach Europa. Das kostet etwa 50 Yuan pro Kilogramm. Ein solches Paket braucht sechs bis sieben Wochen nach Europa. Eine Postkarte kostet 4,50 Yuan nach Europa und braucht etwa zehn Tage von Lhasa nach Deutschland.

*Seidenschals sind ein beliebtes Mitbringsel*

In das Hauptpostamt in Lhasa kann man sich Briefe und Pakete schicken lassen (poste restante). In den ländlichen Postämtern findet man eventuell auch ein funktionierendes Faxgerät oder einen Internetanschluss.

## Sicherheit

Von offizieller Seite wird immer betont, dass China ein sicheres Reiseland sei. In den touristischen Zentren sollte man sich dennoch vor **Taschendieben** in achtnehmen. Es gelten die üblichen Regeln für Reisen in ärmere Länder: Wertsachen im Safe der Hotelrezeption deponieren, die Kameraausrüstung und Handtaschen eng am Körper tragen, sich nicht provokativ kleiden. Beim Einkaufen ist darauf zu achten, dass man nicht den Inhalt des Geldbeutels zeigt, sondern ein loses Bündel kleiner Scheine in der Hosen- oder Hemdtasche parathält.

**Bettler** sind in Tibet und besonders in Lhasa ein alltäglicher Anblick. Die meisten von ihnen sind jedoch auch Pilger, die die Kosten für ihren Lhasa-Aufenthalt oder die Rückreise bei den anderen Pilgern und Gläubigen zusammenbetteln, die dadurch wiederum Verdienste für ihr Karma sammeln. Manch ein Abt oder Mönch geht gezielt westliche Touristen an, um größere Beträge für den Wiederaufbau des heimatlichen Klosters oder einer buddhistischen Schule zu sammeln. Einige von diesen können sich auch mit gedruckten englischsprachigen Erklärungen zu ihrem Wiederaufbauprojekt ausweisen.

## Souvenirs

In Tibet, speziell in Lhasa, bekommt man sowohl chinesische als auch tibetische Souvenirs. Zu den chinesischen Mitbringseln gehören Seidenwaren, Kunstgegenstände, Tuschezeichnungen, Porzellan, Eßstäbchen, Fächer oder Lackwaren. Beliebte tibetische Souvenirs sind Teppiche, gestickte Türvorhänge, Seidenschals, Gebetsfähnchen, Gebetsketten oder Gebetsmühlen.

**Antiquitäten** (vor 1959 produziert) dürfen nur ausgeführt werden, wenn sie ein amtliches rotes Exportsiegel tragen. Nach dem **Washingtoner Artenschutzabkommen** dürfen keine Produkte oder Bestandteile von geschützten Tieren und Pflanzen nach Europa eingeführt werden.

## Sprache

Die offizielle Amtssprache Chinas ist ›Pu tong hua‹ (Mandarin), die auch in Lhasa und ganz Tibet mittlerweile weitverbreitet ist und auch in ländlichen Regionen verstanden wird. In den großen Hotels in Lhasa gibt es Personal mit einfachen Englischkenntnissen.

In Tibet, besonders im ländlichen Raum, ist die tibetische Sprache glücklicherweise noch nicht vollständig vom Mandarin verdrängt worden. Die tibetischen Dialekte zwischen West- und Osttibet vari-

ieren jedoch erheblich, so dass der Besucher es schwer haben wird, sprachlich klarzukommen. Die Sprachführer für Tibetisch behandeln stets den ›Lhasa-Dialekt‹, der in entlegenen Regionen Tibets nur schwer verstanden wird. Die Tibeter freuen sich jedoch über jedes Bemühen, ihre Sprache zu sprechen, auch wenn man sich mit der Aussprache und der richtigen Betonung der tibetischen Silbensprache schwer tun wird. Geduld und Zeichensprache sind daher nötig.
Hinweisschilder sind in Tibet oft zweisprachig, tibetisch und chinesisch.

## Straßenqualitäten

Die Asphaltstraßen in Tibet sind von guter Qualität, da sie erst jüngeren Datums sind. Viele Straßenabschnitte werden momentan auch asphaltiert. Die vorherrschenden Staub- und Steinpisten in den meisten Regionen Tibets besitzen oft nur eine vom Lkw-Verkehr gut gewalzte Doppel- oder Einzelspur, in denen der beidseitige Verkehr rollt. Begegnen sich zwei Fahrzeuge auf den schmalen Pisten, weicht man langsamer fahrend auf den weicheren Pistenrand aus.
Straßenbaumaschinen, die in den ländlichen Regionen eingesetzt werden, deuten an, dass die jeweilige Piste eine gewisse Bedeutung für den Frachtverkehr (zum Beispiel den Transport von Bodenschätzen) besitzt. Die notwendige Fixierung des losen Materials wird manchmal nicht mit Walzen durchgeführt, sondern den Autofahrern überlassen, so dass dann relativ schnell ein Wellblechmuster auf der Piste entsteht. Besonders im trockenen Hochland Tibets ist die Staubentwicklung durch vorausfahrende Fahrzeuge an manchen Tagen so hoch, dass man mit einem großen Abstand zueinander fahren muss. Wegen der schlechten Pistenqualitäten fahren die Lkws oft nur mit 30 Kilometern pro Stunde – mehrere Stunden oder Tage lang!

## Taxi

Ein Taxi ist in Lhasa oder den größeren Ortschaften Tibets leicht zu finden. Über den Kilometerpreis gibt ein Aufkleber außen an der Autotür Auskunft, man sollte darauf achten, dass der Taxameter eingeschaltet ist. Es gibt eine Grundgebühr und einen streckenabhängigen Preis. Die Taxifahrer verstehen nur in Ausnahmefällen eine Fremdsprache. Es ist praktisch, sich vom Hotel das Fahrziel in chinesischen oder tibetischen Schriftzeichen aufschreiben zu lassen und für die Rückfahrt die Visitenkarte des Hotels dabei zu haben. Außerhalb Lhasas ist die Ortschaft für den Taxifahrer ausreichend.

## Telefon

Die großen Hotels bieten Direktwahl ins Ausland an. Ortsgespräche sind in der Regel kostenlos. Die internationalen Vorwahlnummern sind: 0049 (Deutschland), 0043 (Österreich) und 0041 (Schweiz).

*Auf manchen Pisten wird es eng*

In fast jeder tibetischen Stadt findet man **Telefonläden**, in denen man innerhalb Chinas oder ins Ausland telefonieren kann. Dort bekommt man eine Telefonkabine zugewiesen und bezahlt die angefallenen Gebühren anschließend an der Ladentheke. **Satellitentelefone** sind für größere Distanzen und längere Aufenthalte abseits der Zivilisation nur dann zu empfehlen, wenn man auch weiß, wen man im Notfall in Lhasa oder Tibet anrufen möchte. Lediglich für den Kontakt zur Heimat ist es sicher eine sehr kostspielige Variante. Ob es offiziell gestattet ist, Satellitentelefone mit nach Tibet zu bringen, muss zuvor bei der Botschaft erfragt werden.

In den größeren Städten und deren Umgebung gibt es einen guten **Mobilfunkempfang**, dazwischen in der Regel nicht.

## Tibetische Flagge

Die tibetische Flagge ist in Tibet offiziell verboten, denn sie gilt als Symbol für ein freies und unabhängiges Tibet. Die Flagge wurde unter dem 13. Dalai Lama entworfen. In der Mitte der Flagge ist die aufgehende Sonne, die Glück für das Land symbolisiert. Die zwölf roten und blauen Strahlen stehen für die zwölf alten Stämme Tibets. Rot steht für den Schutzgott Tschamsi, blau für den Gott Palden Lhamo. Im unteren Bereich der Flagge ist ein weißer Berg, der die Schneeberge darstellt, die Tibet umranden. Die Schneeleoparden (oder weiße Löwen) halten drei flammende Juwelen, die Buddha, seine Lehre und die Mönchsgemeinschaft symbolisieren, der untere runde Juwel soll die Tibeter auffordern, die Gesetze einzuhalten. Der gelbe Rand der Flagge symbolisiert die Aufforderung, die Lehren Buddhas zu verbreiten. Dieser gelbe Rand ist deshalb auf einer Seite offen, da die Lehre Buddhas offen ist für alle Lebewesen des Universums und nicht einschränkend wirken soll.

Das Verbot der tibetischen Flagge ist sehr ernst zu nehmen, im Jahr 2005 wurden erst wieder zwei Mönche für das Hissen der tibetischen Flagge zu elf Jahren Gefängnis verurteilt, ganz zu schweigen von den etwa 1500 Tibetern, die seit den Protesten im März 2008 wohl in chinesischen Lagern spurlos verschwunden sind.

## Trampen

Wer als Ausländer per Anhalter in Tibet unterwegs ist, sollte sich der Tatsache bewußt sein, dass es den Lkw-Fahrern offiziell verboten ist, Ausländer mitzunehmen. Sie riskieren mindestens ihre Fahrlizenz und damit ihren Arbeitsplatz. Allerdings kann man dennoch an den Truckstops die Lkw-Fahrer fragen, ob sie einen mitnehmen können. Der Preis wird dann vom Fahrer genannt, und zum Feilschen ist nur wenig Spielraum, ein Richtwert sind 100 Yuan für 100

*Trampen: Für Einheimische kein Problem*

Kilometer. Erfahrene Fahrer kennen die üblichen Kontrollstationen und lassen entweder den Anhalter vor der Siedlung aussteigen oder verstecken ihn in der Fahrerkabine oder auf der Ladefläche. Für die Möglichkeit, ein Extrasümmchen verdienen zu können, gehen viele Lkw-Fahrer dieses Risiko ein.

Privater Pkw-Verkehr ist in Tibet nur spärlich vorhanden, in den ländlichen Gebieten ohne Anschluss an das öffentliche Bussystem gar nicht.

## Unterkunft

In den größeren Städten sind in den letzten Jahren dank des zunehmenden Tibettourismus einige **neue Hotels** entstanden, die mehr und mehr auch den internationalen Standards entsprechen. Die Preise sind relativ günstig für die gebotenen Leistungen.

In einem **Hotel der mittleren Klasse** kostet ein Zweibett-Zimmer mit separater Toilette und Dusche am Ende des Gangs, mit durchgelegenen Matratzen und ohne Frühstück etwa 70 bis 200 Yuan pro Tag.

**Billige Absteigen oder Herbergen** (in der Regel für die Lkw-Fahrer), die es auch in den kleineren Siedlungen auf dem Land gibt, kosten 10 bis 50 Yuan pro Übernachtung. Manchmal gibt es eine kräftigende Nudelsuppe zum Frühstück noch dazu. Die **Truckstops** an Überlandstrecken haben oft nur einen Raum mit Matratzen und Decken, auf denen die Gäste nebeneinanderliegen.

## Versicherungen

Im Falle eines medizinischen Ernstfalls ist eine Rückverlegung in ein heimatliches Krankenhaus ratsam und daher der Abschluss einer **Reisekrankenversicherung** zu empfehlen. Weitere Versicherungen sind für Touristen normalerweise nicht nötig, lediglich eine Reisegepäckversicherung könnte sinnvoll sein.

## Visum und Einladung

Wer nach Tibet reisen möchte, steht vor dem bürokratischen Apparat Chinas, dessen Sprache und Schrift man nicht versteht und dessen Einreisemodalitäten manchmal schwer zu durchschauen sind. Bevor man den chinesischen Boden betreten darf, sind einige dieser bürokratischen Hindernisse zu beseitigen. Für organisierte Reisegruppen macht das in der Regel der Reiseunternehmer.

Chinareisende aus Deutschland, der Schweiz und Österreich benötigen für die Einreise ein gültiges Visum. Das **Touristenvisum** ist für 30 oder 60 Tage gültig, für längerfristige Aufenthalte benötigt man ein **Geschäftsvisum** (F-Visum), das gegen eine Einladung gewährt wird. Die Einladung erhält man über chinesische Firmen, eine chinesische Reiseagentur, einladende chinesische Institutionen (beispielsweise eine Universitäten) oder über chinesische Privatpersonen.

Wer die Einladung aus China selber organisiert (über Freunde, Partnerfirmen oder Institute in China), der muss darauf achten, dass diese Einladung auch alle nötigen Angaben beinhaltet: in chinesischer und/oder englischer Sprache den Namen des Reisenden, seine Adresse, Geburtsdatum, Reisepassnummer, Reisezeit (Gültigkeitsdauer) und Grund der Reise steht. Wichtig ist auch der amtliche chinesische Stempel einer Ausländerbehörde auf der Einladung. Es ist wichtig, dass in der Einladung bestätigt wird, dass man selber für die Kosten seines Aufenthaltes aufkommt. Der Gang auf die Ämter und die Jagd nach dem richtigen Stempel kann zu einem nerven- und zeitaufrei-

benden Unternehmen werden – selbst für einen Chinesen.
Der einfachste Weg, ein Visum zu bekommen, ist über eine **Visumagentur**. Die Agentur übernimmt auch die Einladungen, wenn man keine Kontaktpartner in China hat. Man muss dann lediglich angeben, wie lange man sich in China aufhalten möchte. Vom Fremdenverkehrsamt der Volksrepublik China erhält man auch nützliche Hinweise, www.fac.de/visum.htm.
Ein chinesisches Visum ist in ganz China gültig, auch in der Autonomen Region Tibet. Es ist jedoch ratsam, im Visumantrag Tibet nicht als Reiseziel anzugeben, es sei denn man ist in einer organisierten Gruppenreise unterwegs.
Hier eine Auswahl der Visumagenturen, auf den entsprechenden Webseiten findet man relevante Informationen über Gebühren und Formulare:

**Visa?Wie**
Teplitzer Str. 5
14193 Berlin
Tel. 030/78 99 03 05
www.visa-wie.de

**Visum.de**
Dessauer Str. 28/29
10963 Berlin
Tel. 030/310 11 60
www.visum.de

**Visa-Express**
Invalidenstr. 34
10115 Berlin
Tel. 030/24 08 33 50
www.visaexpress.de

**Visum Centrale**
Invalidenstr. 34
10115 Berlin
Tel. 030/230959110
www.visum-centrale.de

Der Reisende muss ein **Visumantragsformular** ausfüllen, das er bei den Visumagenturen oder im Internet unter genannten Adressen bekommt. Der **Reisepass** (mindestens noch sechs Monate nach Einreise gültig), das ausgefüllte Visumformular und ein Passfoto werden durch die Visumagentur bei der chinesischen Botschaft eingereicht und nach wenigen Tagen dem Antragsteller wieder zugeschickt. Expressbearbeitung kostet mehr. Der Visumantrag kann drei Monate vor Einreise gestellt werden, empfohlen werden frühestens sechs Wochen vor Reiseantritt.
Eine weitere relativ einfache Möglichkeit, an ein Chinavisum mit längerfristiger Gültigkeit (drei Monate oder ein halbes Jahr) zu kommen, ist über **Visumagenturen in Hongkong**. Deutsche benötigen für die Einreise nach Hongkong bis zu 90 Tagen kein Chinavisum und können sich vor Ort bei Reiseagenturen gegen Gebühren ein beliebiges Chinavisum (vom Touristenvisum bis hin zum Jahresvisum) ausstellen lassen.
Visumsverlängerungen sind in China in der Regel kein Problem, ein normales **Touristenvisum** kann noch ein- oder zweimal bei der ›Foreign Affairs Branch‹ des PSB um jeweils **30 Tage verlängert** werden. In der Autonomen Region Tibet gibt es jedoch nur wenige Orte, an denen ein Visum verlängert werden kann. In Ali (Westtibet), Shigatse und in Lhasa haben Reisende bisher erfolgreich ihre Visa verlängern lassen können, die zugestandene Verlängerungszeit hing dabei aber auch vom Verhandlungsgeschick ab. Oft wird das Visum nur um die Zeitspanne verlängert, die man benötigt, um Tibet auf dem schnellsten Weg wieder zu verlassen. Sicherer ist es für Individualtouristen auf jeden Fall, für den Aufenthalt in Tibet ein ausreichend lange gültiges Visum zu besitzen.

Seit den Unruhen im März 2008 gibt es gewisse Restriktionen bezüglich der Visavergabe. Demnach sind 2008 nur noch 30-Tages-Visa möglich gewesen, verbunden mit der Vorlage einer gebuchten Reise, des Flugtickets oder einer Hotelreservierung. Auch konnte man 2008 sein Visum in China oder Hongkong nicht verlängern lassen. Wie weit diese Restriktionen auch in den nächsten Monaten und Jahren aufrecht gehalten werden, bleibt noch offen.
Eine Übersicht über die verschiedenen Visumarten für China findet sich unter www.visumexpress.de.

## Winteraktivitäten

Tibet hat vor allem im Hochland sehr kalte Winter, aber nur sehr wenig Schnee. Tibet ist kein klassisches Wintersportland. Es gibt jedoch einige Gletscher in Osttibet, die zum **Skiwandern** geeignet sind – es ist jedoch keine touristische Infrastruktur vorhanden, die entsprechenden Touren haben Expeditionscharakter!
**Trekkingtouren** kann man in Tibet auch im Winter durchführen, sofern es die Schneelage erlaubt. Auch eignen sich einige der Berge Tibets aufgrund der guten Schneelage für **Snowboard- und Skitouren**.

## Zeitungen

Eine englischsprachige Ausgabe der ›China Daily‹ ist in Lhasa erhältlich, wenn auch nicht unbedingt am Tag ihres Erscheinens. In den großen Hotels Lhasas gibt es keine internationalen Zeitungen.

## Zeitzonen

Das riesige China besitzt tatsächlich nur eine Zeitzone, die der offiziellen Beijing-Zeit. Das führt dazu, dass im Westen des Landes, in Xinjiang und Xizang (Tibet) die Uhrzeit nicht mehr zum Sonnenstand passt. Man sollte sich daher nicht täuschen lassen. China hat keine Sommerzeit, es gilt einheitlich die Mitteleuropäische Zeit (MEZ) plus sieben Stunden, während der europäischen Sommerzeit MEZ plus sechs Stunden.

## Zoll

Bei der Einreise nach China muss eine **Gesundheits- und Zollerklärung** ausgefüllt werden. Von dieser Zollerklärung erhält man eine Kopie, die bei der Ausreise wieder vorzulegen ist, was jedoch heute üblicherweise nicht mehr kontrolliert wird.
Die Einfuhr von **Waffen, Rauschgift und Pornographie** (weite Auslegung) ist verboten. 400 Zigaretten und zwei Flaschen Spirituosen sowie Devisen in unbegrenzter Höhe dürfen zollfrei mitgebracht werden. **Devisen und Wertsachen** (Filmkameras, Notebooks) müssen bei der Einreise deklariert werden und zusammen mit der Deklaration bei der Ausreise wieder vorgelegt werden. Dies wird jedoch heute nicht mehr forciert, so dass sich der Aufwand für eine offizielle Registrierung nicht wirklich lohnt. **Filmkameras** mit einem größeren Filmformat als 16 Millimeter sind genehmigungspflichtig.
**Antiquitäten** (vor 1959 produziert) dürfen nur ausgeführt werden, wenn sie ein amtliches rotes Exportsiegel tragen. Nach dem **Washingtoner Artenschutzabkommen** dürfen keine Produkte oder Bestandteile von geschützten Tier- und Pflanzenarten (CITES-Liste) nach Europa eingeführt werden. Auch wenn man Felle gefährdeter und weltweit geschützter Tierarten auf dem Markt in Lhasa offen in den Geschäftsauslagen finden kann, sollte man sich davon nicht täuschen lassen: Der Handel ist illegal!

# Literaturhinweise


## ■ Allgemein, Reisen

**Batchelor, S.**: The Tibet Guide. Wisdom Publications, London 1987.

**Chan, V.**: Tibet Handbook – A pilgrimage guide. Moon Publications Inc. Chico 1994. Ein über 1000 Seiten dickes Handbuch zu Reisen in Tibet mit vielen Details zu Osttibet und zu diversen Klöstern und heiligen Plätzen

**Dorje, G.**: Footprint Tibet. Footprint, Bristol 2004. Englischsprachiger Reiseführer zu Tibet, der den ursprünglichen gesamtentibetischen Kulturraum abdeckt – nicht nur die TAR. 864 Seiten starkes Buch.

**ders.**: Tibet Handbook (with Bhutan). Trade & Travel Publications Ltd. Bath, UK, 1996. 768 Seiten starkes, englischsprachiges Buch mit vielen umfassenden Informationen, wenn auch schon zwölf Jahre alt.

**Först, H.**: Tibet. Walter Verlag, Olten 1989. Dieser Reiseführer besitzt seinen Schwerpunkt in der Darstellung von Klöstern, dem tibetischen Buddhismus, der tibetischen Kultur und Kunst. Er richtet sich stärker an den geführten Gruppenreisenden.

**ders.**: Tibet-Reiseführer. Weishaupt Verlag, Gnas 2007. Gute Darstellung der tibetischen Kultur, Brauchtümer und des tibetischen Alltags.

**Franz, U.**: Gebrauchsanweisung für Tibet. Piper Verlag, München 2007. Eine kurze Einführung in die tibetische Kultur.

**Gruschke, A.**: Tibet – Weites Land auf dem Dach der Welt. Schillinger Verlag,Freiburg im Breisgau, 1993. Schöner Bildband mit Texten zu verschiedenen Aspekten der Landeskunde Tibets.

**Ludwig, K.**: Tibet. Beck, München 2006. Neben dem vorliegenden das aktuellste deutschsprachige Buch zu Tibet, das detailliertere Informationen zum tibetischen Buddhismus, zur Politik und zur sozialen Situation in Tibet bietet. Eine ideale Ergänzung für diejenigen, die noch mehr über die tibetische Kultur, Geschichte und Religion erfahren möchten. Sehr verständlich und aktuell geschrieben.

**Ludwig, M., Senft, W.**: Osttibet Reiseführer. Weishaupt Verlag, Gnas 2007. Ein Reiseführer speziell für die kulturell reichen Regionen Amdo und Kham.

**Mayhew, B., Kelly, R., Bellezza, J.V.**: Tibet. Lonely Planet Publications, London 2008. Mittlererweile die siebte Auflage des englischsprachigen Tibet-Reiseführers aus dem Hause Lonely Planet.

**McConnell, K.**: Tibet Overland. Trailblazer Publications, Surrey 2002. Ein sehr empfehlenswertes Buch für Radreisende mit detaillierten Streckenbeschreibungen und Höhenprofilen (www.tibetoverland.com). Es informiert speziell Individualtouristen über die verschiedenen Reiseziele in Tibet.

**Osada Y., Allwright, G., Kanamaru, A.**: Mapping the Tibetan World. Kotan Publishing, Ryokijin 2002. Sehr detailliert gezeichnete Karten.

**Peissel, M.**: Land ohne Horizont. Piper Verlag, München 2005. Mit viel Liebe und Details schildert der Autor seine Forschungsreisen in Westtibet und im Chang Tang. Gut beschrieben werden die Nomaden, ihr Leben und die Tierwelt auf dem Dach der Welt. Der Autor nimmt auch ausführlich

Stellung zu den ökologischen Schandtaten der Chinesen in Tibet.

**Schall, M.C., Abbady, T., Falbe, R.**: Reisen mit der Tibet-Bahn. Cybertours-X Verlag, Hamburg 2008. Ein plakatives Büchlein, das sich der Reise mit der Bahn nach Lhasa widmet, ausgehend schon von den großen chinesischen Metropolen. Landeskunde und Hintergrundinformationen sind eher dürftig.

**Wulin, L.**: Changtang, a high and holy realm in the world. Forestry Publishing House, Beijing 1999. Das einzige umfassend berichtende Buch über das Chang-Tang-Hochplateau Zentraltibets. Es behandelt Aspekte der Geologie, des Klimas, der Tier- und Pflanzenwelt, der Ökologie und der menschlichen Besiedlung. Allerdings ein seltenes Buch.

### ■ Tibetischer Buddhismus

**Baumann, B.**: Kailash – Tibets heiliger Berg. Piper Verlag, München 2003.

**Binder, F.**: Kailash, Reise zum Berg der Götter. Deutscher Taschenbuch Verlag, München 2002.

**Johnson, R., Moran, K.**: Der heilige Berg Tibets Kailash. Bruckmann, München 2001.

**Lama Ole Nydahl**: Wie die Dinge sind. Knaur Taschenbuchverlag, München 2004.

### ■ Geographie und Geologie

**Mulch, A., Chamberlain, C.P.**: The rise and growth of Tibet. Nature 439, 2006, S. 670–671.

**Tapponnier, P., Peltzer, G., et al.**: Propagating extrusion tectonics in Asia: New insights from simple experiments with plasticine. Geology 10 (12), 1982, S. 611–616.

**Thöni, M.**: Westtibet – Reise in ein verborgenes Land. Herbert Weishaupt Verlag, Gnas 1999.

**Nakamura, T.**: Die Alpen Tibets. Detjen Verlag, Hamburg, 2008.

### ■ Pflanzenwelt

**Cox, K. (Hrsg.)**: Frank Kingdon Ward's Riddle of the Tsangpo Gorges, Garden Art Press, Woodbridge, Suffolk, UK, 2008 (2nd Edition). Siehe auch unter ›Entdeckungsreisen‹.

**Ellenberg, H.**: Die Ökosysteme der Erde. Versuch einer Klassifikation der Ökosysteme auf funktionaler Grundlage. In: Ellenberg, H. (Hrsg.): Ökosystemforschung. Springer, Berlin 1973. S. 235–265.

**Kaiyong, L., Zhizhou, F., Bosheng, L.**: Alpine Flowering Plants in China. Esperanto Press, Beijing 1997.

**Quanan, W.**: Wild Flowers of Yunnan in China. Forestry Publishing House, Beijing 1999.

**Wang, R.Z.**: C4 Plants in the vegetation of Tibet, China: Their natural occurrence and altitude distribution pattern. Photosynthetica 41, 2003, S. 21–26.

**Wenhua, L.**: Forests of the Himalayan-Hengduan Mountains of China and strategies for their sustainable Development. Kathmandu, ICIMOD (International Centre for Integrated Mountain Development), Kathmandu 1993.

**Winkler, Daniel**: Die Waldvegetation in der Ostabdachung des Tibetischen Hochlandes, in: Berliner Geographische Abhandlungen – Beihefte, Heft 2. Selbstverlag des Institutes für Physische Geographie der FU Berlin, Berlin 1994.

**Xu, F.-X., Zheng W.-L.**: The Wild Flowers of Tibet. Beijing, Liaoning UniversityPress, Beijing 1999.

## ■ Tierwelt

**Ali, S.**: The book of Indian birds. 13. Edition. Oxford University Press, Mumbai & New Delhi 2002.

**Bibic, A.**: Youth and Environment Special Issue on Birdnames in 29 European Languages. Ljubljana 1995.

**Klemm, M.**: Zoologisches Wörterbuch Paläarktischer Tiere. Parey Verlag, Berlin & Hamburg 1973.

**Schaller, G.B.**: Wildlife of the Tibetan Steppe. University of Chicago, 1998.

**ders.**: Tibet's Hidden Wilderness – Wildlife and Nomads of the Chang Tang Reserve. Abrams, New York 1997.

**Svensson, L., Grant P.J., Mullarney, K., Zetterström, D.**: Der neue Kosmos-Vogelführer. Stuttgart, Kosmos Verlag, Stuttgart 1999.

## ■ Menschen

**Baumer, C., Weber, T.**: Ost-Tibet, Brükke zwischen Tibet und China. Akademische Druck- und Verlagsanstalt, Graz 2002.

**Diemberger, K., Diemberger, M.**: Tibet – Das Dach der Welt. Verlag Karl Müller, Köln 2002.

**Goldstein, M.C., Beall, C.M.**: Nomads of Western Tibet. Serindia Publications, London 1989.

**Leisner, R.**: Dagyab – Wo Tibet noch tibetisch ist. Theseus Verlag, Berlin 1998.

## ■ Baustile

**Deqi, S.**: Traditionelle Wohnhäuser in China. Beijing, China International Press, Beijing 2004.

**Gerner, M.**: Architekturen im Himalaja. Deutsche Verlagsanstalt, Stuttgart 1987.

**Goldstein, M.C., Beall, C.M.**: Nomads of Western Tibet. Serindia Publications, London 1989.

## ■ Geschichte

**Ford, R.**: Gefangen in Tibet. Verlag Heinrich Scheffer, Frankfurt am Main 1958. Autobiographie des Radiotechnikers Ford, der bereits vor der chinesischen Besatzung in Tibet lebte und fünf Jahre in chinesischer Gefangenschaft verbrachte.

**Goldstein, M.C.**: The snow lion and the dragon. University of California Press, Berkeley 1999. Sehr guter Überblick über die politischen Hintergründe zum Konflikt zwischen Tibet und China.

**Kollmar-Paulenz, K.**: Kleine Geschichte Tibets. Beck, München 2006.

**Laird, T.**: Into Tibet – The CIA's first atomic spy and his secret expedition to Lhasa. Grove Press, New York 2002.

**ders.**: Tibet – Die Geschichte eines Landes. S. Fischer Verlag GmbH, Frankfurt am Main 2006. Ausführliche Hintergründe zur Geschichte Tibets aus der Sicht des XIV. Dalai Lama.

## ■ Entdeckungsreisen

**Aufschnaiter, P.**: Sein Leben in Tibet. Staiger Verlag, Innsbruck 1983.

**Baker, I.**: The Heart of the World: A Journey to Tibet's Lost Paradise. Penguin, London 2006. Sehr spannend geschriebene Reisedokumentation zu den ›Hidden Falls‹ des Yarlung Tsangpo.

**Bonvalot, G.**: Across Thibet. Band 1 und 2. Asian Educational Services, NewDelhi 1997.

**Bower, H.**: Across Tibet. Ratna Pustak Bhandar, Kathmandu 1976.

**Cox, K. (Hrsg.)**: Frank Kingdon Ward's Riddle of the Tsangpo Gorges, Garden Art Press, Woodbridge, Suffolk, UK, 2008 (2nd Edition). Englischsprachiges 335 Seiten schweres großformatiges und sehr umfassendes Buch über die Bergwelt Osttibets, mit allen Aspekten zur Geologie, Tier- und Pflanzenwelt, Kulturen und Geschichte sowie über die Forschungsreisen von F.K. Ward. Schwerpunktthema ist die Vegetation der Region.

**Filchner, W.**: Om mani padme hum – Meine China- und Tibetexpedition 1925/28. Brockhaus Verlag, Leipzig 1937.

**Filchner, W.**: Kumbum. Rascher und Cie, Zürich 1954.

**Geer, E. & Berger, B.**: Wir ritten nach Lhasa. Verlag Sebastian Lux, München 1950.

**Harrer, H.**: Sieben Jahre in Tibet. Verlag Ullstein, Frankfurt 1959.

**Hedin, S.**: Im Herzen von Asien. Erster Band. F.A. Brockhaus, Leipzig 1903.

**ders.**: Abenteuer in Tibet. F.A. Brockhaus Verlag, Leipzig 1904.

**ders.**: Transhimalaja: Band 1 bis 3. F.A. Brockhaus Verlag, Leipzig 1920.

**Hilton, J.**: Der verlorene Horizont. Piper Verlag, München 2003. Roman über 'Shangri La', einen fiktiven, paradiesischen Ort in Tibet.

**Heßberg, A., Schulze, W.**: Mountain & Bike, Expedition ins unbekannte Tibet. Books on Demand, Norderstedt 2009. Bebilderter Abenteuerbericht einer Fahrradexpedition mit dem Ziel, unbestiegene Berge in Westtibet zu erreichen und zu besteigen.

**Huc, R. É.**: Wanderungen durch die Mongolei nach Tibet. Steingrüben Verlag, Heilbronn 1966.

**Kingdon-Ward, F.**: Explorations in south-eastern Tibet. The Geographical Journal 62 (2) 1926: S. 97–123.

**McRae, M.**: Shangrila. Piper Verlag, München 2002.

**Schäfer, E.**: Unbekanntes Tibet. Paul Parey Verlag, Berlin 1933.

**ders.**: Geheimnis Tibet – Erster Bericht der Deutschen Tibet-Expedition 1938/39.Verlag F. Bruckmann, München 1943.

**ders.**: Fest der weißen Schleier. Vieweg Verlag, Braunschweig 1949.

**ders.**: Über den Himalaya ins Land der Götter. Deutsche Hausbücherei, Hamburg 1950.

**Simmerer, S./Kauper, F.**: Bis ans Ende der Welt – und weiter. Focus 20/1999, S. 102–114.

**Tichy, H.**: Zum heiligsten Berg der Welt. Stuttgarter Hausbücherei, Stuttgart 1949.

### Politik

**Bork, H.**: Zwischenstopp am Ende der Welt. Süddeutsche Zeitung, München,3.12.2005, S. 3.

**Ludwig, K., Ed.**: Perspektiven für Tibet. Diamant Verlag, München 2000.

**Mäder, H.**: Tibet – Land mit Vergangenheit und Zukunft. Verlag Hans Mäder, Zürich 1997.

**TCHRD** (Tibetan Centre for Human Rights and Democracy): Human Rights Situation in Tibet, Annual Report 2007. Dharamsala Januar 2008.

**Weyer, H., Alt, F.**: Tibet – weites Land zwischen Himmel und Erde. Koehlers Verlagsgesellschaft, Hamburg 2005.

### Umweltschutz

**CTA** (Central Tibetan Administration): Tibet 2000 – Environment and Development Issues. Department for Information and International Relations, Dharamsala (Indien) 2000.

**DIIR** (Enviromental and Development Desk of the Central Tibetan Administration): Tibet – A Human Development and Enviromental Report.

Dharamsala (Indien) 2007.

**International Campaign for Tibet**: Nuclear Tibet: Nuclear weapons and Nuclearwaste on the Tibetan Plateau, Washington DC, USA 1993, S. 64ff.

**Naess, M. W., Lhagyal, D., et al.**: Nomadic pastoralism in the Aru basin of Tibet's Chang Tang. Rangiver 15, 2004, S. 39–46.

**Rowell, G.**: Die Plünderung Tibets – die chinesischen Besetzer haben eine Kultur zerstört, die im Einklang mit der Natur lebte. Hamburg, Greenpeace Magazin, 1/1991, S. 42–47.

**Wenhua, L.**: Forests of the Himalayan-Hengduan Mountains of China and strategies for their sustainable Development. ICIMOD (International Centre for Integrated Mountain Development, Kathmandu 1993.

**Winkler, D.**: The Forests of Eastern Tibet – Human Impact and Deforestation, 7. Seminar der Internationalen Vereinigung für Tibet-Studien, 1995, Schloß Seggau, Österreich. Englischsprachige Abhandlung über die frühere und momentane Situation der osttibetischen Wälder.

### ■ Küche

**Bruckner, K. & Sohns, C.**: Die tibetische Küche. F.A. Herbig Verlagsbuchhandlung, München 2003.

### ■ Sprache

**Reissinger, F.**: Kauderwelsch, Tibetisch Wort für Wort. Reise-Know-How Verlag, Bielefeld 2001.

## Tibet im Internet

### ■ Land und Leute

**de.wikipedia.org/wiki/Tibet** Landeskundliche Informationen.

**www.dalailama.com** Offizielle Website seiner Heiligkeit des XIV. Dalai Lama.

**www.100gogo.com/tflow.htm** Pflanzenfotos aus unterschiedlichen Regionen von Tibet.

### ■ Politik

**www.tibet.com** Offizielle Webseite der tibetischen Exilregierung.

**www.tibet.net/en/index.php** Website der Zentraltibetischen Administration mit aktuellen Informationen zur tibetischen Kultur und zu tibetischen Belangen zum runterladen.

**www.tibet.org** Informative Seite zur politischen Situation in Tibet; von Exiltibetern.

**www.tibet-initiative.de** Die Webseite der Tibet-Initiative.

**www.tibet-institut.ch** Klösterliches Institut in der Schweiz zur Unterstützung Tibets.

**www.tibetfocus.com** Gesellschaft für schweizerisch-tibetische Freundschaft.

**tibet.logic.at** Österreicherische Organisation zur Unterstützung Tibets.

**www.savetibet.org** Internationale Organisation zur Unterstützung Tibets.

**www.atc.org.au** Seite des Australia Tibet Council mit aktuellen Meldungen.

**eng.tibet.cn** Offizielle chinesische Webseite über Tibet und tibetische Belange.

**www.vot.org** Voice of Tibet – unabhängiger Radiosender der Exiltibeter.

**pratyeka.org/books/kazak-exodus** 1948 flohen etwa 20 000 kasachische Familien vor der chinesischen Armee nach Tibet. Das Online-Buch erzählt von dieser tragischen Flucht über das Chang-Tang-Hochland. In Englisch.

### Umwelt

**http://www.tibet.com/Eco** Umweltbericht zu Tibet, herausgegeben von der tibetischen Exilregierung.

**www.tew.org** Tibet Environmental Watch.

**www.wwfchina.org** Auf der Seite ist auch ein Link auf die englischsprachige Version, die über die Aktivitäten des WWF in China und Tibet informiert.

### Reisen

**www.tibetmap.com** Landkarten auf Basis von Luftbildern zum Herunterladen. Ein Projekt von Exiltibetern.

**www.tibetoverland.com** Die Seite zum Buch ›Tibet Overland‹, speziell für Individualtouristen.

**www.tibettravel.info** Die englischsprachige Seite ist eingerichtet von ›China Highlights Travel Services‹. Dennoch enthält die Seite ausführliche Informationen zu den Provinzen der TAR bezüglich Transport, Sehenswürdigkeiten, Hotels und Permits. Natürlich kann man gleich über eines der Reisebüros seine Wunschreise buchen.

**www.changtang.de** Webseite von Stefan Simmerer und Frank Kauper zur ersten Durchquerung des Chang Tang zu Fuß.

**www.mountainbike-expedition-team.de/tibet/tibet.html** Die Webseite der beiden Autoren mit vielen nützlichen und aktuellen Tipps für individuell reisende Radfahrer und mit den aktuellsten Reisen der beiden Autoren innerhalb Tibets.

**www.kawakarpo.de** Webseite über die Pilgerwanderung um den Kawa Karpo. Beschreibung der Etappen, logistische Information, Fotos.

**www.passages.org.uk** Der Xinjiang-Tibet Highway, Straße 219. Detailkarte über die Nationalparks und Schutzgebiete in Tibet und Hintergrundinformation.

**www.betzgi.ch** Private Webseite mit Reiseberichten zu diversen Radtouren in Tibet (Kailash, Transhimalaya, Osttibet, Friendship Highway) und einem Forum, in dem unterschiedliche Fragen des individuellen Reisens in Tibet diskutiert werden.

**outside.away.com/tsangpo/index.html** Reisebericht des internationalen Teams um Scott Lindgren, das die Brahmaputraschlucht mit Kayaks befuhr.

### Sprache

**www.omniglot.com/writing/tibetan.htm** Das tibetische Alphabet.

**www.geocities.com/Athens/Academy/9594/tibet.html** Learn Tibetan! Anleitungen zur tibetischen Sprache. In Englisch.

### Tibetische Medizin

**www.tibet.com/Med_Astro/tibmed.html** Sehr gründliche Einführung in die tibetische Medizin durch die in London praktizierende tibetische Ärztin Dr. Tamdin Sither Bradley (in Englisch).

**www2.bremen.de/info/nepal/Medic/Tafeln.htm** Die 77 Medizin-Thangkas des Blauen Beryl.

**www.thdl.org/collections/medicine/video_list.html** Darstellung der verschiedenen Aspekte der tibetischen Medizin in Form von Videos und Interviews mit erfahrenen Ärzten.

**www.tibet.com/Med_Astro/addresses.html** Adressen von Zentren und Kliniken der tibetischen Medizin (weltweit).

# Artenliste der Säugetiere Tibets

Die Liste ist nicht vollständig (52 von 118 Arten). Mit X gekennzeichnete Arten sind für das Chang-Tang-Hochplateau erfasst worden.

| | Lateinischer Name | Deutscher Name | Englischer Name |
|---|---|---|---|

### Ordnung Lagomorpha – Hasenartige

| | Lateinischer Name | Deutscher Name | Englischer Name |
|---|---|---|---|
| **Familie Leporidae – Hasen** | | | |
| X | Lepus oiostolus | Tibetischer Wollhase | Tibetan woolly hare |
| **Familie Ochotonidae (Lagomyidae) – Pfeifhasen** | | | |
| X | Ochotona thibetana | Moupin-Pfeifhase | Moupin Pika |
| X | Ochotona cruzoniae | Schwarzlippen-Pfeifhase | Black-lipped Pika |
| X | Ochotona ladacensis | Ladakh-Pfeifhase (Großohriger Pfeifhase) | |
| X | Ochotona roylei (O. macrotis) | Himalaya-Pfeifhase (Großohriger Pfeifhase) | |

### Ordnung Rodentia – Nagetiere

| | Lateinischer Name | Deutscher Name | Englischer Name |
|---|---|---|---|
| **Familie Sciuridae** | | | |
| X | Marmota himalayana | Tibetisches Murmeltier | Himalayan marmot |
| **Familie Cricetidae – Wühler** | | | |
| X | Cricetulus kamensis | Zwerghamster | Tibetan Hamster |
| X | Alticola stoliczkanus | Große Wühlmaus | Stoliczka's Mountain Vole |
| X | Pitymys leucurus | Kleinäugige Wühlmaus | Blyth's Vole |

### Ordnung Carnivora – Raubtiere

| | Lateinischer Name | Deutscher Name | Englischer Name |
|---|---|---|---|
| **Familie Canidae – Hundeartige** | | | |
| X | Canis lupus | Wolf | Wolf |
| | Cuon alpinus | Rotwolf, Kolsun | Dhole |
| X | Vulpes corsac turkmenica | Turkmenischer Korsak Fuchs | Corsac Fox |
| X | Vulpes vulpes | Rotfuchs | Red fox |
| | Vulpes ferrilata | Tibetfuchs | Sand fox |

| | | | |
|---|---|---|---|
| **Familie Ursidae – Bären** | | | |
| X | Ursus arctos | Braunbär | Brown bear |
| X | Ursus pruinosus | Tibetbär (Isabell-Braunbär) | Tjanchanbear thibetanus |
| | Ailuropoda melanoleuca | Bambusbär | Giant panda |
| | Ailurus fulgens | Roter Katzenbär | Red panda |
| **Familie Mustelidae** | | | |
| | Mustela eversmanni | Steppeniltis | Steppe polecac |
| X | Mustela altaica | Hermelin | Mountain weasel |
| | Meles meles tianshanensis | Tjanjschan-Dachs | Eurasian badger |
| **Familie Felidae – Katzen** | | | |
| X | Felis manul | Manul | Manul (Pallas's cat) |
| X | Lynx lynx isabellina | Blassluchs | Lynx |
| X | Felis (Panthera) uncia | Schneeleopard, Irbis | Snow leopard |

## Ordnung Perissodactyla – Unpaarhufer

| | | | |
|---|---|---|---|
| **Familie Equidae – Pferde** | | | |
| X | Equus (Asinus) kiang | Tibetischer Kiang | Kiang (Tibetan wild ass) |
| | Equus hemionus | Asiatischer Halbesel, Kulan | Asiatic wild ass |

## Ordnung Artiodactyla – Paarhufer

| | | | |
|---|---|---|---|
| **Familie Suidae – Schweine** | | | |
| | Sus scrofa | Wildschwein | Wild bor |
| **Familie Camelidae – Kamele** | | | |
| | Camelus bactrianus | Kamel, Trampeltier | Bactrian camel |
| | Moschus moschiferus parvipes | Fernöstliches Moschustier | Musk deer |
| | Elaphodus cephalophus | Ostchinesischer Schopf-parvipes | Tufted deer |
| | Muntiacus spp. | Muntjak | Muntjac |
| | Cervus (Axis) axis | Axishirsch, Schweinshirsch | Axis deer |
| | Cervus unicolor | Sambar, Pferdehirsch | Sambar |

| | | | |
|---|---|---|---|
| | Cervus duvauceli | Barasingha, Zackenhirsch | Swamp deer |
| | Cervus albirostris | Prshewalski's-Hirsch | White-lipped deer |
| | Elaphurus davidianus | David-Hirsch | Pere David's deer |
| **Familie Bovidae – Hornträger** | | | |
| X | Bos grunniens (B. mutus) | Yak (Grunzochse) | Yak |
| | Boselaphus tragocamelus | Nilgauantilope | Nilgai |
| | Tetracerus quadricornis | Vierhornantilope | Four-horned antelope |
| | Procapra gutturosa | Mongolische Kropfgazelle | Goitered (Mongolian gazelle |
| X | Procapra picticaudata | Tibetgazelle | Tibetan gazelle |
| | Procapra przewalskii | Przewalskigazelle | Przewalski's gazelle |
| | Saiga tatarica | Saiga, Steppenantilope | Saiga |
| | Budorcas taxicolor | Mishmi-Takin | Takin |
| | Hemitragus jemlahicus | Tahr | Himalayan tahr |
| | Capra aegagrus | Turkmenischer Bezoar-Bock | Wild goat |
| X | Capra sibirica (ibex) | Mittelasiatischer Steinbock | Asiatic ibex alaiana |
| | Capra falconeri | Schraubenziege, Markhor | Markhor |
| X | Ovis (Pseudois) nayaur | Blauschaf, Nahur | Blue sheep (bharal) |
| X | Ovis ammon | Altai-Wildschaf, Argali | Argali |
| | Ammotragus lervia | Mähnenschaf | Aoudad |
| X | Pantholops hodgsonii | Tibetantilope, Chiru, Tseu | Tibetan antelope |

# Artenliste der Vögel Tibets

Die Liste umfasst die 113 der für Tibet bekannten 505 Vogelarten, die bisher im Chang Tang beobachtet wurden. Die mit ›XX‹ bezeichneten Vogelarten sind diejenigen, die im Hochland auch ganzjährig bleiben.
Für Osttibet sind uns keine umfassenden Artenlisten der Vögel zugänglich, daher hier die Beschränkung auf das tibetische Hochland.

| | Lateinischer Name | Deutscher Name | Englischer Name |
|---|---|---|---|

### Podicipedidae – Lappentaucher

| | | | |
|---|---|---|---|
| X | Tachybaptus ruficollis | Zwergtaucher | Little grebe |
| X | Podiceps cristatus | Haubentaucher | Great crested grebe |

### Phalacrocoracidae – Komorane

| | | | |
|---|---|---|---|
| X | Phalacrocorax carbo | Kormoran | Cormorant |

### Ardeidae – Reiher

| | | | |
|---|---|---|---|
| X | Ardea cinerea | Graureiher | Grey heron |
| X | Ardeola bacchus | Chinesischer Teichreiher | Chinese pond-heron |

### Anatidae – Gänse, Enten

| | | | |
|---|---|---|---|
| X | Anser indicus | Himalaya-Streifengans | Bar-headed goose |
| X | Tadoma tadoma | Brandgans | Common shelduck |
| X | Tadorna ferruginea | Rostgans, Zimtgans | Ruddy shelduck, Brahminy shelduck |
| X | Anas platyrhynchos | Stockente | Mallard |
| | Anas crecca | Krickente | Common teal |
| X | Anas formosa | Gluckente | Baikal teal |
| X | Aythya fuligula | Reiherente | Tufted duck |
| X | Aythya ferina | Tafelente | Pochard |
| X | Aythya nyroca | Moorente | Ferruginous duck |
| X | Mergus merganser | Großer Gänsesäger | Goosander |

## Accipitres – Tagraubvögel, Greife

| | | | |
|---|---|---|---|
| X | Milvus migrans | Schwarzer Milan | Black kite |
| X | Aquila chrysaëtos | Goldadler, Steinadler | Golden eagle |
| X | Aquila rapax | Steppenadler | Tawny Eagle |
| X | Aquila heliaca | Kaiseradler | Imperial eagle |
| X | Haliaeëtus albicilla | Seeadler | White-tailed eagle |
| X | Haliaeëtus leucory-phus | Weißbinden-Seeadler | Pallas's fish-eagle |
| X | Spizaetus nipalensis | Östlicher Schopfadler, | Mountain hawk-eagle |
| XX | Gypaetus barbatus | Bartgeier, Lämmer-geier | Beardes vulture |
| XX | Gyps himalayensis | Himalajischer Gänse-geier | Himalayan griffon |
| XX | Buteo hemilasius | Hochlandbussard | Upland hawk |
| XX | Falco tinnunculus | Eurasischer Turmfalke | Eurasian kestrel |
| XX | Falco cherrug | Blaufußfalke, Würg-falke | Saker falcon |
| **Familie Phasianidae – Fasanvögel** | | | |
| X | Tetraogallus tibetanus | Tibetisches Felsen-huhn | Tibetan snowcock |
| XX | Phasianus colchicus | Kupferfasan, Jagd-fasan | Pheasant |
| **Familie Gruidae –Kraniche** | | | |
| X | Anthropoides virgo | Jungfernkranich | Demoiselle crane |
| X | Grus nigricollis | Schwarzhalskranich | Black Naked Crane |
| **Familie Rallidae – Rallen** | | | |
| X | Rallus aquaticus | Wasserralle | Water rail |
| X | Porzana porzana | Tüpfelsumpfhuhn | Spotted crake |
| X | Crex crex | Wiesenralle, Wachtel-könig | Corncrake |
| X | Gallinula chloropus | Teichhuhn | Common Moorhen |
| X | Fulica atra | Blesshuhn | Common coot |

| | | | |
|---|---|---|---|
| **Familie Recurvirostridae – Stelzenläufer** | | | |
| X | Ibidorhyncha struthersii | Ibisschnäbler | Ibisbill |
| **Familie Charadriidae – Regenpfeifer** | | | |
| X | Charadrius dubius | Flussregenpfeifer | Little ringed plover |
| X | Charadrius mongolus | Mongolen-Regenpfeifer | Mongolian plover |
| **Familie Scolopacidae – Schnepfenvögel** | | | |
| X | Numenius arquata | Großer Brachvogel | Curlew |
| X | Tringa totanus | Rotschenkel | Common redshank |
| X | Tringa nebularia | Grünschenkel | Common greens-hank |
| X | Tringa ochropus | Waldwasserläufer | Green sandpiper |
| X | Actitis hypoleucos | Flussuferläufer | Common sandpiper |
| X | Capella solitaria | Bergbekassine | Solitary snipe |
| **Familie Laridae – Möwen** | | | |
| X | Larus brunnicephalus | Tibetlachmöwe | Brown-headed gull |
| **Familie Sternidae – Seeschwalben** | | | |
| X | Sterna hirundo | Flussseeschwalbe | Common tern |
| **Familie Pteroclidae – Flughühner** | | | |
| X | Syrrhaptes tibetanus | Tibetisches Steppenhuhn | Tibetan sandgrouse |
| **Familie Columbidae – Tauben** | | | |
| X | Columba leuconota | Schneetaube | Snow Pigeon |
| XX | Columba rupestris | Klippentaube | Blue hill pigeon |
| X | Columba pulchricollis | Himalayataube | Ashy Wood-Pigeon |
| X | Streptopelia orientalis | Orient-Turteltaube | Oriental turtle-dove |
| X | Streptopelia decaocto | Türkentaube | Eurasian collared–dove |
| **Familie Cuculidae – Kuckucke** | | | |
| X | Cuculus canorus | Kuckuck | Common cuckoo |

| | | | |
|---|---|---|---|
| **Familie Strigidae – Eulen** | | | |
| X | Bubo bubo | Uhu (Turkmenischer Uhu) | Eurasian eagle-owl |
| X | Athene noctua | Steinkauz | Little owl |
| **Familie Upupidae – Hopfe** | | | |
| X | Upupa epops | Wiedehopf | Hoopoe |
| **Familie Picidae – Spechte** | | | |
| X | Jynx torquilla | Wendehals | Wryneck |
| **Familie Alaudidae – Lerchen** | | | |
| X | Melanocorypha maxima | Weißflügellerche | White-winged lark (M. leucoptera) |
| X | Calandrella cinerea | Zwerglerche | Short-Toed Lark |
| X | Calandrella acutirostris | Tibetlerche | Hume's Short-toed Lark |
| X | Calandrella rufescens | Stummellerche | Lesser short-toed lark |
| X | Alauda gulgula | Kleine Feldlerche | Eastern skylark |
| X | Galerida cristata | Haubenlerche | Common crested lark |
| XX | Eremophila alpestris | Ohrenlerche | Horned lark |
| **Familie Hirundinidae – Schwalben** | | | |
| X | Riparia riparia | Uferschwalbe | Sand martin |
| X | Ptyonoprogne (Riparia) | Felsenschwalbe | Crag martin rupestris |
| X | Hirundo rustica | Rauchschwalbe | Swallow |
| X | Delichon urbica | Mehlschwalbe | House martin |

# Artenliste der Amphibien Tibets

44 Arten sind für das Gebiet Tibets erfasst worden. Für das Chang Tang ist nur eine Art bekannt.

| Familie Ranidae – Frösche | | | |
|---|---|---|---|
| XX | Altirana parkeri | Bergfrosch | Alpine Frog |

## Artenliste der Reptilien Tibets

49 Arten sind für das Gebiet Tibets erfasst worden. Für das Chang Tang sind nur drei Arten bekannt.

| Familie Agamidae – Agamen | | | |
|---|---|---|---|
| XX | Phrynocephalus theobaldi | Krötenkopf-Agame | Theobald's toad-headed agama, snow lizard |
| XX | Phrynocephalus erythrurus | Krötenkopf-Agame | Red-tailed toad-headed agama |
| **Familie Colubridae – Schlangen** | | | |
| XX | Thermophis baileyi | Tibetnatter | Hot-spring keel-back |

## Artenliste der Fische des Chang Tang

Von den 61 bekannten Fischarten Tibets sind hier nur diejenigen gelistet, die für das Chang Tang bekannt sind.

| | |
|---|---|
| XX | Triplophysa tibetana |
| XX | Tripfaphysa stewartii |
| XX | Triplophysa stoliczkae |
| XX | Triplophysa leptosoma |
| XX | Triplophysa stenura |
| XX | Triplophysa tenuicauda |
| XX | Triplophysa microps |
| XX | Triplophysa gerzeensis |
| XX | Schizothorax labiatus |
| XX | Diptychus maculatus |
| XX | Gymnocypris namensis |
| XX | Schizopygopsis stoliczkae |
| XX | Schizopygopsis thermalis |
| XX | Schizpygopsis microcephalus |
| XX | Ptychobarbus kaznakovi |

# Über die Autoren

Dr. Andreas von Heßberg, Jahrgang 1963, studierte Physik und Geoökologie an der Universität Bayreuth und spezialisierte sich in den Bereichen Landschaftsökologie, Naturschutz und Vegetationskunde. Er promovierte, ebenfalls in Bayreuth, über Vegetationsdynamik an Flussufern. Momentan arbeitet er freiberuflich (Gutachten, Exkursionen, Reiseleiter auf Kamtschatka und in Tibet) und als Reisejournalist (u.a. im Trescher Verlag ›Kamtschatka entdecken‹).

Dr. Waltraud Schulze, Jahrgang 1973, studierte Biologie in Bayreuth, Regensburg, Stanford und Tübingen und spezialisierte sich im Bereich Pflanzenphysiologie. Sie promovierte zum Thema Zuckertransport in Pflanzenzellen. Momentan forscht sie am Max-Planck-Institut für Molekulare Pflanzenphysiologie.

Gemeinsam erkundeten sie per Mountainbike oder mit dem Trekking-Rucksack die Gebirge und Wüsten in Patagonien, Australien, Namibia und Botswana, Ostafrika, die Mongolei und die Wüste Gobi, Kamtschatka, Tibet und einige weitere Gebiete. Sie sind auch Spezialisten für die Herstellung von Spezialproviant für Outdoor-Aktivitäten und Expeditionen. Ihre Internetseiten: www.mountainbike-expedition-team.de sowie: www.kawakarpo.de (zum Gebiet des Kawa Karpo) und www.tozekangri.de (Tibet-Expedition 2007).

# Danksagung

Wir konnten uns glücklich schätzen, einige Freunde und Bekannte zu haben, die uns mit Information, Korrekturen und Fotos ausgeholfen haben. Bei Euch möchten wir uns hiermit nochmals herzlichst bedanken.

Besonderer Dank geht an diejenigen, die mit inhaltlichen Korrekturen und zusätzlichen Beiträgen zum Feinschliff halfen: Wolfgang Grader, Michael Koltzenburg, Klemens Ludwig, Wilfried Pfeffer, Oliver Schmidt, Stefan Simmerer und die Tibet Initiative Deutschland. Ein großer Dank geht auch an Susanne Honnef, Claudia Kitschke und Roland Melisch vom WWF Deutschland für die Bereitstellung von Informationen und den Text zum Naturschutz in Tibet. Wir danken Tsewang Norbu für die Hilfe mit der tibetischen Scheibweise der Ortsnamen.

Für die Überlassung des Karten-Index ihrer Tibetkarte bedanken wir uns beim Schweizer Verlag Gecko-Maps.

Tibet ist groß, und wir haben (noch) nicht alle Ecken zu allen Jahreszeiten selber erleben können. Insofern sind wir dankbar, dass folgende Personen (alphabetisch) uns Fotos zur Verfügung stellten: Martin Adserballe, Anders Hoejmark Andersen, Prof. Dr. Carl Beierkuhnlein, Prof. Dr. Anke Jentsch, Frank Kauper, Dr. Siegfried Klaus, Renate Loose, Oliver Schmidt, Bernd Schubert, Prof. Dr. Ernst-Detlef Schulze, Stefan Simmerer.

# Ortsverzeichnis tibetisch/chinesisch

Für die meisten Orte in Tibet gibt es verschiedene mehr oder weniger geläufige Namen. Zusätzlich wird es kompliziert dadurch, dass es keine einheitlichen Regeln der Transkription des Tibetischen ins Deutsche oder Englische gibt.
In diesem Buch orientieren wir uns an der Schreibweise, wie sie von ›Gecko-Maps‹ (Schweiz) verwendet werden. Wir bemühen uns, im vorliegenden Buch die tibetischen Ortsbezeichnungen zu verwenden, weichen aber davon ab, wenn andere Ortsbezeichnungen sich in der Praxis als gängiger erweisen. Die folgende Übersicht soll helfen, die unterschiedlichen Bezeichnungen für ausgewählte Orte darzustellen.

## Ortsverzeichnis tibetisch-chinesisch

| Tibetischer Name | Tibetische Schrift | Chinesischer Name | Chinesische Schrift |
|---|---|---|---|
| **Berge** | | | |
| Chomolungma (Mt. Everest) | ཇོ་མོ་ཛྫང་མ་ | Zhumulangma Feng | 珠穆朗玛峰 |
| Jomo Lhari | ཇོ་མོ་ལྷ་རི་ | Jomolhari | |
| Kang Rinpoche (Mt. Kailash) | གངས་རིན་པོ་ཆེ་ | Gangrenboqi Feng | 岗仁波齐峰 |
| Kawa Karpo | ཁ་བ་དཀར་པོ་ | Meilixueshan | 梅里雪山 |
| Kang Zangri | གངས་ཟངས་རི་ | | |
| Lhunpo Kangri | ལྷུན་པོ་གངས་རི་ | Loinbo Kangri | 仑坡岗日 |
| Machen Pomra | རྨ་ཆེན་སྤོམ་ར་ | Maqinag Gangri | 玛卿岗日 |
| Namche Barwa | གནམ་ལྕགས་འབར་བ་ | Namche Barwa | 南迦巴瓦峰 |
| Nganglung Kangri | ངང་རྒུང་གངས་རི་ | Nganglung Kangri | |
| Thotse Kangri | མཐོ་རྩེ་གངས་རི་ | Toze Kangri | |
| Zangchen Berg | བཟང་ཆེན་ | | |
| Zangser Kangri | ཟངས་སེར་གངས་རི་ | | |
| **Seen** | | | |
| Tso Mapham (See Manasarowar) | མཚོ་མ་ཕམ་ | Mapangyong Cuo | 玛旁雍错 |
| Draksum Lhatso | བྲག་གསུམ་ལྷ་མཚོ་ | Basong Cuo | 巴松错 |
| Lhamo Latso | ལྷ་མོ་བླ་མཚོ་ | Lamu Cuo | 拉莫错 |
| Namtso | གནམ་མཚོ་ | Namco | 纳木措 |

| Tibetischer Name | Tibetische Schrift | Chinesischer Name | Chinesische Schrift |
|---|---|---|---|
| Tsongon, Kokonor | མཚོ་སྔོན་ | Qinghai Hu | 青海湖 |
| **Orte** | | | |
| Amdo, Draknak | བྲག་ནག་ | Anduo | 安多 |
| Barkham | འབར་ཁམས | Barga | 巴嘎 |
| Chabnak | ཆབ་ནག་ | Qabnag | |
| Chamdo | ཆབ་མདོ་ | Chamda, Qamdo | 昌都 |
| Chongye | འཕྱོངས་རྒྱས་ | Qiongjie | 琼结 |
| Chung Riwoche | ཆུང་རི་བོ་ཆེ་ | Qiong Riwuqe | |
| Chushar | ཆུ་ཤར། ལྷ་རྩེ | Lhaze, Lhatse | 拉孜 |
| Chusum | ཆུ་གསུམ་ | Qusum | 曲松 |
| Chusumdo | ཆུ་གསུམ་མདོ་ | Sanchakou | 三岔河 |
| Damshung | འདམ་གཞུང་ | Damxung | 当雄 |
| Darchen | དར་ཆེན་ | Daoqin | 大金 |
| Dawa | ཟླ་བ་ | Daba | 达巴 |
| Dawashung | ཟླ་བ་གཞུང | Dawaxung | 大雄 |
| Dechen | བདེ་ཆེན་ | Deqen | 德钦 |
| Degyi | བདེ་དགེ་ | Degyi | 日屋 |
| Derge | ཆེ་དགེ་ | Dege | 德格 |
| Dokhar | མདོ་མཁར་ | Dongkar | 东嘎 |
| Domar | མདོ་དམར་ | Duoma | 多马 |
| Domda | མདོ་མདའ་ | Qingshuihe | 清水河 |
| Dompa | ཆོམ་པ་ | Domba | 东坝 |
| Dongtso | ཙོང་མཚོ་ | Dungtso | 洞措 |
| Dorje Shulmo | རྡོ་རྗེ་ཤུལ་མོ་ | Lingza | 多吉 |
| Draknak | བྲག་ནག་ | Amdo | 安多 |
| Dram | འགྲམ་ | Zhangmu | 樟木 |
| Dranang | གྲ་ནང་ | Dranang | |
| Drayab, Emdun | བྲག་གཡབ། ཨེ་མདུན་ | Zhagyab | |

| Tibetischer Name | Tibetische Schrift | Chinesischer Name | Chinesische Schrift |
|---|---|---|---|
| Drigung Dzong | བྲི་གུ་རྫོང་ | Zhikong | 孜贡 |
| Drongpa, Tradun | བཀྲ་བདུན།་འབྲོང་པ་ | Zhongba | |
| Drongtse | བྲོང་རྩེ་ | Zhongzi Si | |
| Dungkar | དུང་དཀར་ | Dongga | |
| Dzato | རྫ་ཙོད་ | Zadoi | 杂多 |
| Dzayu, Kyigang | རྫ་ཡུལ།་སྐྱིད་ཁང་ | Zayu | 下察隅 |
| Dzongka, Gyirong | རྫོང་དགའ།་སྐྱིད་གྲོང་ | Zonga | 吉隆 |
| Dzongsar | རྫོང་གསར་ | Zognsa | 大马 |
| Gar Yarsa | ཁར་དབྱར་ས་ | Garyarsa | 噶尔亚沙 |
| Gar Gunsa | ཁར་དགུན་ས་ | Gargunsa | |
| Gartok, Markham | སྨར་ཁམས།་ཁར་ཐོག་ | Markham | 芒康 |
| Gekha | དགེ་ཁ་ | Kaga | |
| Gergye, Napuk | དགེ་རྒྱས།་ན་ཕུགས་ | Ge'gyai | 革吉 |
| Gertse | ཁེར་རྩེ་ | Gerze | 改则 |
| Gongkar | གོང་དཀར་ | Gonggar | 墨竹工卡 |
| Gonjo | གོང་འཇོ་ | Akar, Gonjo | |
| Gormo, Kormo | གོར་མོ་ | Golmud | 格尔木 |
| Gyakok | རྒྱ་ཁོ་ག་ | Qumigxung | |
| Gyalchi Phodrang | རྒྱལ་གཞིའི་ཕོ་བྲང་ | Zhidoi | |
| Gyantse | རྒྱལ་རྩེ་ | Jiangzi | 江孜 |
| Gyatsa, Jiacha | རྒྱ་ཚ་ | Gyaca | 查（县） |
| Gyatso | རྒྱ་མཚོ་ | Jiacuo | 甲措 |
| Hashul | ཧ་ཞུལ་ | Haxie | |
| Horpa | ཧོར་པ་ | Gunsang | 霍尔巴 |
| Horpo | ཧོར་པོ་ | Hepo | 热加 |
| Jayul | བྱ་ཡུལ་ | Xabyai | |
| Jomda | འཇོ་མདའ་ | Jomda | 江达 |
| Jyekundo | སྐྱེ་རྒུ་མདོ་ | Yushu | 玉树 |

Anhang

| Tibetischer Name | Tibetische Schrift | Chinesischer Name | Chinesische Schrift |
|---|---|---|---|
| Kangsar | ཁང་གསར་ | Gangca | |
| Khangmar | ཁང་དམར་ | Kangmar | 康马 |
| Kongpo Gyamda, Ngapo Zampa | ཀོང་པོ་ལྷ་མདའ། ང་ཕོད་ཟམ་པ་ | Gongbogyamda | 工布江达 |
| Kuntsang | ཀུན་བཟང | Guntsang | 更张 |
| Lektse Tsongra | ལེགས་ཙེ་ཙོང་ར་ | Legze | 亚热 |
| Lhaktsang | ལྷག་གཙང་ | Nyugku | 拉藏 |
| Lhari, Takmaru | ལྷ་རི། ཙག་མ་རུ་ | Jiali | 嘉黎 |
| Lhasa | ལྷ་ས་ | Lhasa | 拉萨 |
| Lhato | ལྷ་ཙོད་ | Laduo | 拉多 |
| Lhitang | ལི་ཐང་ | Litang | 理塘 |
| Lhorong | ལྷོ་རོང་ | Dzitoru | 洛隆 |
| Lhundrub | ལྷུན་གྲུབ་ | Linzhou | |
| Lhuntse, Kyitang | ལྷུན་རྩེ། ལྷིད་ཐང་ | Lhunze | 隆子 |
| Lugu | ལུ་གུ་ | Lugu | 鲁谷 |
| Lungkar | ལུང་དཀར་ | Longe'er | 萨嘎尔 |
| Marchudram Babtsuk | རྨ་ཆུ་འགྲམ་འབབས་ཚུགས་ | Tuotuohe | 通天河沿 |
| Mato | རྨ་ཙོད་ | Madoi | 玛多 |
| Meldro Gungkar | མལ་གྲོ་གུང་དཀར་ | Maizhokunggar | |
| Menling, Dungdor | སྨན་གླིང་ | Milin, Mailing | 米林 |
| Metok, Pemako | མེ་ཏོག། པད་མ་བཀོད་ | Medoq | 墨脱 |
| Montser | མོན་ཚེར་ | Moincer | 门士煤矿 |
| Nakartse, Nangartse | སྣ་དཀར་རྩེ་ | Langkazi | 朗卡子 |
| Nakchok | ནག་མཆོག་ | Lajiu | |
| Nakchu | ནག་ཆུ་ | Nagqu | 那曲 |
| Naksho Driru | | Biru | |
| Naktsang | ནག་ཚང་ | Xainza | 申扎 |

| Tibetischer Name | Tibetische Schrift | Chinesischer Name | Chinesische Schrift |
|---|---|---|---|
| Namka Ngozhi, Tölung Dechen | སྟོད་ལུང་བདེ་ཆེན་ | Duilongdeqing | 堆龙德庆 |
| Namling, Ringon | རྣམ་གླིང་ | Namling | 南木林 |
| Namru, Palgon | གནམ་རུ་།་དཔལ་མགོན་ | Baingoin | 班戈 |
| Nang | སྣང་ | Lang, Langxian | 郎（县） |
| Nangchen | ནང་ཆེན་ | Sharda | 囊谦 |
| Nedong | སྣེ་གདོང་ | Nedong | 乃东 |
| Ngamda | ངམ་མདའ་ | Enda | 滨达 |
| Ngamring | ངམ་རིང་ | Ngamring | 昂仁 |
| Nyalam | གཉའ་ལམ་སྟོང་ག་ | Nielamu | 聂拉木 |
| Nyangtri | ཉིང་ཁྲི་ | Nyingchi | 林芝 |
| Nyetang | སྙེ་ཐང་ | Nietang | 南木 |
| Palgon | དཔལ་དགོན | Bange | 班戈 |
| Panam Dzong | པ་སྣམ་རྫོང་ | Gadongsi | 噶东寺 |
| Payi | པ་ཡི་ | Bayi | |
| Pe | པད་ | Pe | 丹娘 |
| Pelbar | དཔལ་འབར་ | Banbar | 边坝 |
| Pelyul | དཔལ་ཡུལ་ | Baiyu | 百玉 |
| Pema, Pasho | པད་མ་།་དཔའ་ཤོད་ | Baxoi | 八宿 |
| Pemako, Metok | པད་མ་བཀོད་།་མེ་ཏོག་ | Pemako | 墨脱 |
| Pharyang | ཕར་ཡང་ | Paryang | 帕羊 |
| Phenpo | འཕན་པོ་ | Phenpo | 林周 |
| Pomda | སྤོམ་མདའ་ | Bangda, Bamda | 邦达 |
| Pome, Tramog | སྤོ་སྨད་།་འགྲམ་འོག་ | Bomi, Pome | |
| Purang, Taklakot | སྤུ་ཧྲེང་།་སྟག་ལ་མཁར་ | Bulan | 普兰 |
| Raka | ར་ག་ | Raka | |
| Rato | ར་སྟོད་ | Duolamakang | |
| Ratsaka | ར་རྩ་ཁ་རི་བོ་ཆེ་ | Leiwuqi | 类乌齐 |
| Rawok | ར་འོག་ | Rawu | 然乌桥 |
| Rinpung | རིན་སྤུངས་ | Rinbung | 仁布 |

| Tibetischer Name | Tibetische Schrift | Chinesischer Name | Chinesische Schrift |
|---|---|---|---|
| Rithang | རི་ཐང་ | Ridang | 日当 |
| Riwoche | རི་བོ་ཆེ། ར་རྩ་ཁ | Riwoqe | 类乌齐 |
| Ruthok | རུ་ཐོག་ | Rutog | 日多 |
| Saga, Kyakyaru | ས་ག། སྐྱ་སྐྱ་རུ་ | Saga | |
| Sakya | ས་སྐྱ་ | Sagya, Saija | 萨迦 |
| Samalzhung | ས་མིན་གཞུང་ | Samaikung | 萨门 |
| Samye | བསམ་ཡས་ | Sangye | |
| Sangchen | གསང་ཆེན་ | Zhaqin | 扎青 |
| Sateng | ས་ཏེང་ | Sadeng | 萨当 oder 尼木 |
| Senge Khabab, Senge Tsangpo | སེང་གེ་ཁ་བབ། སེང་གེ་གཙང་པོ་ | Ali, Shiquanhe, Gar | 狮泉河 |
| Serkhok | གསེར་ཁོག་ | Saihe | |
| Sershul | གསེར་ཤུལ་ | Sexu | 俄多马 |
| Sertsa | གསེར་རྩ་ | Sezha | 色扎 |
| Shangtse, Jangtse | ཤང་རྩེ། ཇང་རྩེ་ | Qangze | 香巴 |
| Shelkar | ཤེལ་དཀར་ | New Tingri | 定日 |
| Shigatse, Xigatse | གཞིས་ཀ་རྩེ་ | Rikaze | 日喀则 |
| Shiwu | ཞི་བོ་ | Xiwu | 歇武 |
| Sok | སོག་ | Suo | 索(县) |
| Sok Tsanden Zhol | སོག་རྫོང་ | Sogxian | 素(县) |
| Sumshi, Sumxi | གསུམ་གཞི་ | Songxi | |
| Tangme | ཏོང་ཐད་ | Tongmai | |
| Tartang, Drachen | ཏར་ཐང་གྲ་ཆེན་ | Baqing | 巴青 |
| Tashigang | བཀྲ་ཤིས་ཁང་ | Zhaxigang | 扎西宗 |
| Tashitse | བཀྲ་ཤིས་རྩེ་ | Zhaxize | |
| Tengkar | ཏེང་དཀར་ | Denggar | 但嘎 |
| Thentho, Temto | ཐེན་ཐོག་ | Yarzhong | |
| Tholing, Toding, Tsamda | མཐོ་ལྡིང་། རྩ་མདའ་ | Zhada, Zanda Xi-an | 扎达 |

| Tibetischer Name | Tibetische Schrift | Chinesischer Name | Chinesische Schrift |
|---|---|---|---|
| Tingri | དིང་རི་ | Dingri | 定日 |
| Tölung Dechen, Namka Ngozhi | སྟོད་ལུང་བདེ་ཆེན་ | Dolungdeqen | 堆龙德庆 |
| Tongjuk | སྟོང་འཇུག | Dongjug | 东久 |
| Trakdruka | བྲག་གྲུ་ཁ་ | Dazhuka | 大竹卡 |
| Tsaka | ཚ་ཁ་ | Yanhu | 盐湖 |
| Tsakalho | ཚ་ཁ་ལྷོ་ | Yangjing | |
| Tsamda | མཚམས་མདའ་ | Zanda | 札达 |
| Tsaphuk | ཚ་ཕུགས་ | Zapug | 扎普 |
| Tsari | ཙ་རི་ | Zari | |
| Tsashul | ཚ་ཞུལ་ | Jienesai | |
| Tsawarong, Zhanang | ཚ་བ་རོང་ | Chawalong | 察瓦龙 |
| Tsethang | རྩེད་ཐང་ | Zedang | 泽当 |
| Tsochen, Mendong | མཚོ་ཆེན་། སྨན་སྟོང་ | Coqen | 错勒 |
| Tsona, Zholshar | མཚོད་ | Cona | 错那 |
| Tsonga | གཉའ་ལམ་སྟོང་ག་ | Nielamu | 聂拉木 |
| Tsonyi | མཚོ་གཉིས་ | Shuanghu | 双湖 |
| Wamda, Wangda | མཛོ་ཁང་ | Zuogong | 左贡 |
| Woka, Olka | འོ་ཁ་ | Wokazong | 增期 |
| Woma, Oma | འོ་མ་ | Oma | 物玛 |
| Yangpachen | ཡངས་པ་ཅན་ | Yangbajing | 羊八井 |
| Yumtso | གཡུ་མཚོ་ | Xardong | 才扎 |
| Zangzang | སང་སང་ | Sangsang | 桑桑 |
| Zayul | རྫ་ཡུལ་ | Dayul | 扎玉 |
| Zhe Geding, Shethongmon | བཞད་མཐོང་སྨོན་ | Xaitongmoin | 谢通门 |
| Zhungba | གཞུང་པ་ | Zhungta | 雄巴 |
| Ziling | ཟི་ལིང་ | Xining | 西宁 |

Anhang

## Ortsverzeichnis chinesisch-tibetisch

| Chinesischer Name | Chinesische Schrift | Tibetischer Name | Tibetische Schrift |
|---|---|---|---|
| **Berge** | | | |
| Gangrenboqi Feng | 岗仁波齐峰 | Kang Rinpoche (Mt. Kailash) | གངས་རིན་པོ་ཆེ་ |
| Jomolhari | | Jomo Lhari | ཇོ་མོ་ལྷ་རི་ |
| Loinbo Kangri | 仑坡岗日 | Lhunpo Kangri | ལྷུན་པོ་གངས་རི་ |
| Maqinag Gangri | 玛卿岗日 | Machen Pomra | རྨ་ཆེན་སྤོམ་ར་ |
| Meilixueshan | 梅里雪山 | Kawa Karpo | ཁ་བ་དཀར་པོ་ |
| Namche Barwa | 南迦巴瓦峰 | Namche Barwa | གནམ་ལྕགས་འབར་བ་ |
| Nganglung Kangri | | Nganglung Kangri | ངང་རྩུང་གངས་རི་ |
| Toze Kangri | | Thotse Kangri | མཐོ་རྩེ་གངས་རི་ |
| Zhumulangma Feng | 珠穆朗玛峰 | Chomolungma (Mt. Everest) | ཇོ་མོ་གླང་མ་ |
| | | Kang Zangri | གངས་ཟངས་རི་ |
| | | Zangser Kangri | ཟངས་སེར་གངས་རི་ |
| | | Zangchen Berg | བཟང་ཆེན་ |
| **Seen** | | | |
| Basong Cuo | 巴松错a | Draksum Lhatso | དྲག་གསུམ་ལྷ་མཚོ་ |
| Lamu Cuo | 拉莫错a | Lhamo Latso | ལྷ་མོ་བླ་མཚོ་ |
| Mapangyong Cuo | 玛旁雍错 | Tso Mapham (See Manasarowar) | མཚོ་མ་ཕམ་ |
| Namco | 纳木措 | Namtso | གནམ་མཚོ་ |
| Qinghai Hu | 青海湖 | Tsongon, Kokonor | མཚོ་སྔོན་ |
| **Orte** | | | |
| Anduo | 安多 | Amdo, Draknak | དྲག་ནག་ |
| Amdo | 安多 | Draknak | དྲག་ནག་ |
| Akar, Gonjo | | Gonjo | གོང་འཇོ་ |
| Ali, Shiquanhe, Gar | 狮泉河 | Senge Khabab, Senge Tsangpo | སེང་གེ་ཁ་བབ། སེང་གེ་གཙང་པོ་ |
| Baiyu | 百玉 | Pelyul | དཔལ་ཡུལ་ |

| Chinesischer Name | Chinesische Schrift | Tibetischer Name | Tibetische Schrift |
|---|---|---|---|
| Baingoin | 班戈 | Namru, Palgon | གནམ་རུ་།་དཔལ་མགོན་ |
| Banbar | 边坝 | Pelbar | དཔལ་འབར་ |
| Bangda, Bamda | 邦达 | Pomda | སྤོམ་མདའ་ |
| Bange | 班戈 | Palgon | དཔལ་དགོན |
| Baqing | 巴青 | Tartang, Drachen | ཐར་ཐང་ཀླུ་ཆེན་ |
| Barga | 巴嘎 | Barkham | འབར་ཁམས |
| Baxoi | 八宿 | Pema, Pasho | པད་མ་།་དཔའ་ཤོད་ |
| Bayi | 八一 | Payi | པ་ཡི་ |
| Bomi, Pome | | Pome, Tramog | སྤོ་ཐད་།་འཀླམ་འོག་ |
| Bulan | 普兰 | Purang, Taklakot | སྤུ་ཧྲེང་།་ཏག་ལ་མཁར་ |
| Chamda, Qamdo | 昌都 | Chamdo | ཆབ་མདོ་ |
| Chawalong | 察瓦龙 | Tsawarong, Zhanang | ཚ་བ་རོང་ |
| Coqen | 错勤 | Tsochen, Mendong | མཚོ་ཆེན་།་ཐན་ཙོང་ |
| Cona | 错那 | Tsona, Zholshar | མཚོ་ད་ |
| Daba | 达巴 | Dawa | ཟླ་བ་ |
| Damxung | 当雄 | Damshung | འདམ་གཞུང་ |
| Daoqin | 大金 | Darchen | དར་ཆེན་ |
| Dawaxung | 大雄 | Dawashung | ཟླ་བ་གཞུང |
| Dayul | 扎玉 | Zayul | ཛ་ཡུལ་ |
| Dazhuka | 大竹卡 | Trakdruka | བྲག་སྒྲུ་ཁ་ |
| Dege | 德格 | Derge | སྡེ་དགེ |
| Denggar | 但嘎 | Tengkar | ཏེང་དཀར་ |
| Deqen | 德钦 | Dechen | བདེ་ཆེན་ |
| Degyi | 日屋 | Degyi | བདེ་དགེ་ |
| Dingri | 定日 | Tingri | དིང་རི་ |
| Dokhar | མདོ་མཁར་ | Dongkar | 东嘎 |
| Domar | མདོ་དམར་ | Duoma | 多马 |
| Dompa | ཚོམ་པ་ | Domba | 东坝 |

Anhang

| Chinesischer Name | Chinesische Schrift | Tibetischer Name | Tibetische Schrift |
|---|---|---|---|
| Dolungdeqen | 堆龙德庆 | Tölung Dechen, Namka Ngozhi | ཏོད་ལུང་བདེ་ཆེན་ |
| Dongga | | Dungkar | དུང་དཀར་ |
| Dongjug | 东久 | Tongjuk | ཏོང་འཇུག |
| Dranang | | Dranang | གྲ་ནང་ |
| Duilongdeqing | 堆龙德庆 | Namka Ngozhi, Tölung Dechen | ཏོད་ལུང་བདེ་ཆེན་ |
| Dungtso | 洞措 | Dongtso | ཏོང་མཚོ་ |
| Duolamakang | | Rato | ར་ཏོད་ |
| Dzitoru | 洛隆 | Lhorong | ལྷོ་རོང་ |
| Enda | 滨达 | Ngamda | ངམ་མདའ་ |
| Gadongsi | 噶东寺 | Panam Dzong | པ་ཇམ་རྫོང་ |
| Gangca | | Kangsar | ཁང་གསར་ |
| Gargunsa | | Gar Gunsa | ཁར་དགུན་ས་ |
| Garyarsa | 噶尔亚沙 | Gar Yarsa | ཁར་དབྱར་ས་ |
| Ge'gyai | 革吉 | Gergye, Napuk | དགེ་རྒྱས་། ན་ཕུགས་ |
| Gerze | 改则 | Gertse | ཁེར་རྩེ་ |
| Golmud | 格尔木 | Gormo, Kormo | གོར་མོ་ |
| Gonggar | 墨竹工卡 | Gongkar | གོང་དཀར་ |
| Gongbogyamda | 工布江达 | Kongpo Gyamda, Ngapo Zampa | ཀོང་པོ་རྒྱ་མདའ་། ང་ཕོད་ཟམ་པ་ |
| Gunsang | 霍尔巴 | Horpa | ཧོར་པ་ |
| Guntsang | 更张 | Kuntsang | ཀུན་བཟང |
| Gyaca | 查（县） | Gyatsa, Jiacha | རྒྱ་ཚ་ |
| Haxie | | Hashul | ཧ་ཤུལ་ |
| Hepo | 热加 | Horpo | ཧོར་པོ་ |
| Jiacuo | 甲措 | Gyatso | རྒྱ་མཚོ་ |
| Jiali | 嘉黎 | Lhari, Takmaru | ལྷ་རི་། ཅག་མ་རུ་ |
| Jiangzi | 江孜 | Gyantse | རྒྱལ་རྩེ་ |
| Jienesai | | Tsashul | ཚ་ཤུལ་ |

| Chinesischer Name | Chinesische Schrift | Tibetischer Name | Tibetische Schrift |
|---|---|---|---|
| Jomda | 江达 | Jomda | འཇོ་མདའ་ |
| Kaga | | Gekha | དགེ་ཁ་ |
| Kangmar | 康马 | Khangmar | ཁང་དམར་ |
| Laduo | 拉多 | Lhatoa | ལྷ་ཐོད་ |
| Lajiu | | Nakchok | ནག་མཆོག་ |
| Lang, Langxian | 郎（县） | Nang | ཇང་ |
| Langkazi | 朗卡子 | Nakartse, Nangartse | ཇ་དཀར་རྩེ་ |
| Legze | 亚热 | Lektse Tsongra | ལེགས་ཙེ་ཙོང་ར་ |
| Leiwuqi | 类乌齐 | Ratsaka | ར་ཙ་ཁ་རི་པོ་ཆེ་ |
| Lhasa | 拉萨 | Lhasa | ལྷ་ས་ |
| Lhaze, Lhatse | 拉孜 | Chushar | ཆུ་ཤར། ལྷ་རྩེ་ |
| Lhunze | 隆子 | Lhuntse, Kyitang | ལྷུན་རྩེ། ལྷིད་ཐང་ |
| Lingza | 多吉 | Dorje Shulmo | རྡོ་རྗེ་ཤུལ་མོ་ |
| Linzhou | | Lhundrub | ལྷུན་གྲུབ་ |
| Litang | 理塘 | Lhitang | ལི་ཐང་ |
| Longe'er | 萨嘎尔 | Lungkar | ལུང་དཀར་ |
| Lugu | 鲁谷 | Lugu | ལུ་གུ་ |
| Madoi | 玛多 | Mato | རྨ་ཐོད་ |
| Maizhokunggar | | Meldro Gungkar | མལ་གྲོ་གུང་དཀར་ |
| Medoq | 墨脱 | Metok, Pemako | མེ་ཏོག། པད་མ་བཀོད་ |
| Milin, Mailing | 米林 | Menling, Dungdor | ཐན་ཇྀིང་ |
| Moincer | 门士煤矿 | Montser | མོན་ཚེར་ |
| Nagqu | 那曲 | Nakchu | ནག་ཆུ་ |
| Namling | 南木林 | Namling, Ringon | ཇམ་ཇྀིང་ |
| Nedong | 乃东 | Nedong | ཇེ་གདོང་ |
| New Tingri | 定日 | Shelkar | ཤེལ་དཀར་ |
| Ngamring | 昂仁 | Ngamring | ངམ་རིང་ |

| Chinesischer Name | Chinesische Schrift | Tibetischer Name | Tibetische Schrift |
|---|---|---|---|
| Nielamu | 聂拉木 | Nyalam, Tsonga | གཉའ་ལམ་ཚོང་ག་ |
| Nietang | 南木 | Nyetang | ཉེ་ཐང་ |
| Nyingchi | 林芝a | Nyangtri | ཉིང་ཁྲི་ |
| Oma | 物玛 | Woma, Oma | འོ་མ་ |
| Paryang | 帕羊 | Pharyang | ཕར་ཡང་ |
| Pe | 丹娘 | Pe | པད་ |
| Pemako | 墨脱 | Pemako, Metok | པད་མ་བཀོད་། མེ་ཏོག་ |
| Phenpo | 林周 | Phenpo | འཕན་པོ་ |
| Qabnag | | Chabnak | ཆབ་ནག་ |
| Qangze | 香巴 | Shangtse, Jangtse | ཤང་རྩེ་། ཁང་རྩེ་ |
| Qingshuihe | 清水河 | Domda | མདོ་མདའ་ |
| Qiongjie | 琼结 | Chongye | འཕྱོངས་རྒྱས་ |
| Qiong Riwuqe | | Chung Riwoche | ཆུང་རི་བོ་ཆེ་ |
| Qumigxung | | Gyakok | རྒྱ་ཁོག་ |
| Qusum | 曲松 | Chusum | ཆུ་གསུམ་ |
| Raka | | Raka | ར་ག་ |
| Rawu | 然乌桥 | Rawok | ར་འོག་ |
| Ridang | 日当 | Rithang | རི་ཐང་ནན |
| Rikaze | 日喀则 | Shigatse, Xigatse | གཞིས་ཀ་རྩེ་ |
| Rinbung | 仁布 | Rinpung | རིན་སྤུངས་ |
| Riwoqe | 类乌齐 | Riwoche | རི་བོ་ཆེ་། ར་རྩ་ཁ |
| Rutog | 日多 | Ruthok | རུ་ཐོག་ |
| Sadeng | 萨当 oder 尼木 | Sateng | ས་ཏེང་ |
| Saga | | Saga, Kyakyaru | ས་ག་། སྐྱ་སྐྱ་རུ་ |
| Sagya, Saija | 萨迦 | Sakya | ས་སྐྱ་ |
| Saihe | | Serkhok | གསེར་ཁོག་ |
| Samaikung | 萨门 | Samalzhung | ས་མིན་གཞུང་ |
| Sanchakou | 三岔河 | Chusumdo | ཆུ་གསུམ་མདོ་ |
| Sangsang | 桑桑 | Zangzang | སང་སང་ |

| Chinesischer Name | Chinesische Schrift | Tibetischer Name | Tibetische Schrift |
|---|---|---|---|
| Sangye | | Samye | བསམ་ཡས་ |
| Sexu | 俄多马 | Sershul, Jumang | གསེར་ཤུལ་ |
| Sezha | 色扎 | Sertsa | གསེར་རྩ་ |
| Sharda | 囊谦 | Nangchen | ནང་ཆེན་ |
| Shuanghu | 双湖 | Tsonyi | མཚོ་གཉིས་ |
| Songxi | | Sumshi, Sumxi | གསུམ་གཞི་ |
| Sogxian | 素(县) | Sok Tsanden Zhol | སོག་རྫོང་ |
| Suo | 索(县) | Sok | སོག་ |
| Tuotuohe | 通天河沿 | Marchudram Babtsuk | རྨ་ཆུ་འགྲམ་འབབས་ཚུགས་ |
| Tongmai | | Tangme | ཙོང་ཐད་ |
| Wokazong | 增期 | Woka, Olka | འོ་ཁ་ |
| Xabyai | | Jayul | ཇ་ཡུལ་ |
| Xainza | 申扎 | Naktsang | ནག་ཚང་ |
| Xaitongmoin | 谢通门 | Zhe Geding, Shethongmon | བཞད་མཐོང་ཐོན་ |
| Xardong | 才扎 | Yumtso | གཡུ་མཚོ་ |
| Xining | 西宁 | Ziling | ཟི་ལིང་ |
| Xiwu | 歇武 | Shiwu | ཞི་བོ་ |
| Yangbajing | 羊八井 | Yangpachen | ཡངས་པ་ཅན་ |
| Yangjing | | Tsakalho | ཚ་ཁ་ལྷོ་ |
| Yanhu | 盐湖 | Tsaka | ཚ་ཁ་ |
| Yarzhong | | Thentho, Temto | ཐེན་ཐོག་ |
| Yushu | 玉树 | Jyekundo | སྐྱེ་རྒུ་མདོ་ |
| Zadoi | 杂多 | Dzato | རྫ་ཙོད་ |
| Zanda | 札达 | Tsamda | མཚམས་མདའ་ |
| Zapug | 扎普 | Tsaphuk | ཚ་ཕུགས་ |
| Zari | | Tsari | ཙ་རི་ |
| Zayu | 下察隅 | Dzayu, Kyigang | རྫ་ཡུལ་།སྐྱིད་ཁང་ |
| Zedang | 泽当 | Tsethang | རྩེད་ཐང་ |

Anhang

| Chinesischer Name | Chinesische Schrift | Tibetischer Name | Tibetische Schrift |
|---|---|---|---|
| Zhabgung | | Kanglung | |
| Zhada, Zanda Xi-an | 扎达 | Tholing, Toding, Tsamda | མཐོ་ལྡིང་། རྩ་མདའ་ |
| Zhagyab | | Drayab, Emdun | བྲག་གཡབ་། ཨེ་མདུན་ |
| Zhangmu | 樟木 | Dram | འགྲམ་ |
| Zhaqin | 扎青 | Sangchen | གསང་ཆེན་ |
| Zhaxigang | 扎西宗 | Tashigang | བཀྲ་ཤིས་ཁང་ |
| Zhaxize | | Tashitse | བཀྲ་ཤིས་རྩེ་ |
| Zhidoi | | Gyalchi Phodrang | རྒྱལ་གྱིའི་ཕོ་བྲང་ |
| Zhikong | 孜贡 | Drigung Dzong | གྲི་གུ་རྫོང་ |
| Zhongba | | Drongpa, Tradun | བཀྲ་བདུན་། འབྲོང་པ་ |
| Zhongzi Si | | Drongtse | གྲོང་རྩེ་ |
| Zhungta | 雄巴 | Zhungba | གཞུང་པ་ |
| Zognsa | 大马 | Dzongsar | རྫོང་གསར་ |
| Zonga | 吉隆 | Dzongka, Gyirong | རྫོང་དཀའ་། སྐྱིད་གྲོང་ |
| Zuogong | 左贡 | Wamda, Wangda | མཛོ་ཁང་ |

## Ortsregister

## Personen- und Sachregister

## Bildnachweis

Alle Fotos von Andreas Heßberg und Waltraud Schulze, außer:
Anders Hoejmark Anderson: 93, 94u.
Martin Adserballe: 42u., 63, 64, 100, 121, 122, 140, 153, 165, 172, 228, 236, 297
Prof. Dr. Carl Beierkuhnlein: 39, 42o., 54, 57, 209
Doris Hauser: 301
Dr. Anke Jentsch: S. 19, 39, 113
Frank Kauper: S. 27, 303
Dr. Siegfried Klaus: S. 38, 48
Renate Loose: 16/17, 67, 68, 69, 74, 106, 120, 123, 133, 134/135, 136u., 138, 142, 154o., 186, 188, 294, 302, 304, 308, 320
Oliver Schmidt: 117, 118, 133, 166, 168, 169, 171, 178, 180, 185o., 273
Prof. Dr. Ernst-Detlef Schulze: 13, 41, 58, 61, 62, 88, 101, 105, 126, 151, 190, 235
Stefan Simmerer: 29, 44

Titelbild: Am Kawa Karpo (Meili Xue Shan)
S. 4: Der See Yamdrok Co
16/17: Kloster bei Yajiang
134/135: Panorama in Gyalthang (Zhongdiang) in Yunnan
198/199: Auf dem Chang-Tang-Plateau
274/275 Zeltplatz auf dem Chang-Tang-Plateau
Klappe vorn: In der Altstadt von Gyantse
Klappe hinten: Am Salzsee Ruma-dodma

## Kartenlegende

- Bahnhof
- Bank
- Quelle
- Burg/Festung
- Busbahnhof
- Basecamp
- Buddhistisches Kloster
- Flughafen
- Höhle
- Hotel
- Internetcafé
- Krankenhaus
- Museum
- Post
- Restaurant
- Ruine/Ausgrabungsstätte
- Sehenswürdigkeit
- Theater
- Touristeninformation
- Turm

- Autobahn
- Autobahn im Bau
- sonstige Straßen
- 243 Straßennummern
- Eisenbahn
- Grenzübergang
- Staatsgrenze
- Hauptstadt
- Stadt/Ortschaft

## Kartenregister